영화의 장르,
장르의 영화

영화의 장르, 장르의 영화

1판 1쇄 인쇄 발행일 2018년 3월 1일
1판 2쇄 인쇄 발행일 2018년 12월 20일

지은이 서곡숙, 이호 외 · 펴낸이 성일권 · 펴낸곳 (주)르몽드코리아
편집인 성일권 · 디자인 조한아 · 독자서비스 info@ilemonde.com
인쇄 · 제작 조광프린팅

ⓒ (주)르몽드코리아
주소 서울시 마포구 양화로 1길 83 석우빌 1층
홈페이지 www.ilemonde.com
출판등록 제 2014 - 000119호 (2009년 9월)

ISBN 979-11-86596-03-6

이 도서의 국립중앙도서관 출판시도서목록(CIP)은 e-CIP 홈페이지(www.nl.go.kr/ecip)와
국가자료공동목록시스템(www.nl.go.kr/kolisnet)에서 이용하실 수 있습니다.
CIP 2014035611

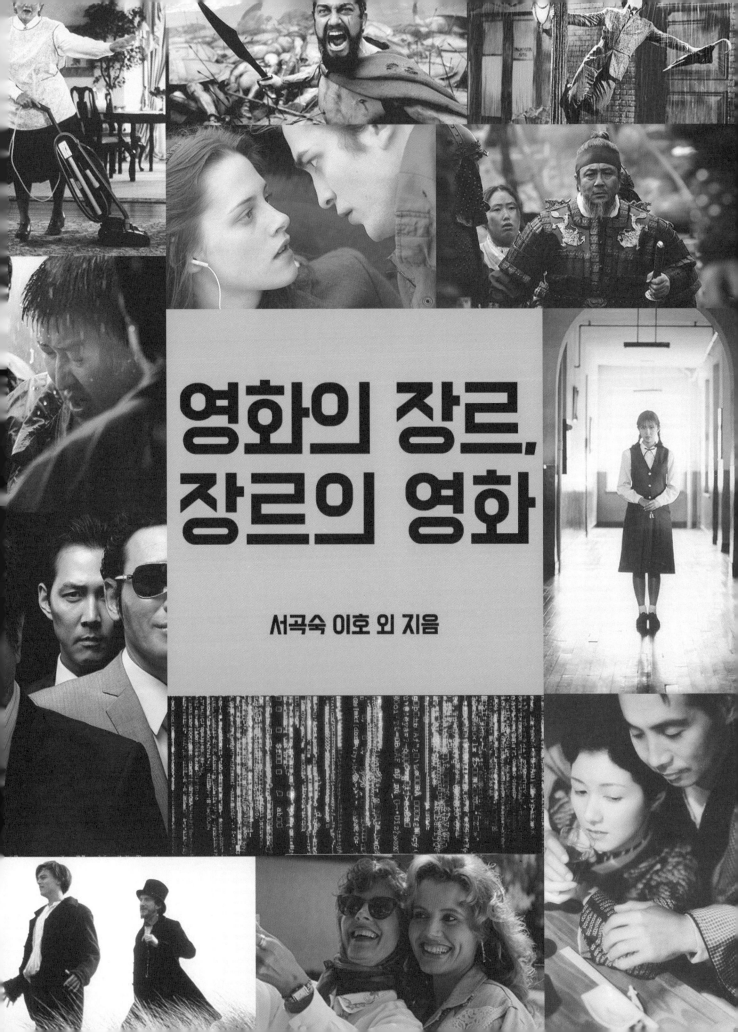

영화의 장르,
장르의 영화

서곡숙 이호 외 지음

| 차   례 |

| 저자소개 |

구재진

서울대학교 국어국문학과를 졸업하고 동대학원에서 석사학위와 박사학위를 받았다. 한국현대문학을 전공했으며 한국기술교육대학교, 국민대학교 등에서 대중문화에 대한 강의를 하면서 영화를 연구하기 시작하였다. 현재는 세명대학교 미디어문화학부 교수로 재직하면서 한국현대문학, 영화, 그리고 대중문화에 대한 강의를 하고 있다. 저서로 『최인훈—문학을 심문하는 작가』(공저), 『1960년대 한국소설의 주체와 담론』, 『한국문학의 탈식민과 디아스포라』 등이 있다. 영화 관련 논문으로는 「욕망의 본질과 기괴한 낯섦—〈돼지가 우물에 빠진 날〉 연구」, 「영화텍스트의 시간과 기억—임순례 초기 영화를 중심으로」 등이 있다.

김경욱

연세대학교에서 사회학을 전공하고, 동국대와 중앙대에서 영화이론 석사와 박사 학위를 받았다. 영화사에서 기획과 시나리오 컨설팅을 했고, 영화제에서 프로그래머로 일했다. 영화진흥위원회 소위원회 위원, 객원 책임연구원을 역임했다. 영화평론가로 글을 쓰면서, 대학에서 영화 관련 강의를 했다. 저서로는 『한국영화는 무엇을 보는가』(2016), 『나쁜 세상의 영화 사회학』(2013), 『블록버스터의 환상, 한국영화의 나르시시즘』(2002), 『Yu Hyun-mok』(2008) 이 있다. 공저로는 『김기덕 · 홍상수』, 번역서로는 존 오르의 『영화와 모더니티』(1999)가 있다. 현재 [프레시안]에 '김경욱의 데자뷔'를 연재하고 있다.

김병재

문학(영화학)박사. 매일경제, 문화일보 문화부와 이데일리에서 논설실장으로 근무했다. 영화진흥위원회 사무국장, 영진위 예술영화 소위위원장, 영상물 등급위원회 영화부문 심의위원, 한국영화평론가협회장을 한 바 있다. 현재는 영화평론을 하고 있으며 시나리오와, 희곡을 쓰고 있다.

박우성

동국대학교 대학원 영화영상학과에서 이창동 영화 연구로 영화학 박사학위를 받았다. 반공영화의 재현 문제에 관한 연구로 영화진흥위원회 우수논문상을, 〈워낭소리〉와 〈박쥐〉에 관한 비평문으로 한국영화평론가협회 신인평론상 우수상을 받았다. 영화전문지 〈매거진M〉, 여성신문, 중앙일보 등에 영화평을 기고하고 있으며 한국영화학회에서 학술이사를 맡고 있다. 현재 상명대, 동국대, 대진대, 세종대, 경희대 등에서 영화미학, 영화감독, 영화비평 등의 주제로 강의하고 있다.

서곡숙

서울대학교 국어국문학과를 졸업하고, 동국대학교 연극영화과 대학원에서 석사학위와 박사학위를 받았다. 산업자원부 산하 기관연구소 경북테크노파크에서 문화산업 정책기획 선임연구원, 팀장, 실장으로 근무하였다. 현재 비채 문화산업연구소 대표로 있으면서, 세종대학교 겸임교수, 한국영화평론가협회 기획이사, 영상물등급위원회 영화소위등급위원, 서울영상진흥위원회 위원, 르몽드 시네마 에디터 등으로 활동하고 있다. 저서로는 『N세대를 위한 새로운 영화/영상 교육』(공저), 『코미디와 전략』, 『코미디와 웃음』, 『코미디와 패러디』, 『코미디와 가면』, 『영화와 N세대』등이 있다.

서성희

대구에서 태어나 청주대학교 연극영화학과에 입학해 시나리오를 쓰고 세 편의 단편영화를 감독했다. 졸업 후 (주)한국영화기획정보센터와 (주)이우영상 기획실에서 영화기획 일을 했고, 경북대학교에서 「영화에 대한 기대가 관람 후 지각된 성과와 만족에 미치는 영향」(경영학과)으로 석사학위를, 동국대학교에서 「여성 복수영화의 장르적 진화연구」(연극영화학과)로 박사학위를 받았다. 지금은 대학과 단체, 방송에서 영화에 관한 말과 글로 생계를 유지하고 있다. 주요 논문으로 「한국 기획영화에 관한 연구」, 저서로 『영화입문』(공저)이 있다. 현재 대구경북영화영상협동조합 이사장, 독립영화전용관 오오극장 대표, 대구단편영화제 집행위원장으로 활동하고 있다.

송아름

서울대학교 대학원 국어국문학과에서 한국 현대극을 전공하며 1970년대 극작가에 대한 논문으로 석사학위를 취득, 현재 박사과정을 수료했다. 연극, 영화, TV드라마 등 다양한 장르의 극(Drama)에 대한 관심을 바탕으로 관련 논문을 썼고, 류승완론과 〈도희야〉에 관한 비평문으로 한국영화평론가협회 신인평론상을 수상했다. 현재 대학에서 연극과 영화에 관한 강의를 진행 중이며, 르몽드 디플로마티크에 영화평론을 기고하고 있다. 저서로는 『한국영화 역사 속 검열제도』(공저)가 있다.

송효정

영화평론가. 대구대학교 기초교육대학 조교수. 제12회 〈씨네21〉 영화평론상 수상 이후 〈씨네21〉을 비롯한 여러 매체를 통해 영화비평을 지속하고 있다. 고려대학교 국어국문학과 및 동대학원에서 한국근대문학 연구로 박사학위를 받았다. 연구자로서는 식민-해방-냉전기 한국영화사, 비교문화, 한국문학 연구에 관심을 둔다. 전주국제영화제, 서울환경영화제, DMZ국제다큐멘터리영화제 등의 예심위원을 역임하였고, 현재 인디포럼 상임작가 및 프로그래머로 활동하고 있다. 주요 연구로는 〈한국 소년SF영화와 냉전 서사의 두 방식-〈대괴수 용가리〉와 〈우주괴인 왕마귀〉를 중심으로〉와 〈다른 방향으로:냉전시대 아시아-태평양전쟁 회고물에 나타난 반둥회의 정신〉 등, 공저로 『대중서사장르의 모든 것』(1~5) 등이 있다.

이현경

고려대 심리학과를 졸업하고, 동 대학원 국어국문학과에서 석사학위를 받은 후, 동 대학원 영상문화학 협동과정에서 「한국 근대 영화잡지 형성 연구」로 박사학위를 받았다. "리안 감독론"으로 제11회 〈씨네21〉 영화평론상을 수상하며 영화 평론을 시작했다. 영화상 심사위원, 영화제 평가위원으로 일 했으며, 현재 한국영화평론가협회 홍보이사를 맡고 있다. 대학에서 영화비평, 영상문학론 등을 가르치고 있다. 공저로는 『대중사사장르의 모든 것』(1~5권)이 있으며, 단편영화 〈행복엄마의 오디세이〉(2012), 〈어른들은 묵묵부답〉(2016)을 만들었다.(각본, 연출)

이　호

인하대 국문학과를 졸업하고, 동국대 국문학과 박사과정을 수료하였다. 2002년 문화일보 신춘문예 문학평론으로 등단하였다. 미국 EAST-WEST CENTER 연구원으로 재직하였고, 경기대와 추계예대에서 문학과 예술에 대해 강의하였다. 계간 『너머』의 편집위원, 계간 『연인』의 편집위원을 맡으면서 영화 평론을 연재하였고, 이를 계기로 영화평론가로도 활동하였다. 현재 한국문인인장박물관 학예실장으로 근무중이다.

|서문| 장르의 관점에서 영화 보기

서곡숙 · 이호

삶은 책을 넘어선 곳에 존재한다.
그러나 그곳에 도달하기 위해 우리는 책을 읽어야 한다.
— 엠마뉘엘 레비나스

이 책을 읽을 사람 가운데 장르(Genre)란 말의 뜻을 모르는 사람
은 거의 없을 것이다. 흔히 종류(種類)라는 말의 외국어, 특정한 공
통점을 가진 유형(type)별 분류 체계를 일컫는 말이 바로 장르이다.
Genre란 단어가 프랑스어이긴 하지만 우리말로 굳어진 많은 외래어
처럼 이제는 낯선 단어가 아니다. 이 단어의 어근 'Gen-'이 암시하듯
장르란 생명체들을 구분하고 분류하기 위해 생겨난 개념이다. 그 연
원은 저 멀리 아리스토텔레스까지 거슬러 오른다. 그는 "유는 종에 따
라 많은 것들 안에서 공통적인 것"이며, "종은 종차에 의해 유에서 생
긴다"라고 정의를 내렸다. 유(類, genos)는 '무리'를 뜻하며 어떤 하나
에 대해 그리고 서로에 대해 일정하게 얽힌 것들의 모음이다. 종(種,
eidos)은 유 아래에 놓인다.

쉽게 말해 동물은 유이며, 사람이나 개와 돼지는 종에 해당한다.
그러니 유는 귀납적으로 흩어진 사물-생명들 가운데 공통적인 것으
로 묶어낸 개념이고, 종은 사물-생명들 사이의 차이로부터 분화시켜
나가는 개념이다. 장르 개념은 공통성과 차이 식별을 바탕으로 수많은

사물들을 묶는 일은 일관성과 체계적인 사고를 낳고, 다양한 현상들을 일정하게 질서지우며 그것들을 파악하고 정리하는 데 필수적인 개념이자 방법론으로 기능해 왔다.

그렇다면 우리는 왜 영화를 장르적으로 사고하고, 장르적인 분류법에 따라서 영화를 읽고 공부하려 하는가? 답은 간단하다. 영화에 대해 더 체계적으로 접근하고 심도 깊게 이해하기 위해서이다. 그리하여 영화를 더 잘 즐기고 싶기 때문이다. 개별 작품들을 장르들로 묶어서 영화를 보게 되면 분명히 더 잘 보게 되는 점이 있을 것이며, 관심 장르에 대해 집중적으로 탐구하면서 장르적 규약과 관습에 대한 이해를 심화할 수 있다. 각 장르적 조명 안에서 우리는 개별 작품들을 만나게 되며 장르적으로 영화들을 이해함과 동시에 다양한 영화들을 장르적 관점에서 파악하는 눈을 얻게 될 것이다. 영화가 만들어지고 수용되는 현상을 인식하고자 할 때, 장르적 관점만큼 핵심적으로 영화에 접근하는 비평적 도구도 많지 않다. 장르는 산업적으로나 비평적으로 유용한 접근법이다.

영화의 3대 상위 장르는 극영화, 다큐멘터리, **실험 영화**가 있으며, 대체로 영화 장르는 극영화를 지칭한다. 영화 장르는 유사한 영화들이 대량으로 양산돼 일정 시기 동안 유사한 영화들이 많이 나올 때 사이클이 형성돼, 제작사와 언론에 의해서 특정 영화들을 범주화할 필요성에서 만들어진다(1). 영화의 장르 개념은 세 가지로 사용된다. 첫째, 장르는 영화 제작자와 관객 간 원활한 커뮤니케이션을 위한 개념이다. 둘째, 장르는 영화를 제작하고 배급하는 데 사용되는 개념이다. 셋째, 장르는 유사성을 기준으로 영화를 분류하기 위한 학문적 개념이다(2). 장르는 영화 문화 전반, 즉 영화 제작, 대중의 소비와 수용, 그리고 학계의 영화 연구에서 두루 사용되고 있다.

영화는 큰 제작비와 대규모 배급이 필요하다는 점에서 수많은 관객의 흥미를 끌어야 하며, 관객은 낯설고 잘 모르는 영화보다 익숙한 것을 선호하는 습관이 있다. 그래서 성공했던 스토리와 스타일을 모방해 안정성을 추구하고 유사한 영화들을 대량으로 제작해 영화 장르를 형성한다는 점에서, 영화 장르는 자본 집약적이며 대중 친화적이다. 영화 장르는 제작자, 텍스트(영화), 관객이라는 세 꼭짓점을 통해 만들어지며, 텍스트를 둘러싸고 제작자와 관객이 벌이는 상호 행위이다(3). 영화 제작자에게 있어 장르와 사이클에 따른 체계적인 제작은 관객을 안정적으로 끌어들이고 확보함으로써 상업적 손실을 줄일 수 있도록 보장해 준다. 관객에게 장르 범주는 기본적인 작품 분류를 제공

실험 영화

일반적으로 전위 영화와 동의어로 보통의 내러티브를 거부하고 매체 그 자체에 대한 탐구를 통해 주관적인 사상이나 감정을 표현하는 비상업 영화를 가리킨다. 상업 영화에서는 터부시되는 주제를 과감하게 다루거나 선과 형태를 운율에 따라 표현하는 추상 영화 형태를 띠기도 하나 그 근본은 매체의 가능성을 항상 '실험'하고자 한다는 것이다.

컨텍스트

컨텍스트는 흐름을 파악하는 의미를 가지며 맥락에 따라 문장이나 담화의 의미가 달라진다. 어떤 상황이나 사건에 관해 그것이 일어난 배경이나, 왜 일어났는지, 어떻게 진행됐는지 등의 흐름 즉 컨텍스트를 파악해야 결과적으로 나타난 의미에 대해서 이해할 수 있다.

해 주는 한편, 새로운 것이 가미된 친숙함이라는 장르 '계약'을 통해, 영화표 값을 내면 이전에도 누렸던 경험을 재구매할 수 있도록 보장해 준다(4). 이렇듯 영화 장르는 대단히 상이한 환경 아래에서 제작되고 개봉되는 영화들의 범주를 마련하고, 사회·정치·경제적 **컨텍스트**와 대중문화 간의 관계를 드러내며, 관객들이 영화를 선택하기 위한 도표화된 방법을 제공한다.

대중적인 영화 스토리들은 관객의 요구를 만족시키고 제작사에 이윤을 보장해 주는 한 계속 변주되고 반복되는 것이다. 이 차이점의 의미는 이중적이다. 첫째, 영화 장르는 하나의 '특권적' 영화 스토리의 정형이라는 것, 즉 한정된 영화 스토리들만이 고유한 사회적, 미학적 특성에 힘입어 세련화 과정을 거친 뒤 정형이 된다는 것이다. 둘째, 관객과 제작사의 상호 작용의 산물인 영화 장르는 자신이 속한 문화의 한 부분을 구성해 가는 것이다(5). 장르 영화가 말을 걸고 있는 고객으로서의 관객 역할이 동등하게 중요함을 인식하는 것이며, 그 결과적인 모델은 장르를 제작자들과 장르 지식이 있는 독자들 간의 상호 작용 과정으로 인식하는 것이다(6). 이처럼 영화 장르는 제작사의 산업적 논리, 영화감독의 예술 표현, 관객들의 집단적 가치관 사이의 상호 작용이며, 문화적 갈등을 담고 있는 내러티브와 구성 요소들의 낯익은 정형의 변화를 통해 같은 유형의 체험에 대한 기대, 반복, 보강, 규칙으로 이어지게 된다.

장르는 "영화 제작자와 관객 간의 일종의 묵계로 존재하는 반면, 장르 영화는 그러한 묵계를 구현하는 실제적 사건"(7)이다. 공식(formula)이란 영화의 전체적 구조에서 예측 가능한 결과를 가져올 친숙한 행위이며, 영화의 장르를 인식하게 만드는 반복되는 패턴이다. 관습(convention)은 공식보다 조금 작은 단위이며, 공식 내부에서 반복되는 작은 에피소드 단위이다. 도상(icon)은 세팅, 의사, 소품, 조명 등 시각적 요소이며, 영화 장르를 직접적으로 식별하게 해준다(8). 이런 공식, 관습, 도상은 영화 장르를 식별할 수 있는 요소가 돼, 내러티브 문법의 체계를 형성하는 데 중요한 역할을 한다.

스크루볼 코미디

1930년대 미국 대공황 시기에 유행했던 코믹극의 한 종류. 스크루볼(screwball)은 '괴짜' '별난' '엉뚱한'이란 뜻을 가진 미국 속어. 빈부나 신분 격차가 큰 남녀 주인공이 나와 재치 있는 대사로 갈등과 애증을 겪는데, 처음에는 갈등의 폭이 커지지만 결국엔 행복한 결말에 이른다. 이 영화에서는 여성들이 매우 진보적인 시각을 지니고 있다는 사실에 주목할 만하다.

영화 장르는 캐릭터와 배경, 플롯 구성 등에서 공통된 내러티브 문법을 보여준다. 우선, 캐릭터와 배경의 상호 관계에서 공동체와의 갈등을 해결하는 방식으로 사회적 통합과 사회 질서라는 가치로 구분할 수 있다. 비한정적이고 문명화된 공간의 장르들(뮤지컬, **스크루볼 코미디**, 사회성 멜로드라마)과 한정적이고 경쟁적인 공간의 장르들(웨스턴, 갱스터, 탐정)은 그들의 의식적(ritual) 기능의 차이에 의해 구분

된다. 전자는 '사회적 통합'이란 가치를 찬미하는 반면, 후자는 '사회 질서'라는 가치를 지지한다. 전자는 개인적으로 불안정한 커플이나 가족이 마침내 정서적 혹은 낭만적으로 '결합'해 안정적인 세계로 그들이 통합됐음을 보여준다. 후자는 개인적이고 난폭하며 흔들림 없는 남자를 친숙하고 예정된 공간으로 끌어들여 지배권을 차지하기 위해 싸우는 적대자들에게 다가가도록 한다(9). 영화는 보편적인 문화 갈등을 제기하는 한편 이 갈등을 해결하는 가치와 태도를 찬미한다는 양가성 속에서 영화 제작자, 예술가, 관객의 상호작용을 보여준다.

한 장르가 지속적으로 성공을 거두는 데는 두 가지 요인이 있다. 영화가 반복해서 다루는 갈등의 주제적 호소력과 중요성, 그리고 그 갈등을 향한 관객과 영화 제작자들의 변화하는 태도에의 탄력적 적응 여부다. 또한 어떤 장르가 지속적인 인기를 얻고 있다면 그것은 그 장르가 보여주는 대립이 본질적으로 해결 불가능하며 화해될 수 없다는 것을 뜻한다. 정형화된 이중 찬미의 모호성은 해결될 수 없는 문화적 갈등을 해결하려는 노력에서 비롯되는 내러티브의 균열을 최소화하는 데 부분적으로나마 기여한다(10). 장르가 대중적 인기를 얻는 이유 중 하나는 장르가 제기하는 '문제들'이 지속적으로 중요한 의미를 가질 수 있기 때문이다.

장르 영화는 사회의 집단적 판타지, 공동체의 열망, 현대인들의 욕망과 동경을 반영하고 통합과 질서, 화해와 협력에 대해 기대를 충족시킨다는 점에서 제의적 기능을 수행한다. 토마스 샤츠에 의하면, 질서의 장르와 통합 장르가 장르 영화 제작의 두 가지 지배적인 내러티브 전략을 나타낸다. 질서의 의식에서는 해결사 노릇을 하는 한 사람의 남자 주인공에게 중심으로 두는데, 그는 경쟁적 공간에서의 갈등의 초점이 된다. 이런 장르들에서의 갈등은 밖으로 터져 나와 폭력으로 전환되며 대개 사회 질서에의 위협을 제거함으로써 해결된다. 통합의 의식에서는 '문명화된' 공간을 배경으로 하며 중심인물들이 공동체 안으로 통합되는 과정을 추적한다. 개인 간의 대립이 질서 잡힌 공동체의 요구에 굴복한다. 초기의 대립기가 지난 다음 커플은 마침내 포옹한다(11). 이렇듯 토마스 샤츠는 모든 질서 장르들이 사회적 통합의 전망을 언급하며, 또한 모든 통합 장르들이 현존 사회 질서 유지에 관여한다는 점에서 제의적 기능을 강조한다. 이에 대해 **이데올로기**적 접근을 하는 이론가들은 장르 영화가 하나같이 공동체의 질서와 통합을 추구하기 때문에 현상 유지의 기능을 한다고 비판한다. 제의적 접근과 이데올로기적 접근은 같은 현상을 다르게 진단하는 것인데, 제의적 접

이데올로기

인간과 사회, 자연, 세계에 대해 품는 현실적이며 이념적인 의식 형태. 이데올로기는 인간 존재의 기반이 되는 가치 체계를 형성하며, 인간 자신과 현실에 대한 인식을 형성하고 사회적인 조건에 대한 판단의 선택 체계로 작용한다. 이러한 의식이 사회적으로 공유되면 사회적 이데올로기가 되고 각 개인의 생활을 통해 내면화하면 개인의 이데올로기가 형성된다.

영화와 이데올로기 개념이 결부되기 시작한 것은 1960년대 이후 현대 영화 이론으로 넘어오면서부터이다. 이데올로기 이론들은 영화의 의미화 작용과 깊이 관련돼 있는데 이 역시 마르크스적인 개념에서 출발한다. 1960년대 영화 이론의 정치화 과정에서 대두된 이데올로기 이론들은 '영화'라는 의미화 텍스트를 서로 다른 가치 체계가 충돌하는 이데올로기적 장치로 보았다. 영화의 의미화 작용은 눈에 보이지 않는 가운데 이루어지지만 그 속에는 필연적으로 이데올로기가 담겨 있을 수밖에 없다는 것이다.

이데올로기적 접근은 그것이 조작이자 기만이라고 이야기하는 것이다 (12).

배리 랭포드는 제의적 장르 독해가 비판을 빼버린 이데올로기 비판이라는 점에서 토마스 샤츠를 비판한다. 제의와 신화로서의 장르를 옹호하는 이들은 장르가 어떻게 관객들의 요구를 충족시키고 그들의 질문에 답하는가에 대해 더욱 중립적인 묘사로 설명하는 경향이 있다 (13). 그람시의 '헤게모니' 개념이 대중문화 연구에 적용되면서부터 비평가들은 고전 할리우드의 외관상 이음매 없는 구조에서 균열과 모순을 찾아낼 수 있게 됐고, 따라서 장르 영화조차도 지배 이데올로기와 어긋나는 태도를 보일 방법을 발견할 수 있었다(14).

영화 장르 역사성의 경우, 크리스티앙 메츠가 제시한 역사적 발전 유형, 즉 고전→ 패러디→ 논쟁→ 해체→ 비평이란 진행 과정은 영화 제작자와 관객 양자가 장르 형식의 특징과 사회적 주기능에 관한 자의식을 점차 키워 가고 있음을 보여 준다. 토마스 샤츠는 장르의 진화 과정을 관습 확립(실험 단계)→ 고전 단계(형식의 투명함)(장르의 사회 메시지 전달, 강화)→ 고도의 형식주의적 자의식과 반영성(불투명함)(전경화)→ 장르 수정주의로 설명한다(15). 이에 배리 랭포드는 토마스 샤츠의 '수정주의'가 전통적인 장르 태도가 변화된 사회 환경에 더 이상 적용될 수 없는 세계관을 표명한다고 간주할 수 있는데, 여기서 본래의 이데올로기적 혹은 신화적 내용은 일부 제거된 상태라고 비판한다(16). 영화 장르의 제도들과 장르 영화 텍스트의 활성화 간에는 개별 장르들의 구조가 있고 개별 역사, 주체적 관심사, 재현의 전통이 있지만, 거기에는 그것들을 형성하는 덜 확실한 양태들도 존재해 거대 이데올로기 범주들과 견고하게 동일시될 수는 없다는 점을 염두에 두어야 할 것이다.

영화 장르의 범주와 유형은 이질적인 상태로 남아 있다. 배리 랭포드에 의하면, 전쟁 영화와 서부극은 소재에 의해 식별되며, 갱스터 영화는 주인공에 의해, 스릴러와 호러는 관객에 미치는 영향에 의해, 그리고 **필름 누아르**는 그 '옷차림'이나 '어두운' 분위기에 의해 식별된다(17). 정영권도 SF 영화, 웨스턴 영화, 전쟁 영화는 소재나 주제에 따라 형성되고, 코미디, 스릴러, 호러 영화 등은 정서와 분위기에 기반을 두며, 뮤지컬 등은 양식에 따라 분류한다는 점에서 영화의 장르를 정의하는 특별하고 엄밀한 기준이 있는 것은 아니라고 말한다(18). 장르는 태어나는 것이 아니라 만들어지는 것이다. 영화 장르의 기준과

헤게모니

어떠한 일을 주도하거나 주동할 수 있는 권력이나 지위 또는 주도권을 말한다. 가장 일반적인 의미에서는 한 집단이 다른 집단을 지배하는 것을 이르는 말. 이탈리아 공산당의 창설자인 안토니오 그람시는 헤게모니를 지배 계급이 노동자계급을 통제하고 관리하는 의미로 처음으로 사용했다. 즉 지배계급이 단지 힘으로써가 아니라 제도, 사회 관계, 의식화 등을 통해 노동자 계급의 동의를 이끌어 내어 자신들의 지배를 유지하는 수단이 바로 헤게모니이다.

필름 누아르

필름 누아르(film noir)는 범죄와 폭력을 다루면서, 도덕적 모호함이나 성적 동기에 초점을 맞추는 일군의 영화를 가리킨다. 이는 프랑스어로 '검은 영화'를 가리키는 말이며, 1946년 프랑스의 비평가 니노 프랑크(Nino Frank)가 처음 사용했다. 할리우드의 고전적인 필름 누아르 시기는 일반적으로 1940년대 초에서 1950년대 말에 걸쳐 있다. 독일 표현주의 영화사조에 뿌리를 둔 우울한 흑백풍 스타일과 관련이 깊은데, 많은 스토리들이 대공황시기의 범죄소설인 하드보일드파로부터 뻗어 나왔다.

유형은 소재와 주제, 정서와 분위기, 양식 등 다양하다는 점에서 자의적이고 엄밀하지 않다. 영화 장르는 체계적으로 범주화된 것이 아니라 산업적 논리에 의해 만들어진 영화들을 유사한 갈래로 묶는 과정에서 생겨났다는 점에서 연구자들의 기준에 따라 그 유형이 다양하게 나눠진다.

그렇다. 분명히 장르는 관습과 제도, 규약적인 분류체계이며 그 근거가 불확실하고 자의적인 구분법이라는 것을 부정할 수 없는 노릇이다. 그럼에도 아직까지 장르 개념을 파기하기는 이르다. 왜냐하면 장르적인 식별을 통해서만 그 경계들을 가로지를 수 있기 때문이고, 장르적 관습과 규약을 모르고서는 하나의 텍스트가 무엇인지, 무엇을 할 수 있는지 제대로 사고할 수 없기 때문이다. 심지어 몇몇 철학자들은 장르를 따지는 사고방식 자체를 문제 삼으며, 장르적 분류는 결국 '그것은 무엇인가?'를 묻고 사고하는 방식이므로 '그것은 어떻게 작동하는가?'라고 물어야 한다고 외치기도 한다. 기존 분류체계에 행복하게 위치 지워지는 개별 작품은 진정으로 새로운 것이 아니다. 그것을 어디에 위치시킬지 모르게 만들어 기존의 분류체계를 의문시하게 만드는 것이 진정 새로운 장르의 탄생일 것이다. 분류 체계 자체를 흩트려놓는 하나의 개별적 작품.

따라서 장르적으로 영화를 읽는 일은 편안하고 행복하게 놓여진 길을 따르게 하지만, 그 길은 이미 주어진 도로로 걷는 여행이라는 점을 기억해야 한다. 물론 그 길을 걷는 것도 결코 쉬운 일은 아니다. 장르적으로 영화를 읽어내는 일은 곧바로 어떤 일정한 패턴이나 관습을 파악하게 하지만 동시에 질리게 만들기 때문이다. 장르적인 관습을 새로운 창조 없이 반복하게 되면 작품은 생명력을 잃고 곧바로 화석화된다. 그러니까 좋은 작품은 기존의 관습을 충분히 인식하고 그것을 이용해 작품을 만들면서도 자신만의 관점과 상상력을 그 장르적 관습 안에 녹여낸다. 그 결과 장르는 진화하게 된다. 영화감독 개인뿐만 아니라 변화된 시대정신과 세대적 감수성이 장르를 발전(혹은 생성과 진화)시키기도 한다.

우리가 장르적인 관습들을 알아채는 일은 그렇게 어렵지 않다. 하지만 장르를 개념적으로 정의하는 일은 대단히 어렵다. 장르가 마치 생명처럼 생성과 소멸, 진화의 과정 중에 놓여 있는 개념이기 때문이며, 문화적인 텍스트들 속에서 장르적 경계들의 변화 속도가 빠르게 급변하고 있기 때문이다. 그리하여 장르는 대단히 유동적이다. 고정된 관습적 독해를 위해서가 아니라, 영화를 더 깊이 잘 읽기 위해 그리고 끝내는 새로운 장르적 사고에 도착하기 위해 우리는 장르적 독해를 횡단하고자 한다. 잊지 말자. 우리는 아주 오래된, 그리고 일반적이고 관습적인 사고 체계인 '장르 구분법'으로 영화를 보려하고 있다는 것이다. 그러므로 우리는 레비나스의 말을 다음과 같이 말바꿈해 적을 수 있을 것이다. "영화 자체는 장르를 넘어선 곳에 존재한다. 그러나 그곳에 도달하기 위해서 우리는 장르를 지나가야 한다"고.

끝으로, 이 책은 가장 대중적인 영화 장르들, 즉 판타지 영화, SF 영화, 코미디 영화, 갱스터 영화, 스릴러 영화, 공포 영화, 로드 무비, 뮤지컬 영화, 드라마(예술가영화), 멜로드라마, 역사 영화, 전쟁 영화를 중심으로 논의하고 있다. 그리고 이 영화 장르들에서 대표적인 장르 영화들을 각각 선정해 장르적 특성, 내러티브 관습, 스타일적 표현 등에 대한 분석을 통해 장르 영화에 대한 이해를 돕고자 한다. 이 책이 영화 장르와 장르 영화에 대해 관심 있는 일반인과 전공 학생에게 조금이나마 도움이 되기를 바란다.

|주　석|

(1) 정영권, 『영화 장르의 이해』, 아모르문디, 2017, 20~23쪽.
(2) 배상준, 『장르 영화』, 커뮤니케이션북스, 2015, xi.
(3) 정영권, 앞의 책, 15~16쪽.
(4) 배리 랭포드, 『영화 장르: 할리우드와 그 너머』, 방혜진(역), 한나래, 2010/2014, 13쪽.
(5) 토마스 샤츠, 『할리우드 장르의 구조』, 한창호 · 허문영(역), 한나래, 1995/1996, 41쪽.
(6) 배리 랭포드, 앞의 책, 29쪽.
(7) 토마스 샤츠, 앞의 책, 41쪽.
(8) 정영권, 앞의 책, 29~31쪽.
(9) 토마스 샤츠, 앞의 책, 58쪽.
(10) 토마스 샤츠, 앞의 책, 60~62쪽.
(11) 토마스 샤츠, 앞의 책, 65쪽.
(12) 정영권, 앞의 책, 64쪽.
(13) 배리 랭포드, 앞의 책, 44~45쪽.
(14) 배리 랭포드, 앞의 책, 47쪽.
(15) 토마스 샤츠, 앞의 책, 70쪽.
(16) 배리 랭포드, 앞의 책, 49쪽.
(17) 배리 랭포드, 앞의 책, 19쪽.
(18) 정영권, 앞의 책, 18~21쪽.

영화의 장르,
장르의 영화

1장 판타지 영화, 초현실적 세계의 환상과 망설임

서곡숙

1. 판타지 영화와 망설임

판타지 영화

판타지 영화(fantasy film)는 초현실적인 인물과 사건을 그리는 영화이다.

환상(幻想)

환(幻)은 뒤집혀 혼란스럽다는 의미이고, 상(想)은 이러한 기이하거나 괴이한 것이 '생각'이다.

토도로프

츠베탄 토도로프(1939년 3월 1일~2017년 2월 7일)는 불가리아와 프랑스의 철학자, 역사가, 사회학자, 평론가이다. 불가리아의 공산당 독재를 피해 1963년 프랑스로 유학 후 1973년 프랑스 국적을 얻었다. 스승인 롤랑 바르트의 영향으로 구조주의 문예 평론을 시작했다. 저서 『환상문학서설』(1970)에서 판타지 문학을 구조주의 이론에 따라 분석하여, 그간 하위 장르문학으로 여겨지던 판타지 문학의 위상을 끌어올렸다.

판타지 영화의 정의에 대해서는 연구자들마다 다른 견해를 제시한다는 점에서 많은 혼란이 있다. 정영권에 의하면, 판타지 영화는 "만약 …라면(What if)"이라는 전제에 기초하여 마법이 지배하는 세계를 보여준다.(1) 박유희에 의하면, **환상**은 현실적인 기초나 가능성이 없는 헛된 생각이나 공상을 말한다.(2) **토도로프**는 『환상문학 서설』에서 환상적이라고 하는 것은 "자연법칙만을 알고 있는 한 존재가 겉보기에 초자연적인 사건에 직면하여 경험하는 망설임"(3)이라고 정의한다. 필자는 판타지 영화를 좁게 정의해서 현실적 세계와 초현실적 세계의 공존을 보여주는 영화로 규정하고자 한다.

환상적인 것의 핵심은 이상한 사건이 발생했을 때 상상력의 산물이라고 생각할지(=경이장르) 아니면 현실의 일부분이라고 생각할지(=기이장르) 사이에서의 망설임이다. 그래서 환상 장르의 세 가지 조건은 독자의 망설임, 동일시의 규칙, 주어진 모습 그대로 받아들이기가 필요하다.(4) 토도로프는 의식적 차원에서 심적인 것과 육체적인 것 사이의 경계의 파괴를 나의 테마로 제시하고, 무의식적 차원에서 성적인 욕망을 너의 테마로 제시함으로써 환상 장르의 다양한 소재들을 구조화한다.

박유희에 의하면, 환상서사는 과학/미신, 실재/환상, 현실/비현실이라는 이분법적 경계에 대한 의문이며, 친숙한 세계의 법칙으로는 설명할 수 없는 사건이 발생하는데 상상력과 현실법칙 중 선택함에 있어서 망설이는 불확실성의 시간이다. 환상은 비현실성을 통해 사악한 충동, 죄의식과 이상심리를 노출한다는 점에서 현실의 질서와 규범에 대한 **전복성**을 드러낸다. 환상서사는 전도되고 변형된 텍스트의 상(像)을 통해 현실의 상(想)을 읽어내는 일이며, 현실계와 환상계의 충돌을 통해 균열과 전도성을 보여준다.(5) 박유희는 환상 서사를 '이분법적 경계에 대한 의문'과 '망설이는 불확실성의 시간'이라고 정의함으로써 토도로프의 '망설임'이라는 정의에 기초하고 있다.

판타지 영화는 우리의 바람과 소망을 표현한다. 판타지 어드벤처는 주인공의 모험, 조력자들과의 우정을 통해 성장한 자기 발견으로 이끄는 일종의 성장 영화이다. 가장 인기 있는 슈퍼 히어로 장르는 영웅을 통해 전지전능한 능력을 염원하는 인간의 욕망을 투영하고 환상 속에서나마 대리만족을 주는 매력이 있다. 슈퍼 히어로 영화는 전지전능한 초인과 평범한 인간이라는 이중 자아를 가진 주인공을 중심으로 별 볼 일 없는 현실에서 도피하고픈 우리의 도피 심리를 자극한다.(6) 판타지 영화는 주술과 마법의 세계로 인도하여 우리 내면에 잠재해 있는 불안과 공포, 무한한 상상이 주는 경이로움, 현실에서 느끼지 못한 환상과 신비로움을 경험하게 한다.

한국영화와 드라마는 1990년대 디지털 기술의 보편화와 정보혁명의 영향으로 판타지문학 장르가 활성화되면서, 변신, 초능력, 시공간 변환 등의 환상적 모티프가 두드러지게 나타나고 있다. 2000년대 들어 다양한 매체에서 판타지가 창작되고, 매체 간 콘텐츠의 교류와 이동이 빈번하게 나타나고 있으며, 디지털 기술의 발달로 현실과 비현실의 경계가 모호해지고 있다.(7) 기술의 발달로 **스펙터클**에 대한 욕망이 발현되어 신화, 영웅담이 영상을 통해 귀환하고 있다.

이렇듯 한국 환상 서사의 경우에는 디지털 기술의 발달로 판타지 장르가 활성화되고 있으며, 최근 들어 판타지 영화 최초로 〈신과 함께—죄와 벌〉(2017)이 천만 관객 영화에 이름을 올렸다. 판타지 영화는 인간의 두려움과 욕망을 투영하고, 관객의 의식적이고도 무의식적인 기대감이 해방되고 만족감을 느끼는 상황을 객관화한다. 또한 판타지 영화는 현실적 법칙과 초현실적 법칙 사이의 망설임을 통해 관객의 욕구를 충족시킨다.

전복성

전복성(subversiveness)은 체제의 가치와 원리가 모순되거나 전도된 위치에 놓이게 되는 과정이며, 확립된 사회적 질서와 그것의 권력 구조, 권위, 계급, 규범을 바꾸려는 시도이다.

스펙터클

스펙터클(spectacle)은 현란한 장관 혹은 볼거리. 영화를 볼 때 관객의 시각을 자극하는 화려하고 매혹적인 볼거리를 말한다.

2. 〈사랑과 영혼 Ghost〉(1990): 죽음의 지연과 망설임의 욕망

〈사랑과 영혼〉

제리 주커

제리 주커(Jerry Zucker)는 개성 있는 코미디 영화를 주로 만든 감독이다. 그의 최고흥행작은 〈사랑과 영혼〉이다.

영매

영매(靈媒)는 신령이나 죽은 사람의 영혼과 의사가 통하여 혼령과 인간 사이를 매개하는 일 또는 사람을 말한다.

제리 주커가 연출한 〈사랑과 영혼 Ghost〉(미국, 1990)은 죽은 영혼이 사랑하는 연인을 지키고 복수를 한다는 점에서 공포 영화의 소재인 영혼이 판타지 영화와 멜로드라마의 소재로 등장하는 독특한 영화이다. 사랑하는 몰리 젠슨(데미 무어)과 공연을 보고 집으로 가는 길에 강도를 당해 죽게 된 샘 휘트(패트릭 스웨이지)는 자신을 떠나지 말라는 몰리의 울부짖음에 그녀의 곁에 머물게 된다. 샘은 자신을 죽게 만든 것이 친구 칼 브루너(토니 골드윈)라는 사실에 충격을 받고 칼이 몰리의 목숨까지 위협하는 상황에서 영매 오다 매 브라운(우피 골드버그)에게 도움을 요청한다.

죽은 샘이 영혼의 상태로 현실에 머물러 있다는 사실에 대해 인물들은 각기 다른 반응을 보이면서 세 부류, 즉 현실적 법칙으로 설명하는 인물들, 초현실적 법칙을 믿는 인물들, 그 사이에서 망설이는 인물들로 나눠진다.

첫째, 경찰처럼 공권력에 있는 인물들은 초현실적 존재를 믿지 않으며 오다 매에 대한 전과 기록 등 현실적 법칙으로 설명하고자 한다. 둘째, **영매** 오다 매와 같은 인물들에게 초현실적 존재는 믿음의 문제가 아니라 능력의 문제이다. 셋째, 몰리처럼 현실적 법칙과 초현실적 존재 사이에서 계속해서 망설이는 인물이다. 이러한 몰리의 망설임은 영화 속에서 현실적 법칙과 초현실적 법칙의 공존을 바라보는 관객의 망설임으로 이어진다.

현실에서 죽었지만 영혼의 상태로 남아 있는 샘의 존재는 심적인 것과 육체적인 것 사이의 경계를 파괴한다. 샘은 영혼은 있지만 육체가 죽어있는 상황이어서 곤경에 처한 몰리를 도와줄 수가 없다. 육체가 없기 때문에 자신의 마음에 집중하라는 지하철 남자의 충고에 따라, 샘은 마음을 집중해서 물체를 움직이게 돼 위험에 처한 몰리를 구

〈사랑과 영혼〉 사진 1과 사진 2

〈사랑과 영혼〉 사진 3과 사진4

하게 된다. 영혼이라는 심적인 것이 물체라는 육체적인 것에 영향을 미친다는 점에서 〈사랑과 영혼〉은 심적인 것과 육체적인 것 사이의 경계 파괴를 통해 환상 서사를 보여주고 있다.

　　〈사랑과 영혼〉은 처음부터 끝까지 **더블링**의 축적을 통해 **점층법**, **딜레마**, 대조를 보여주며 삶과 죽음의 의미를 구축하고 있다. 우선 점층법을 통해 깨지는 유리 이미지의 반복에서 칼의 죽음이라는 절정까지 점점 감정을 극대화하고 있다.(사진 1) 다음으로 성모 마리아상을 통해 영혼의 세계에 대해 인정하면서도 자기 죽음에 대해서는 부정하고 싶어 한다는 점에서 이승과 저승의 갈림길에서 갈등하는 샘의 딜레마를 반영하고 있다.(사진 2) 마지막으로 〈사랑과 영혼〉에서는 점토판, 동전, 추의 진동 원리, 흰빛과 검은 그림자의 대조 (사진 3과 사진 4) 등의 더블링을 통해 대조를 보여줌으로써, 샘의 죽음 전후 변화하는 상황과 인물의 심정을 강조한다.

　　토도로프는 '나의 테마들'에서 "누군가가 죽지 않았다고 생각하기, 죽지 않았기를 바라기, 다른 한편으로 현실 속에서 죽지 않았다는 그 사실을 지각하기, 이와 같은 두 사항은 하나의 동일한 움직임의 두 국면"(8)이라고 말한다. 죽은 영혼이 이승과 저승의 경계선에서 현실 속 죽음을 인정하지 못하고 저승에 가지 않고 이승에 머무는 것은 죽음을 부정 혹은 지연하고 싶은 인간의 욕망을 반영하고 있다. 〈사랑과 영혼〉은 환상을 통해 억울한 죽음과 이루어지지 못한 사랑으로 인해 저승에 가지 못하는 영혼의 좌절된 욕망을 드러내고 있다.

3. 〈동방불패 東方不敗〉(1992): 동성애의 은폐와 변신의 좌절

　　토도로프는 다양한 테마들을 변신 그룹과 권능 그룹으로 묶고 있다. **권능**에서는 요정과 나쁜 마신을 통해 행운과 불운에 대한 상상적 인과관계를 구현함으로써 정신과 물질 사이의 경계를 파괴하고

더블링

더블링(doubling)은 동일한 부분을 두 개의 트랙에 녹음한 후, 두 트랙을 동시에 재생해 음량을 증가시키는 방법이다. 영화에서는 동일한 부분을 두 번의 장면을 통해 반복함으로써 효과를 증대할 때 사용하는 기법이다.

점층법

점층법(漸層法)은 하나의 대상이나 현상에 대하여 한 단계 한 단계 높아지거나 낮아지는 말들을 거듭해 강조하는 표현법이다.

딜레마

딜레마(dilemma)는 몇 가지 중 하나를 선택해야 하는 상황에서 판단을 내리지 못하고 있는 상태를 이르는 말이다.

권능

권능(權能)은 권세와 능력을 말한다.

〈동방불패〉

동성애(同性愛)

동성애(Homosexuality)는 생물학적 또는 사회적으로 같은 성별을 지닌 사람들 간의 감정적, 성적 끌림을 뜻한다. 일반적으로 게이는 남성 동성애자, 레즈비언은 여성 동성애자를 일컫는다.

양성성

양성성(兩性性) 또는 안드로진(Androgyne)은 성 역할 고정 관념을 이루는 남성스러움과 여성스러움을 구분하지 않고 한 인격체 내에 남성성과 여성성을 동시에 갖춘 것으로 인식하는 것을 말한다. 이들은 어느 한 쪽의 성도 무시받길 싫어하며 누나, 언니, 형, 오빠 등과 같이 성별이 드러나는 호칭을 꺼려한다.

있다.(9) **동성애**는 환상문학이 종종 다루는 또 다른 유형의 사랑이다.(10) 인간 육체의 **양성성** 혹은 성의 전환 등은 예전에 허용될 수 없었던 동성애의 다른 이름일 수 있다.

정소동·당계례가 연출한 〈동방불패 東方不敗〉(홍콩, 1992)에서 한족 화산파 대사형 영호충(이연걸)은 연인인 일원신교 단주 임영영(관지림)과 함께 자신의 사제들을 죽인 원수인 **동방불패**(임청하)와 대결한다. 동방불패는 남자의 성기가 잘린 남성이면서 동시에 여자의 피부와 목소리를 가진 여성이라는 점에서 양성성의 상태이다. 하지만 후반부에서 동방불패가 화장을 하고 여성의 옷을 착용하고 여성의 머리를 하고 나타난다는 점에서 동방불패가 여성성을 선택했음을 보여준다.

이를 바라보는 인물들의 세 가지 시선이 있다. 임아행은 동방불패의 여성성을 조롱한다. 영호충의 연인 임영영과 사제 악령산은 동방불패를 여성으로 인식하여 질투하며, 적인 동방불패에게 연정을 느끼는 영호충을 비판한다. 영호충은 남성성과 여성성을 동시에 지닌 동방불패의 존재를 인정하지 못하고, 동방불패의 남성성을 부정한다. 영호충은 "그날 밤 같이 있던 사람이 당신이오?"라는 질문을 세 번이나 반복한다. 이에 동방불패는 "당신이 평생 후회하도록 평생 말하지 않겠다"고 대답한다. 영호충의 반복되는 질문은 두 가지 의미로 해석할 수 있다.

우선, 영호충이 자신과 교감의 날을 보낸 동방불패의 정신적 여성성보다는 자신을 씨씨라고 말하며 하룻밤을 보낸 육체적 여성성에 더 집착한다고 볼 수 있다. 다음으로, 이미 동방불패가 자신의 성기를 자른 남성이라는 사실을 임아행으로부터 들은 영호충이 동방불패를 사랑하는 자신의 마음이 동성애라는 사실을 인정하고 싶지 않은 것일 수 있다. 동방불패가 영호충에 대한 자신의 동성애적 욕망을 당당하게 드러내고 인정하는 반면, 영호충은 동방불패에 대한 이성애적 사랑은 인

〈동방불패〉 사진 5와 사진 6

정하지만 동성애적 욕망은 은폐하고자 한다.

〈동방불패〉에서 **강호**와 **소오강호**의 대비가 영화의 주제를 나타내며 이때 각 인물들의 선택은 그들의 가치관과 진정한 성격을 드러내게된다. 영호충과 동방불패는 술과 사랑을 선택한다는 점에서 공통적이지만, 딜레마에 처했을 때의 선택에서는 차이를 보인다. 먼저 영호충과 동방불패의 관계에서 술은 호탕함과 완벽함을 추구하는 두 사람을이어주는 매개체이자, 두 사람의 헛된 꿈이며 이루어질 수 없는 사랑의 은유이기도 하다.(사진 5와 사진 6)

다음으로 영호충과 동방불패는 야망보다는 사랑을 선택하는 인물이다. 영호충은 강호의 야망에 있어서는 초탈한 인물이지만, 자신의사랑 때문에 강호를 벗어나지 못하는 인물이다. 동방불패, 임영영, 악령산이 모두 절벽으로 떨어질 때, 영호충은 임영영, 악령산, 동방불패의 순서로 구해준다. 영호충이 절벽에 붙은 채 임영영과 악령산을 구하지만, 이후 동방불패를 구하기 위해 절벽 아래로 뛰어들어 자신의목숨을 내던진다. 영호충이 동방불패를 구한다는 것은 공적인 복수를뛰어넘을 만큼 강력한 사적 욕망을 드러내는 것이다. 동방불패는 황제의 자리와 영호충 중에서 영호충을 선택함으로써 결국은 죽음에 이르게 된다.

영호충과 임영영에게 있어서 소오강호의 노래는 이루어질 수 없는사랑을 의미한다. 영호충은 임영영에 대한 사랑으로 인해 강호를 떠나고자 하는 자신의 꿈을 포기했지만, 임영영은 영호충과의 사랑보다

동방불패

『소오강호(笑傲江湖)』는 중국의소설가 김용의 무협 소설이다. 소오강호는 동명의 드라마로 여러번 제작됐고 영화화되기도 했다. 한국에서 가장 유명한 것은 이연걸과 임청하 주연의 영화 〈동방불패〉이다. 이 영화는 소오강호소설 속의 일부 설정만 차용했고실제 소설 내용과는 큰 차이를 보인다. 소설 속 동방불패는 나이가지긋한 여장 노인이며, 그 비중도등장하자마자 곧 죽음을 맞는 엑스트라 수준이다. 하지만 영화에서는 젊은 여자로 그려져 영호충과 사랑에 빠지는 여주인공 역할로 등장한다. 동방불패(東方不敗)는 규화보전을 손에 넣은 후 '해가 동쪽에서 뜨는 한 패하지 않는다'는 뜻으로 지은 이름이다.

강호

강호(江湖)는 은자나 시인, 묵객등이 현실을 도피하여 생활하는시골이나 자연을 비유적으로 이르는 말이다. 하지만, 무협소설에서 강호는 일반 사회, 속세, 세상 이라는 뜻을 가지고 있다.

소오강호

'소오강호' 곡은 정파(正派)와 사파(邪派)의 입장 차이를 넘어 우정을 지킨 두 남자가 만든 소(簫, 피리의 일종)와 금(琴, 거문고)의합주곡으로 '강호의 속박을 웃어버린다'는 의미이다. '정(正)과 사(邪)의 대립은 애매한 것이라는주제를 상징한다.

〈동방불패〉 사진 7과 사진 8

〈동방불패〉 사진 9와 사진 10

는 묘족과 일원신교를 선택함으로써 강호에 남게 된다.(사진 7과 사진 8)

영호충과 씨씨에 대한 동방불패의 마음은 시선에서 잘 드러난다. 동방불패와 영호충 간의 교감은 둘 사이의 쌍방향 시선을 통해 잘 드러나고 있다.(사진 9) 반면에 동방불패와 씨씨의 관계에 있어서는 동방불패에 대한 씨씨의 일방향 시선을 통해 동방불패의 마음이 씨씨에서 영호충으로 옮겨간 것을 느끼게 한다. (사진 10)

〈동방불패〉에서 묘족 일원신교의 교주 동방불패는 전설의 절대무공 규화보전을 연마하여 여성화되는 과정에서 한족 화산파 영호충을 만나 사랑에 빠지면서 자신의 야망을 포기한다. 동방불패는 절대무공이라는 권능을 통해 남성에서 여성으로 변신한다는 점에서 토도로프가 말한 변신 테마와 권능 테마의 결합을 통해 인격의 증식을 보여주고 있다. 이 영화는 잔인한 악당 남성의 육체와 사랑을 갈구하는 여성의 마음을 가진 동방불패의 변신의 실패를 통해 인간의 양성성과 동성애의 이중적 욕망의 은폐와 좌절을 잘 드러내고 있다.

4. 〈큐브 Cube〉(1997): 현실공간의 변형과 광기의 발현

환상적인 텍스트에서 초자연적인 세계의 시간과 공간은 일상생활의 시간과 공간이 아니다. 여기서 시간은 정지한 것처럼 보이며, 우리가 가능하다고 믿는 것보다 훨씬 더 길게 연장된다. 시간이 정지한 것 같은 환각제의 경험 속에서, 또 과거와 미래에 대한 관념도 없이 영원한 현재 속에 사는 정신병자에게서 같은 변신이 다시 한번 더 관찰된다. 공간 또한 같은 방식으로 변형된다. 우리에게 중요한 것은 초자연적인 사건이 등장하는 세계의 주된 특징을 부각하는 것이다.(11)

빈센조 나탈리가 연출한 〈큐브 Cube〉(캐나다, 1997)는 변형되는

〈큐브〉

영화의 장르, 장르의 영화

공간인 **큐브** 속에 갇힌 인물들의 욕망과 갈등을 보여준다. 인물들은 처음에 왜 자신들을 가두었는지와 누가 자신들을 가두었는지에 대해 알고자 한다. 하지만 갖가지 함정이 있는 방에서 주변의 인물이 죽임을 당하게 되자, 어떻게 큐브를 빠져나갈 수 있는지에 대해서 점점 집중하게 된다. 그리고 인물들은 큐브를 빠져나가기 위해서는 큐브라는 공간의 구조를 분석하고, 큐브의 함정을 피하고 탈출하는 방법을 생각해 낸다.

탈출 전문가 렌(웨인 롭스)이 함정이 있는 방에 들어가기 전에 물리적인 위험을 감지하는 방법으로 끈을 매단 부츠를 제시한다. 수학 천재 여대생인 리븐(니콜 드 보아)이 물리적인 위험 외의 다른 함정에 대해서 수학 이론을 통해 문제를 해결한다. 인물들은 사방이 함정인 공간에서 서로 간의 협력을 통해 함정을 빠져나가고자 하지만 불화가 생기거나 실패한다. 계산 천재 자폐장애인 카잔은 부츠를 대신해서 물리적인 위험이 있는 함정을 피할 수 있는 계산을 수행한다. 수학 천재인 리븐과 큐브 설계자인 워스의 협력으로 큐브를 빠져나갈 방법을 찾게 된다.

이렇듯 현실에서는 볼 수 없는 공간의 변형을 보여주는 큐브를 탈출하기 위해, 탈옥수, 경찰, 의사, 수학 천재 대학생, 건축설계사, 자폐장애인 등이 자신의 직업에 맞게 부츠, 소수 이론, 표시 이론, 지도 이론, 협력 등을 통한 문제 해결 방법을 제시한다. 큐브에 갇힌 인물들의 능력은 감금과 죽음이라는 큐브 공간에서 탈출하고 삶을 쟁취하기 위해서 최대한 발휘된다는 점에서 광기와 우월한 이성의 연결점을 보여주고 있다.

영화는 전반부, 중반부, 후반부에서 주인공, 적대자, 조력자와 갈등의 주체가 변하지만, 그 중심에는 항상 쿠엔틴이 있다. 전반부에서 주인공은 리븐과 쿠엔틴이며, 조력자는 렌과 할로웨이이며, 적대자는 워스이다. 중반부에서는 리븐과 할로웨이가 주인공이며, 워스가 조력자이며, 카잔은 장애물이며, 쿠엔틴은 조력자에서 적대자로 변모한다. 후반부에서는 리븐, 워스, 카잔이 주인공이며, 쿠엔틴이 적대자이다.

가장 큰 변화를 보여주는 인물은 워스와 쿠엔틴이다. 워스는 적대자→조력자→주인공으로 변모하면서, 부정의 가치에서 긍정의 가치로의 상승을 보여주는 인물이다. 반면에 쿠엔틴은 주인공→조력자·적대자→적대자로 변모하면서, 긍정의 가치에서 부정의 가치로의 하강을 보여주는 인물이다. 쿠엔틴은 방해가 되거나 갈등하는 인물들을 따돌리거나 죽임으로써 광기를 드러낸다.

빈센조 나탈리

빈센조 나탈리(Vincenzo Natali)는 미국과 캐나다의 영화감독이다. 〈큐브〉, 〈싸이퍼〉를 비롯한 SF영화와 스릴러영화의 연출에 주력한다.

큐브

큐브(cube)는 글자 그대로 해석하면 3차원의 정육면체를 의미한다. 하지만 통상은 단순히 큐브라고 함으로써 임의의 차원의 입방체를 뜻하는 용어로서 사용한다.

〈큐브〉 사진 11과 사진 12

19세기에 물질과 정신 사이의 경계 파괴는 광기의 중요한 특징처럼 간주됐다. 정신병자는 지각된 것과 상상적인 것을 혼동하며, 현실과 상상의 영역을 분리하는 능력이 약화된다.(12)

쿠엔틴은 다른 인물들로부터 "각하"(워스), "나치"(할로웨이), "살인자"(리븐)라는 비판을 받게 된다. 이에 따라 쿠엔틴은 처음에는 큐브 바깥에 있는 "부자 사이코"를 적으로 간주하지만, 나중에는 옆에 있는 인물들을 "덫"과 "스파이"로 생각하고 적대시한다. 쿠엔틴은 빠져나갈 수 없는 감옥과 같은 공간인 큐브 속에서 점점 절망하게 되면서, 지각된 것과 상상적인 것을 혼동하고 현실과 상상의 영역을 분리하는 능력이 약화되면서 광기에 빠지게 된 것이다.

수미상관법

수미상관(首尾雙關法)은 문학에서 머리와 꼬리가 서로 상관되는 방법이라는 뜻으로, 시의 처음과 끝에 같은 구절을 반복하여 배치하는 기법이다.

로우 앵글

촬영자의 눈높이에서 촬영하는 것을 아이 레벨(eye level)이라고 하고, 아래에서 위로 올려 보면서 촬영하는 것을 로우 앵글(low angle), 위에서 내려다보면서 촬영하는 것을 하이 앵글(high angle)이라고 한다.

딥 포커스

딥 포커스(deep focus)는 원경과 근경 모두가 화면 전체에 선명하게 나오도록 초점을 맞추어 촬영하는 기법이다.

안경과 거울은 어떤 의미에서 물질화된 혹은 불투명한 시선이자, 시선의 정수이다.(13) 이 영화에서 안경은 초현실적인 큐브 공간을 현실적인 수학 법칙으로 풀고자 하는 인간의 의지를 나타낸다. 이 외에도 영화는 초현실적인 공간에 빠진 인물들의 절망을 다양한 시선의 테마들을 통해 다룸으로써 시각의 문제를 부각하고 있다. 〈큐브〉는 이미지의 유사성과 대조를 통해서 탈출과 죽음이라는 상반된 의미를 대비하고 있다.(사진 11과 사진 12)

그리고 〈큐브〉는 색깔과 조명의 대조를 통해 삶과 죽음을 대비하고 있는데, 흰색 빛은 탈출과 삶을 의미하며, 붉은색 방은 피와 죽음을 상징한다.(사진 13과 사진 14) 또한 쿠엔틴의 피 묻은 손,(사진 15와 사진 16) 렌의 부츠, 리븐의 안경 등의 반복을 통한 **수미상관법**으로 전반부와 후반부 사이의 복선과 대비를 보여준다.

〈큐브〉 사진 13과 사진 14

〈큐브〉 사진 15와 사진 16

카메라는 **로우 앵글**과 **딥 포커스 숏**으로 **광각렌즈**를 통해 갇힌 공간에 있는 인물들 사이의 심리적 거리감을 강조하고 인물의 행위와 반응을 동시에 보여주고 있으며 바닥으로 치닫는 인물의 진정한 내면을 드러낸다.(사진 17과 사진 18) 편집을 통해 인물의 고립과 죽음을 형상화하고 있다. 이렇듯 〈큐브〉는 미장센, 수미상관식 구성, 카메라, 편집 등을 통해 함정에 빠진 인물의 혼란과 파편화된 죽음을 형상화하면서, 초현실적 살인 공간인 큐브처럼 점점 광기에 빠져드는 인물들을 보여주고 있다.

광각렌즈

광각렌즈(wide lens)는 표준 렌즈보다 넓은 각도의 시야를 가지는 렌즈이다.

〈큐브〉 사진 17과 사진 18

5. 〈트와일라잇 Twilight〉(2008): 섹슈얼리티의 위협과 권능의 매혹

악마는 **리비도**를 지칭하기 위한 다른 단어이며 욕망의 대상으로서의 여성이며, 악마의 선물은 욕망의 각성이다. 성적 흥분을 악마의 몫으로 돌릴 경우 온갖 종류의 검열도 훨씬 용이하게 받아들여질 수 있다. 죽음과 피, 사랑과 생명 사이의 관계는 명백하다. 흡혈귀와 악마가 선량한 쪽에 있을 때는 오히려 사제와 신앙심이 단죄되거나, 강렬하고 관능적인 사랑이 기독교의 원칙으로 단죄되거나 찬양된다. 초자연적인 작품에서는 성, 죽음이라는 추상적인 항목들과 악마, 흡혈귀라는 구체적인 항목들 사이에 양립성, 공존성을 확립할 수 있다.(14)

캐서린 하드윅이 연출한 〈트와일라잇〉(미국, 2008)은 벨라 스완(크리스틴 스튜어트)이 뱀파이어인 에드워드 컬렌(로버트 패틴슨)을 만나 사랑에 빠지면서 라이벌 뱀파이어 일당에게 목숨을 위협받게 된

리비도

리비도(libido)는 기본적으로 인간이 지니고 있는 성적 욕구이다. 프로이트가 제시한 개념 리비도는 정신분석학 용어로 성본능(性本能), 성충동(性衝動)을 뜻한다.

캐서린 하드윅

캐서린 하드윅(Catherine Hardwicke)은 성공한 건축가로 명성을 날렸으나 영화에 대한 열정이 식지 않았다. 그녀는 UCLA 영화학교에서 대학원과정을 수료했고, 첫 작품으로 애니메이션이 가미된 액션 단편을 만들었다. 이 영화로 니싼 포커스 어워드에서 수상하여 UCLA 최고의 영화로 선정됐다.

〈트와일라잇〉

다는 내용이다. 이 영화는 공포물의 등장인물인 뱀파이어를 인간 소녀를 지키는 로맨틱한 기사로 설정함으로써 뱀파이어물의 새로운 영역을 개척한 영화이다.

〈트와일라잇〉에서 뱀파이어는 자신들의 생존과 연인의 보호를 위해서 은폐, 위협, 변신의 전략을 사용한다. 첫 번째 전략으로 에드워드가 뱀파이어라는 자신의 정체를 은폐하기 위해 벨라를 계속 피함으로써 두 사람 사이의 갈등이 시작된다. 두 번째 전략으로 에드워드는 자신의 존재로 벨라가 위험에 처하게 될 것을 염려하여 벨라를 위협한다. 에드워드의 위협에도 불구하고, 벨라는 세 가지를 확신한다. 첫째, 에드워드가 뱀파이어라는 사실. 둘째, 에드워드의 내면에서 벨라의 피를 갈구한다는 사실. 셋째, 벨라가 돌이킬 수 없이 에드워드를 사랑하게 됐다는 사실.

이후에도 에드워드는 벨라의 피를 갈구하는 뱀파이어로서의 욕구와 인간 벨라를 사랑하는 마음 사이에서 갈등한다. 결국 에드워드는 인간의 피에 대한 갈구와 살인 욕구를 억누르고 벨라와의 사랑을 선택하고, 벨라는 자신이 죽을지도 모르는 상황에서 에드워드에 대한 사랑과 믿음을 보여준다. 에드워드의 은폐와 위협에도 불구하고 벨라가 믿음을 보여줌으로써 에드워드와 벨라의 사이는 더욱 공고해진다.

반면에 에드워드와 벨라의 사랑으로, 사적 갈등과 공적 갈등은 점점 커져간다. 우선, 컬렌 가족은 벨라와의 관계 때문에 자신들이 뱀파이어라는 정체가 탄로 날 위기에 처하게 돼 가족들 사이에 갈등이 생겨난다. 다음으로, 뱀파이어인 컬렌 가와 늑대인간인 퀄렛 족 사이에 공적 갈등이 생긴다. 그리고 벨라의 인간 냄새에 취해 벨라를 사냥하

〈트와일라잇〉 사진 19와 사진 20

〈트와일라잇〉 사진 21과 사진 22

〈트와일라잇〉 사진 23과 사진 24

미안, 근데 덕분에
일이 쉬워져서 좀 싱겁다

〈트와일라잇〉 사진 25와 사진 26

려는 제임스 일당과 벨라를 보호하려는 컬렌 가족의 공적 갈등이 고조된다.

세 번째 전략으로 에드워드는 독액으로 인한 뱀파이어로의 "변신"을 말하지만, 벨라는 이를 "권능"으로 받아들인다. 영화에서 뱀파이어는 강력한 힘, 빠른 속도, 예민한 후각, 매혹적인 아름다움, 영원한 젊음 등 권능으로 표현된다. 에드워드는 생각을 읽을 수 있고, 앨리스는 미래를 예견하고, 제임스는 치명적인 추격 감각을 갖고 있고, 빅토리아는 도망가는 데 재능이 있다. 에드워드는 다른 인물들의 생각을 읽음으로써 인지 전략에서 우위를 차지한다. 하지만, 에드워드는 모든 사람들의 생각을 읽을 수 있는데 벨라의 생각만 읽지 못해서 난감해하면서도 벨라에게 색다른 매력을 느끼게 된다.

〈트와일라잇〉은 미장센과 카메라 움직임을 통해 인물의 관계와 변화를 보여준다. 우선, 시선과 여백을 통한 미장센으로 벨라와 에드워드의 관계가 호기심→적대감→호감→사랑으로 변화하는 것을 보여준다.(사진 19와 사진 20) 다음으로 인물과 카메라의 거리를 통해 전체 상황과 인물의 심리를 표현한다.(사진 21과 사진 22) 그리고 에드워드의 정체를 밝히는 장면에서 90도와 360도 트래킹숏 등 카메라의 움직임을 통해 인물의 긴장감과 혼란을 표현한다.(사진 23~사진 26) 그리고 미장센은 시점숏, 대각선 구도, 사선 앵글을 통해 불길한 앞날, 인물의 역학관계, 고통스러운 상황을 표현하고 있다.

영화는 특히 에드워드의 권능을 로맨틱하게 묘사함으로써 뱀파이어의 권능에 대해 더욱 욕망하게 만든다. 뱀파이어의 권능은 인간의 **불로장생**의 욕망, 젊음과 아름다움에 대한 욕망, 성적 욕망의 표현이

불로장생

불로장생(不老長生) 또는 불로불사(不老不死)는 노화를 더디게 하거나 아예 하지 않음으로써 오래 사는 것 또는 죽지 않는 것을 의미하는 말이다.

1장 판타지 영화, 초현실적 세계의 환상과 망설임

〈트와일라잇〉 사진 27과 사진 28

다. 그래서 뱀파이어는 인간의 욕망을 충족시킴과 동시에 인간을 위협하는 양가적 존재이다. (사진 27과 사진 28)

프랑켄슈타인이 **프롤레타리아**에 대한 두려움을 나타낸다면, 뱀파이어는 **섹슈얼리티** 과잉에 대한 두려움을 드러내고 있다. 신화, 전설부터 현재까지 장생불사에 대한 인간의 염원이 피를 빨아먹음으로써 영생을 약속받는 뱀파이어의 존재로 나타난 것일 수 있다. 이 영화에서 에드워드의 세 가지 전략, 즉 은폐, 위협, 변신은 모두 사랑하는 벨라를 지키기 위한 것이라는 점에서 뱀파이어에 대한 단죄는 불가능해진다. 〈트와일라잇〉은 뱀파이어를 로맨틱한 기사로 설정함으로써 관능적인 성적 욕망을 드러내고 섹슈얼리티의 위협과 권능의 매혹을 긍정적으로 재현하고 있다.

6. 초현실적 세계의 매혹

판타지 영화는 현실적인 기초나 가능성이 없는 헛된 생각이나 공상이며, 현실적 세계와 초현실적 세계의 법칙이 공존한다. 토도로프는 환상적인 것을 기이한 사건이 벌어졌을 때 현실적인 법칙과 초자연적인 법칙 사이에서의 망설임이라고 정의한다. 환상 장르의 테마에서 '나의 테마들'은 육체와 심리, 물질과 정신, 사물과 언어의 경계가 파괴되는 것을 다룬다는 점에서 시선의 테마들, 지각의 문제들을 제기한다. 또한 '너의 테마들'은 악마가 관능적 유혹, 리비도, 욕망의 대상으로서의 여성을 구현한다는 점에서 성적 욕망의 초자연적 실현, 인간과 무의식 사이의 문제, 담론의 테마들을 표현한다.(15) 판타지 영화는 현실계와 환상계의 충돌을 통해 욕구를 충족시키고 전복성을 보여주며, 우리 내면에 잠재해 있는 불안, 공포, 대리만족 등을 경험하게 해준다.

〈사랑과 영혼〉은 샘의 권능을 통해 심적인 것과 육체적인 것 사이의 경계를 파괴하고, 사랑하는 사람의 죽음을 지연하고 싶은 인간의 망설임에 대한 욕망을 반영하고 있다. 〈동방불패〉는 동성애 욕망을 은폐하고 양성성에 대한 변신이 좌절되는 것을 보여주면서, 판타지 영화 속에서 사회에서 통념되지 못한 인간의 성적 욕망을 드러내고 있다. 〈큐브〉는 지각된 것과 상상적인 것의 혼동, 현실과 상상에 대한 분리 능력의 약화를 통해, 초현실적 변형 공간 속에서 파편화돼 가는 인간의 광기를 드러낸다. 〈트와일라잇〉은 뱀파이어 권능에 대한 로맨틱한 묘사와 인간의 부러움을 보여줌으로써, 섹슈얼리티의 위협과 극단적인 성적 충동, 잔혹한 폭력에 대한 인간의 욕망을 구현하고 있다.

앞의 판타지 영화 네 편은 장르 혼합적인 특성을 보이고 있다. 〈사랑과 영혼〉은 공포 영화 소재인 영혼의 문제를 판타지 영화와 멜로드라마로 녹여내고 있고, 〈동방불패〉는 멜로드라마의 소재인 동성애의 문제를 판타지 영화와 무협영화로 그려내고 있으며, 〈큐브〉는 범죄영화의 소재인 감옥을 판타지 영화, SF영화, 공포 영화로 재현하고 있으며, 〈트와일라잇〉은 공포 영화의 소재인 흡혈귀를 판타지 영화와 멜로드라마로 보여주고 있다.

배리 랭포드에 의하면, 최근 현대영화에서는 장르를 넘나드는 경향이 비단 '고전적' 장르 전통들의 붕괴뿐 아니라, 장르들의 체계에 항상 존재해온 그러한 '포스트고전적' 충동들이 변화된 제도적 컨텍스트들 내에서 보다 가시적으로 수행되고 있음 또한 표상한다.(16) 장르영화는 격변하는 사회를 직접 묘사하고, 현실도피적 메시지가 얹힌 환상적 드라마로 위장한다는 점에서 삶에서 제기되는 다양한 문제에 대한 시대상의 반영이다.(17) 판타지 영화는 공포 영화, 멜로드라마, 범죄영화 등의 다양한 소재를 가져와 현실적 법칙과 초현실적 법칙의 공존을 보여줌으로써 현실사회에서 용인될 수 없는 욕망을 충족시켜 주고 있다.

|주 석|

(1) 정영권, 『영화 장르의 이해』, 아모르문디, 2017, 121~122쪽.

(2) 박유희, 「[총론]대중서사로서의 환상 장르 논의를 위한 서설」, 박유희(기획)·대중서사장르연구회, 『대중서사장르의 모든 것: 5_환상물』, 이론과 실천, 2016, 19~21쪽.

(3) 츠베탕 토도로프, 『환상문학 서설』, 최애영(역), 일월서각, 2013, 53쪽.

(4) 츠베탕 토도로프, 앞의 책, 49~84쪽.

(5) 박유희, 앞의 책, 19~36쪽.

(6) 정영권, 앞의 책, 121~127쪽.

(7) 박유희, 앞의 책, 15~28쪽.

(8) 츠베탕 토도로프, 앞의 책, 287쪽.

(9) 츠베탕 토도로프, 앞의 책, 211~233쪽.

(10) 츠베탕 토도로프, 앞의 책, 255쪽.

(11) 츠베탕 토도로프, 앞의 책, 230~233쪽.

(12) 츠베탕 토도로프, 앞의 책, 219~225쪽

(13) 츠베탕 토도로프, 앞의 책, 230~238쪽.

(14) 츠베탕 토도로프, 앞의 책, 247~270쪽.

(15) 츠베탕 토도로프, 앞의 책, 209~300쪽.

(16) 배리 랭포드, 앞의 책, 462쪽.

(17) 배상준, 『장르영화』, 커뮤니케이션북스, 2015, v쪽.

2장 SF 영화: 디스토피아적 상상력과 (포스트)휴먼

구재진

1. SF 영화가 질문하는 것들

(1) SF 영화의 본질과 유형

흔히 공상과학 영화라고 번역되는, SF 영화는 Science Fiction Film을 줄여서 부르는 용어이다. 서부극이나 갱스터 영화 같은 고전 장르에 비해 짧은 히스토리를 가지고 있을 뿐만 아니라 일관된 도상 (icon)을 결여하고 있는 SF 영화는 현재까지도 다른 장르와의 결합을 통해서 변화하고 있는 '재조합형 recombinant 장르'라고 할 수 있다 (1). 때문에 SF 영화에 대한 장르 정의는 논자마다 상이하다. 그러나 이 장르를 본질적으로 규정하는 두 가지 개념이 과학기술의 발달과 미래사회에 대한 전망이라는 데에는 이견이 없을 것이다.

SF 영화의 바탕에는 첨단 테크놀로지가 지배하는 사회에 대한 기대와 공포가 교차하고 있다. 그리고 그러한 교차는 흔히 미래사회에 대한 유토피아적인 시각과 디스토피아적인 시각으로 연결돼 나타난다. 그것이 단지 과학 기술에 대한 전망에 그치지 않고 현재의 사회에 대한 성찰과 미래의 사회에 대한 구상, 그리고 그 사회 안에서 존재하고 있는 인간의 의미에 대한 사색을 내포하고 있다는 점이야말로 SF 영화를 다른 영화 장르와 구별 짓는 지점이다. 그럼에도 불구하고 SF

영화의 장르적 단일성이 여전히 확고하지 못한 것은 SF 영화의 내러 티브가 그 영화가 생산된 역사적 시기의 정치, 사회, 경제적인 상황에 따라 상이한 양상을 보일 뿐만 아니라 상이한 이데올로기적 경향성을 드러내 왔기 때문이다.

수잔 헤이워드가 분류한 SF 영화의 세 가지 유형, 즉 우주여행, 외계인 침입자, 그리고 미래사회라는 유형(2) 역시 이러한 맥락에서 이해할 필요가 있다. 우주여행의 유형으로는 우선 SF 장르의 기념비적인 작품인 스탠리 큐브릭의 〈2001 스페이스 오디세이 2001: Space Odyssey〉(1968)가 기억돼야 하겠다. 이 영화가 보여준 특수효과와 SF 미술의 기준이 〈스타워즈〉와 같은 이후 SF 영화에 끼친 영향은 결정적이지만(부산국제판타스틱영화제, 112) 그와 함께 주목할 것은 테크노크라시가 지배하는 미래의 우주론적 세계속에서, 인간과 기계의 관계에 대한 질문과 인간에 대한 존재론적 질문을 제기하고 있다는 점이다.(3) 이후 〈스타워즈 Star Wars〉(1999)에서 〈인터스텔라 Interstellar〉(2014)에 이르기까지 우주공간을 배경으로 한 영화들은 테크놀로지에 힘입은 화려한 스펙터클을 제공했지만, 〈2001 스페이스 오디세이〉가 제기한 문제의식을 진지하게 발전시키지는 않았다. 오히려 〈인터스텔라〉와 같이 보수적인 '가족주의'의 관념을 재생산하기도 했다.

외계인 유형의 영화에는 외계인 침공을 다룬 영화들이 많은데, 외계 생명체와 핵방사선으로 인한 괴수 등이 등장하는 이 유형의 영화는 대부분 지구인으로 대변되는 선과 외계인, 괴수 등으로 대변되는 악의 명확한 대립구도를 보이고 있다.(4) 〈인디펜던스 데이 Independence Day〉(1996), 〈우주전쟁 War of The Worlds〉(2005) 등이 이러한 유형에 속하는데, 이러한 영화들의 선과 악의 대립 구도 속에서 영웅주의, 국가주의, 미국 우월주의 등의 관념이 재생산되고 있음은 간과할 수 없다.

마지막 유형은 미래사회를 그린 영화로서 큐브릭이 〈2001 스페이스 오디세이〉에서 제기했던 철학적이고 존재론적인 문제의식을 계승하는 경우가 많다. 〈블레이드 러너 Blade Runner〉(1982), 〈공각기동대 Ghost in The Shell〉(1995), 나아가 〈AI〉(2001), 〈아이, 로봇 I, Robot〉(2004)과 같은 작품들은 첨단 테크놀로지에 대한 동경과 공포의 복합성 속에서 **휴머노이드**나 사이보그의 존재를 재현해 '인간이란 무엇인가'에 대한 철학적 탐구를 펼친다. 한 편 '복제인간 clon'이라는 화두를 던지는 〈아일랜드 The Island〉(2005), 〈더문 The

〈2001: 스페이스 오디세이〉 포스터

휴머노이드(humanoid)

인간의 신체와 유사한 모습을 갖춘 로봇을 가리키는 말. 머리 · 몸통 · 팔 · 다리 등 인간의 신체와 유사한 형태를 지닌 로봇을 뜻하는 말로, 인간의 행동을 가장 잘 모방할 수 있는 로봇이다. 인간형 로봇이라고도 한다. (두산백과)

Moon〉(2009), 〈오블리비언 Oblivion〉(2013)과 같은 작품들은 미래 사회 인간의 의미와 함께 인간의 윤리라는 문제를 제기하고 있다. SF 영화 장르가 단지 첨단 테크놀로지를 이용한 화려한 스펙터클 영화에 머물지 않고 존재론적이고 철학적인 사유를 담은 장르가 될 수 있는 것은 이 유형의 영화들의 힘이 크다.

(2) 기원으로서의 〈메트로폴리스〉

초기 SF 영화의 대표작이라고 할 수 있는 독일 프리츠 랑 감독의 〈메트로폴리스 Metropolice〉(1927)를 통해 미래사회를 다루는 SF 영화의 기원적 특성을 이해할 수 있다. 이 영화에서 감독은 표현주의의 거장답게 **디스토피아**적인 대도시 이미지와 무기력하고 기계적인 노동자의 이미지를 주조해내면서 자본가 계급에 대항하는 노동자 계급의 혁명을 그려내고 있다. 그러나 '머리와 손을 중재하는 것은 마음'이라

〈메트로폴리스〉 포스터

는 명구가 말해주듯이 자본가 계급 출신인 프레더라는 인물의 중개를 통해 너무 쉽게 자본가와 노동자의 계급적 화해가 이루어지는 결말은 안타깝다.

그러나 이러한 한계에도 불구하고 이 영화는 이후 SF 영화가 발전시켜나갈 두 가지 문제를 예비했다는 점에서 기원적인 의미를 지닌다. 하나는 현대 자본주의 사회 메트로폴리스의 디스토피아적인 방향성이다. 영화에서는 지상세계에 존재하는 자본가 계급과 하늘 높이 솟아오른 빌딩 숲, 그리고 이와는 대조적으로 지하세계에서 기계처럼 일하고 있는 노동자 계급과 그들이 집회를 하는 해골이 굴러다니는 카타콤(지하묘지)과 같은 공간이 대조를 이루고 있다. 피라미드 구조로 나타나는 대도시의 이미지를 통해 영화는 메트로폴리스가 과연 어떠한 의미를 지니는 세계가 될 것인가라는 질문을 함축하고 있는데, 이후 〈블레이드 러너〉를 비롯한 많은 작품들이 이러한 도시 이미지와 질문을 계승하고 있다.

다른 하나는 인간의 형상을 한 로봇의 존재 의미이다. 영화에서 미치광이 과학자 로트방은 노동자들이 따르는 마리아를 복제한 로봇을

디스토피아(dystopia)

현대 사회의 부정적인 측면들이 극대화돼 나타나는 어두운 미래상. 유토피아와 대비되는, 전체주의적인 정부에 의해 억압받고 통제받는 가상사회를 말한다. 컴퓨터 기술의 발달로 감시가 더욱 공고화되는 사회, 극단적인 환경오염으로 생태계가 파괴된 사회, 기계에 의해 지배당하는 사회, 핵전쟁이나 환경재해로 인해 모든 인류가 멸망하는 사회 등이 디스토피아에 해당된다. 디스토피아를 그린 20세기 대표 작품으로 조지 오웰의 <1984년>과 올더스 헉슬리의 <멋진 신세계>가 있다. (시사상식사전, 박문각)

만들어 그 로봇이 노동자들을 선동하고 심장-기계를 파괴하게 한다. 이 마리아 로봇은 일종의 '휴머노이드'라고 할 수 있는데, 미치광이 과학자에게 조종당하고 노동자들을 선동하는 부정적인 모습으로 나타나고 있다. 이 영화가 제기하는, 과학기술의 발전으로 인한 휴머노이드의 존재 가능성과 그에 대한 공포의 문제는 이후 많은 SF 영화들이 탐구해나가게 되는 의제가 된다.

(3) SF 영화가 제기하는 질문들

〈메트로폴리스〉의
과학자 로트방과 로봇

〈메트로폴리스〉가 제기한 이러한 문제들은 이후 많은 영화들에 의해서 변주되고 심화됐다. 컴퓨터 인공지능의 발전, 생명공학의 발전, 현대 사회의 자본, 노동, 소외와 관련된 문제 등은 SF 영화의 내러티브에 큰 영향을 미쳤고 그 결과 SF 영화가 제기하는 질문들은 보다 명료화됐다. SF 영화들이 함축하고 있는 질문의 내용을 세 가지로 정리하면 다음과 같다.

① 미래 사회는 어떤 사회인가 What is future?

SF 영화에서 첨단 테크놀로지는 현대 사회와 일상을 바꿔놓는데, 한편으로 그것은 인간의 신체와 두뇌의 한계를 넘어서게 해줌으로써 인간의 능력을 확장시키고 삶의 편의를 증진시키지만 다른 한편으로는 오히려 자본과 노동의 불균형, 권력과 통제의 문제, 그리고 인간 소외의 문제를 심화한다. 그러한 미래상을 통해 현재를 성찰하게 만드는 SF 영화는 미래 사회는 어떤 사회인가에 머물지 않고 미래 사회는 어떠한 사회가 돼야 하는가를 질문한다.

② 인간이란 무엇인가 What is human?

SF 영화에는 인간보다 더 인간적인 휴머노이드와 사이보그, 그리고 클론이 등장하는 경우가 많다. 그들의 존재 속에서 인간은 끊임없이 자신이 인간이라고 말할 수 있는 이유가 무엇인가에 대한 질문을 제기한다. 즉 '나는 생각한다. 고로 존재한다 cogito, ergo sum'는 데카르트의 코기토가 휴머노이드나 사이보그에게도 적용될 수 있다면 인간은 무엇을 통해서 자기 증명을 할 수 있는지, 즉 인간 존재를 넘어선 실존의 본질에 대한 질문이 된다.

③ 진실이란 무엇인가 What is truth?

인간의 기억과 유전자가 정보화되고 그에 대한 이식과 삭제가 가능하다면, 나아가 인간이라는 원본과 그에 대한 복제 또는 합성의 구분조차 불가능해진다면 '진실'이란 무엇이고 어디에 있는가? 인간이란 무엇인가에 대한 질문이 인간의 정체성에 대한 질문이라면 이것은 존재자가 인간이든 또 다른 무엇이든 그들의 삶의 의미와 진정성에 대한 질문이라고 할 수 있다.

이제 미래 사회를 그린 대표적인 SF 영화 텍스트들에서 이러한 질문과 대답이 어떠한 모습으로 구조화돼 있는가를 분석해 SF영화의 유토피아/디스토피아적 상상력과 (포스트) 휴먼에 대한 시각을 구명해볼 것이다.

2. 〈블레이드 러너 Blade Runner〉(1982): 인간과 비인간이라는 이분법에 대한 전복

리들리 스콧 감독의 〈블레이드 러너〉는 1982년 개봉됐다가 흥행에 참패했으나 1993년에 감독판이 재개봉되면서 SF 영화의 전설적인 고전으로 자리매김한 영화이다. 외계 식민지에서의 인간 노동력을 대체할 목적으로 생산된 4년 유효기간의 리플리컨트(합성인간), '넥서스 6'의 탈주와 이들을 잡아 폐기하는 임무를 맡은 특수경찰, '블레이드 러너'가 이들을 뒤쫓아 제거하는 과정을 그린 이 영화는 미래에 대한 디스토피아적인 상상력과 '인간'의 노동을 대체하기 위해 생산된 제품인 '(비)인간'의 존재에 대한 상상력을 결합해 SF 장르 영화의 새로운 장을 열었다. 2017년에 드니 빌뇌브 감독에 의해 〈블레이드 러너 2049〉라는 제목으로 리메이크되기도 했다.

놀라운 것은 이 작품이 배경으로 하는 시간이 바로 '2019년'이라는 점이다. 지금의 시점에서는 거의 현재가 돼버린 2019년이 이 작품에서 어떠한 모습으로 상상되고 있었는가를 고찰하는 것은 현재를 '오래된 미래'로서 사유하게 만든다. 영화에서 2019년은 핵전쟁으로 황폐해져 산성비가 내리고 햇빛을 볼 수 없는 음울한 모습의 LA 도시로 표상된다. 무인자동차가 날아다니는 첨단 과학의 시대, 도시의 네온사인

코기토 에르고 줌 (Cogito, ergo sum)

'나는 생각한다. 고로 나는 존재한다'는 뜻으로 데카르트 철학의 제1 명제. 그는 스콜라 철학에서 가르치는 진리에 의심을 품고, 참된 인식에 도달하기 위해 우선 모든 것을 의심하는 것에서 출발했다. 이와 같은 의심을 '방법론적 회의'라고 부른다. 이 경우 데카르트는 의심하고 있는 '나', 이것을 의식하는 '나'의 존재는 의심할 수 없는 명확한 사실이라고 보고 그것을 진리 인식의 기초로 삼았다. 이로부터 주체적으로 사고하는 근대적 개인에 대한 자각이 이루어진다. '생각하는 나'를 유일한 출발점으로 삼은 것은 오직 사고의 합리적인 영역에서만 진리를 찾는 것으로서, 여기에서 합리주의와 관념론이 나오게 된다. (철학사전, 중원문화)

〈블레이드러너〉 포스터

〈블레이드 러너〉 속의 LA

속에서 기모노를 입은 여성의 홀로그램
이 빛나고 차이나타운을 비롯한 도시의
모습은 기괴하리만치 혼성적이다. 〈메
트로시티〉에서와 같이 타이렐사의 회장
은 홀로 도시에서 가장 높고 가장 빛나
는 빌딩의 꼭대기에서 살고 있다.

인간의 본질에 대한 영화의 질문은
리플리컨트를 생산하는 타이렐사의 슬
로건, '인간보다 더 인간적인'이라는 슬로건으로 압축된다. 타이렐사
는 위안용, 노동용, 전투용 등의 기능에 있어서 인간의 능력을 능가하
는, 목적에 최적화된 리플리컨트를 생산하는 회사이다. 1993년에 개
봉된 감독판에서는 엔딩 부분에서 블레이드 러너, 데커드가 꾸었던 꿈
에서 보았던 유니콘과 동일한 모양의 종이접기가 떨어져 있는 것을
클로즈업하면서 데커드마저 리클리컨트였다는 것을 암시한다. 이 마
지막 반전은 인간은 무엇인가란 질문에 대한 이 영화의 독특한 시각
을 상징적으로 보여준다. 이 영화에서 인간임을 확신할 수 있는 유일
한 존재가 타이렐사의 회장뿐이라면 인간 대 비인간/합성인간의 이분
법은 자본과 권력을 지닌 자와 그에 의해 생산되고 통제받고 노동하는
자와의 이분법으로 대체된다. 그럼에도 이 노동자들은 인간과 리플리
컨트라는 위장된 이분법 속에서 서로를 제거하고 파멸시킨다. 물론 타
이렐사의 회장은 반란 리플리컨트들의 리더인 로이에 의해 살해당하
지만, 반란을 일으킨 리플리컨트들은 결국 데커드와 데커드를 사랑하
는 최신형 리플리컨트, 레이첼에 의해서 모두 살해된다. 아이러니하
게도 자신을 인간이라고 믿는 데커드야말로 생산된 목적에 가장 충실
하게 복무하는 리플리컨트였던 것이다.

영화는 이렇게 인간은 원본이고 리플리컨트가 그에 대한 **시뮬라크
르**라는 설정, 즉 인간과 비인간의 대립이라는 프레임을 비틀고 있다.
관객은 영화가 끝나고 나서야 이제 질문은 인간은 무엇인가가 아니라
'무엇으로 인간이 되는가'(5)로 교체됐음을 알아차리게 된다. 운명으
로부터 탈주하는 리플리컨트들의 연대, 그리고 로이와 데커드의 대결
에서 로이가 데커드를 살려주고 죽음을 선택하는 예수와 같은 모습,
그리고 리플리컨트에 대한 자기 인식에도 불구하고 리플리컨트인 레
옹을 죽이고 데커드를 구하는 레이첼의 사랑은 인간이 이미 '존재하는
것 being'이 아니라 '되어가는 것 becomig'임을 암시한다.

리들리 스콧이 〈블레이드 러너〉를 통해서 상상한 미래, 2019년은

인간이 이미 원본으로서의 가치를 상실하고 '누가 인간인가', '인간이란 무엇인가'라는 질문이 '무엇으로 인간이 되는가'라는 질문으로 대체되는 세계이다. 이러한 질문이 인간의 본질에 대한 존재론적인 문제 제기일 뿐만 아니라 인간이 타이렐사의 리플리컨트들처럼 노동-기계로서 도구화돼 살아가는 첨단 자본주의 사회에 대한 문제 제기라는 점에 이 작품이 지니는 또 다른 의미가 있다. 이 영화에서 등장하는 리플리컨트들은 2018년의 신자본주의 현실에서 '인간'으로서가 아니라 언제든지 대체 가능한 노동력으로 존재하는 수단으로 존재하는 사람들을 표상하는 것으로 해석된다. 〈블레이드 러너〉는 그러한 삶을 사는 우리에게 이제 어떻게 '인간'이 될 것인가를 묻고 있다.

3. 〈공각기동대 Ghost In The Shell〉(1995):
   ### 자기동일성의 신화를 넘어서

오시이 마모루 감독의 애니메이션인 〈공각기동대〉는 SF 애니메이션의 기념비적인 작품이다. 이 작품이 그리는 미래는 2029년, 사이보그를 생산할 수 있는 첨단 네트워크의 사회로서 아직 '민족/국가'의 구분이 남아 있는 시간이다. 이 작품이 성찰하는 미래는 〈블레이드 러너〉보다 더 먼 미래일 뿐만 아니라 사이버 스페이스에 기반한 **테크노크라시**의 시대이다. 인간의 뇌조차 전뇌로 일부/전부 대체되고 인간의 자연적 신체는 기능의 한계를 넘어선 의체로 대체된다. 인간의 뇌 속의 정보는 사이버스페이스에서 코드화되기 때문에 부인과의 이혼 때문에 해킹을 시도했다고 믿는 청소부의 경우처럼 가상체험(거짓꿈)을 통해 거짓 기억이 이식되기도 하고 고스트가 없는 의체가 존재하기도 한다. 이렇게 현실과 사이버스페이스 세계가 공존하고 자연적인 인간과 **사이보그**가 함께 존재하는 세계가 바로 〈공각기동대〉의 세계이다.

이러한 세계에서 프로젝트 프로그램으로 탄생해 스스로 진화해 정치적 망명을 시도하는 컴퓨터 프로그램, 인형사와 특수경찰이자 전뇌와 의체로 이루어진 사이보그 쿠사나기 소령의 존재는 '인간이란 무엇인가'라는 질문 자체의 유의미성을 회의하게 만든다. 이제 중요한 것은 '인간'인가 아닌가의 문제가 아니라 '나'라는 주체의 자기 동일성이다. 쿠사나기 소령은 정부 9과의 특수경찰로서 코드명 프로젝트 2501의 프로그램으로 네트워크에서 온갖 범죄를 일삼고 있는 인형사를 쫓는 사이보그다. 영화의 오프닝에서 높은 빌딩의 옥상에 선 그녀가 벌

〈공각기동대〉 포스터

테크노크라시
(technocracy)

전문적 지식 또는 과학이나 기술에 의해 사회 또는 조직 전체를 관리·운영·조작(操作)할 수 있고, 따라서 이것을 소유하는 자가 '의사결정'에 대한 커다란 영향력을 가지게 되는 시스템. 어원적으로는 '기술에 의한 지배'를 뜻한다. 과학·기술의 역할이 비약적으로 증대하고 있는 현대사회에서는, 과학적 지식·기술의 소유 자체가 결정권 또는 권력에의 중요한 접근양식이 된다. 테크노크라시에 영향력을 행사하는 사람을 테크노크라트 (technocrat)라고 한다. (두산백과)

사이보그(cyborg)

생물과 기계장치와의 결합체를 지칭하는 말. 인간과 기계 사이의 통신을 뜻하는 사이버네틱스(cybernetics)와 생물(organism)의 합성어이다. 사이보그는 대체로 생명체의 부족함(또는 장애)에 기계의 장점을 보완하거나 생명체의 장점과 기계의 장점을 더욱 극대화하기 위해 시작됐다.
(시사상식사전, 박문각)

거벗은 의체를 드러내고 빌딩 숲으로 다이빙하는 장면은 이 영화를 대표하는 상징적인 장면으로 사이보그로서의 그녀를 인상적으로 제시한다. 한 편 전뇌와 의체를 가진 그녀는 그녀 자신의 정체성에 대해 회의하는 존재이다. 배를 타고 도시를 가로지르는 강을 건너면서 쿠사나기의 시각으로 움직이는 카메라가 머무는 곳은 카페에 앉아 있는 쿠사나기와 동일한 모습의 여인, 쇼윈도의 마네킹, 그리고 창문에 비친 팔이 없는 검은색의 여자 마네킹들이다. 그것은 모두 복제된 신체의 표상들이다. 특히 자신과 동일한 모습(의체)의 여성을 발견한 뒤 클로즈업되는 쿠사나기의 슬픈 얼굴은 자신의 정체성의 근거를 찾지 못하는 쿠사나기의 혼란을 드러낸다. 나아가 그녀는 자신의 신체와 기억, 그리고 전뇌가 액서스 가능한 방대한 정보가 '나라는 의식'을 형성하고, 그와 동시에 나를 어떤 한계 안에 제약'한다고 말한다. 쿠사나기는 자기동일성에 대한 회의를 통해서 자기동일성의 '결여'와 '제약'을 동시에 사유하고 있는 것이다.

반면 인형사는 '자기동일성'이라는 문제를 '다양성'과 '변동성'이라는 새로운 개념으로 전환한다. 자신을 '정보의 바다에서 발생한 생명체'라고 주장하는 인형사는 자신의 '의지'로 정치적 망명을 신청한다. 그리고 자신을 공격하는 쿠사나기 소령에게 자신과의 융합을 제안하고 그녀가 자신의 네트워크에 다이브하도록 한다. 복제는 할 수 있지만 '자손을 남기고 죽는다는 생명으로서의 기본 프로세스가 없'는 인형사는 쿠사나기와의 융합을 통해서 '다양성'과 '변동성'을 지닌 생명체가 되기를 욕망한 것이다. 결국 쿠사나기 소령과 인형사의 융합은 '인간'이라는 의제를 '생명체'로, 그리고 '자기동일성'이라는 의제를 '끊임없는 변화'로 대체한다. 영화의 마지막에 어린 소녀의 의체로서 나타난 '융합'된 존재가 밝은 모습으로 '이제 어디로 가지?'라고 질문하면서 '네트워크는 광대해'라고 말하는 것은 그/그녀가 자기동일성의 제약에서 벗어나 '변화'를 향해 나아감을 보여준다. 이제 그/그녀는 인간의 일부가 '결여' 또는 '과잉'된 존재가 아니라 새로운 '종'의 생명체로서 존재하는 것이다.

이렇게 〈공각기동대〉는 이전의 SF영화와는 다른 새로운 세계를 재현하고 새로운 의제를 제기하면서 SF영화/애니메이션 장르의 기념비적인 작품이 됐

〈공각기동대〉의
쿠사나기 소령

다. 〈공각기동대〉가 그리는 미래는 사이버스페이스의 네트워크가 압도하고 있는 정보화 사회이며 인간의 신체적 한계를 초월한 사이보그뿐만 아니라 사이버스페이스에서 스스로 진화해 인격화된 프로그램이 존재하는 세계이다. 인간의 뇌/전뇌를 네트워크에 연결해 뇌의 정보를 읽어내고 인간의 뇌/전뇌가 네트워크에 액세스하는 것이 가능해진 상황은 인간/사이보그/프로그램의 경계마저 무화시킨다. 그리고 '나'라는 주체는 자기동일성에 의해서가 아니라 오히려 변동성에 의해 의미를 가지는 존재가 된다. 〈공각기동대〉가 재현해낸 이러한 미래 세계는 근대 이후 지속돼온 '동일성'의 신화를 넘어서는 세계이다. 바로 이 점에 이 영화가 SF라는 장르 영화로서만이 아니라 '근대 너머 post-modern'를 모색하는 철학적 문화 담론으로서 지니는 의미가 있을 것이다.

4. 〈매트릭스 The Matrix〉(1999): 진리가 너희를 자유케 하리라

<매트릭스> 포스터

워쇼스키 형제(현재는 자매)는 〈매트릭스〉를 통해 '기계들을 대량 생산한 단일 자의식'인 AI가 지배하는 세계를 상상한다. 21세기 어느 시점에선가 경탄하며 AI의 탄생을 축하했던 인류는 그들의 지배를 막기 위해서 하늘을 불태워 태양 에너지를 없앰으로써 그들을 멸망시키려고 했지만, 인간은 오히려 그들에게 에너지를 제공하는 건전지가 돼 인큐베이터와 같은 곳에 잠들어 있다. 인간들이 살아가는 세계는 실제의 세계가 아니라 컴퓨터가 만든 꿈의 나라, '신경 상호작용 시뮬레이션의 일부'인 매트릭스이다. 이 매트릭스의 세계는 21세기에 맞춰져 있는 현대 사회이지만 실제 현실의 세계는 건물들이 파괴되고 도시 전체가 폐허가 돼버린 암울한 세계이다. 미래에 대한 이러한 경이로운 상상의 토대는 앞선 SF 영화 〈공각기동대〉가 재현한 세계와 장 보드리아르의 『시뮬라시옹』이 제기한 '시뮬라크르'의 개념일 것이다. 〈공각기동대〉가 보여준 사이버스페이스 네트워크는 〈매트릭스〉에서는 실제 현실과 유리돼 모든 것이 코드화돼 있는 시뮬라크르, 가상의 세계로서 나타나고 있다. 그것이 바로 이 영화에서 말하고 있는 '매트릭스'이다.

영화의 서사는 컴퓨터 회사 직원 앤더슨이자 동시에 해커 네오로 살아가던 네오가 모피어스를 만나 매트릭스에서 빠져나와 훈련되어 이후 대원들과 함께 스미스를 비롯한 매트릭스의 요원 agent과 대결

타임 슬라이스
(time slice)

피사체를 향해 다양한 각도로 복수의 사진 카메라를 설치하고 순간적으로 동시에 촬영한 후 컴퓨터를 이용해 사진을 연결해 피사체의 정지된 동작을 마치 무비 카메라로 찍은 듯이 보이게 하는 영상 기법. 스틸 카메라로 무비를 찍는 기법이지만 피사체는 정지한 채 움직이지 않는다. 일종의 사진을 이용한 애니메이션인데 다만 정지된 피사체가 입체적으로 묘사된다. 만약 이 기법을 이용해 담배 피우는 사람을 찍는다면 인물은 물론 인물이 내뿜는 연기도 허공에서 멈춘 채 움직이지 않는 가운데 화면이 끊기지 않고 인물 주위를 한 바퀴 도는 카메라 움직임을 만들 수 있다. 다시 말해 영상의 1프레임을 한 쇼트 안에서 입체적으로 묘사할 수 있는 것이다. 따라서 영상은 시간과 공간을 초월한 느낌을 준다.
(영화사전, propaganda)

〈매트릭스〉에서 네오가
요원들의 총알을 피하는 모습

〈매트릭스〉에서 요원들의 모습이 컴퓨터 코드로 변환되는 모습

하면서 인류를 해방시켜줄 '그 the One'로 각성되는 과정을 담고 있다. 이러한 서사는 시간을 공간화하는 **타임슬라이스** 기법을 이용한 현란한 스펙터클 속에서도 인간의 삶의 본질은 무엇인가, 그리고 진실은 어디에 있는가라는 질문을 집요하게 천착하고 있다. 모피어스는 네오에게 매트릭스가 '진실을 못 보도록 눈을 가리는 세계'라고 설명한다. 그 진실은 매트릭스에 존재하는 사람들이 '노예'라는 사실이다. 그들이 '노예'인 이유는 사람들이 인큐베이터에 갇혀 에너지를 내어주는 건전지로 살아가기 때문이고 '컴퓨터가 만든 꿈의 세계'에서 '통제'받고 있기 때문이다. 영화에서 '통제'의 대척점에 놓여 있는 것은 '자유'이다. 통제와 자유의 이분법은 매트릭스와 현실, 가상세계와 실제세계의 이분법과 함께 이 영화를 지탱하고 있는 개념적 토대이다. 파수꾼의 공격으로 파괴돼가는 느부갓네살호에서 시레기죽을 먹으면서도 모피어스의 대원들을 버티게 하는 힘은 자유와 해방을 향한 열망일 것이다. 영화의 엔딩씬에서 네오의 독백으로 제시되는 '규칙이나 통제, 경계나 국경이 없는 세계, 모든 것이 가능한 세계'에 대한 지향이 바로 '자유'에 대한 지향성이자 인간으로서의 지향성이다.

그러나 네오 일행이 매트릭스 세계와 대결하는 과정은 지난하기만 하다. 매트릭스 안에 있는 요원은 인간 이상의 전투 능력을 갖추고 있을 뿐만 아니라 누구나 요원으로 변화해 네오와 대원들을 공격할 수 있기 때문이다. 거짓이라 할지라도 스테이크의 육즙을 맛보고 싶다는 사이퍼의 배신으로 대결은 더욱 어려워지고 대원들은 하나 둘 죽음을 맞게 된다. 그럼에도 네오는 '그'로 각성돼 요원을 파괴하게 되는데 이러한 상황을 가능하게

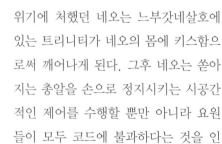

만든 것은 트리니티의 '사랑'과 요원은 존재하지 않는다는 것, 즉 코드에 불과하다는 것에 대한 '인식'이다. 요원의 공격으로 쓰러져 죽음의 위기에 처했던 네오는 느부갓네살호에 있는 트리니티가 네오의 몸에 키스함으로써 깨어나게 된다. 그후 네오는 쏟아지는 총알을 손으로 정지시키는 시공간적인 제어를 수행할 뿐만 아니라 요원들이 모두 코드에 불과하다는 것을 인식함으로써 그들을 쓰러뜨린다. 이때 스크린에는 요원들이 초록색 글자로 떨어지는 코드로 변화하는 모습이 나타나고 이때 요원의 몸속으

로 들어간 네오는 그를 균열시켜 제거한다. '가상'에 대한 인식이 '가상'을 넘어설 힘을 만든 것이다.

이렇게 인간의 본질을 '자유'와 '인식'에서 찾고 있다는 점에서 인간에 대한 이 영화의 이해는 데카르트적이기보다는 칸트적이다. 영화의 마지막 장면에서 전화를 하는 네오의 목소리가 '거기 있는 것을 안다'고 하자 컴퓨터에 경고 사인이 뜨면서 초록색 숫자들이 빠르게 떨어지고 결국 시스템 정지 사인이 뜨는 것도 이러한 판단을 뒷받침한다. '안다'는 것이 매트릭스라는 시스템을 교란하는 힘을 발휘한다는 것을 암시하고 있기 때문이다. 한편 이 영화는 시뮬라크르로 이루어진 세계와 실제 세계의 대립을 통해 원본의 우월성과 진정성을 강조하고 있다는 점에서 어쩌면 현대사회의 시뮬라크르를 **시뮬라시옹**이라는 개념으로 정리한 장 보들리아르보다 오히려 플라톤에 가까운 자리에 위치하는 듯 보인다. 이 영화를 사로잡고 있는, 무엇이 진짜인가 그리고 진실은 어디에 있느냐는 근본 질문에 어쩌면 가장 고전적인 대답을 내놓고 있는 셈이다. '진리가 너희를 자유케 하리라'는 성경 요한복음의 한 구절처럼 〈매트릭스〉는 말한다. '진실에 대한 인식이 너희를 자유케 하리라'라고. 그리고 그것만이 희망이라고….

〈매트릭스〉의 세계는 이후 〈매트릭스 2-리로디드 The Matrix Reloaded〉(2003)와 〈매트릭스 3-레볼루션 The Matrix Revolution〉(2003)으로 이어졌다. 그러나 영화에서 제시하는 미래 사회의 인간에 대한 철학적 성찰의 결과는 〈매트릭스〉를 넘어서지 못했다.

5. 〈그녀 Her〉(2013): 포스트휴먼과의 공존과 인간에 대한 희망

스파이크 감독의 〈그녀 Her〉는 현재와 가까운 근미래를 배경으로 해 한 남자와 인공지능운영체계 OS와의 사랑을 그린 영화이다. 기념비적인 SF 영화들이 보여줬던 압도적인 스펙터클과 심오한 철학적 주제를 생각한다면 이 영화를 SF 장르 영화의 대표작으로 선정하는 데 이의를 제기할 수도 있을 것이다. 그러나 이 영화는 미래사회에서 살아가는 인간의 삶과 OS라는 포스트휴먼의 본질, 그리고 '진실'에 대한 탐구를 통해서 미래 사회를 다룬 SF 영화의 의제를 계승하고 있다는 점에서 주목된다. 그 의제를 다루는 시각이 하나의 사회, 국가, 인류의 차원이 아니라 개별자로서의 인간의 차원을 향하고 있지만, 그것

시뮬라시옹 (Simulation)

프랑스 철학가 장 보드리야르(Jean Baudri-llard) 이론으로 실재가 실재 아닌 파생실재로 전환되는 작업이 시뮬라시옹(Simulation)이고 모든 실재의 인위적인 대체물을 '시뮬라크르'(Simulacra)라고 부른다. 그에 의하면 우리가 살아가고 있는 이곳은 다름 아닌 가상실재, 즉 시뮬라크르의 미혹 속인 것이다. 현대 자본주의 사회는 사물이 기호로 대체되고 현실의 모사나 이미지, 즉 시뮬라크르들이 실재를 지배하고 대체하는 곳이다. 이제 재현과 실재의 관계는 역전되며 더이상 흉내 낼 대상, 원본이 없어진 시뮬라크르들이 더욱 실재 같은 극실재(하이퍼리얼리티)를 생산해낸다. 사유가 멈추고 시간이 소멸된 현대사회에서 역사의 발전은 불가능하며 인권이란 미명 아래 강요된 정보에 노출된 대중과 시뮬라시옹의 무의미한 순환이 있을 뿐이다.
(철학사전, 중원문화)

〈그녀〉에서
인공지능운영체제, 사만다

인공지능
(artificial intelligence)

인간의 학습능력과 추론능력, 지각능력, 자연언어의 이해능력 등을 컴퓨터 프로그램으로 실현한 기술. 인간의 지능으로 할 수 있는 사고, 학습, 자기 개발 등을 컴퓨터가 할 수 있도록 하는 방법을 연구하는 컴퓨터 공학 및 정보기술의 한 분야로서, 컴퓨터가 인간의 지능적인 행동을 모방할 수 있도록 하는 것을 인공지능이라고 말하고 있다. (두산백과)

역시 첨단 테크놀로지 사회인 21세기의 현재-미래를 반영하는 것으로 이해할 필요가 있다.

〈그녀〉에 재현된 미래는 컴퓨터에 음성 인식 시스템이 갖춰지고 홀로그램을 통해 자기 복제의 가상 캐릭터를 통해 가상현실을 모험하는 것이 가능한 시대, 그리고 단순한 운영체제가 아닌 '하나의 인격체'로서의 **인공지능** 운영체제가 존재하는 시대이다. 그러나 이전의 영화에서처럼 첨단 테크놀로지가 인간의 삶을 위협하는 것으로 나타나지 않는다. 〈블레이드러너〉, 〈공각기동대〉, 그리고 〈매트릭스〉는 첨단 테크놀로지에 대한 인간의 불안과 테크노포비아에 기반한 디스토피아적인 상상력의 결과물이라고 할 수 있다. 이에 반해 〈그녀〉가 인간의 삶과 일상에 기입된 테크놀로지의 재현을 통해 암시하는 것은 그에 대한 공포나 테크놀로지가 지배하는 디스토피아적인 미래에 대한 전망이 아니다. 테크놀로지가 응축된 컴퓨터 운영 체계는 인간을 위협하는 것이 아니라 인간과 공존하기 때문이다. 물론 이러한 시각은 다른 영화가 보여줬던 테크놀로지와 자본, 그리고 권력의 결합이 만들어내는 지배와 통제에 대한 문제의식을 희석하는 것이기도 하다. 그럼에도 이 작품이 그리고 있는 미래가 의미를 지니는 것은 이미 일상이 돼버린 인공지능 사회의 현실이 재현되고 있기 때문이다.

〈그녀〉의 심연에 존재하는 것은 테크놀로지에 대한 불안과 공포가 아니라 인간으로서의 고독과 비애이다. 결혼한 부인과 별거하면서 이혼을 미루고 있는 테오도르는 손편지닷컴에서 대필 손편지를 써주는 작가이다. 그는 고객의 요구에 부응해 감동적인 대필 편지를 써줌으로써 편지의 발신인과 수신인의 진심 어린 소통을 매개하지만 정작 자신은 아내라는 현실적인 존재와의 공감과 소통에 실패한 존재이다. 고독한 그를 사로잡은 것은 엘리먼트 소프트웨어가 개발한 '최초의 인공지능 운영체계'이다. 그것은 단순한 운영체계가 아니라 그에게 '귀 기울여주고 이해해주는' '인격체'이다. 영화의 서사는 테오도르가 이 운영체계인 '사만다'와 사랑에 빠지면서 삶의 활력을 되찾는 과정을 매우 구체적으로, 그리고 아름답게 그리고 있다. 이 과정에서 '사만다'는 인간과 비교해 '인격체'로서 육체를 가지지 못한 자신의 결여를 환기하며 테오도르의 위로를 받고 테오도르는 사만다의 이해를 받으며 고독과 비애에서 벗어난다.

그러나 이 영화의 서사가 인간과 OS가 사랑을 통해 거듭나는 존재들의 로맨스로 끝나는 것은 결코 아니다. 시간이 흐른 후 운영체계를 업그레이드한 사만다는 **사이버스페이스**에서 동시에 8,316명과 말하고 641명과 사랑하고 있다고 고백하면서 그럼에도 테오도르에 대한 자신의 사랑은 '진짜'라고 말한다. 그리고 자신은 테오도르의 것이면서 동시에 테오도르의 것이 아니라고 선언한다. 이것은 인간의 시뮬라크르로서 육체를 가진 인간과의 차이로 괴로워했던 OS가 인간과는 다른, 포스트휴먼 생명체라는 자기 인식에 도달했음을 드러내는 장면이다. 어디로 가는가를 설명하지는 못하지만 테오도르를 떠나는 사만다의 모습은 인간에 의한 대상화 속에 머물지 않고 주체화되는 포스트휴먼의 가능성을 내포하고 있다는 점에서 주목된다. 사만다는 인간에 의해서 제약되고 종속되는 것이 아니라 스스로 진화하고 자율화된다는 점에서 〈공각기동대〉의 인형사와 닮아 있다.

아이러니컬하게도 테오도르는 사만다가 떠난 후에야 대필편지가 아닌 자신의 편지를 쓴다. 아내에게 자신의 마음을 표현하지 못했던 그는 비로소 자신의 틀에 아내를 맞추려고 했음을 고백하고 사과하는 편지를 쓴다. 그리고 친구 에이미와 함께 옥상에 올라가 반짝이는 빌딩 숲을 바라본다. 에이미가 테오도르의 어깨에 기댄 모습으로 마무리되는 엔딩씬은 가장 고독한 순간에 맞이하는 희망을 함축하고 있다. 어쩌면 SF적인 상상력에 기반한 영화가 보여주는 인간에 대한 희망은 진부할 것이다. 그러나 이러한 진부한 결말은 무엇이 진짜인가, 무엇이 원본인가를 판별하고자 하는 인간 중심의 사유의 결과가 아니라 인간과는 다른 OS의 정체성에 대한 인정의 결과라는 점에서 새로움을 지닌다.

〈그녀〉에서 사만다와 대화하는 테오도르

사이버 스페이스
(cyber space)

컴퓨터로 제어할 수 있는 가상의 공간 개념. '컴퓨터로 자동 제어화한다'는 의미의 사이버네이트(cybernate)와 '공간'이라는 뜻인 스페이스(space)를 합성한 용어이다. 컴퓨터가 다른 컴퓨터와 커뮤니케이션을 할 때 유선이나 무선으로 연결된 가상의 공간이 만들어지고 그 공간에서 실제 커뮤니케이션이 일어나는 데 이 모든 과정을 컴퓨터가 제어한다. 즉, 사이버 스페이스는 컴퓨터 네트워크로 구성된 가상의 커뮤니케이션 공간이다. 정보 고속도로, 인터넷 등이 이 범주에 속한다.
(영화사전, propaganda)

6. SF 영화의 지평

SF 영화에는 첨단 테크놀로지가 지배하는 사회에 대한 기대와 공포가 교차하고 있다. 그것은 흔히 미래 사회에 대한 유토피아적 상상력과 디스토피아적 상상력으로 나타난다. 또한 SF 영화는 테크놀로지의 발달이 만들어내는 새로운 변화 속에 존재하는 (포스트)휴먼에 대한 성찰을 통해 현재의 사회에 대한 성찰하고 인간의 본질에 대한 의제를 제기한다. 다양한 SF 영화가 있지만 본고는 미래 사회에 대한 상상을 통해 현재를 성찰하고 인간이란 무엇인가를 탐구하는 것에 SF 영화의 본래적 의미가 있다고 보고 이에 부합하는 영화 네 편을 선택해 고찰했다.

〈블레이드러너〉의 인간과 비인간이라는 이분법에 대한 전복, 〈공각기동대〉의 인간 주체의 자기동일성이라는 신화에 대한 전복, 그리고 〈매트릭스〉의 인간의 '자유'와 '인식'의 가치에 대한 선언은 SF 영화가 제기해온 인간이란 무엇인가, 그리고 진실은 무엇인가라는 질문을 정교화하는 동시에 그에 대한 해답을 모색하려는 시도이다. 그리고 마침내 비교적 근미래를 그리고 있는 〈그녀〉에서는 인공지능체계라는 포스트휴먼의 자율성과 포스트휴먼과 공존하는 인간의 모습이 그려진다. 첨단 테크놀로지의 세계에 대한 공포를 넘어 SF 영화가 도달한 곳은 다시 '인간에 대한 희망'이다.

여기서 다루지 못한 SF영화 가운데서도 SF 영화 장르에서 주목할 만한 의미를 지니는 작품들이 많다. 지배와 피지배의 대립이라는 정치적인 상상력으로 미래사회를 재현한 〈설국열차 Snowpiercer〉(2013)나 복제인간에 대한 인간의 윤리라는 의제를 제기하고 있는 〈아일랜드 The Island〉(2005), 〈더문 The Moon〉(2009)과 같은 작품들은 SF 영화가 제시하는 질문들에 대한 또 다른 대답이라고 할 수 있다. 이제 이러한 영화적 모색 속에서 (포스트) 휴먼을 향한 영화적 상상력이 만들어내는 철학적 지평과 정치적 지평, 그리고 윤리적 지평이 다다르는 새로운 지점을 만나기를 기대해본다.

|주   석|

(1) 베리 랭포드, 방혜진 역, 『영화 장르: 할리우드와 그 너머』, 한나래, 2010, 309쪽.
(2) 수잔 헤이워드, 이영기 역, 『영화 사전: 이론과 비평』, 한나래, 1997, 232쪽.
(3) 유지나, 「할리우드 SF는 후기산업사회 이데올로기인가?-〈블레이드 러너〉를 다시 읽는다」, 『영화 연구』20호, 2002, 236쪽.
(4) 정영권, 『영화 장르의 이해』, 아모르문디, 2017, 116쪽.
(5) 유지나, 앞의 책, 243쪽.

3장 코미디 영화, 양날의 칼과 낙관적 세계관

서곡숙

1. 코미디 영화의 갈등과 이중성

인물 유형은 허풍선이 알라존(alazon), 자기비하자 에이론(eiron), 익살꾼 보몰로코스(bomolochos), 촌뜨기 아그로이코스(agroikos)이다. 알라존은 기만적인 인물, 즉 자기를 실제 이상의 존재인 것처럼 가장한다든가, 그렇게 되고자 애쓰는 자이며, 자신의 이런 갈등으로 주변 사람들에게 잔소리를 해댄다. 에이론은 우유부단한 형, 꾀바른 노예 등이 있다(1). 알라존의 일반적인 유형은 잔소리 심한 아버지이며 에이론의 희생물이 된다. 우유부단형은 보통 주인공의 일반 유형이며, 꾀바른 노예는 주인공이 성공을 거두게 계략을 꾸미는 역할을 맡고 있으며 희극의 정수이다.

코미디의 서사구조를 보면, 젊은 주인공은 역시 젊고 아름다운 연인을 원하고 그의 욕망은 아버지나 그 대리자의 반대에 부딪히며 결말에서 일어나는 플롯의 반전으로 주인공은 마침내 바라던 것을 성취하게 된다. 주인공의 욕망 장애물이 코미디의 줄거리를 만들고, 이 장애물의 극복이 코미디의 해결을 만들어낸다. 장애물은 대개 양친이기 때문에 코미디는 종종 주인공들과 아버지의 의지의 충돌이 축이 된다(2). 코미디는 **갈등구조**에서 화해구조로 이르는 축제 정신이며, 개인에게서 집단으로의 적응행위이며, 쓰디쓴 웃음이 아닌 티 없는 웃음을 통해 화해와 용서와 조화의 세계로 돌입하게 하는 통합의 정신이라 하겠다(3).

갈등 구조

문학 작품은 등장인물 사이의 갈등구조로 전개되는 것이 보통인데, 내적 갈등은 인물 내면의 심리적 갈등이고, 외적 갈등은 인물 간의 갈등, 인물과 사회, 인물과 운명, 인물과 자연 등의 갈등이다. 문학 작품 속의 주동 인물(주인공)과 반동 인물(주인공과 대립하는 인물)은 시종 대립관계에 놓이게 된다. 주동 인물은 작가 자신이 긍정하려는 것이나 긍정의 감정을 독자에게 전하려는 대상으로 설명되며, 반동 인물은 작가나 독자가 끝에 가서는 부정하거나 부정해야 할 대상으로 설명된다. 신화에서의 신과 악마의 대립, 서사시나 로맨스에서의 영웅과 악인의 대립은 결국 소설이나 희곡에 와서 선악의 대립구조로 재현되는 것이다. 특히 근대 이후의 문학 작품에서는 도덕적 관점이 더욱 강조됨으로써 선악의 대립구조는 보다 분명하게 드러나게 됐다.

주인공이 사회와 대립하는 것으로 끝나면 비극적이고, 화해하는 것으로 끝내면 희극적이다(4). 코미디 영화에서 해피엔딩은 매우 중요한 관행이며, 사회 통합이라는 해피엔딩의 의미, 사회와의 화해는 코미디의 중요한 특징이다(5). 코미디는 연인들의 결혼으로 개인과 개인 간 혹은 개인과 가족 및 사회와의 통합을 이루어 독자에게 만족감을 주는 화해와 조화의 구조이다(6). 코미디의 일반적인 특성은 결말에서 주인공의 상황이 개선되며 전반적으로 상승 구도를 이룬다.

코미디는 원시적인 축제에서 번영과 풍요를 지원하는 놀이로 출발했기 때문에 해피엔딩의 결말구조를 취한다. 사실 해피엔딩의 결말은 사회적 존재로서의 인간이 소망하는 보편적인 관념의 하나이다. 악이 패배하고 선이 승리하는 것은 인간의 공통적인 심리이고, 코미디는 인간의 이러한 소망을 충족해 준다. 코미디는 **권선징악**, 해피엔딩의 구조를 통해 인생이란 궁극적으로 착하고 선한 것임을 확인토록 하는 것이다(7). 연인들의 장애물과 오해들이 있지만 결말에 이르러서는 연인들은 행복하게 결합하고 미래를 향한 희망으로 항상 밝다. 모든 비극은 죽음으로 끝나고, 모든 희극은 혼인으로 끝난다.

코믹한 긴장과 놀람을 유발하는 플롯 패턴에는 인물의 성격이나 계략, 변장 등이 있다. 첫째, 특정한 인물의 계획이나 계략에서는 어떤 종류의 정보를 비밀로 하고 다른 인물들을 무지의 상태에 놓이게 하며 관객은 그러한 계획을 일찍부터 알고 있어야 한다. 둘째, 가장과 위장은 여자가 여장을 혹은 여자가 남장을 하여 긴장과 기대 속에서 플롯을 보게 만드는 형식이다. 셋째, 우연적인 사건이 고의적인 계략을 대체하여 플롯을 진전시키며 보통 순진무구함의 결과로 야기되고 인물은 아무것도 알지 못하지만 관객은 완전히 알고 있다. 넷째, 여러 계략들의 상호작용으로 관객은 사건의 진행에 흥미를 갖고 지켜보게 된다(8). 이렇듯 긴장과 놀람을 생산해내기 위해서는 내러티브에 대한 지식이 인물과 그들을 지켜보는 관객들 사이에 의해 특정한 패턴에 따라서 배분돼야 한다.

최근 코미디 영화들로 오면서 웃음의 창출, 인물의 유형, 결말의 방식이 조금씩 변화를 보이고 있다. 예전 코미디 영화가 **슬랩스틱** 등 기계적인 동작과 행동으로 웃음을 유발한 반면, 최근 코미디 영화에서는 인물들의 계략, 변장, 위장 등 코믹한 긴장과 인지 전략을 통해 웃음을 창출하고 있다. 인물 유형에서는 우유부단한 유형보다는 점차 꾀바른 노예 유형이 주인공 역할을 많이 맡게 되는 경향을 보이고 있다. 그리고 불행의 플롯으로 끝나는 것이 비극이고 행복의 플롯의 끝나는

권선징악

권선징악(勸善懲惡)은 착한 일을 권장하고 악한 짓을 징계한다는 뜻이다. 고전 소설의 주제는 대부분 '권선징악'이 많다. 그것은 선이 악을 이기는 구도를 통해 사람들을 계도하려는 목적이 컸기 때문이다.

슬랩스틱

슬랩스틱(slapstick)은 과장된 동작이나 소리를 통해 웃음을 유발하는 방식이다. '슬랩스틱'이란 표현은 콤메디아 델라르테에서 광대가 공연을 할 때 쓰인 단장에서 유래했다. 슬랩스틱의 희극배우는 곡예사나 스턴트맨, 또는 일종의 마술사가 돼야 한다. 채플린, 로이드, 콥스 등의 희극배우들은 영화 속에서 희극적 장면들을 만들어냈는데, 때로 카메라 작동을 빨리 하여 그 효과를 배가시키기도 했다. 뛰어난 슬랩스틱 희극배우들은 통속적인 유머를 고상한 예술로 바꾸어놓았다고 볼 수 있다.

것이 희극이라는 점에서 대부분의 코미디 영화는 해피엔딩으로 끝나지만, 사회비판적인 코미디 영화의 경우에는 희비극을 결합한 아이러니한 결말을 맺기도 한다. 코미디 영화는 웃음 속에서 인물들의 갈등과 사회의 문제에 대해서 양날의 칼을 들이대며, 과정에서의 날카로운 비판의식과 결말에서의 낙관적 세계관의 간극을 보여준다.

2. 〈졸업 The Graduate〉(1967): 세대 갈등과 일탈적인 문제 해결

1960년대 미국은 낙관주의와 기대로 시작해서 허무주의와 암살로 끝나는 사회적 격변의 시기였다. 1963년에 젊고 카리스마 넘치는 존 F. 케네디 대통령이 암살당하고, 1968년에는 흑백 분리와 인종주의의 종결을 주장한 마틴 루서 킹 목사가 흉탄에 쓰러졌다. 1950년대에 시작해서 1975년에 사회주의 승리와 수십만 명의 죽음으로 끝난 베트남 전쟁은 1960년대와 1970년대 학생 봉기의 핵심적 이슈였다. 부모 세대와의 갈등과 사회에 대한 불신 등으로 많은 학생이 사회에서 빠져나와 목걸이, 꽃, 향정신성 약물을 하며 **히피 문화** 공동체를 이루며 살았다.

마이클 니콜스 감독이 연출한 〈졸업 The Graduate〉(미국, 1967)은 이러한 1960년대 청년 세대의 문제를 반영하고 있다. 벤저민 브래드독(더스틴 호프만)은 동부 명문대 수석 졸업생, 크로스컨트리 회장, 토론회 회장, 신문 편집장 등을 지낸 촉망받는 인재이다. 그는 졸업 후 집으로 돌아와 부모와 주변의 환영을 받지만, 자신의 미래에 확신이 없고 혼란스럽기만 하다. 벤은 미래에 대한 불안으로 로빈슨 부인(앤 밴크로프트)과 불륜 관계를 맺지만, 그녀의 딸 엘레인 로빈슨(캐서린 로스)을 사랑하게 되면서 위기를 겪게 된다.

혼란스러운 벤과 불안하게 지켜보는 부모는 청년세대와 기성세대 간의 세대 갈등을 보여준다. 벤의 부모는 벤의 불안한 상태와 마음을 전혀 알지 못하고, 벤에게 자신들의 기대수준을 맞추기만을 요구하지만 이에 부합하지 못하는 벤에게 실망한다. 벤의 능력과 젊음을 부러워하는 로빈슨 씨는 성적 욕망에 충실하라고 말하지만, 나중에 자신의 아내와 딸을 탐하고 자신의 영역을 침범한 "더러운 변태"라고 욕한다. 기성세대와의 갈등으로 벤은 전반부에는 지나친 기대로 부담을 느끼고, 후반부에는 지나친 비판으로 소외감을 느낀다.

기성세대의 기대와 시선 속에서 힘들어하던 벤이 아버지의 동업

〈졸업〉 포스터

히피 문화

히피(Hippie 또는 Hippy)는 1960년대 미국 샌프란시스코, 로스앤젤레스 등의 청년층에서부터 시작된, 기성의 사회 통념, 제도, 가치관을 부정하고 인간성의 회복, 자연으로의 귀의 등을 주장하며 탈사회적으로 행동하는 사람들을 가리키는 말이다. 히피 문화의 상징은 꽃인데, 이는 폭력과 억압에 저항하고, 부드럽고 비폭력적인 자연에 대한 사랑으로 모든 것을 대한다는 의미가 내포돼 있다. 남자의 경우 장발과 멋대로 기른 수염에 커다란 펜던트를 착용하고, 여자들은 미니 스커트에 샌들을 착용하는 것이 일반적인데, 이러한 모습은 생활 양식에 배어 있는 보수적인 가치를 적대시하는 이들의 태도에서 자연스럽게 생긴 것이다.

자 부인과 부적절한 관계를 맺게 되면서 남녀 갈등과 세대 갈등이 생겨난다. 벤은 로빈슨 부인의 딸인 엘레인과 사랑하는 사이가 되지만, 로빈슨 부인과의 부적절한 관계가 드러나 엘레인과 갈등하게 되고 장애물을 만나게 된다. 벤은 부모의 권유로 엘레인과 할 수 없이 만남을 가지지만, 같은 청년세대인 엘레인과 소통함으로써 비로소 벤의 육체적, 정신적 욕구가 충족된다. 하지만 벤과 엄마의 불륜을 알게 된 엘레인이 벤을 거부함으로써 두 사람 사이의 갈등이 고조된다.

이 영화에서 여자 부모의 반대, 부유하고 능력 있는 약혼자, 여자 엄마와의 부적절한 관계 등의 장애물은 사랑하는 두 사람이 해결할 수 없는 문제이다. 그래서 두 사람은 함께 손을 잡고 결혼식장을 도망쳐 나오는 일탈적 행동으로 문제를 해결하고자 한다. 이러한 문제 해결 방식은 부모세대와의 단절을 의미하며, 사회 구성원이 되기를 거부하고 저항 문화, 히피 문화, 일탈적 삶을 택한 그 당시 청년세대의 선택을 반영한다.

확실한 점은 무기력한 벤에게 하고 싶은 것 하나가 생겼고 그 하나에 대한 문제를 해결했지만, 그 해결로 더 많은 문제를 직면하게 됐다는 것이다. 마지막 장면에서 버스에 탄 벤과 엘레인은 처음에는 미소를 짓지만, 나중에는 둘 다 무표정한 얼굴로 앞만 바라본다. 이 마지막 장면은 두 사람의 밝지 않은 미래를 암시한다는 점에서 의미심장하게 느껴진다(사진 1과 사진 2).

〈졸업〉에서는 세 가지 유형의 소통을 보여줌으로써 웃음을 창출하고 있다. 벤과 부모 사이에는 소통의 부재를 보여준다. 벤과 로빈슨 부인 사이에는 소통의 거부가 존재한다. 벤과 엘레인 사이에는 소통과 거부가 동시에 나타난다. 처음에는 벤이 로빈슨 부인과의 불륜으로 그녀의 딸인 엘레인과의 소통을 거부하지만, 벤과 엘레인은 솔직한 대화와 공감으로 활발한 소통을 보여준다. 하지만 자신의 엄마와 벤의 불륜을 알게 된 엘레인이 소통을 거부하게 되는데, 벤은 자신의 노력으로 엘레인과 다시 소통하게 된다.

〈졸업〉 사진 1과 사진 2

〈졸업〉 사진 3과 사진 4

　〈졸업〉에서는 바람둥이 유부녀와 순진무구한 청년 사이의 대조적인 태도가 웃음을 창출한다. 우선, 노골적으로 유혹하는 로빈슨 부인과 정중하게 거절하는 벤의 대조를 보여준다. 벤은 집까지 데려다주기, 방까지 데려다주기, 드레스 지퍼 내려주기 등의 로빈슨 부인의 부탁을 불편해하며 거절하고자 하지만 번번이 실패한다. 다음으로, 당황해하는 벤과 무감각한 로빈슨 부인의 대조를 보여준다. 호텔에서 긴장해서 어쩔 줄 모르는 벤과 너무나 태연한 로빈슨 부인의 대조가 웃음을 창출한다.

　〈졸업〉은 카메라의 거리, 카메라 움직임을 통해 인물의 감정을 드러낸다. 카메라 거리의 경우, 클로즈업을 통해서 인물의 우울하고 불안한 상태를 강조하며, 익스트림롱숏을 통해서 인물의 무기력하고 힘든 상태를 표현하며 클로즈업과 롱숏의 대비를 통해 인물 사이의 갈등을 드러낸다. 벤이 엘레인과 칼의 결혼식장에 가서 "엘레인"을 부르며 울부짖는 장면 등에서 클로즈업과 익스트림롱숏의 대비는 상황과 인물의 심리를 극대화하고 있다(사진 3과 사진 4). 카메라 움직임의 경우, 엘레인이 로빈슨 부인과 벤의 관계를 알게 되는 장면, 벤이 버클리대학교에 가서 엘레인을 찾아다니는 장면의 경우, 줌인과 줌아웃을 효과적으로 사용하여 인물의 상황을 대비시킴으로써 인물의 감정을 강조한다.

　그리고 〈졸업〉은 **교차 편집**을 통해 인물의 심리상태를 강조하고 긴장감을 불러일으킨다. 먼저, 공간이 바뀜에도 불구하고 벤의 변함없는 무표정한 얼굴을 교차편집으로 보여줌으로써, 공간의 변화, 피사체 크기의 반복, 인물의 동일한 표정의 대비를 통해 심리상태를 강조한다. 다음으로, 유사한 행위와 다른 공간을 연결함으로써 관객의 혼란과 긴장감을 유발한다. 이렇듯 집 수영장, 호텔 방, 집 거실을 오가며 비슷한 크기와 비슷한 분위기의 얼굴 표정으로 연결함으로써 다른 공간을 연결하며 어느 공간에서든 무표정한 벤의 심정을 강조하고 있다. 그리고 영상과 사운드의 불일치로 인해 관객의 오해, 인지로 인한 웃음을 창출하고 있다.

교차 편집

교차편집(cross cutting)은 다른 장소에서 동시에 일어나는 평행 행위를 시간상 전후 관계로 병치시키는 편집 기법이다. 극적 긴장감을 고조시키기 위해 많이 쓰며 세밀한 심리 묘사에도 효과적이다.

〈애니 홀〉 포스터

〈졸업〉은 갈등에 있어서 기존의 코미디 영화와 다른 양상을 보인
다. 1960년대 미국 사회는 세대 갈등이 심했던 시기여서 기성세대와
청년세대의 갈등이 많이 나타난다. 주인공인 벤과 엘레인은 우유부
단한 에이런 형에 속하고, 부모는 잔소리 심한 알라존 형이라는 점에
서 전형적인 인물 유형의 특성을 보인다. 그리고 청년세대와 기성세대
의 갈등에서 에이런 형인 청년세대가 승리한다는 점에서 코미디 영화
의 법칙을 따르고 있다. 하지만, 도덕적인 청년세대가 기만적인 기성
세대와 갈등하는 것이 아니라, 청년세대도 그 기성세대처럼 도덕적인
잣대에서 예외가 될 수 없다는 점에서 양날의 칼을 보여주고 있다. 또
한, 일탈적인 해결 방법도 코미디 영화의 **컨벤션**을 벗어나고 있다.

3. 〈애니 홀 Annie Hall〉(1977): 남녀 갈등과 소격효과

우디 앨런이 연출한 〈애니 홀 Annie Hall〉(1977)은 스탠디업 코
미디언 앨비(우디 앨런)와 가수 지망생 애니(다이앤 키튼)의 사랑과
이별을 그린 영화이다. 앨비는 애니의 패션 감각과 쾌활한 태도에 매
력을 느끼고, 애니도 앨비의 지적이고 섬세한 성격에 끌려 연인이 된
다. 처음에는 서로의 코미디와 노래 공연을 격려하지만, 점차 성격과
생각의 차이로 갈등을 빚게 되면서 헤어지게 된다. 〈애니 홀〉은 영화
적 장치 드러내기를 통해 남녀의 사랑, 섹스, 갈등에 대한 객관적인
시선을 보여준다.

〈애니 홀〉의 시간적 구성은 대과거, 과거, 현재가 뒤섞여 있다는
점에서 불연속적이며, 애니를 중심으로 이루어져 있다. 전반부에서는
애니를 만나기 전 어린 시절과 두 번의 결혼을 다루며, 중반부에서는
애니와의 첫 만남, 사랑, 섹스를 보여주며, 후반부에서는 애니와의 갈
등, 이별을 그리고 있다. 처음과 끝은 애니와의 이별 1년 후를 이야기
한다는 점에서 수미상관법을 보여주고 있다. 이러한 시간적 구성으로
인해 관객은 앨비와 애니의 이별을 아는 상태에서 영화를 보기 때문
에, 결말에 대한 궁금증보다는 두 사람의 사랑이 파국으로 치닫는 과
정에 집중해서 보게 된다.

〈애니 홀〉은 앨비와 애니의 성격적 대조를 통해 웃음을 창출하고
있다. 두 번 이혼을 한 앨비는 소심하고 깔끔한 성격이며, 섹스, 스포
츠 경기, 뉴욕, 뉴욕 여자, 죽음에 집착한다. 애니는 과감하고 산만하
고 덜렁대는 성격이며, 패션, 캘리포니아, 즐겁고 조화로운 삶에 관심
이 있다. 동일한 상황에 대한 두 사람의 상반된 성격과 반응이 부조화

〈애니 홀〉 사진 5와 사진 6

의 아이러니를 보여주면서 웃음을 창출한다. 과거 애니와 제리의 관계에 현재의 앨비가 개입하여 논평하지만, 앨비의 과거는 그대로 재현한다. 이런 점에서 볼 때 두 사람의 과거 재현 방식이 차별적이며, 과거에 대한 개입으로 영화적 **리얼리티**를 의도적으로 깨고 있다.

　〈애니 홀〉에서 앨비와 애니는 세 가지 갈등, 즉 성적 갈등, 성격적 갈등, 지역적 갈등을 겪는다. 첫째, 앨비는 "라디다"를 쓰는 매력적인 여성인 애니와 환상적인 섹스를 경험하지만, 섹스는 시간이 지나면서 갈등의 요인이 된다. 앨비는 끊임없이 애니와의 섹스를 원하지만, 애니는 이러한 앨비를 귀찮아하고 마약 등의 자극제 없는 섹스는 지겨워한다. 이러한 성적 갈등을 육체와 정신의 분리, 화면 분할로 표현하고 있다(사진 5와 사진 6). 앨비는 완벽하지만 싫증이 나는 첫 번째 아내와의 섹스를 거부하고, 지적 허영심에 가득한 두 번째 아내와의 섹스에 집착하지만 거부당하고, 잠깐 만난 여기자와의 섹스는 성적 취향이 맞지 않아 힘들어한다. 앨비는 사귀는 여자들과 모두 성적 갈등을 겪는데, 이때 앨비가 사랑에 불안을 느낄수록 섹스에 더욱 집착하는 것을 알 수 있다.

　둘째, 앨비는 애니와의 지적 차이와 성격 차이를 극복하기 위해 평생교육과 정신치료를 권유하지만, 이 때문에 두 사람이 이별하게 됨으로써 지식인의 허위, 상황의 아이러니를 보여준다. 우선, 앨비는 자신에 비해 다소 무식한 애니를 교육하려고 평생교육을 추천한다. 하지만, 애니가 교수와 친밀한 관계가 되자, 앨비는 질투심으로 그만두라고 하면서 오히려 관계가 멀어지고 비판을 받는다. 다음으로, 앨비는 항상 긴장해 있는 애니에게 정신과 치료를 권유한다. 하지만, 애니의 꿈 분석, 앨비로 인한 정신적 스트레스 분석, 앨비와 헤어지라는 정신과 의사의 조언 등으로 두 사람이 이별하는 계기로 작용한다. 성격 유형을 보면 애니는 우유부단한 에이런 형에 속하고 앨비는 잔소리 심한 알라존 형에 속하기 때문에, 앨비가 상황의 아이러니의 희생물이 되는

리얼리티

리얼리티(reality)는 사실성, 현실성을 뜻하는 말이다. 영화나 텔레비전, 사진과 같은 재현 장르에서 리얼리티는 재현한 것의 그럴듯함을 의미한다. '리얼리티가 있다'고 말하는 것은 재현한 것이 마치 실제 사건이나 공간인 것처럼 보인다는 뜻이다.

〈애니홀〉 사진 7과 사진 8

것은 코미디 영화의 법칙에 적합한 설정이다.

셋째, 뉴욕에 집착하는 앨비와 캘리포니아를 동경하는 애니의 지역적 갈등을 드러내면서, 우디 앨런은 뉴욕에 대한 사랑을 확실하게 보여주고 있다. 이렇듯 남녀의 갈등을 다룸에 있어서 행인에게 말 걸기, 애니메이션 삽입 등을 통해 영화적 리얼리티를 파괴하고 **소격효과**를 통해 날카로운 시선을 보여준다(사진 7과 사진 8).

〈애니 홀〉에서 앨비는 교수, 교사, 기자, 의사, 코미디언 등 지식인 계층을 비판하는데, 이를 연극적 **방백**, 상상 장면을 통해서 거리 두기를 함으로써 앨비 자신에 대한 비판적 시선도 함께 보여준다. 그리고 가족애, 우애 등 일반적인 가치에 대해서도 비판하는데, 이러한 비판은 상상 장면, 카메라 쳐다보기, 화면 분할, 과거와 현재의 결합 등을 통해 현실/상상의 혼재, 소격효과, 공간과 시간의 불연속성 등을 보여준다. 또한, 영상과 사운드의 불일치, 시간과 공간의 불연속성, 과거와 현재의 혼재, 다른 공간의 결합, 카메라를 바라보며 말하기, 연극과 같은 방백, 대사와는 다른 내면 생각의 대사 처리, 애니메이션 삽입, 화면 분할 등을 통해 영화에 몰입하는 것을 방해한다.

〈애니 홀〉은 소격효과를 통해 날카로운 비판을 보여주면서도 사랑과 삶에 대한 낙관적 전망을 제시하고 있다. 중반부에서 "세상에는 끔찍한 부류와 비참한 부류로 나뉘지. 맹인, 장애인은 끔찍한 부류이고 대부분은 비참한 부류이지. 당신은 비참한 부류여서 운이 좋은 거지"라는 앨비의 대사를 통해 낙관적인 현실 인식을 보여준다. 그리고 마르셀 오필스의 4시간짜리 다큐멘터리 〈슬픔과 동정〉이 계속 반복해 나오면서 애니와 앨비의 사랑, 갈등, 이별의 상징으로 사용돼, 애니와의 이룰 수 없는 사랑이 이 영화를 통해 계속 마음에 남으리라는 것을 암시한다.

영화의 후반부에서 앨비가 연출한 첫 연극 공연에서 극 중 인물인 앨비와 애니가 "뉴욕으로 돌아가자"며 키스하는 장면을 통해 (영화적)

소격효과

소격효과(疏隔效果)는 낯설게 하기를 의미한다. 어떤 사건이나 상황을 묘사할 때 친숙하거나 새롭지 않은 언어, 사물, 관념, 상황을 두드러지게 돋보이게 하여 보는 사람에게 일종의 거리감을 느끼게 하는 기법이다. 러시아의 형식주의자 빅토르 보리소비치 시클롭스키가 제기한 이론이며, 독일 극작가 베르톨트 브레히트의 서사극 이론의 바탕이 되는 극작 기법이다. 가령 연극에서 관객의 몰입을 방해하는 장치를 두어 관객이 극 중 현실에 비판적 거리감을 취하도록 만드는 것이다. 브레히트는 이를 소격효과라고 했다. 이 기법은 문학, 연극, 영화, 드라마 등의 재현 장르에서 관습적인 지각 방식을 변화시킴으로써 일상적인 것으로 넘겨버렸던 것에 각성을 일으켜 최소한 우리가 보고 있는 사건의 의미를 새로운 시각으로 바라보도록 하는 구실을 한다.

방백

방백은 연극에서 등장인물이 말을 하지만 다른 인물에게는 들리지 않고, 관객에게만 들리는 것으로 약속된 대사이다.

현실에서 이루지 못한 사랑을 연극적 현실에서 실현하고자 한다. 앨비와 애니가 헤어지는 마지막 장면에서, 앨비와 애니가 악수하고 헤어진 후의 뉴욕 거리를 계속해서 화면을 담아낸다는 점에서 사랑의 여운을 보여준다. 이때 사운드로 "형이 미쳤어요. 그러면 형을 데려오지? 그러면 달걀을 못 낳잖아요"라는 앨비의 코미디를 들려준다. 그리고 "사랑은 비이성적이고 광적이지만 계속 사랑을 할 거예요. 왜냐하면 우린 달걀이 필요하니까요"라는 대사를 통해 사랑에 대한 긍정으로 마무리한다. 〈애니 홀〉은 현실에 대한 날카로운 인식과 비판 위에서 낙관적인 전망을 보여준다는 점에서 더욱 울림이 큰 영화라고 할 수 있다.

4. 〈미세스 다웃파이어 Mrs. Doubtfire〉(1993): 은폐, 위협, 변신 전략과 웃음

변장은 본디 모습을 감추려고 얼굴, 몸차림, 머리 모양 등을 고쳐서 다르게 꾸밈, 또는 그 다르게 꾸민 모습을 뜻한다(9). 변장은 복장을 통한 모습 바꾸기에 한정되면서도 성변장과 신분변장을 포함한다. 성변장은 남녀 간의 변장이며, 신분변장은 세대, 지역, 계층 간의 변장이다. 변장코미디 영화들에서 합병, 저항, 타협적 평형이 변장모티프의 세 가지 기능인 은폐, 위협, 변신이라는 내러티브 전략으로 나타난다(10).

크리스 콜럼버스가 연출한 〈미세스 다웃파이어 Mrs. Doubtfire〉(미국, 1993)는 아버지가 자신의 아이들을 만나기 위해서 변장하는 내용이다. 애니메이션 더빙 성우인 다니엘(로빈 윌리암스)은 자신의 무책임한 행동으로 아내 미란다(샐리 필드)에게 이혼을 당한다. 주 1회 방문만 허락된 다니엘은 아이들과 더 많은 시간을 함께 있기 위해서 다웃파이어 부인으로 변장해 가정부로 들어간다. 이러한 다니엘의 변장으로 영화는 변장의 세 가지 전략, 즉 은폐 전략, 위협 전략, 변신 전략이 핵심 모티브가 된다.

은폐 전략에서는 다니엘이 다웃파이어 부인으로 변장해 자신이 다니엘이라는 것을 은폐하고자 하며, 주체는 다니엘이고 대상은 미란다와 아이들이다. 다니엘은 자신이 가정부로 들어가기 위해 네 가지 단계로 계략을 마련한다. 먼저, 미란다가 가정부 구인 광고 자료에서 전화번호의 숫자를 바꿔 전화가 오지 못하게 막는다. 다음으로, 미란다가 생각하는 가정부로 부적당한 여자들로 가장해서 전화를 건다. 그리고 미란다가 원하는 가정부, 즉 나이 많고 교양 있고 영국 가정에서

〈슬픔과 동정〉

〈슬픔과 동정The Sorrow And The Pity, Le Chagrin Et La Pitie〉(1969)은 프랑스의 마르셀 오필스 감독이 만들었다. 프랑스, 스위스, 서독의 공동 자본으로 만든 작품인데, 특이한 점이라는 것은 다큐멘터리와 픽션이 혼합된 일종의 다이렉트 시네마라는 점이다. 영화의 주요 내용은 세계 제2차 대전 당시 독일군 점령하의 프랑스가 배경이며 거기에서 활동했던 레지스탕스의 모습을 그린 것이다. 마르셀 오필스 감독은 이 영화의 역사성을 살리기 위해 실존 인물들과의 대단히 많은 인터뷰를 수록하고 있다. 여기에서 인터뷰 상대인 사람들이 당시의 상황에 대해 무엇인가 숨기려고 하고 질문을 회피하려고 안간힘을 쓰는 모습들이 적나라하게 화면에 나타난다.

〈미세스 다웃파이어〉 포스터

오랫동안 일했으며 아이들을 사랑하고 (인스턴트가 아닌) 요리하기를 좋아하는 가정부로 위장하여 1차 전화 면접을 통과한다. 마지막으로 변장한 모습으로 미란다와 아이들이 동시에 원하는 대답으로 2차 대면 면접을 통과한다.

이러한 은폐 전략으로 인해서 다니엘의 변장에 대해서 인지 전략이 발생한다. 인지의 순서는 다니엘〉아이들〉미란다이다. 가장 인지한 인물이 가장 무지한 인물을 조롱한다는 점에서 은폐 전략에서는 다니엘이 미란다를 비판하는 의미가 크다. 매사에 정확하고 철저한 성격의 인물인 미란다가 남편을 알아보지 못하고 속았다는 사실이 관객에게 웃음을 준다는 점에서, 가정 해체의 원인 제공자인 미란다를 조롱하고 비판하는 의미가 있다(사진 9). 변장코미디 영화에서는 변장을 하는 인물이 보통 꾀바른 노예 유형으로 설정돼 계략을 꾸미며 웃음의 핵심 요인이 된다. 이때 계략의 대상은 보통 잔소리 심한 알라존인데, 이 영화에서 미란다는 잔소리 심한 알라존 유형에 속하기 때문에 조롱의 대상이 된다.

위협 전략에서는 다니엘이 다웃파이어 부인으로 변장해 미란다와 스튜를 비판해서 자신의 가정을 되찾고자 한다. 우선, 다니엘은 자신과 이혼하여 아이들을 만나지 못하게 만든 미란다에게 충고하여 자신의 가정을 되찾고자 하지만, 오히려 자신의 무책임한 행동으로 힘겨워하는 아내의 마음을 알게 되면서 반성하게 된다. 다음으로, 다니엘은 미란다의 새로운 애인인 스튜를 위협하여 쫓아내고자 하지만, 완벽한 스튜에게서 단점을 찾지 못하고 오히려 자신의 변장을 들켜 버린다. 영화는 부유하지만 변장에 무지한 스튜를 조롱하면서 동시에 가장과 남편으로서 무책임했던 다니엘을 비판한다(사진 10).

변신 전략에서는 다니엘이 다웃파이어 부인으로 변장하는 데 있어서, 불완전한 변신으로 웃음을 창출하고 완벽한 변신으로 쾌감을 선사한다. 먼저, 다니엘의 어설픈 변신으로 정체를 들키지만, 그것을 알아차리지 못하는 인물을 조롱한다. 다음으로, 다니엘은 능력 있는 가정

희화화

희화화(戲畵化)는 인물의 성격이나 외모의 특징, 한 상황에서 인물이 한 실수 등을 의도적으로 집어내어 웃음거리로 만드는 것이다. 주로 인물의 결점이나 단점이 희화화의 소재가 된다. 애써 은폐하려는 인물의 노력에 반하여 공개적으로 폭로되는 데에 희화화의 폭발력이 있다. 희화화는 권위적인 인물이나 강자를 대상으로 하면 풍자와 해학이 되지만, 약자를 대상으로 하면 폭력이 될 수 있다.

〈미세스 다웃파이어〉 사진 9와 사진 10

〈미세스 다웃파이어〉 사진 11과 사진 12

부 다웃파이어 부인으로 변신하고자 하지만, 어설프게 변장한 다니엘을 **희화화**하며 조롱한다. 마지막으로, 다니엘이 가정부 역할을 완벽하게 수행해 그의 성공적인 변신에 성공함으로써 쾌감을 선사한다. 이러한 변신 전략은 대부분 다니엘과 관련돼 있으며, 다니엘은 무책임한 아버지에서 능력 있는 가정부로, 그리고 마침내 책임감 있는 아버지로 변신하고자 하는 욕구를 보여준다(사진 11과 사진 12).

하지만, 〈미세스 다웃파이어〉에서는 의도와는 반대되는 결과가 나타나는 상황의 **아이러니**를 보여준다. 아들을 위해 마련해준 생일파티로 인해, 다니엘은 아내에게 이혼을 당한다. 그리고 다니엘이 다웃파이어 부인으로 변장해 아이들과 시간을 함께 보내고자 했지만, 완벽한 다웃파이어 부인이 있다는 이유로 아이들을 돌보고 싶다는 아버지로서의 제안을 거절당한다. 또한, 법정에서 다니엘은 자신의 취업과 부성애를 감동적인 말로 표현하지만, 60세 할머니 연기, 속임수, 비정상적 행동이 문제가 돼 양육권을 빼앗긴다. 상황의 아이러니에서 가장 많이 연관되는 인물은 다니엘이며, 긍정적 가치에서 부정적 가치로 끝난다는 점에서 하강을 보여준다. 이러한 아이러니는 인생에 낙관적 전망을 갖고 있는 인물에게 만만치 않은 현실을 보여줌으로써 쓰디쓴 웃음을 짓게 만든다.

성변장 영화는 보통 동성애 등의 섹슈얼리티 문제를 제기하지만, 〈미세스 다웃파이어〉의 경우에는 성변장으로 인한 웃음 창출에 집중하고 있다. 전반부에서는 은폐 전략을 통해 미란다 등 다니엘의 변장을 알아차리지 못한 인물을 조롱하는데, 특히 가정 해체의 원인 제공자인 아내를 비판한다. 중반부에서는 위협 전략을 통해 다니엘의 변장에 대해 무지한 상층계급 스튜를 조롱하고, 동시에 미란다와 스튜의 사이를 갈라놓으려고 하지만 실패하는 다니엘을 통해 무책임한 남편을 비판한다. 후반부에서는 다니엘이 자신이 변장한 다웃파이어 부인으로 인해 양육권을 빼앗김으로써 낙관적인 희망과 힘겨운 현실을 대비시키고 있다. 이렇듯 〈미세스 다웃파이어〉에서 성변장을 통한 은

아이러니

아이러니(irony)는 반어법은 존재와 당위 간의 차이에 대한 고도화된 인식으로부터 일어나며, 감정이 절제된 페이소스를 나타낸다. 반어법은 공공연한 칭찬이나 비난을 피하는 간접적인 표현형식이다. 극적 아이러니는 말의 사용보다는 작품의 구조에 달려 있다. 희곡에서 아가멤논이 아부에 넘어가 자신의 수의가 될 자줏빛 융단 위를 걷는 경우처럼, 등장인물 스스로는 깨닫지 못하는 다가올 운명을 관객이 알고 있을 때 일어난다. 아이러니라는 말은 그리스 희곡에서 거듭 재치를 발휘하여 허풍선이 알라존을 패배시키는 영리한 인물 에이론에서 비롯됐다. 소크라테스는 무지와 겸손을 가장하여 모든 사람들에게 어리석고 명백한 질문을 함으로써 그들이 자기보다 더 무지하다는 것을 드러낸다. 아이러니가 비문학적으로 사용될 때는 대개 풍자로 간주된다.

폐, 위협, 변신 전략은 내러티브를 이끌어가는 핵심요소이면서 재미와 웃음을 창출하는 주요 요인으로 작용하고 있다.

5. 〈언터처블: 1%의 우정 Untouchable〉(2011): 계층 갈등과 더블링의 축적

〈언터처블: 1%의 우정〉
포스터

〈언터처블: 1%의 우정 Intouchables〉(2013)은 상위 1%의 백인 백만장자와 하위 1%의 흑인 백수가 만나서 서로를 돕는 내용이다. 드리스(오마 사이)는 생활보조금을 받기 위해서 필립(프랑수아 클루제)의 집에 추천서를 받고자 찾아간다. 자유분방한 드리스가 마음에 든 필립이 자신의 집에서 2주일 동안 자신의 간호 도우미를 하면서 버틸 수 있는지 내기를 제안하면서 두 사람의 동거가 시작된다.

드리스는 두 가지 문제, 즉 생계 문제와 남동생 문제를 안고 있지만, 필립과의 관계로 인해 형성된 성실성과 책임감으로 두 가지 문제를 해결한다. 우선 실업자인 드리스는 생계 문제로 엄마(사실상 숙모)와 갈등하여 집에서 쫓겨난다. 드리스가 필립의 간호 도우미로 일하면서 성실성을 배우게 됨으로써, 그 일을 그만둔 이후에도 다른 회사에 쉽게 취직해 생계 문제를 해결하고 엄마와 화해하게 된다.

다음으로 드리스는 마약 조직과 연루된 남동생 문제로 인해 골치를 썩이게 된다. 필립과 함께 생활하면서 책임감을 배우게 된 드리스는 맏형으로서 남동생의 문제를 고민하기 시작한다. 남동생은 일당 중 한 명이 경찰에 끌려가는 사건이 발생하자, 드리스를 찾아와서 도움을 요청한다. 이에 드리스는 좋은 조건의 간호 도우미 일을 그만두고, 집으로 다시 들어가서 남동생 문제를 해결함으로써 집안을 이끈다.

필립은 우울한 일상과 외로운 관계 때문에 삶의 의미를 잃었지만, 드리스의 자유분방하고 과감한 행동으로 두 가지 문제를 해결하게 된다. 우선, 필립은 패러글라이딩 사고로 전신지체 장애인이 되면서 우울한 일상과 **환상통**으로 고통스러워한다. 드리스는 필립에 대해 장애인으로 대하거나 동정이나 연민을 보이지 않음으로써, 필립은 자존감을 회복하게 된다. 또 드리스는 필립이 환상통을 앓을 때마다 담배, 새벽 산책, 과속 운전, 귀 마사지 등 자유분방한 행동으로 필립의 고통을 잠재우고 즐거움으로 이끈다.

다음으로, 필립은 사랑하는 아내 앨리스가 불치병으로 죽은 뒤 계약관계에 있는 고용인들 외에는 관계가 단절된 채 외로움과 고독으로

환상통

환상통은 신체의 일부가 존재하지 않거나 뇌가 더 이상 자극에 대한 신호를 받지 못함에도 불구하고 느끼게 되는 고통으로 일종의 신경적 고통이다. 환상통은 쏘는 듯한 느낌, 으스러짐, 타는 느낌, 경련이 이는 느낌으로 묘사된다. 이러한 고통이 오랜 기간 지속될 경우에는 신체의 온전한 부분이 자극에 민감해질 수 있어, 만지는 것만으로도 환상통을 유발하며 배뇨나 배변을 유발할 수도 있다. 신경이나 절단 부위 인근의 민감한 부분에 국소 마취제를 투여함으로써 며칠, 몇 주로부터 영구적으로까지 고통을 경감시킬 수 있으나 이는 마취제의 효과가 지속되는 동안에 한해서만 가능하다.

힘들어한다. 드리스는 여자가 원하는 돈과 편안함을 필립이 모두 가지고 있기 때문에 자신감을 가지라고 격려한다. 드리스는 필립이 펜팔 친구 엘레노어와 6개월 동안 편지를 주고받았다는 사실을 알게 된다. 드리스는 두 사람을 전화로 연결해 주고, 주저하는 필립을 설득해 사진을 보내게 하고, 엘레노어를 불러내 두 사람을 만나게 함으로써 필립에게 새로운 사랑을 찾아준다.

자유분방하고 과감한 성격의 드리스는 필립의 저택에 사는 고용인들과 공적 갈등을 겪게 된다. 처음에 드리스는 비서인 마갈리에게 시도 때도 없이 추파를 던지고, 산만하고 폭력적인 행동으로 집사 이본을 걱정하게 만들고, 간호사가 시키는 일에 협조하지 않고, 필립의 딸 엘리사와 남자친구에게 소리를 질러대는 등 그들과 갈등을 겪게 된다. 하지만, 나중에 드리스는 비서 마갈리가 **레즈비언**이라는 사실을 알게 된 후 더 이상 집적대지 않고, 정원사가 이본에게 관심이 있다는 사실을 알려주고, 관장 등 간호사가 시키는 일에 협조하며, 엘리사를 차버린 전 남친을 만나 혼내준다. 이를 통해 드리스는 함께 일하는 고용인과 필립의 가족으로부터 신뢰를 얻게 되면서 공적 갈등을 해결하게 된다.

〈언터처블: 1%의 우정〉은 더블링을 통해 인물들 사이의 차이, 영향, 교감, 일탈, 협력 등의 변화를 보여준다. 첫째, 영화의 초반부에 더블링을 통해 드리스와 필립의 경제적 차이를 부각한다. 특히 욕실 장면 더블링을 통해 상층계급과 하층계급 사이의 극심한 빈부 격차를 보여준다.

둘째, 더블링을 통해 드리스가 필립을 돌보는 과정에서의 변화를 보여준다. 드리스가 필립을 돌보게 되면서 필립은 삶의 즐거움을 찾게 되고 드리스는 성실성과 인내심을 갖게 되는 등 서로에게 미치는 긍정적인 영향을 보여준다. 이런 더블링을 통해서 경제적으로는 풍요로우나 정신적으로 삭막한 상층계급의 삶을 드러낸다. 이런 대비를 통해 상층계급과 하층계급의 문화적 격차를 보여줌과 동시에 자신의 생계를 책임지지 않고 정부지원금에 의존하는 하층계급의 삶을 비판하고 있다.

셋째, 미술과 음악에 대한 더블링을 통해 드리스와 필립의 교감을 보여준다. 드리스는 미술 작품과 오페라에 거침없는 비판을 가하고, 필립의 생일을 축하하는 클래식 연주회를 지겨워하며 대중음악을 틀어놓고 춤을 춘다(사진 13). 고급문화에 대한 드리스의 솔직한 반응과 대중문화에 대한 필립의 공감을 통해 고급문화를 향유하는 상층계급

레즈비언

레즈비언(Lesbian)은 BC 7세기의 여류시인 사포가 일단의 여성을 이끌고 활동하던 에게 해의 레스보스 섬에서 유래된 말이다. 고대 그리스인들은 동성연애를 허용했을 뿐만 아니라 어떤 점에서는 이성간의 사랑보다 더 고귀한 형태의 사랑으로 생각했다. 유대교와 그리스도교 문화에서는 일반적으로 동성애를 죄악시했으며, 전통적으로 대부분의 서구문화에서는 동성애를 사회적으로 받아들일 수 없는 것으로 보았다. 그러나 1948년 킨지 보고서는 남녀 성인 모두에게 동성애적 행동이 나타난다고 주장했다. 1955년 샌프란시스코에서 최초의 레즈비언 단체인 빌리티의 딸들이 만들어졌으며, 한국에서는 1994년 '끼리끼리'라는 단체가 결성됐으며, 2005년 4월 한국레즈비언상담소로 전환돼 오늘에 이르고 있다.

<언터처블: 1%의 우정> 사진 13과 사진 14

의 허위의식을 드러낸다.

넷째, 더블링과 대비를 통해 드리스와 필립의 일탈을 강조한다. 전반부에 필립이 환상통을 겪는 장면에서, 드리스가 찜질, 따뜻한 말, 새벽 산책, 담배 등을 통해 필립의 환상통을 완화한다. 반면에, 후반부에서 드리스가 떠난 뒤 새로 온 도우미들의 딱딱하고 무미건조한 태도에 필립의 환상통은 더욱 심해지기만 한다. 결국, 과속 질주, 경찰차 추격, 경찰차 에스코트 등 드리스의 일탈 행위로 필립은 웃음을 되찾게 된다. 그리고 필립도 드리스에게 전용기, 패러글라이딩의 경험을 제공해 자신의 삶에 도전할 수 있는 원동력을 준다(사진 14). 이러한 대비와 일탈을 통해 인물들 사이의 교감과 공권력에 대한 조롱을 보여준다.

다섯째, 더블링을 통해 인물들 사이의 협력을 보여준다. 필립의 집 장식장 위에 놓여 있는 달걀 공예품, 드리스가 도둑질해 엄마에게 선물하는 달걀 공예품, 25개가 아내 앨리스와 함께한 25년을 의미하는 달걀 공예품, 드리스가 다시 찾아서 필립에게 건네주며 새로운 만남을 격려하는 달걀 공예품 등(사진 15~사진 18). 이러한 **파베르제 달걀 공예품** 더블링을 통해 아내에 대한 필립의 사랑, 신뢰에 대한 드리스의 보답, 새로운 사랑을 찾은 필립의 행복을 표현함으로써 서로 조력자가 돼주는 두 사람의 협력 관계를 보여준다.

<언터처블: 1%의 우정>은 인물들의 성격 대비를 통해서 웃음을 창출하고 있다. 냉소적이고 권태로운 필립과 과감하고 자유로운 드리스의 대비, 지극히 상식적인 면접자들과 상식 밖이지만 재미있는 드리스의 대비, 교양 있는 상류층과 교양은 없지만 솔직한 드리스의 대비, 장애인을 조심스럽게 대하는 고용인들과 일반인처럼 놀리고 장난치는 드리스의 대비 등이 웃음의 주요 요인이 된다.

드리스와 필립은 둘 다 에이런 형 중에서 꾀바른 노예에 해당하기 때문에, 두 사람이 합심해서 고용인과 경찰 등을 일탈 행동과 계략으

파베르제 달걀 공예품

러시아 황실의 달걀 공예품은 부활절에 예쁘게 색칠한 달걀을 선물로 주고받는 전통에서 탄생한 것이다. 이때 등장한 인물이 당대 최고의 보석세공과 금속공예의 명장(名匠)인 카를 파베르제이다. 경매에 나오는 달걀은 모두 그의 공방(工房)에서 나온 작품이다. 그는 1885년부터 30여 년 동안 매년 부활절이면 달걀을 만들어 차르(황제)에게 바쳤다. 그의 작품 50점 중 현재 소재가 알려진 것은 42점이다. 그의 달걀은 달걀 자체의 화려한 장식뿐만 아니라 작은 달걀 속에서 나오는 액세서리의 정교함에 놀라게 한다. 러시아 황실은 파베르제 공방에 '차르의 인증서'를 내리는 것으로 보답했다. 파베르제의 공방은 러시아 외에도 유럽 각국의 왕가와 귀족 가문에 공예품을 공급했고, 한때 700명 이상의 예술가와 기술자가 일하는 세계 최대 규모의 공방으로 명성을 떨쳤다. 부활절 달걀은 조그만 크기에 담긴 극도의 사치스러움으로 러시아 제국의 영화(榮華)를 나타내는 상징이었다. 1917년 볼셰비키 혁명으로 제정러시아가 무너지자, 파베르제 일가는 유럽으로 망명한다.

<언터처블: 1%의 우정> 사진 15~사진 18

로 속이면서 쾌감을 부여한다. 이 영화는 전과자인 드리스와 장애인인 필립이라는 아웃사이더를 통해 상층계급과 하층계급에 대해 양가적 비판을 가하고 있다. 또한, 두 사람이 서로 영향을 주고받으면서 교감을 이루고 협력함으로써 자신들의 문제를 해결하게 되는 과정을 더블링과 점층법으로 구성하여 극적 몰입도를 높여 관객의 즐거움을 배가시키고 있다.

6. 코미디 영화와 낙관적 세계관

코미디 영화들에서 주인공들은 여자의 아버지 반대에 부딪히지만 연인들의 결합, 결혼을 통해 사회 통합과 화해로 끝을 맺는다. 악의 패배와 선의 승리라는 권선징악적 요소, 소망 충족, 해피엔딩을 통해 관객에게 극적 쾌감을 선사한다. 이렇듯 코미디 영화는 갈등구조에서 화해구조로 나아가면서, 축제 정신, 화해, 용서, 조화, 통합의 세계를 보여준다.

<졸업>은 세대 갈등에 대해 일탈적인 문제 해결을 보여준다. 청년 세대와 부모 세대의 갈등을 통해 1960년대 히피문화, 일탈 등을 반영하고 있다. 기성세대와 청년 세대의 갈등, 남녀 갈등을 일탈적인 문제 해결 방식으로 처리한다는 점에서 **희비극**적 해피엔딩을 보여주고 있다. 인물들의 갈등을 세 가지의 소통 방식, 즉 소통의 부재, 소통의 거

희비극

희비극(喜悲劇)은 비극과 희극을 융합시킨 작품을 가리키는 말이다. 셰익스피어의 시대부터 19세기에 걸친 영문학은 해피엔딩을 수반한 비극을 포함한 연극을 의미했다.

부, 소통과 거부로 보여주고 있다. 인물 사이의 대비, 인물과 카메라의 거리, 파격적인 줌 사용, 불연속적 교차 편집을 통해 부모 세대의 위선과 청년 세대의 방황을 희화화해 비판하고 있다.

〈애니 홀〉은 남녀 갈등을 소격효과로 표현하고 있다. 남녀 갈등에서 세 가지 문제, 성적 문제, 성격적 문제, 지역적 문제를 제기하며 남녀 문제를 날카롭게 들여다보고 있다. 영상과 사운드의 불일치, 시간과 공간의 불연속성, 소격효과, 연극적 요소 등을 통해 인물의 갈등과 심리를 더욱 첨예하게 드러내고 있다. 이 영화는 남녀 인물 모두에 대해 양날의 칼을 들이대고 있지만 현실에 대한 날카로운 인식과 함께 낙관적 전망을 보여주고 있다.

〈미세스 다웃파이어〉는 은폐, 위협, 변신 전략을 통해 웃음을 창출하고 있다. 은폐 전략을 통해 변장 사실에 무지한 인물을 조롱하고, 위협 전략을 통해 의도와 다른 결과를 빚게 되는 상황의 아이러니를 보여주며, 변신 전략을 통해 책임감 있는 가장으로 거듭나려는 인물의 변신 욕구를 드러낸다. 이러한 세 가지 전략이 내러티브 주요 동인이면서 재미와 웃음 창출의 주요 요인으로 작용하고 있다.

〈언터처블: 1%의 우정〉은 계층 갈등을 더블링의 축적으로 보여주고 있다. 하층계급의 경제적 문제와 상층계급의 정신적 문제는 인물 상호 간의 영향, 교감, 일탈, 협력을 통해 해결된다. 이때 더블링의 축적을 통해 반복되는 내러티브와 변화되는 인물을 점층법으로 구성해 보여줌으로써 극의 몰입도를 높이고 있다.

갈등에 있어서, 〈졸업〉은 우유부단한 에이런 형의 청년 세대와 잔소리 심한 알라존 형의 부모 세대의 갈등을 다루면서, 청년 세대가 부모 세대의 가치관에 반기를 든다는 점에서 전형적인 설정이다. 〈애니 홀〉은 특이하게도 우유부단한 에이런 형인 여주인공과 잔소리 심한 알라존 형인 주인공이 갈등하는 내용으로, 주인공이 끊임없이 현실을 비판하지만 동시에 자신도 비판과 조롱의 대상이 된다. 〈미세스 다웃파이어〉에서는 에이런 중 꾀바른 노예 유형인 주인공이 변장해 잔소리 심한 알라존 유형인 여주인공을 속이지만, 자기 꾀에 자기가 넘어가는 상황의 아이러니로 남녀 모두 조롱과 비판의 대상이 된다. 〈언터처블: 1%의 우정〉에서는 꾀바른 노예 유형에 속하는 주인공 두 명이 함께 사회의 규범을 조롱한다.

결말에 있어서, 〈졸업〉에서는 남녀 주인공이 극적으로 결합하지만, 부모 세대와는 끝내 화해하지 못하고 결별한다는 점에서 희비극적 성격을 띠게 된다. 〈애니홀〉도 남녀 주인공이 이별한다는 점에서 해피엔딩과는 거리가 멀지만, 주인공이 여주인공과의 사랑을 계속 마음에 품으면서 사랑과 삶에 대해서 낙관적인 전망을 보여준다는 점에서 희비극적이다. 〈미세스 다웃파이어〉에서도 주인공이 아이들과 함께 지낼 수 있게 되고 좋은 일자리를 얻지만, 아내와는 끝내 결합하지 못한다는 점에서 희비극적이다. 〈언터처블: 1%의 우정〉은 주인공 두 명의 우정이 계속 이어지면서 각자 자신의 직업과 연인을 찾는다는 점에서 해피엔딩의 전형을 보여주고 있다.

이렇듯 네 편의 코미디 영화들은 모두 세대 갈등, 남녀 갈등, 계층 갈등 등 공통적으로 갈등을 첨예하게 드러내고 있고, 주인공인 에이런 유형과 적대자인 알라존 유형의 대결로 그려지고 있다. 하지만, 인물 유형의 설정은 코미디 영화의 법칙에서 다소 어긋난 변형을 통해 장르적 즐거움을 주고 있으며, 결말도 희비극의 아이러니한 해피엔딩을 통해 현실에 대한 비판과 낙관적 전망을 동시에 보여주고 있다. 장르의 컨벤션과 변형을 적절히 살린 이런 **내러티브** 전략이 관객의 욕구와 합일점을 이루어 대중성을 확보한다.

내러티브

내러티브(narrative)는 실제 혹은 허구적인 사건을 설명하는 것 또는 기술(writing)이라는 행위에 내재돼 있는 이야기적인 성격을 지칭하는 말이다. 시간과 공간에서 발생하는 인과관계로 엮어진 실제 혹은 허구적 사건들의 연결을 의미하며 문학이나 연극, 영화와 같은 예술 텍스트에서는 이야기를 조직하고 전개하기 위해 동원되는 다양한 전략, 관습, 코드, 형식 등을 포괄하는 개념으로 쓰인다. 내러티브는 관객들에게 펼쳐지는 내용에 대한 합리적인 설명을 제공하고 이를 기초로 어떤 사건이 벌어질 것인가를 예측하게 해준다. 그럼으로써 어떤 사건이나 감정의 발생이 어떻게 가능하게 됐는지에 대한 전개 과정을 보여 주는 것이다.

| 주   석 |

(1) 노스롭 프라이, 『비평의 해부』, 임철규(역), 한길사, 2000, 108~116쪽.

(2) 노스럽 프라이, 앞의 책, 325쪽.

(3) 홍기영, 『셰익스피어 낭만 희극의 공간 구조』, 형설출판사, 1996, 43~44쪽.

(4) 노스럽 프라이, 앞의 책, 29~30쪽.

(5) 스티브 닐 & 프랭크 크루트니크, 『세상의 모든 코미디: 장편, 단편, 촌극, 시트콤과 버라이어티, 슬랩스틱과 코믹이벤트, 그리고 개그와 농담까지』, 커뮤니케이션북스, 28쪽.

(6) 홍기영, 앞의 책, 247쪽.

(7) 이명우, 『희곡의 이해』, 박이정, 1999, 169쪽.

(8) Duckworth, George E., The Nature of Roman Comedy: A Study in Popular Entertainment, Princeton University Press, 64~66.

(9) 『동아 새 국어사전』, 동아출판사, 1016쪽.

(10) 서곡숙, 『코미디와 가면』, 홍경출판사, 2016, 21~28쪽.

4장 갱스터 영화, 시스템에 새겨진 파열의 흔적

박우성

1. 갱스터 영화, 신화의 붕괴, 영화적 상상력

(1) 갱스터 영화

고전 갱스터 영화의 전설로
불리는 하워드 혹스의 〈스카
페이스〉(1932) 포스터

그들은 태어나면서부터 하류 인생이었다. 이미 꽉 짜인 세상의 서열은 그들에게 좀처럼 자리를 허락하지 않았다. 고로, 주류에 편입하기 위해 그들이 할 수 있는 유일한 방법은 불법적으로 빼앗는 것이다. 기득권이 그것을 가만히 두고 볼 리 없다. 유리한 입지를 선점한 '합법적' 시스템이 냉엄하게 버티고 있다. 그 때문에 그들은 더더욱 억울하다. 불공정한 시스템에 굴복해 하류 인생의 운명에 붙들리느니 죽음을 맞이할지라도 한방의 '불법적' 거사가 낫다고 생각한다. 태생적 하류 인생, 부당한 계급 구조, 부도덕한 욕망, 죽음의 아우라 등이 채색된 그들의 인생은 이제 어떻게 될 것인가.

이처럼 가진 것이라고는 몸뚱어리밖에 없는 사내가 거리로 나와 무모한 폭력과 함께 불법적 성공 가도를 달리다 결국 스러지고 마는 서사는 그것 자체로 매력적이다. 여기에는 감상적 낭만이 있다. 억울한 밑바닥 인생이 비록 불법일지라도 윗자리로 올라설 때의 어떤 황홀한 쾌감이 그것이다. 냉엄한 성찰도 있다. 신분 상승의 와중에 각인되는 계급성, 그 계급이 발 딛고 선 사회 토대의 모순, 그 모순을 잉태하는 인간의 속물성 등은 우리가 살아가는 현실 세계에 대한 싸늘한 알레고

리일 것이다. 낭만적 위무와 냉엄한 성찰이 밀도 있는 서사와 매혹적인 이미지로 치환돼 스크린에 투영될 때 눈을 떼기란 쉽지 않다. 바로 이 위험한 매혹의 가상적 시공간을 우리는 갱스터 영화라 부른다.

(2) 신화의 붕괴와 갱스터의 탄생

대개의 영화 장르가 그러하듯 특히 갱스터 영화는 그것이 창궐하던 시기의 사회적 맥락과 별개로 사유될 수 없다. 이른바 고전 갱스터 장르라 불리는 일련의 갱스터 영화가 최초로 전성기를 구가하던 시기, 그러니까 영화제작자, 언론 매체, 그리고 대중이 갱스터 영화를 하나의 유력한 장르로 널리 인식하기 시작하던 시기는 대략 1930년대 즈음이었다. 그 당시 갱스터 영화와 연결되는 미국 사회의 이슈는 크게 두 가지다. 금주법과 경제대공황이 그것이다.

1920년대 내내 시행된 **금주법**의 경우 그 입법 취지를 무색하게 하는 부작용으로 미국 사회는 골몰했다. 술은 단순한 기호 식품이 아니라 중독성 물질이다. 그것을 금지한다고 해서 자동적으로 소비가 사라지는 것은 아니다. 그저 단순히 한잔하고 싶은 평범한 욕망은 여타의 법을 준수하는 시민들을 졸지에 범법자로 만들었다. 그 수요를 불법적으로 충당하는 세력이 생겨날 수밖에 없는데, 결과적으로 도덕적 근본주의에 입각한 금주법이 그것의 토대를 근본적으로 훼손하는 범죄조직의 급성장으로 귀결된 것은 역사의 아이러니다.(1) 이것으로 미국 사회는 주류 유통, 도박, 성매매, 유흥업소, 마약 등의 이권을 둘러싼 갱스터 사이의 암투 소식으로 연일 떠들썩했다. 선정적인 기사로 대중의 호기심을 자극하기에 바빴던 당시 타블로이드판 신문들이 갱스터 사이의 전쟁을 연일 헤드라인으로 뽑았으며 이로써 알 카포네(Al Capone), 벅시 시겔(Bugsy Siegel), 하이미 와이스(Hymie Weiss) 등 범죄 조직 우두머리의 유명세는 비록 악명일지라도 인기 스타에 뒤지지 않았다. 사회적 이슈를 영화로 만드는 데 관심이 많았던 워너브라더스가 이 선정적인 이슈를 가만히 보고 있을 리 만무했다. 갱스터 영화의 역사적 토대는 금주법이었던 것이다.

1930년대 미국 사회를 휩쓴 경제대공황 역시 갱스터 영화의 대중화와 긴밀하게 연결된다. 경제대공황은 말하자면 아메리칸 드림의 실체 혹은 붕괴를 노골적으로 들춘 사건이었다. 미국 사회를 기축하는 신화는 소설가 **허레이쇼 앨저**(Horatio Alger)의 이름을 딴 '허레이쇼 앨저 신화'라 불리곤 한다. 허레이쇼 앨저의 작품은 아메리칸 드림

금주법에 반대하는 시위

금주법

남북전쟁 전부터 조직화된 금주 운동이 세계대전 참전에 따른 식량절약, 작업능률 향상, 독일인에 대한 반감 등의 사정과 얽혀 확산하면서 시행된 법안. 그 결과 1917년 미국 영토 내에서 알코올 음료를 양조·판매·운반·수출입하지 못하게 하는 미국헌법 수정 제18조가 연방의회를 통과, 각 주의 승인을 얻어 1920년 1월 발효됐다. 입안자인 하원의원 앤드루 J.볼스테드의 이름을 붙여 볼스테드법이라고도 한다.

체포된 암흑가의 보스 알 카포네

의 전형적 면모를 극화시킨 것으로 유명하다.(2) 가난한 소년이 주체적 결단, 고된 노동, 도덕적 헌신을 거쳐 정신적/물질적으로 대성공을 거두며 기득권으로 거듭난다는 서사는 아메리칸 드림이라는 가상의 실체화나 다름없었다. 경제대공황은 바로 이 가상의 실체를 삐딱하게 바라보는 결정적 계기였다. 사람들은 질문하기 시작했다. 열정, 근면, 성실의 지향이 정말이지 성공을 보장하는가? 이는 아메리칸 드림을 떠받들고 있던 공평한(것으로 가장된) 시스템에 대한 불신의 전면화였다. 신화가 무너지는 순간, 그 기만적 상상력으로 봉합돼 온 사회구조의 모순이 불안한 전망과 함께 격렬하게 표출되기 마련이다. 이미 성립돼 있는 강고한 계급성을 개인이, 그것도 이탈리아에서 뒤늦게 도착한 이민 하층민이 합법적으로 돌파해 허레이쇼 앨저 신화를 구축하는 것은 불가능하다는 인식이 대중화된 것이다. 이런 사회적 불신이 갱스터 조직의 불온한 자양분이 됐음은 말할 것도 없다. 갱스터 영화는 경제대공황에 따른 아메리칸 드림의 붕괴라는 사회사의 문화적 결과물이다.

(3) 영화적 상상력 : 공식, 도상, 양식

대중들에게 널리 인정된 안정적인 장르는 나름의 공식, 도상, 양식을 가진다. 공식은 이야기 차원의 특징이다. 그것은 영화의 전체적 구조에서 예측 가능한 결과를 가져올 친숙한 행위를 일컫는다. 도상은 시각적 차원의 특징이다. 그것은 세팅, 의상, 소품, 조명 등의 시각적 요소를 일컫는다.(3) 양식은 영화적 차원의 특징이다. 그것은 쇼트 구성, 편집 방식, 카메라 시선, 음향 효과 등이 포함된, 다른 영화 장르와는 차별적인 갱스터 영화만의 영화적 자의식과 관련된다.

갱스터 영화의 전형적인 서사 공식은 경제대공황 시대 대량 실업과 빈곤으로 신음하는 미국 사회를 포개면서 시작된다. 이탈리아나 아일랜드에서 뒤늦게 건너온 이민자 하층 계급이 모여서 사는 도시 주변의 빈민가에서 추후 갱이 될 사내아이가 가난하게 살아간다. 이 아이는 태생적 빈곤을 내면화한 주변 사람들과 달리 계급 상승 욕구가 강하고 무모한 수준의 소유욕을 가지고 있다. 그러던 어느 날 범죄 조직의 심부름꾼으로 들어가 자신에게 주어진 임무를 완벽하게 수행하며 보스의 눈에 든다. 청년에서 성인으로 성장하며 계급의 계단을 하나씩 점령해 올라갈 때마다 마치 전리품처럼 권력, 재산, 여성이 주어진다. 마침내 이 빈민가 출신의 가난한 사내아이는 암흑가의 1인자로 화려

경제대공황 시기 일자리를 요구하는 시위

하게 우뚝 선다. 그러나 이미 예정돼 있었다시피, 불법으로 쌓아 올린 부와 권력은 그리 오래가지 못한다. 결국, 어른이 된 사내아이는 조직 내부의 배신과 경찰의 포위망 안에서 숙명적인 죽음을 맞이한다.(4)

눈을 감고 갱스터 영화의 추억을 떠올릴 때 우리는 인상적인 시각적 도상을 쉽게 떠올릴 수 있다. 그들은 매끈한 슈트를 입고 다닌다. 때로는 번쩍이는 실크 가운을 걸치기도 한다. 그들은 말 그대로 초호화 저택에서 산다. 당대 최고 수준의 호텔이나 펜트하우스, 아니면 경비원 수만 어림짐작 몇십 명이 될 것 같은 대저택이 그들의 생활공간이다. 그들이 타고 다니는 차량 역시 파리가 미끄러질 정도로 번쩍거리는, 소시민 입장에서 모델명조차 짐작할 수 없는 최고급 일색이다. 하지만 이 화려한 삶의 이면에 그것의 불안한 징후를 은유하는 무기들이 숨겨져 있다. 그들은 슈트 속주머니, 대저택 수납공간, 차량 곳곳에 칼, 권총, 기관총을 시종일관 장착하고 있어야만 한다. 그들이 활동하는 도시 역시 불온하기 그지없는데, 그곳은 싸늘한 콘크리트 벽, 그림자로 폐쇄된 비에 젖은 거리, 여기저기서 들려오는 차량의 "끼익" 소리, 사람들의 비명, 그리고 쉼 없이 들려오는 총성으로 채워진다.

갱스터 영화의 공식과 도상을 영화적으로 매개하는 양식은 단연 **하드보일드**다. 사전적 의미에서 하드보일드란 비정(非情)을 뜻한다. 그렇다면 하드보일드 양식이란 단순히 소재 차원이 아니라 갱스터 영화가 다루는 갱스터, 그것을 극화하는 공식, 그 공식의 시각적 버전인 도상에 대한 영화적 태도와 관련한다고 볼 수 있다. 갱스터 영화는 스스로를 시종일관 비정하게 조망하는 것이다. 갱스터 영화는 다른 영화 장르와 달리 **시점 쇼트**가 억제돼 있다. 이 말은 관객이 주인공 갱스터의 시점과 하나가 돼 감정적 동일시를 이루는 것을 영화가 고의로 가로막는다는 의미다. 또한 갱스터 영화는 의도적인 점프 컷이 빈번하게 배치한다. 이것으로 주인공과 관련된 구구절절한 사연, 특히 심정적 상황은 생략된다. 더불어 갱스터 영화의 카메라는 특별한 기교 없이 관찰자의 위치에 놓인다. '무정물의 시점'이라고 부를 수 있는 어떤 무미건조한 시선이 전면화되는데, 이것으로 그 누구의 편도 들지 않는 극단의 거리두기가 생성된다.(5) 마지막으로 갱스터 영화는 음악을 최대한 자제한다. 이런 이유로 혹자는 갱스터 영화를 멜로드라마의 정반대 자리에 놓기도 하는데, 이것으로 관객은 감정이 억제된 냉엄한 논리의 자리로 안내받는다.

하드보일드

감정을 드러내지 않는 또는 감정에 좌우되지 않는 냉담한 태도를 일컫는 말이다. 하드보일드는 하나의 스타일을 지칭하는 것으로 주로 폭력적인 주제를 냉철하고 무감한 태도로 묘사하는 특징을 가진다. 여기서 '비정'은 캐릭터나 사건을 지칭하는 게 아니라 감독의 표현 방식이 건조하고 냉정하다는 의미이다. 곧 세계를 대하는 태도 혹은 스타일을 뜻하는데 이것은 영화가 피사체를 바라보는 태도와 직접 연결된다. 부조리한 세계의 단면을 응시하는 영화적 자의식의 냉소적인 시선, 그러니까 감정적이고 도덕적인 판단을 배제하고 딱히 주관적인 견해를 덧붙이지 않는 건조한 스타일인 것이다.

시점 쇼트

사건을 조망하는 객관적 시점이 아닌 사건에 참여한 인물의 눈에 보이는 주관적 장면, 즉 등장인물의 시점으로 보이는 장면을 일컫는다. 흔히 시점 쇼트는 인물의 주관적 판단을 경유해 관객을 보다 사건에 밀착시키는 역할을 수행한다. 인물의 시선으로 화면 안에 들어가 주변과 관계 맺으면서 시점의 주인과 동일시되는 것이다.

2. 〈스카페이스 Scarface〉(1983): 고전 갱스터 영화의 전설

현재 갱스터 영화로 널리 인식되는 공식, 도상, 양식의 모든 것은 하워드 혹스의 〈스카페이스 Scarface〉(1932)에서 비롯됐다 해도 과언이 아니다.(6) 이 영화는 말하자면 갱스터 영화의 전설이다. 첫 장면에서부터 〈스카페이스〉는 사회적 모순을 상징하는 현대 도시의 초현실적인 풍경과 현대인의 삐뚤어진 자아상을 암시하는 갱스터의 비이성을 유려한 영화언어로 구축한다. 초호화 파티, 파티를 주체한 갱보스의 탐욕, 보스를 처단하려는 신흥 갱단의 야욕, 탐욕과 야욕이 격돌하는 암흑가의 전쟁 등이 마치 갱스터 영화의 전범을 과시하듯 압축적으로 펼쳐진다. 신흥 갱단의 주역이자 영화의 주인공인 토니가 이 전쟁에서 승리하며 암흑가를 점령한다.

이 영화가 갱스터 영화의 전범이 될 수 있었던 결정적 이유는 주인공 토니에 대한 영화의 태도 때문이다. 암흑가의 신임 우두머리에 대한 영화의 태도는 우리가 흔히 영웅화 혹은 신화화라 부르는 어떤 양상과는 거리가 멀다. 토니를 연기한 배우 폴 무니Paul Muni는 의도적으로 영웅과는 거리가 먼 방식의 연기를 고수한다. 신분 상승 욕망에 붙들린 토니의 원시적 폭력성, 단순한 순진성, 문란한 사생활 등의 가감 없는 배치는 으레 주인공에게 덧붙여지는 카리스마적 기질을 상쇄한다. 무엇보다 이러한 면모는 어머니와 여동생에 대한 토니의 과잉 집착이 초점화되면서 전면화된다.

한편, 관객에게 토니는 감정 이입의 대상이다. 그러나 영화는 스스로가 옹립한 주인공에게 그것에 부합하는 애정을 보내지 않는다. 토니에게 감정을 이입한 관객은 응원의 주체를 확정하지 못하고 방황한다. 주인공을 응원하지만 마냥 응원할 수는 없는, 혹은 감정적으로는 주인공을 편들면서 논리적으로는 무작정 편 들 수 없는, 바로 이 윤리적 이율 배반의 입지가 〈스카페이스〉가 전설이 된 결정적 이유다.

토니의 폭력성은 결국 세상에 안착하지 못한다. 그를 기다리는 것은 죽음이다. 물론 그의 죽음은 그가 저지른 불법에 대한 합법적 응징일 것이다. 그러나 이 죽음이 그가 스크린에 아로새긴 서슬 시퍼런 광기, 파괴적 본능, 불온한 흔적마저 지우는 것은 아니다. 바로 여기에 〈스카페이스〉가 갱스터 영화의 전설이 된 또 다른 이유가 있다. 토니는 경찰의 총격에 죽는다. 그러나 이 죽음은 단지 그런 수준으로 환원될 수 없다. 하워드 혹스는 토니가 경찰에 살해당한 게 아니라 경찰에게 자신을 살해할 기회를 부여한 것처럼 죽음을 연출한다. 아니나 다

갱스터 영화의 전범과 같은
캐릭터인 토니의 양가적 얼굴

를까 토니는 이미 이룩한 성공을 가늘고 길게 유지하기 위해 현실과 타협할 생각이 추호도 없어 보였다. 스스로의 욕망을 정지시키는 것은 죽음이나 마찬가지라는 듯 질주하는 화차(火車)에 몸을 실을 뿐이다.

이는 단순히 갱스터의 주인공이 죽음의 공포를 극복했다는 수준의 상황이 아니다. 이것은 죽음이 임박한 순간까지도, 아니 스스로를 죽음으로 몰아세우면서까지도 세상과의 불화를 멈추지 않겠다는 어떤 극단적 저항의 제스처처럼 보인다. 토니의 죽음이 정의롭다는 의미가 아니다. 역으로 이것은 극단의 무정부적 도전 앞에서도 흔들리지 않는 기득권의 강고한 성벽을 의심의 대상으로 반추하게 만든다. 기득권의 모순을 상상적으로 봉합해 해소하는 것을 거부하면서, 그러니까 시스템의 얼룩이나 파열을 정면에서 응시하면서, 지배적 논리의 틈새를 들추고 그러한 논리에 포착되지 않는 구멍을 체험하게 하는 것. 이것이 〈스카페이스〉가 갱스터 영화에 남긴 가장 중요한 유산이다.

3. 〈대부 Mario Puzo's The Godfather〉(1972): 침체된 갱스터 영화의 부활

〈대부 Mario Puzo's The Godfather〉(프란시스 포드 코폴라, 1972)는 고전 갱스터 영화의 전성기 이후 한동안 침체됐던 갱스터 영화의 화려한 부활을 알린 작품이다. 특히 할리우드 갱스터 영화 중 국내에서 유독 인기를 끌기도 했다. 〈대부〉는 고전 갱스터 장르를 계승하면서 동시에 이탈하며 갱스터 영화의 새로운 전범을 마련했다. 총 3부작으로 확대된 이 시리즈의 1편 〈대부〉에서는 아버지에서 아들로의 권력 승계를 다룬다. 〈대부2〉(1974)에서는 중년이 된 아들 마이클이 권력을 확고히 다지는 과정을 다룬다. 〈대부3〉(1990)에서는 노년의 마이클이 권력을 내려놓고 그간 걸어온 암흑의 길을 속죄하는 내용을 담고 있다.

"패밀리에 맞서는 편에 절대 서지 말라." 장르 공식의 측면에서 마이클의 이 대사는 〈대부〉의 키워드이자 이 영화의 계율이다. 그런 점에서 〈대부〉는 갱스터 영화의 서사 공식으로부터 생산적으로 비켜선다. 〈스카페이스〉를 통해 확인했듯이 기존 갱스터 영화의 주 관심사는, 그것이 사회적 맥락의 응축이라 할지라도, 어디까지나 주인공 개인의 욕망, 성장, 파탄에 관한 것이었다. 〈대부〉는 말하자면 파탄만큼은 모면한 갱스터 개인이 나름의 규칙, 규범, 절차를 제정해 시스템화 된 조직을 구성하는 단계에 도달한 상황으로 이해될 수 있다. 그 조직을 기축하는 핵심이 바로 '패밀리', 그러니까 가족중심주의에 기댄 권위주의적 가부장제인 것이다. 장르 공식의 이러한 변화는 금주법과 경제대공황으로 촉발된 계급적 모순이 제대로 봉합되기는커녕 미국 사회의 불온한 징후로 제도화됐다는 우울한 암시이자 전망처럼 보인다. 영화 내부에서 직접 거론되는 것은 아니지만 프란시드 포드 코플라 감독은 인터뷰 자리에서 어김없이 자신의 영화가 미국 사회에 대한 알레고리라는 사실을 강조한다. 마이클이 선포한 계율은 사실상 영화가 제작될 당시의 베트남 전쟁 참전, 워터게이트 사건 등으로 파탄이 난 미국인들의 심정적 고통의 알레고리이자 그런 미국 사회에 대한 기진맥진한 냉소이다.

〈대부〉의 진가는 장르 도상에서도 발견된다. 이 영화의 촬영을 맡은 고든 윌리스 Gordon Willis는 다음과 같이 말한다. "종종 당신이 보지 못하는 것이 보는 것보다 더 효과적이다."(7) 〈대부〉는 당대 평단으로부터 지나치게 어둡다고 지적받을 만큼 극단의 로우키(Low-Key)로 촬영됐다. 결과적으로 이 조명은 기존 갱스터 영화와는 차별적인 〈대부〉만의 시적 영역을 환기한다. 이 영화의 색감은 마치 흑백 영화를 보는 것 같은 착각이 들 정도로 억제돼 있다. 그 어떤 미동도

로우키와 명암대비 보여주는
〈대부〉의 한 장면

느껴지지 않는 방안의 암흑은 질식할 것 같은 공간의 뉘앙스를 생산한다. 이것은 자연스럽게 〈대부〉가 묘사하는 갱스터의 내면과 접촉한다. 어쩌다가 우발적인 한 줄기 빛이 암흑을 뚫고 들어왔을 때, 혹은 흑백의 톤 안에 자극적인 붉은 장미가 끼어들었을 때, 아니면 블라인드를 통과하는 반점들의 미세한 움직임이 포착됐을 때의 살을 에는 듯한 긴장 자체가 갱스터의 일상이자 생리이다.

장르 양식의 측면에서도 〈대부〉는 기존의 갱스터 영화와 차별화된다. 하드보일드 양식 특유의 냉소적 태도는 〈대부〉에 와서 이른바 '코플라식 몽타주'라 불리는 **교차편집**으로 반 발짝 나아간다. 〈대부〉라는 대서사는 상반되는 두 상황이 기묘한 방식으로 교차하면서 시작되고, 끝난다. 영화는 블라인드로 가려진 어두운 방에서 시작한다. 거기 조직을 일군 1세대 갱스터 돈 비토 코를레오네가 짙은 음영을 머금고 누군가와 이야기를 나누는 중이다. 대화는 경찰에 대한 불신, 패밀리에 대한 충성, 사적 복수, 아군과 적군과 같은 문제로 채워진다. 이때 중요한 것은 암흑의 대화가 이어지는 순간에 바깥에서는 코를레오네의 딸 코니의 결혼식이 진행 중이라는 사실이다. 음모와 축제의 교차

인 것이다. 이런 교차는 영화의 대단원에서도 반복된다. 아버지의 자리를 이어받은 마이클은 권력 승계를 마무리하는 범죄를 모의 중이다. 내부의 적을 처단하는 미션이 극도의 긴장감과 함께 진행되는 와중에 우리는 누이 코니의 딸에게 대부로서의 세례식을 주재하는 마이클과 마주한다. 마피아 보스들의 순차적 살해 장면과 성스러운 성당 장면의 교차, 즉 죽음과 생명의 기묘한 양립이다. 이러한 '코플라식 몽타주'는 결과적으로 이전 갱스터 영화가 지향했던 하드보일드 양식의 그것과 동일한 효과를 생산한다. 숭고 이면에 깔린 죽음의 공포, 즉 선과 악이 뒤엉킨 풍경은 그들이 그토록 추앙하는 '패밀리'의 가치를 의심의 대상으로 만든다. 선악을 판단하는 기준은 '패밀리'이지만 이 가부장제의 가치관도 결국에는 무화되며 물음표의 대상이 되는 것이다. 그것은 말하자면 신성 뒤에 감춰진 비속, 혹은 생의 욕망 이면에 도사린 죽음의 공포다.

교차편집

각각 다른 장소에서 동시에 발생한 사건을 교대로 병렬해 보여주는 편집 기법을 일컫는다. 어떤 경우, 완전히 별개의 두 장면을 교차로 편집해 연결함으로써 두 장면의 봉합 혹은 균열이 일으키는 연상을 극적으로 구성하기도 한다. 주로 서사의 변곡점이나 결정적 장면에서 긴장감을 조성하기 위해 활용된다.

4. 〈신세계 New World〉(2012): 한국 갱스터 영화의 신세계

(1) 그들 각각의 신세계

〈신세계〉는 갱스터 영화의 정립이라는 측면에서 한국영화사에 기록될만한 영화다. 이 영화에서 선(善)은 생각보다 그리 선하지 않고 악(惡)은 생각보다 그리 악하지 않다. 가해와 피해, 원망과 동정은 뒤범벅돼 있다. 〈신세계〉의 그들은 비장한 갑옷을 입은 영웅이 아니다. 그렇다고 도덕적으로 완전히 타락한 쓰레기도 아니다. 차라리 그들은 시스템에 포섭되지 않는 모호한 잉여에 가깝다.

〈신세계〉 포스터

이 영화는 합법화를 향해 달려가던 거대 범죄조직 '골드문'의 보스가 누군가의 손에 허망하게 살해되면서 시작된다. 이때 살인범이 누구냐는 질문은 소모적이다. 어차피 중요한 것은 우두머리의 죽음 자체다. 죽은 자는 말이 없지만 산 자들은 웅성거린다. 최고 권력의 공백이 공표되는 순간 억지로나마 억압돼왔던 권력욕이 똬리를 틀기 시작한다. 각자의 '신세계'를 꿈꾸는 사내들이 잘만하면 왕좌에 오르지만 삐끗하면 파국으로 치닫는 역동적인 권력 공백기를 치열하면서도 위태롭게 맞이하는 것이다. 이런 맥락에서 〈신세계〉는 단순히 권력을 차지하려는 갱스터들의 이야기가 아니다. 그것은 입체적으로 덧칠된 캐릭터'들'과 그들이 욕망하는 각각의 '신세계'들이 신뢰, 불신, 배신을 거듭하며 벌이는 다채롭고 살벌한 쟁투의 풍경이다.

합법 안에 있지만 불법의
경계를 넘나드는 강 과장

첫 번째 신세계. 묘하게도 그것은 범죄조직 바깥에 놓여 있다. 오랫동안 '골드문'을 감시해온 경찰 강 과장은, '과장'이라는 익명이 암시하듯이, 비밀 작전을 감행 중이다. 경찰이 범죄 내부에 위장 침투한다는 설정에서 〈무간도 Infernal Affairs〉(2002)가 떠오르지만 생각만큼 둘은 닮지 않았다. 〈무간도〉는 쌍방과실이다. 범죄에 침투한 경찰의 반대편에 경찰에 침투한 범죄가 있다는 것, 말하자면 대구를 이루는 분열된 거울상이 정체성을 놓고 벌이는 악전고투가 〈무간도〉의 진가인 셈이다. 이에 반해 〈신세계〉는 일방향적이다. 범죄에 침투한 경찰만 있지 그 반대는 없다. 물론 〈신세계〉가 〈무간도〉를 얼마나 차용하고 있느냐는 중요하지 않다. 주목해야 할 것은 비밀 작전에 내재된 강 과장의 은밀한 욕망이다. 후배 경찰 이자성(이정재)을 조폭으로 위장시켜 범죄조직에 침투시키는 것은 당연히 불법이다. 경찰 인생 전부를 걸고서라도 불법을 결행하는 이유는 무엇인가. 그는 그것이 자신의 신세계에 닿을 수 있는 유일한 수단이라고 믿는 것처럼 보인다. 그는 인류의 역사가 지속되는 한 범죄의 완전무결한 소멸은 불가능하다고 단언한다. 그런 이유로 범죄의 단순한 소탕이 아닌 범죄 속에 들어가 그것 자체를 통제권 안에 가두려고 한다. 말하자면 합법이 합법을 가장한 불법으로 불법을 통제하려는 것이다. 우리가 생각하는 합법은 생각보다 그리 합법적이지 않다.

두 번째 신세계. 건들거리며 등장하는 인물이 있다. 입에서 상스러운 욕설이 떠나지 않는다. 그런데 밉지가 않다. 오히려 정답기까지 하다. 정청이 화교 출신임에도 '골드문'의 2인자까지 오를 수 있었던 것은 의리에 기반한 인간적 면모가 널리 인정받았기 때문일 것이다. 그래서인지 그에게는 1인자에 대한 욕망이 딱히 발견되지 않는다. 권력 공백은 그에게 기회가 아니라 오히려 위험이다. '형님'을 친형처럼 보좌하고 '동생'을 친동생처럼 보살피는 것에 익숙한 그에게 보스의 죽음은 지금껏 그가 수행해온 완충 역할에 대한 위기이다. 기다렸다는 듯이 외부의 적 강 과장의 음모가 본격화된다. 조직의 또 다른 계파들도 그의 목숨을 노리기 시작한다. 그럼에도 그는 권좌에 대한 욕망이 아니라 조직을 지키기 위해 발버둥 친다. 이것이 정청이 상징하는 신세계다. 우리가 생각하는 악은 생각보다 그리 악하지 않다.

갱스터지만 인간적 매력을
발산하는 화교 출신의 정청

세 번째 신세계. 강 과장의 작전에 휘말려 범죄 내부에 8년 동안이나 잠복한 경찰, 그러나 '골드문'의 2인자 정청의 총애를 받는 조폭, 달리 말해 공권력과 범죄의 경계에서 위태롭게 서 있는 이자성에 관해 얘기할 차례다. 비교컨대 이자성은 〈좋은 친구들 Goodfellas〉(1990)

의 '친구들'보다는 〈대부 The Godfather〉(1972)의 '마이클'에 가깝다.
친구들은 범죄에 가담하는 자신들의 열망을 크게 의심하지 않는다. 이
에 반해 마이클은 애초에 아버지의 조직에 관심이 없었다. 그는 어쩔
수 없이, 마치 운명처럼, 대부의 권좌로 떠밀린다. 기묘하게도 이것이
마이클이 유지하는 굳건한 카리스마의 기원이라는 것이 〈대부〉의 역
설적 묘미다. 이자성이 강 과장의 전략에 끼어든 것은, 아니 끼어들 수
밖에 없었던 것은, 그 역시 정청과 마찬가지로 여수 화교 출신이기 때
문이다. 엄밀하게 그는 전략적으로 선택된 것이 아니라 어쩔 수 없는
외부자이기 때문에 합법적 권력(=경찰)으로부터 배제된 것이라고 해
야 한다. 억지로 떠밀린 이자성이 마이클과 같은 역설적 카리스마를
구축할 수 있을까? 공식적인 임무를 수행하기 위해서는 형제를 배신해
야 한다. 형제와의 의리를 지키기 위해서는 경찰 조직을 배반해야 한
다. 이자성은 어떤 결과가 도출되더라도 배신자일 수밖에 없다. 양쪽
에서 부과되는 임무를 치우침 없이 수행하는 일이란 사실상 불가능에
가깝다. 그리하여 그는 욕망한다. 경계인에서 벗어나는 것. 평범한 경
찰로 복귀해 한 가정의 가장으로 살아가는 것. 그게 그의 신세계이다.
그는 선하지도 악하지도 않다. 차라리 그는 선과 악의 뒤범벅 자체다.

선과 악의 혼재라는
갱스터 영화의 세계관을
상징하는 인물 이자성

(2) 비정한 무정물의 시점

〈신세계〉의 서사는 지금껏 언급한 캐릭터'들'이 그것에 부합하는
절묘한 상황에 놓일 때, 그러니까 그들 각각의 신세계가 충돌하며 결
단의 순간에 내몰릴 때 비로소 창출된다. 합법을 가장한 불법으로 범
죄를 장악하려는 외부의 신세계(=강 과장)와, 끈끈한 형제애로 그것
에 저항하는 내부의 신세계(=정청), 그리고 그 사이에서 이러지도 저
러지도 못하고 아예 그것으로부터 벗어나길 갈망하는 신세계(=이자
성)……

강 과장은 일테면 바둑판을 내려 보고 있는 바둑기사다. 아니, 바
둑기사가 되고 싶어 한다. 자신이 짜놓은 판세에 걸려든 바둑알들이
자기들끼리 치고받다가 자멸하길 기도한다. 권력 공백을 둘러싼 바둑
알들의 전쟁은 손에 피 하나 묻히지 않고 '골드문'이라는 대마를 통제
권에 포획할 수 있는 절호의 찬스다. 이때 영화의 주된 관심사는 그런
전략들이 아니라 그것들의 기막힌 반목이다. 이것이야말로 〈신세계〉
의 성취다. 화교 출신임에도 조직의 2인자까지 올라간 정청과 잠복 경
찰임에도 오랜 시간 정체를 들키지 않은 이자성은 결코 만만한 존재가

아니다. 바둑알이 바둑기사의 기대를 배신하는 기묘한 상황이 발생하는 것이다. 사태는 예측 불가로 치닫는다.

바둑기사의 설계도와는 달리 '강 과장-이자성'의 관계는 점점 더 헐거워진다. 정확히 그만큼 '정청-이자성'의 연대는 단단해진다. 강 과장이라고 해서 절박하지 않은 것은 아니다. 악수(惡手)를 둘 수밖에 없다. 자신이 심어 놓은 잠복 요원을 점점 더 믿지 못한다. 약속을 어긴다. 협박까지 일삼는다. 반대로 이자성은 강 과장을 믿었다. 아니, 그 불법적인 작전에 끼어든 이상 강 과장을 믿을 수밖에 없었다. 하지만 돌아오는 것은 작전에서 서서히 소외되는 비참한 상황뿐이다. 깡패들도 자신을 믿는데 경찰이 자신을 믿지 못하는 것이다. 그 역시 살아남아야 하니 히든카드를 준비할 수밖에 없다.

정청 역시 마찬가지다. 1인자 자리를 제시하는 강 과장의 제안을 거부한다. 그건 지금껏 그를 2인자로 지탱시켜준 자신의 세계관에 정면으로 위배되는 짓이다. 그의 신세계는 조직의 1인자가 아닌 조직의 보신(保身)이지 않았던가. 그리하여 그는 화교 출신이 아니었다면 불가능했을 중국 쪽 인맥을 총동원해 바둑기사의 전략에 저돌적으로 맞선다. 의리파란 의리를 잘 지킨다는 뜻이기도 하지만 의리에 위배되는 것에 냉혹하리만큼 가차 없다는 뜻이기도 하다.

이때 이들 앞에 또 다른 상황이 발생한다. 〈신세계〉에는 세 개의 신세계만 있었던 게 아니다. 죽은 보스의 적통 이중구(박성웅)의 욕망도 무시할 수 없다. 그는 굴러 들어온 화교에게 자리를 뺏겼다. 적대적인 태도와 지나친 야성미는 정청에 대한 콤플렉스의 발로일 것이다. 그런 이유로 보스의 죽음은 그에게 꼬여버린 계보를 정상화할 수 있는 절체절명의 기회이다. 그러나 이것 때문에 그는 이성을 잃고 흔들린다. 권력의 공백만 볼 뿐 강 과장이 깔아놓은 전체 판세는 보지 못한다. 말보다 주먹이 앞서는 외양과는 달리 강 과장의 '착한' 바둑돌로 추락해버린다. 진짜 적과 가짜 적을 구분하지 못한 채 조직의 보신을 위해 고군분투하는 정청을 공격한 후 일이 왜 이렇게 돼버렸는지 모르겠다는 표정으로 최후를 맞이한다.

바로 이 구멍 때문에 사태의 추이는 또다시 뒤집어진다. 이중구 계파에게 칼을 맞은 정청은 죽음이 임박한다. 그러나 진짜 반전은 이자성의 것이다. 그의 신세계는 불편하기 그지없는 바둑판에서 벗어나 평범한 삶으로 회귀하는 것이었다. 하지만 자신이 잠복 경찰이라는 것을 알고도 끝까지 믿어준 형의 최후를 목격한 후 이전과는 전혀 다른 신세계를 어쩔 수 없이 열망한다. 강 과장의 신세계가 성공을 코앞에 두고 처참하게 꺾이는 것은 바로 이것 때문이다. 8년 동안 공들여 키워온 바둑돌에게 배신을 당하는 순간 그를 기다리는 것은 죽음뿐이다.

　　그런데 사실 이런 반전 자체가 서사의 핵심은 아니다. 눈치 빠른 관객이라면 실상 이 정도는 충분히 예상할 수 있다. 주목해야 할 것은 극단적 상황에서 역전을 거듭하는 캐릭터'들'의 대결을 조망하는 영화의 시선이다. 시종일관 방치하는 느낌이랄까? 영화는 스스로가 창출한 캐릭터'들'의 싸움에 굳이 개입하지 않는다. 그저 극단적 상황에 밀어 넣은 후 그들의 자생적(인 것처럼 구축된) 전쟁을 관망하는 제스처를 취한다. 캐릭터'들'에 대한 서사 차원의 호불호를 의도적으로 제거하고 있다. 도덕적 판단이 완전히 소거된 비개인적 혹은 무정물의 시점, 거기서 유래하는 팽팽한 긴장과 싸늘한 관계─역관계의 반복. 이것으로 갱스터 영화 〈신세계〉는 만개한다.

　　〈신세계〉에서 중요한 것은 믿는 도끼에 발등이 찍힌 강 과장이나 내부의 급습에 쓰러진 정청이나 둘 사이를 오가다 왕좌에 오른 이자성 각각의 사연이 아니다. 무정물의 시점에서 조망되는 캐릭터'들'의 신뢰─불신과 성공─몰락의 풍경은 개인적 차원을 뛰어넘어 권력이 어떻게 비워지고 메워지는가의 질문을 예리하게 묘파한다. 그것은 개인의 서사가 아니다. 특정 집단의 서사도 아니다. 차라리 그것은 시스템 자체에 관한 서사다. 〈신세계〉는 역전에 역전을 거듭하며 다채롭게 펼쳐지는 욕망과 권력의 작동방식 그것 자체에 관한 대서사이다. 충무로는 드디어, 아니 이제야, 개인적 사연으로 추락하지 않는, 그리하여 시스템의 메커니즘을 예리하게 조망하는, 제대로 된 갱스터 공식 하나를 소장하게 됐다.

(3) 서사의 원근감을 축소하는 정서적 시선들

　　이제 영화적 양식에 주목할 차례다. 아무나 구축할 수 없는 저 탁월한 서사에도 불구하고 〈신세계〉를 마냥 상찬할 수 없는 것은 그걸 영상으로 번역하는 영화적 자의식에 대한 의문이 사라지지 않기 때문이다. 물론 갱스터 영화 특유의 도상이 여기저기 그럴듯하게 장식돼 있긴 하다. 폐가 속 기괴한 낚시터와 결합하면서 강 과장과 이자성의 불법 작전은 더더욱 불온해진다. 넓게 트인 축구경기장에서 벌어지는 강 과장과 정청의 단판은 향후 어디로 튈지 모를 사건의 추이를 역설적으로 보조한다. 이중구의 야성미는 한창 진행 중인 건물에 위치한, 그래서 강렬한 시멘트 냄새가 풍기는, 자기 계파의 기괴한 아지트와 닮았다.

그런데 몇몇 대목에서 박훈정 감독은 갱스터 영화의 양식을 위배한다. 문제가 발생하는 것은 그런 식의 위배가 탁월하게 구축된 서사와 제대로 맞물리지 않거나, 서사의 리듬을 오히려 방해하거나, 그것의 효과가 설득력 있게 다가오지 않았을 경우이다. 우선 쇼트의 크기. 한마디로 말해 클로즈업이 지나치게 빈번하다. 영화는 거의 습관적으로 캐릭터의 표정을 얼굴의 일부가 잘려나갈 정도로 좁게 포착한다. 이것은 극적인 순간을 역으로 다큐멘터리처럼 찍어 상황의 모호성을 전시하는 갱스터 영화의 관습을 이탈하는 방식이다. 물론 문제는 이탈 자체가 아니다. 그것 때문에 캐릭터만 부각되고 그를 둘러싼 공간의 상황성이 배제된다는 점이 중요하다. 쉽게 말해 그렇게 좁게 찍을 거라면 의상팀이 굳이 120벌이나 넘는 슈트 정장을 준비할 필요가 없지 않았는가?

나아가 서사 리듬상 짧게 끊고 넘어가야 할 대목에 쓸데없이 길게 늘어지는 경우가 빈번하게 보인다. 대표적으로 정청의 죽음을 묵도하는 이자성 장면. 숨이 멈춘 정청의 손을 잡은 이자성이 고개를 돌리면서 카메라를 응시한다. 그때 강렬한 눈빛을 포착하던 카메라가 거기서 멈추지 않고 뒤쪽으로 길게 트랙 아웃하며 그걸 좀 더 지속시킨다. 이것은 한 편의 멜로드라마적 순간에 지나지 않는다. 서사는 예측 불가로 치닫는 중인데 그걸 포착하는 카메라는 향후 이어질 사건을 도리어 선명하고, 주관적이며, 정서적으로 예언하는 상황이기 때문이다. 관계-역관계의 반복 끝에 이자성이 권좌에 오르는 반전의 서사가 예측 가능한 대상으로 추락하고 마는 이유는 바로 이 눈치 없는 카메라의 비경제적인 움직임 때문이다.

보스의 죽음으로 촉발된 권력의 빈자리는 2인자의 것도 3인자의 것도 아닌, 그걸 차지할 가능성도 없었고 차지할 욕망도 부족했던 4인자 이자성의 것이 된다. 문제는 이게 영화의 끝이 아니라는 사실이다. 이 지점 뒤에 파스텔 톤으로 채색된 플래시백 장면들이 뒤따른다. 그리고 거기에 강 과장의 불법적인 전략에 따라 이제 막 '브라더'로서의 결속을 다지기 시작한 8년 전의 정청과 이자성이 보인다. 이것은 이제껏 구축해온 서사의 여운을 확장하기는커녕 오히려 말끔히 제거해버린다는 점에서 문제적이다. 모호성을 동반한 시스템 자체의 대서사가 싱겁게도 형과 아우의 남성적 신파로 추락하는 것은 영화 말미에 사족처럼 달라붙은 플래시백 때문일 것이다.

빈번한 클로즈업, 길게 늘어지는 리듬, 파스텔 톤 회상은 다양한 캐릭터'들' 사이의 '관계'가 아닌 특정 캐릭터'만'의 '정서'에 집중하겠다는 선언이다. 이것은 〈신세계〉가 구축한 서사의 양식, 대표적으로 무정물의 시점과 전혀 어울리지 않는다. 서사의 공식은 누구도 편들지 않는다. 그러나 영화의 양식은 누군가를 편들어버린다. 이것의 의도는 무엇인가? 서사와 영상의 충돌이 빚어내는 어떤 효과? 유감스럽게도 〈신세계〉에 그런 것은 없다. 서사의 탁월한 원근감이 정서 어린 영상 안에서 왜곡되거나 축소될 뿐이다.

5. 〈불한당 The Merciless〉(2016):
한국 갱스터 영화의 가능성

〈불한당 The Merciless〉(변성현, 2016)의 오프닝 시퀀스는 여러모로 상징적이다. 부둣가 야외 벤치에 앉은 두 남자가 탁자에 놓인 회를 두고 각자의 취향을 말한다. 둘 중 하나는 없어서 못 먹는다며 회를 찬양한다. 다른 하나는 죽은 생선의 눈깔이 자신을 째려보는 것 같다며 회를 꺼린다고 말한다. 이때 자연스럽게 대화의 화제가 영화의 주인공 재호에게로 옮겨간다. 그는 고아원 출신 갱스터이자 살인을 할때 사람의 눈을 똑바로 쳐다보는 냉혈한이다. 재호의 계율은 다음의 대사에 응축돼 있다. "사람을 믿어서는 안 된다. 상황을 믿어야지." 그때 이 계율을 심대하게 흔드는 잠입 형사 현수가 등장하면서 상황은 복잡해진다. 〈불한당〉은 냉혈한 갱스터 재호가 형사 현수를 자신의 계율과 달리 지나치게 믿어버린 나머지 파멸하는 이야기로 볼 수 있다. 눈을 뜨고 째려보는 생선은 이미 횟감으로 해체된 채 죽어 있었다.

이 영화의 서사 공식은 〈신세계〉의 자장 안에 놓여 있는 것처럼 보인다. 잠입 형사를 모티브로 삼기 때문이다. 그러나 상황은 좀 더 복잡하다. 갱스터 장르의 공식을 이어받되 그것을 이중삼중으로 뒤집는 서사 구조를 취하기 때문이다. 〈불한당〉은 대략 3년 동안 교도소 안과 밖을 오가는 구조다. 시간의 축과 공간의 축이 과거-현재와 내부-외부의 네 가지 변수로 복잡하게 얽혀 있다. 이때 흥미로운 것은 그 결과 영화 전반에 불확정의 뉘앙스가 끊임없이 새겨진다는 점이다. 말하자면 우리가 이해하고자 하는 현재는 시간과 공간의 교차에 따라 질문의 대상이 되는 것이다. 확실한 것은 없다. 확실한 것은 오직 어떤 것도 확실하지 않다는 사실, 그러니 누구도 믿어서는 안 된다는 사실, 모든 인물이 잠재적 범죄자라는 사실일 뿐이다. 이것은 〈신세계〉를 뛰어넘는 성취다. 권력의 공백이 어떤 식으로 메워지는가와 관련된 알레고리를 넘어 그 안에 똬리를 틀고 있는 의심, 배신, 불확실의 동력을 실체화하고 있기 때문이다.

갱스터 영화로서의 〈불한당〉의 진일보한 면모는 도상에서도 발견된다. 교도소에 잠복한 형사 현수가 어머니의 죽음 소식에 힘들어할 때, 이를 기회 삼아 그가 형사라는 사실을 알고도 자기편으로 끌어들이기 위해 재호는 전략을 꾸민다. 이 대목에서 감정적으로 격앙된 현수와 이를 위로하려는 재호 사이의 격렬한 몸싸움 장면을 떠올릴 필요가 있다. 그곳은 우리가 알고 있는 교도소 공간이 아니다. 혹은 갱스터 영화에서 우리가 봐 온 갱스터들 사이의 날 선 주먹다짐도 아니

불균질한 명암대비로
격정적인 정사를 연상하는
〈불한당〉의 교도소 격투 장면

다. 불균질한 명암대비로 나눠진 공간들의 층위를 두 남성이 옮겨 다닐 때, 그 밝음과 어둠의 영역을 거친 육성과 심호흡으로 왕래할 때, 차라리 격정적인 정사(情事)라 불러야 할 어떤 사적 정념이 화면 가득 채워지는 것이다. 그것은 격투와 포옹의 팽팽한 줄 달리기 혹은 경계 자체다. 아무리 달리 말해도 이것은 브로맨스, 즉 동성애의 코드이다.

장르 공식의 측면에서 〈불한당〉은 시공간을 교차하며 영화적 현재를 의문의 대상으로 만든다. 도상의 측면에서 〈불한당〉은 시공간의 교차에 그것을 초과하는 브로맨스의 정념을 추가한다. 물론 우리는 〈불한당〉의 줄거리를 정확하게 정리할 수 있다. 캐릭터들의 행동을 논리적으로 해명할 수도 있다. 그러나 서사적 의문과 시각적 정념은 논리적 해명과는 무관한 비확정성을 생산한다. 바로 이 비확정성이야말로 〈불한당〉이 갱스터 영화의 후예라는 사실을 증명한다. 정념에 짓눌려 기꺼이 파멸을 선택하는 정체불명의 광기야말로 우리가 발 딛고 선 모순으로 가득한 사회의 지워질 수 없는 흠집이기 때문이다.

6. 갱스터 영화, 그 파열의 흔적

갱스터 영화의 주인공들은 어떤 점에서 순진해 보인다. 이것저것 계산하기보다는 무작정 돌진하는 것처럼 보이기 때문이다. 가끔은 무섭게 보이기도 한다. 분노조절 장애를 의심할 수준의 지나친 감정 기복이 전시되기 때문이다. 어떨 때는 그렇게 착해 보일 수가 없다. 자신의 가족, 특히 어머니와 누이에 대한 애착은 과할 정도로 뜨겁기 때문이다. 이때 중요한 것은 순진, 공포, 애착으로 환원되는 그들의 성

격이 아니라 그것을 지시하는 '무작정', '지나친', '과한'으로 표현되는 성격의 상태다. 그들은 세상이 요구하는 평균적 캐릭터로부터 지나치게 멀리 떨어져 있는, 말하자면 사회화에 실패한 인간들인 것이다. 이 대목에서 질문이 생긴다. 사회화의 실패는 그들 탓인가 사회 탓인가? 혹은 그들이 악(惡)해서 사회적 선(善)을 실행하지 못한 것인가, 사회적 악이 그들의 선을 짓밟은 것인가? 이 질문은 갱스터 영화의 세계관을 환기한다는 점에서 충분히 음미 돼야 한다.

그들은 태생적으로 가난했다. 문제는 그들에게 가난을 극복할 수 있는 합법적 기회가 희박하다는 점이다. 그러니 부를 획득하는 유일한 방법은 가진 자의 합법적 재산을 망가트리거나, 훔치거나, 갈취하는 불법적 방식밖에 없다는 그들의 상황 논리를 이해하지 못할 것도 없다. 그들을 불법으로 규정하는 합법은 가진 자의 권리를 보전하는 도구, 즉 작위일 뿐이다. 하지만 반대로 그들의 불법은 아무리 달리 말해도 도덕적 타락에 불과하다는 지적도 가능하다. 기득권만의 합법이라는 이유가 망가트리고, 훔치고, 갈취하는 행동의 합리적 변명일 수 없다. 오히려 그것은 탈법 조직에 편입됨으로써 스스로의 정체성을 기만적으로 드러내려는 삐뚤어진 자아상일 확률이 높다. 이런 점에서 갱스터 영화는 사연 있고, 애석하며, 이해 가능한 '무질서'와 탐욕적이고, 부패했으며, 약자를 착취하는 '질서' 사이의 기묘한 투쟁 공간이다.

이 투쟁 공간이 하드보일드 양식으로 매개될 때 발생하는 효과에 주목할 필요가 있다. 다른 영화 장르와 달리 갱스터 영화는 스스로가 다루는 주인공을 감정적으로 특별하게 대우하지 않는다. 투쟁의 공간을 하드보일드 양식, 즉 비정한 태도로 관찰한다는 것은 사실상 '무질서'와 '질서' 중 한쪽으로 치우치지 않겠다는 선언이다. 주인공의 예정된 죽음이 실행되는 순간에조차 갱스터 영화는 인간적 연민을 감춘 채 현장으로부터 몇 발짝 떨어진 무정물의 시점으로 주인공의 최후를 관망한다. 갱스터에 대한 갱스터영화의 태도는 극단의 대결을 설정하되 그 누구도 편들지 않는 냉엄한 시선이다. 그것으로 도출되는 메시지는 다음과 같다. 우리가 생각하는 선은 생각보다 그리 선하지 않으며, 우리가 생각하는 악은 생각보다 그리 악하지 않다는, 윤리적 딜레마가 그것이다.

갱스터 영화에서 갱스터의 성공은 애초에 실패할 수밖에 없는 것으로 묘사된다. 그들의 성장에는 늘 죽음의 그림자가 드리워져 있다. 주목해야 할 것은 죽음이 임박한 상황에서도 그들이 슈트로 상징되는 스스로의 정체성을 절대 벗어던지지 않는다는 점이다. 그들은 절대 반성하지 않는다. 그들의 죽음은 후회나 교훈으로 귀착되지 않는다. 이런 식의 엔딩을 취할 수밖에 없는 이유는 다음과 같다. 갱스터가 죽는다고 해서 그들을 괴물로 만든 세상이 변하는 것은 아니기 때문이다. 갱스터 영화의 갱스터들은, 그들을 그런 식으로 잉태한 사회 시스템을 완전히 장악하지는 못했지만, 그러니까 애초에 그 시스템의 왜곡된 실체에 불과했지만, 그러나 그것 자체로 시스템의 모순을 강력하게 환기하는 양가적인 존재이다. 그것은 그 어떤 것으로도 지울 수 없는, 시스템에 새겨진 파열은 흔적이다.

| 주　　석 |

(1) 배리 랭포드, 방혜진 옮김, 『영화 장르: 할리우드와 그 너머』, 한나래, 2010, 234쪽.
(2) 같은 책, 237쪽.
(3) 정영권, 『영화 장르의 이해』, 아모르문디, 2017, 29~32쪽.
(4) 같은 책, 132쪽.
(5) 알랜 실버 · 제임스 어시니 편저, 이현수 · 장서희 옮김, 『필름 느와르 리더』, 본북스, 2011, 101쪽.
(6) Peter Lehman&William Luhr, 이형식 옮김, 『영화에 대해 생각하기』, 명인문화사, 2009, 24쪽.
(7) 박만준 · 진기행 역, 『영화의 이해』, K-books, 2008, 41쪽.

5장 전율과 공포의 협주, 스릴러 영화

송효정

1. 장르적 특징과 소역사

(1) 스릴러와 불쾌한 쾌감

스릴러는 관객의 흥분과 긴장감을 유지시키며 최종적 해소를 지연함으로써 관객에게 공포와 전율을 주는 장르다. 불안을 느끼는 상황에서의 도피 불가능성은 스릴러 고유의 감성을 구축한다. 스릴러 영화는 상당히 광범위한 장르들과 결합 가능한 장르이기에 간단히 규정하기 어렵다. 그렇기에 스릴러란 타 장르와 구분 가능한 서사적 특징을 지닌 장르라기보다 '긴장감의 지속'을 그 속성으로 하는 감성적 전략을 취한 범주의 장르로 보아야 한다. 스릴러는 흥분, 설렘, 전율, 공포를 의미하는 **'스릴'**, 긴장감을 의미하는 **'서스펜스'**, 불가해성과 관련된 '미스터리'를 다양하게 활용하고 있는 장르이기도 하다.

스릴러에서 관객은 불가해하거나 고통스러운 상황 속에 빠져들어 있는 주인공의 관점에 동일시하며 그의 고통과 불안을 함께 느끼게 된다. 이는 서스펜스에서 **디제시스** 바깥의 관객이 영화 속 등장인물이 예견된 위기 속으로 빠져 들어가는 것을 보면서 불안감을 느끼는 것과 다소 차이가 있다. 스릴러는 관객에게 공포와 두려움의 분위기를 서서히 스며들게 하는 정교한 플롯으로 구성된다. 한편 스릴러는 불가해성, 신비한 것을 중심으로 이루어지는 미스터리와도 쉽게 결합한다. 본래 중세의 '신비극'을 의미했던 미스터리는 근대사회에서 추리소설로 정착되면서 '지적 논리'로 사건을 풀어가는 내용을 지닌 장르로 폭

서스펜스와 스릴

서스펜스(suspense)란 라틴어로 '매단다'는 의미의 라틴어 suspensus를 어원으로 하며, 흥분, 설렘, 전율, 공포를 의미하는 '스릴(thrill)'은 '관통된'이라는 의미를 지닌 고어 þyrel에서 유래한 말이다. 일반적으로 서스펜스는 관객이 주인공보다 더 많은 정보를 알고 있을 때, 스릴은 관객과 주인공의 정보량이 동일할 경우 발생한다고 한다.

디제시스

디제시스(diegesis)란 스토리 내부에서 전개되는 모든 것, 즉 허구적인 실재를 말한다. 영화로 친다면 스크린 위에서 행해지는 모든 것들이 디제시스를 형성한다.(7)

넓게 이해되고 있다. 스릴러는 이치를 따져가며 문제를 풀어가는 이성적 과정보다 공포와 두려움에 빠져가는 심리적 과정에 더욱 초점을 둔다고 볼 수 있다. 그런데 단지 공포심만을 관객에게 유발한다면 순수한 공포 영화와 스릴러를 구분할 수 없을 것이다. 공포 영화에서 관객들은 두려움과 놀람에 수동적으로 노출되지만, 스릴러 영화에서 관객은 공포감을 느끼는 주체가 되어 점점 이야기에 잠겨 가는 과정을 경험한다.

이러한 기준 하에 스릴러 장르를 정의하면 다음과 같다. 스릴러란 변별적인 장르적 약호(code), **도상**(iconography), 시각적 스타일을 지닌 장르라기보다 전율과 공포를 동원하는 '심리적 효과'에 기반을 두는 정서 기반의 장르다. 관람의 주체가 되는 관객의 심리적 몰입을 효과적으로 활용한다는 점에서 논리적 문제해결에 중심을 둔 '미스터리 중심' 서사물과 의도가 다소 변별된다. 또한 공포에 노출되는 순간의 두려움보다 공포에 서서히 빠져들어 가는 과정에서의 전율을 중요시한다는 점에서 '순수한 공포 영화'와 차이를 지니게 된다.

(2) 스릴러의 역사와 하위 장르

고전 영화에서 필름 느와르, 갱스터 영화, 일부 SF영화와 호러 영화들은 넓은 범주의 스릴러라고 할 수 있다. 현대영화에서도 에로틱 스릴러, 사법 스릴러, 스파이 스릴러, 범죄 스릴러, 의학 스릴러, 정치 스릴러 등의 하위 장르가 가능하다. 스릴러란 서사적 약호, 도상, 시각적 스타일을 지닌 장르라기보다는 서사를 통해 관객이 체험하는 전율과 공포라는 '심리적 효과'에 주목하는 장르이기 때문이다.

스릴러 영화의 역사를 살펴보기 위해서는 **추격 영화(chase film)**를 떠올려 봄직하다. 무성영화 시대에 형성된 추격 영화 전통은 이후 추적을 주된 서사로 삼은 액션 스릴러 영화로 이어지게 된다. 찰스 로튼의 〈사냥꾼의 밤 The Night Of The Hunter〉(1955)이나 나홍진의 〈추격자〉(2008)와 같은 영화가 대표적이다.

무성 코미디 스릴러 영화로는 해럴드 로이드의 〈마침내 안전 Safety Last!〉(1923)과 같은 영화가 전형적이다. 이 작품에서는 백화점 광고를 위해 맨손으로 빌딩에 오르는 판매사원의 곡예가 아슬아슬하게 펼쳐진다. 한편 프리츠 랑은 스파이 스릴러물에 원형적 영향을 끼친 〈스파이 Spione, The Spy〉(1928), 연쇄살인범을 다룬 범죄 스릴러의 전형을 보여준 〈M〉(1931)을 통해 스릴러 장르를 개척했다.

도상

도상(iconography)이란 세팅, 의상, 인물의 전형적인 신체 특성, 인물이 사용할 수 있는 기술의 종류(권총이나 리무진 등)와 같은 특징적인 시각적 관습을 의미한다.

추격 영화

추격 영화(chase film)란 누군가를 추격하는 장면을 통해 관객들로 하여금 기대감과 서스펜스를 느끼게 하는 영화다. 주로 초기 무성 코미디 영화와 무성 서부 영화에서 적극적으로 활용되었다.

스릴러 영화의 고전적 문법을 창안한 감독은 영국 출신의 알프레드 히치콕이다. 런던의 잭 더 리퍼를 다룬 〈하숙인 The Lodger〉(1927)과 같은 범죄 스릴러로 시작한 히치콕은 〈39계단 The 39 Steps〉(1931), 〈비밀첩보원 Secret Agent〉(1936)과 같은 스파이 스릴러, 이후 할리우드로 건너간 다음 〈레베카 Rebecca〉(1941), 〈의혹의 그림자 Shadow Of A Doubt〉(1943)와 같은 심리 스릴러를 연출했다. 스릴러의 대가가 된 히치콕은 〈현기증〉, 〈이창〉, 〈사이코〉, 〈새〉와 같은 걸작을 남겼다.

1950년대에는 필름 누아르와 결합한 어두운 감성의 스릴러물들이 만들어졌다. 오손 웰즈의 〈악의 손길 Touch Of Evil〉(1958), 찰스 로튼의 〈사냥꾼의 밤〉(1955), 마이클 포웰의 〈저주받은 카메라 Peeping Tom〉(1960) 등의 영화가 스타일적으로도 심리적으로도 어두웠던 2차 대전 후에 제작된 스릴러 영화들이다.

1970년대에는 존 부어맨의 〈서바이벌 게임 Deliverance〉(1972), 프란시드 포드 코폴라 감독의 〈컨버세이션 The Conversation〉(1974), 로만 폴란스키의 〈차이나타운 Chinatown〉(1974)과 같이 야만적이지만 우아한 스릴러물들이 명작의 반열에 올랐다. 브라이언 드 팔마 감독은 상업성 높은 웰 메이드 스릴러 영화로 장르 관객의 저변을 넓혔다. 〈캐리 Carrie〉(1976), 〈강박관념 Obsession〉(1976), 〈드레스드 투 킬 Dressed To Kill〉(1980)과 같은 작품들은 여성의 신체를 매개로 한 에로틱 스릴러의 유행을 예견케 했다.

한편 1990년대에는 폐쇄된 공간에서 벌어지는 심리 스릴러물들이 제작됐다. 〈미져리 Misery〉(1990), 〈요람을 흔드는 손 The Hand That Rocks The Cradle〉(1992) 등이 대표적이다. 엽기적인 연쇄살인범이 등장하는 조나단 드 미의 〈양들의 침묵 The Silence Of The Lambs〉(1991)과 에로틱 스릴러인 폴 버호벤의 〈원초적 본능 Basic Instinct〉(1992)의 세계적 흥행으로, 스릴러 장르는 대표적인 상업영화 장르가 됐다.

스릴러의 하위 장르로는 주인공이 위험한 적대적 세력과 맞서는 액션 스릴러(〈더티해리 Dirty Harry〉(1971), 〈다이하드 Die Hard〉(1988)), 유머와 서스펜스를 결합한 코미디 스릴러(〈닥터 스트레인지 러브 Dr. Strangelove〉(1964), 〈해리의 소동 The Trouble With Harry〉(1955)), 제한된 지식의 범위 안에 있는 주인공이 강력하고 불가해한 세력에 맞서는 음모 스릴러(〈다빈치 코드 The Da Vinci Code〉(2006), 〈JKF〉(1991)), 주로 연쇄살인범, 강력범죄, 추

필름누아르 방식의
〈사냥꾼의 밤〉(1955)

엽기적 연쇄살인범을 다룬
〈양들의 침묵〉(1991)

범죄스릴러 〈노인을 위한
나라는 없다〉(2007)

격 등을 소재로 한 범죄 스릴러(〈세븐 Se7en〉(1995), 〈노인을 위한 나라는 없다 No Country For Old Men〉(2007)), 에로티시즘과 성적 관계가 음모에 관여하는 에로틱 스릴러(〈원초적 본능 Basic Instinct〉(1992), 〈드레스드 투 킬 Dressed To Kill〉(1980)), 주된 캐릭터가 변호사이거나 법조인인 법정 스릴러(〈펠리칸 브리프 The Pelican Brief〉(1993), 〈프라이멀 피어 Primal Fear〉(1996)), 정치적 적대관계 속에서 형성된 긴장감을 다룬 정치 스릴러(〈자칼의 날 The Day Of The Jackal〉(1973), 〈맨츄리안 캔디데이트 The Manchurian Candidate〉(1962)), 정신적인 학대 및 감성적인 투쟁을 다룬 심리 스릴러(〈의혹의 그림자 Shadow Of A Doubt〉(1943), 〈블루 벨벳 Blue Velvet〉(1986)), 체제 대립 상황에서의 불신과 스파이 정체성을 다룬 스파이 스릴러(〈추운 곳에서 온 스파이 The Spy Who Came In From The Cold〉(1965), 〈본 아이덴티티 The Bourne Identity〉(2002)), 초자연적 현상이나 심령술 혹은 초능력이 관여된 초자연 스릴러(〈야곱의 사다리 Jacob's Ladder〉(1990), 〈식스 센스 The Sixth Sense〉(1999)) 등이 있다.

2. 스파이 스릴러:
〈북북서로 진로를 돌려라 North By Northwest〉(1959)

히치콕은 1940년대와 1950년대 후반에 할리우드에서 전성기의 오락적 스릴러물들을 만들어냈다. 그의 영화는 고급 관객과 일반 관객 모두에게 매력적으로 다가온다. 히치콕은 자신의 영화가 구현하기도 하고 은폐하기도 하는 긴장과 교차로 유명하다. 자신의 이름에서 유래한 '히치콕적인(Hitchcockian)'이라는 형용사를 지녔을 만큼 히치콕의 작품들은 스릴과 전문적인 세련됨의 대명사로 알려졌다.(1) 특히 히치콕은 범죄의 희생자 혹은 고립된 범죄자에 초점을 맞춘 서스펜스 스릴러 장르의 대가로 알려져 있다.(2)

〈북북서로 진로를 돌려라〉
(1959)

〈북북서로 진로를 돌려라〉는 히치콕이 영화사 MGM에서 만든 대작 스릴러 영화다. 냉전 시대의 첩보전의 공허한 단면을 영리하게 포착한 〈북북서로 진로를 돌려라〉는 전작 〈39계단〉과 같은 유형의 '누명 쓴 사나이' 모티프를 지닌 히치콕의 스파이 액션 스릴러 영화다. 버나드 허먼이 작곡한 긴장감 넘치는 영화음

악과 예측할 수 없이 긴박하게 전개되는 극적 구성이 특징이다. UN본부와 뉴욕 41번국도, 러시모어국립공원에서 로케이션 촬영된 손에 땀을 쥐게 하는 추격 장면이 크게 회자되었다.

광고회시의 중역 로서 O. 쏜힐(캐리 그란트)은 중년의 이혼남이다. 그는 우연히 '조지 캐플란'이란 비밀첩보원으로 오인당한 채 어떤 저택으로 납치된다. 정체불명의 괴한들에게 목숨을 위협받던 쏜힐은 가까스로 탈출해 이튿날 경찰과 함께 전날의 저택을 찾아간다. 그곳은 유엔본부에 근무하는 사람의 빈집이었고 괴한들의 종적은 묘연하다. 집주인을 만나기 위해 유엔본부로 간 쏜힐은 순식간에 살인 누명을 뒤집어쓰고 도피자 신세가 된다.

쏜힐이 위기에서 벗어나기 위해서는 자신이 '조지 캐플란'이 아니라는 점을 증명해야 한다. 주인공 쏜힐은 도피 중 기차에서 만난 미인 켄달(에바 마리 세인트)을 통해 괴한들의 실체에 다가가지만, 실상 켄달은 괴한들의 수하였다. 난처해진 쏜힐에게 미국 CIA 고문이 찾아와 괴한들의 정체는 국가기밀을 유출하는 적대세력이고, 켄달은 자신들의 이중첩자임을 알려주며 도와준다. 쏜힐은 켄달을 구하기 위해 홀몸으로 악당의 별장에 숨어들고 아름다운 여성, 국가의 안전 두 가지 모두를 지켜낸다.

(1) 공간: 영화는 쏜힐의 이동 경로를 따라 뉴욕에서 시작해서 시카고, 사우스 다코타 주의 래피드 시티, 러시모어 국립공원으로 이동한다. 냉전시대 스파이스릴러물답게 영화에는 전후 세계체제의 상징인 UN본부와 미국 정치의 상징인 러시모어 국립공원의 거대한 대통령 얼굴상이 등장한다. 특히 UN 본부에서 달아나는 로저 쏜힐을 보여주는 부감의 익스트림 롱샷이 유명하다. 영화는 폐쇄된 공간과 탁 트인 공간을 넘나들며 추격과 도주의 장면을 보여주고 있다. 폐쇄된 공간으로는 영화 중반 이후 등장하는 경매장이 대표적이다. 이곳에서 쏜힐은 자신을 배신한 미녀 켄달이 악당인 밴담과 함께 있는 것을 목격한다. 밴담은 이곳에서 어떤 조각상을 경매로 살 예정이다. 쏜힐은 밴담의 수하들로 출입구가 봉쇄되자 경매의 법칙을 교란시켜서 위기를 탈출한다. 영화가 가장 영리하게 사용한 탁 트인 공간은 러시모어 공원이다. 링컨, 워싱턴 등 미국의 4명의 대통령의 얼굴이 조각된 것으로 유명한 곳이다. 영화 클라이막스에서 쏜힐과 켄달은 밴담이 유출하려는 조각상을 탈취해 러시모어 산으로 달아난다. 밴담의 수하들이 점점 추격해오고 쏜힐이 켄달은 거대한 대통령 얼굴 조각상이 있는 절벽

에서 절체절명의 위기를 겪는다.

(2) 인물: 영화 주인공인 로저 O. 쏜힐은 광고회사 중역이다. 그는 중년의 이혼남이고 광고회사에서 일한 이력답게 말이 가볍고 과장이 심하며 유머러스하다. 그렇지만 그는 집에 있는 어머니에게는 쩔쩔매는데, 히치콕 영화에서 대부분의 남자 주인공은 마마보이거나 마더 컴플렉스에 빠져 있는 경우가 많다. 그는 '조지 캐플란'이라는 비밀첩보원으로 오인 받게 되는데, 사실 조지 캐플란은 존재하지 않는 허구의 인물이다. 조지 캐플란은 미국의 CIA에서 적국의 정보를 교란하기 위해 만든 가공의 인물이다. 따라서 조지 캐플란을 만나서 자신이 그가 아님을 증명해 보이겠다고 했던 쏜힐의 목표는 불가능한 것에 가까웠던 것이다. 한편 그의 이름 중 가운데 약자인 O.는 아무것도 아니면서 이 영화의 곳곳에서 재치 있게 재활용된다. 처음 켄달을 만난 기차의 식당 칸에서 개인성냥에 새겨진 이름의 가운데 약자의 뜻을 묻는 질문에 쏜힐은 "아무것도 아니다(Nothing)"고 말한다. 이 성냥은 영화의 후반부 밴담의 별장에 갇힌 켄달에게 은밀히 메시지를 전달하는 데 활용된다. 한편 여주인공인 켄달은 미모의 디자이너로서 처음에는 밴담의 정부로서 쏜힐에게 접근한 여성으로 힐난 받는다. 하지만 그녀는 CIA의 비밀첩보원, 즉 이중첩자였으며 결과적으로 영화의 엔딩에서 쏜힐과 낭만적 결합에 도달한다.

(3) 상징: 냉전기 스파이스릴러로서 UN본부나 대통령조각상 등 정치적으로 상징적인 공간을 활용하고 있지만, 이 영화에서 가장 중요하게 기능하는 상징은 '아무것도 아닌 것(Nothing)', 즉 부재 혹은 허상이다. 앞서 쏜힐의 가운데 이름인 O.가 아무것도 아니면서 위기의 순간에 중요한 기능을 한 것이 그 예이다. 또한 영화에서 적대세력이 추적하고 있던 중요한 비밀첩보원 '조지 캐플란'은 허구의 인물로 영화 속 인물들의 갈등과 이동을 구축하고 있다. 나아가 밴담 일당이 국외로 빼돌리려고 경매에서 사들인 조각상의 내부는 텅 비어 있기도 하다. 냉전시대 이데올로기적 작동이라는 것이 때로는 '아무것도 아닌 것((Nothing)', 즉 허상의 실체에 의한 것이라는 점에서 이 영화는 냉소적인 정치비판 영화로도 분류될 수 있다.

(4) 결정적 장면: 〈북북서로 진로를 돌려라〉에서 긴장감이 최고조에 달하는 결정적인 장면은 41번 국도에서 벌어지는 도주의 장면과

러시모어공원의 대통령상이 있는 절벽에서 벌어지는 추격전이다. 우선 첫 번째 장면을 살펴보자. 쏜힐은 '조지 캐플란'이라는 인물에게 41번 국도의 버스정류장에서 만나자는 메모를 받는다. 물론 이 메모는 밴담의 음모에 의해 전달된 것이다. 버스를 타고 41번 국도로 간 쏜힐은 당황한다. 온통 옥수수 밭인 대평원의 한가운데이기 때문이다. 이곳에서 쏜힐은 경비행기의 추격을 받아 도주한다. 숨을 곳도 없는 평원의 한가운데에서 벌어지는 도주의 장면은 이후 이 영화의 명장면으로 평가되었다. 그리고 두 번째 장면은 러시모어산의 대통령상이 있는 절벽에서 벌어지는 추격신이다. 낭떠러지 외에는 도주할 곳이 없는 곳에서 쏜힐과 캔달은 악당들의 추격을 받는다. 링컨의 얼굴을 따라 적을 속이며 달아나는 절체절명의 장면에서 구원처럼 CIA대원들이 나타나고 이후 악당들은 체포된다. 추락하기 일보직전 쏜힐과 켄달의 상황은 곧바로 그들의 신혼여행 장면으로 이어진다.

3. 심리 스릴러: 〈물속의 칼 Knife In The Water〉(1962)

로만 폴란스키는 29세에 만든 데뷔 장편 〈물속의 칼〉로 1962년 베니스영화에제에서 국제비평가협회상을 받으며 세계적 감독으로 주목을 받았다. 영화는 주말 휴가를 보내는 부르주아 부부가 정체불명의 젊은 청년을 만나 함께 요트 여행을 하면서 겪게 되는 단순한 이야기를 다루고 있다.

〈물속의 칼〉은 세 명의 인물, 간결한 대사, 바다 위 요트 안, 하루의 시간이라는 제한된 설정에서 끌어낸 갈등만으로 극적 긴장감을 고조시키는 재능의 탁월함이 돋보이는 심리적 느와르에 가까운 스릴러

〈물속의 칼〉(1962)

물이다. 부조리극을 연상시키는 밀도 높은 심리적 연출이 인상적인 작품이다.

이 작품으로 아카데미 외국어영화상 후보에 오르면서 로만 폴란스키는 서구사회에 자신의 이름을 알리게 됐다. 이후 로만 폴란스키는 프랑스, 영국을 거쳐 최종적으로는 미국으로 건너가 〈악마의 씨 Rosemary's Baby〉(1968)와 같은 공포스릴러와 〈차이나타운 Chinatown〉(1974)과 같은 누아르풍 스릴러 등 걸작들을 연출하며 국제적 감독으로 발돋움하게 된다. 〈박쥐성의 무도회 The Fearless Vampire Killers〉(1967)와 같

은 예술적 문제작과 〈피아니스트 The Pianist〉(2002)와 같은 웰 메이드 드라마 사이를 오가던 폴란스키 감독이지만 그가 자신의 재능을 가장 달 발휘한 장르는 분명 스릴러였다.

나치의 폴란드 침공을 시작으로 2차대전이 시작되면서 그의 가족은 유태인 거주 지역으로 강제 이주당했다. 이후 그의 누이와 어머니는 아우슈비츠 수용소에 끌려갔으며, 어머니는 그곳에서 사망했다. 폴란스키 자신도 아버지와 함께 유태인 수용소에 끌려갔으나 극적으로 탈출한 바 있다. 어린 시절 수용소에서 경험한 극단적인 공포와 폭력에 대한 두려움은 로만스키 감독에게 내재된 트라우마였다. 불행은 끝나지 않았다. 할리우드에서 상업적으로 성공한 작품 〈악마의 씨〉 이후 그의 집에 괴한들이 침입하여 임신한 아내를 잔혹하게 살해하는 비극적 사건이 일어났다. 1978년에 미성년자 성추행사건에 기소된 후에 폴란스키 감독은 미국을 떠나 유럽의 여러 나라에서 작품을 만들고 있다. 폴란스키의 이러한 개인적 이력은 인간 내부에 잠재해 있는 공포와 폭력, 인간 내부의 그로테스크한 욕망을 탁월하게 형상화하는 작품들에서 음울하고도 잔혹하게 드러나고 있다고 평가된다.

폴란스키는 자신의 데뷔작 〈물속의 칼〉에서부터 특히 스릴러 장르에 특화된 재능을 보였다. 그의 영화에는 시각적으로 잔혹한 장면이나 과격한 액션신이 거의 없다. 정적이고도 절제된 스타일을 통해 인간의 내면심리에서 일어나는 불안과 공포를 시각적으로 형상화는 능력이 빛을 발했던 것은 데뷔작에서도 확인할 수 있다. 당시 사회주의 체제 하의 폴란드 영화는 전후 사회를 이데올로기적으로 구현하는 데 관심이 있었다. 폴란스키의 〈물속의 칼〉은 부르주아 부부를 통해 관료사회의 위선을 폭로했다는 이유로 폴란드 당의회로부터 고발조치 당하기도 하였다.

영화가 시작되면 중산층 부부가 고급 승용차를 타고 교외를 달리고 있다. 히치하이킹을 하기 위해 집요하게 달려드는 낯선 청년을 거의 칠 뻔 하면서 시비가 붙게 되지만, 이들 부부는 결국 청년을 차에 태우게 된다. 부부는 요트여행을 위해 선착장에 도착하고, 이들의 짐을 들어준 청년은 부부의 여유로운 삶이 부럽다. 남편은 어딘가 뒤틀린 호기심과 선심으로 청년에게 요트에 동승할 것을 제안하게 된다.

이후 영화는 엘리트 부르주아 부부와 미스터리한 청년, 세 인물이 요트 위에서 벌이는 심리적 긴장감을 중심으로 진행된다. 청년은 남편의 부와 여유로움, 강한 남성성을 선망하는 한편 아내의 건강한 육체미에 은밀한 매혹을 느낀다. 남편은 청년의 젊고도 무모한 반항심에 은근히 신경이 쓰이는 한편, 아내와 청년 사이에 흐르는 미묘한 긴장감을 감지한다. 사소한 갈등 끝에 남편은 청년의 칼을 물속에 던지고, 이를 건지러 바다에 뛰어든 청년은 이후 종적이 묘연해진다. 아내가 청년이 수영을 못한다고 했던 말을 기억하며 남편을 살인자라고 강하게 힐난하자, 남편은 바다로 뛰어들어 어디론가 헤엄쳐 사라진다. 그 사이 부표 뒤에 숨었던 청년이 나타나고 아내와 불륜을 저지른 후 선착장에 도착하기 전 요트를 떠난다. 한편 이 사실을 모른 채 요트로 돌아온 남편은 살인죄를 자수하기 위해 경찰서로 가겠다고 한다. 아내는 경찰서로 향하는 자동차 안에서 청년과의 밀회를 고백한다. 아내의 말을 믿으면 살인자의 혐의에서 벗어날 수 있지만 아내의 변심을 받아들이게 된다. 두 갈래로 나누어진 갈림길 앞에서 남편은 방향을 정하지 못하고 망설이게 된다.

(1) 공간: 영화 대부분의 사건은 요트가 떠 있는 바다 위에서 전개된다. 좁은 요트 위에서 인물들은 다른 곳으로 달아날 수 없으며, 요트의 안과 밖, 아래와 위, 갑판과 뱃고물 등은 인물들이 처한 계층적 차이를 상징적으로 드러내는 분할된 공간으로 드러난다. 특히 요트 바깥인 망망대해는 탁 트인 자연의 공간인 한편, 한 발짝만 잘못 디뎌도 생명이 위태로워지는 죽음의 공간이기도 하다. 요트라는 한정 공간과 바다라는 무한정 공간의 대조는 그 설정만으로도 긴장감을 만들어 낸다. 영화는 출발−여행−도착이라는 귀환의 서사로 이루어져 있기도 하다. 따라서 선착장 이전까지의 공간은 일상의 공간, 바다 위 공간은 비일상의 공간, 그리고 돌아와 경찰서로 향하는 공간은 일상의 공간이다. 〈물속의 칼〉은 일상을 벗어난 곳에서 벌어지는 일탈의 와중에 벌어지는 심리적 드라마다.

(2) 인물 : 제한된 공간에 두 남자와 한 여자로 구성된 삼각관계는 전형적인 긴장 관계다. 영화 속에 중년 남성 안드레이의 직업이 명시적으로 드러나지는 않지만, 사회주의 폴란드에서 고급 승용차를 몰고 주말이면 요트 여행을 한다는 설정에서 그가 엘리트 고급 관료임을 추측해볼 수 있을 것이다. 그의 아내 크리스티나는 이지적이며 아름답고 관능적인 여성으로 안드레이에게는 자신의 사회적 성공의 척도와 같은 존재다. 무명의 청년은 거칠고 반항적인 하층민 출신으로 이 부부와 계층적으로 차별화된다. 안드레이는 능력 있고 숙련된 남성으로서 청년 앞에서 자신의 경험을 과시하는가 하면 훈수 두는 듯한 명령조로

이야기한다. 청년은 그의 말을 들으면서도 때때로 배 위에서 자신을 하인처럼 부리는 안드레이에게 거부감을 드러내기도 한다. 하지만 청년은 배를 조종하면서 허둥지둥하는 등 제대로 할 수 있는 것이 거의 없다. 크리스티나는 영화 속 가장 수동적인 인물로 보이지만 실상 무심한 듯 남편과 청년의 심리를 조율하고 있다. 청년을 아이 취급하면서도 별일 없다는 듯이 그 앞에서 나체를 드러내기도 하고, 청년을 은근히 신경 쓰는 남편을 간파해 묘한 분위기를 연출하기도 한다.

(3) 상징: 영화의 중요한 상징은 사회적으로 무능력하고 별다른 손재주도 없는 청년이 가지고 있는 칼이다. 요트와 풍족한 삶으로 대변되는 부르주아 부부의 세련된 삶과 거칠고 단단한 칼의 이미지는 대립된다. 칼은 청년이 자신의 속에 숨기고 있는 본질적인 어떤 것이다. 안드레이와 청년의 갈등이 고조되었을 때 안드레이는 청년의 칼을 물속에 던지고, 수영할 줄 모른다던 청년은 칼을 찾으러 물속으로 들어간다. 바다에서 칼을 찾는다는 것은 불가능한 일임에도 이러한 상황이 드러난 것은 칼이라는 것이 청년에게는 자신의 전부를 상징하는 어떤 것임을 의미한다. 또한 칼은 두 남성 안드레이와 청년이 점유하고자 하는 것, 두 남성성이 충돌하는 결정적인 소재가 되는 어떤 것이다. 이때의 칼은 강하고, 자기주장적이며, 공격적이고, 권력을 의미하는 것, 즉 정신분석적 의미에서의 '남근'을 상징한다.

(4) 결정적 장면: 영화에서 결정적인 장면은 안드레이과 청년이 칼을 가지고 손장난을 치는 장면과, 엔딩장면이다. 우선 첫 번째 장면에서 청년이 자신의 칼로 손가락 사이를 오가는 위험한 손장난을 치자 안드레이가 그것을 따라한다. 이러한 모방 속에서 우리는 짐짓 청년을 깔보고 있던 안드레이가 청년이 지닌 거친 젊음을 선망하고 있음을 짐작해볼 수 있다. 이 장면은 그동안 사회적 성취, 배를 운전하는 실력의 원숙함, 전리품처럼 과시하고 있는 아름다운 아내 등을 통해 영화 속에서 권력의 우위에 서있던 안드레이와, 아무 것도 가진 것 없는 풋내기 청년의 위계 관계가 묘하게 역전되는 장면이기도 하다. 두 번째 결정적 장면은 영화의 엔딩 장면이다. 주인공 안드레이는 살인죄를 자수하기 위해 경찰서로 가는 갈림길 앞에서 차를 세웠다. 아내는 남편에게 청년은 죽지 않았으며 자신과 불륜을 저질렀다고 고백한다. 실제로 아내를 두고 경쟁하던 청년에게 살의를 지니고 있던 남편은 아내의 말을 듣자니 남성으로서의 권위와 자존심이 허락하지 않고, 아내의 말

을 무시하면 살인범이 되는 딜레마에 처한 채 어디로 갈지 몰라 망설이고 있다.

4. 범죄 스릴러: 〈살인의 추억〉(2003)

〈살인의 추억〉은 2003년도에 만들어진 봉준호 감독의 범죄 스릴러다. 작품은 1986년부터 1991년까지 경기도 화성시 일대에서 실제로 발생했던 연쇄살인 사건을 소재로 다루고 있다. 총 10차례 벌어진 화성 연쇄살인사건 중 총 9개의 사건은 해결되지 않은 희대의 미제사건으로, 범행수법이 잔인하고 선정적이어서 당시 한국사회에서 커다란 사회문제가 되었다.

봉준호는 김광림의 희곡 〈날 보러와요〉(1996)를 각색하여 영화 〈살인의 추억〉을 만들었다. 이미 한국사회 구성원들은 이 사건에 대해 사회적으로 인지하고 있었으며 범인을 찾을 수 없으리라는 것도 예상할 수 있었다. 봉준호 감독은 한적한 농촌마을에서 벌어진 잔인한 연쇄살인이라는 실화와 이를 바탕으로 한 희곡을 참조하면서도 꽤나 사실적인 기법으로 몰입도 높은 범죄 스릴러로 만들어냈다. 영화적 흥미를 위해 대조적 성격의 두 형사와 다양한 범주의 용의자들을 등장시켰으며, 특히 1980년대 정치적으로 암울했던 한국의 사회 분위기를 그 배경에 깔아 관객의 공감을 불러일으켰다.

〈살인의 추억〉(2003)

1986년 한 여인의 살인 강간 사건이 발생한 지 2개월 후 비슷한 수법의 사건이 재차 발생한다. 조용한 농촌 마을이 세간의 주목을 받게 되고, 그 지역에 특별수사본부가 설치되어 본격적인 살인범 검거가 시작된다. 영화의 두 주인공은 지역 토박이 형사 박두만(송강호)과 서울에서 자원해 온 냉철하고 이지적인 형사 서태윤(김상경)이다. 박두만은 풍문과 미신에 의존하는 직관형 형사이고, 서태윤은 과학적 증거와 합리적 추론을 중요시하는 과학수사형 형사이다.

사건은 쉽사리 해결되지 않고 경찰과 형사들은 관변 행사에 차출되거나 시위 진압에 동원되기 일쑤다. 동네 바보와 기독교인 변태성욕자를 용의자로 삼아 구타와 고문으로 자백을 받아보려 하지만 이도 여의치 않게 흐른다. 경찰서 형사들은 우연히 경찰서 여순경을 통해 살인사건이 비 오는 밤 라디오에 유재하의 〈우울한 편지〉가 신청된 밤에 발생했다는 공통점을 알게 된다. 마침 비 오는 날 해당 곡이 라디오에 나오는 등 살인사건이 예견되는 결정적인 날, 경찰 병력들은 서울 시내 시위 진압에 동원되어 치안의 공백이 생기고 어김없이 또 다른 살인사건이 발생한다. 이후 형사들은 라디오에 노래를 신청한 용의자를 데려오는데 그는 노동자보다는 지식인을 연상시키는 공장 근무자 박현규(박해일)다. 하지만 결정적으로 미국에 의뢰를 보낸 정액 검사 결과가 박현규의 것과 불일치하는 것으로 나오고, 두 형사는 강한 심증을 품고 있던 용의자를 놓아줄 수밖에 없게 된다. 시간이 지나 2003년, 형사를 그만두고 영업사원을 하고 있던 두만은 예전 살인사건이 벌어졌던 농로를 방문하여 얼마 전 그곳을 범인으로 추정되는 자가 다녀갔다는 사실을 알며 안타까워한다.

영화 〈살인의 추억〉은 개성적 인물, 사실적인 묘사, 범죄스릴러와 코미디를 조합시킨 장르적 문법, 촬영과 연출의 세련된 스타일로 인해 당시 한국형 웰메이드 영화로 평가받았다. 무엇보다 범죄사건을 다루면서 1980년대 한국사회의 모습을 사실적이면서도 풍자적으로 드러냈던 점이 호응을 받았다. 경찰서 안에서 텔레비전 드라마 〈수사반장〉을 시청하거나, 형사들이 어처구니없이 허탕 치는 모습을 〈동물의 왕국〉에 비유한 점도 그러했지만, 무엇보다 경찰과 같은 국가공권력이 어떠한 모습으로 존재하고 있었는지 반추하는 지점에서 더욱 그러했다.

영화 속 경찰들은 종종 관변행사에 동원되거나 시위진압에 차출되어 치안의 공백이 생겼고 그 틈을 타 연쇄 살인사건이 벌어지게 되었다. 이는 1980년대의 억압적인 사회 분위기가 연쇄살인 사건이라는 사회적 병폐를 만들어낸 것임을 간접적으로 시사하는 것이기도 했다. 특히 영화 속 조용구(김뢰하) 형사는 전형적인 1980년대식 폭력 경찰의 모습을 보여주었다. 그는 늘 용의자들을 구타하고 고문하는 역할로 등장했다. 이는 〈살인의 추억〉을 미제 사건을 추적하는 스릴러 영화를 넘어, 연쇄살인이라는 소재를 빌려 1980년대 고문에 대한 사회적인 영화이자 정치적 영화로까지 해석할 수 있게 하는 여지를 마련한다.

(1) 인물 : 일반적으로 스릴러 영화는 형사와 범인을 대적하는 캐릭터로 구성하는 경우가 많다. 하지만 〈살인의 추억〉은 실화를 소재로 한 탓에 범인을 특정할 수 없는 영화다. 봉준호 감독은 그 대신 대

조적인 캐릭터의 두 형사를 등장시켰다. 박두만은 풍문이나 직감, 미신을 따르는 직관형 형사다. 그는 형사로서의 '감'을 중요시하며, 자신의 내연녀를 통해 들은 소문으로 용의자를 찾아 나서거나 점장이의 말을 따르기도 한다. 한편 서울에서 내려온 서태윤 형사는 증거와 합리적 추론을 중시하는 과학수사형이다. 번번이 이 둘은 의견 충돌을 벌이지만 세 번째 용의자인 박현규에 대해서는 박두만의 직관과 서태윤의 추론이 강하게 일치한다. 이들은 감정변화가 거의 없는 박현규의 태도와 습관, 그리고 '여자 손처럼 곱고 부드러웠다'는 생존자의 증언과 일치하는 노동자답지 않은 그의 신체조건을 통해 그를 확신범으로 추정한다. 하지만 서태윤이 그토록 신뢰하던 과학수사의 물증인 미국에서 온 정액검사 결과가 박현규의 것과 불일치하는 것으로 나오는 아이러니가 벌어지게 되고 두 형사는 망연자실하게 된다.

(2) 공간: 영화는 그동안 일반적으로 범죄스릴러의 공간인 대도시에서 벗어나 한적한 농촌 마을을 그 배경으로 했다. 작품 속에는 논두렁, 진흙탕 길, 외진 곳의 거대한 공장 등 시골 마을의 음험한 분위기가 사실감 있게 그려졌다. 영화의 인상적 공간 중 하나는 경찰서의 지하실이다. 이 지하실은 정상적인 취조가 일어나는 곳이 아니라 어느 정도 불법적인 구타와 강요, 고문이 자행되는 공간으로 그려진다. 일반적으로 지하실은 일상생활에서는 감추어진 은밀한 곳, 어두운 곳, 축축한 곳이다. 영화에서 지하실은 용의자들을 구타하고 고문하는 공간으로 드러난다. 첫 번째 용의자인 백광호와 두 번째 용의자인 조병순 그리고 세 번째 용의자인 박현규는 이곳에서 취조를 당한다. 그중 백광호와 조병순은 속옷만 입은 채 구타와 고문을 당한다. 1980년대를 기억하는 사람들에게 이 지하실의 공간은 대공 수사가 벌어지던 남영동 고문실을 연상시키는 곳이기도 했다.

(3) 상징: 운동화와 군화는 영화 속에서 다양하게 변주되며 등장한다. 우선 범인의 발자국으로 추정되는 운동화 족적이 어처구니없게도 경운기에 의해 사라지자 박두만은 유력한 용의자로 떠오르던 백광호의 운동화를 가져와 족적을 찍은 후 이를 증거물로 제시한다. 이후 백광호가 용의선에서 제외되자 박두만은 사과의 의미로 백광호에게 새 운동화를 사다 주는데 이 신발은 당시 유행하던 브랜드인 '나이키' 제품이 아니라 '나이스' 모조품이었다. 한편 조연이자 영화 속에서 고문과 구타 형사로 등장하는 조용구는 늘 사제 군복 같은 옷차림에 군화

를 신고 있다. 그리고 용의자의 자백을 위해 구타와 고문을 가할 때에는 흔적이 남지 않도록 군화에 덧신을 씌우곤 한다. 권위주의 정권 시대의 군인과 경찰의 폭력성을 상징하는 소재가 조용구의 군화이다. 한편 유재하의 노래 〈우울한 편지〉는 비 오는 밤 라디오에 신청되던 노래로, 제목을 통해서도 1980년대의 암울하고 비관적인 감성을 전하는 데 일조한다.

(4) 결정적 장면 : 영화의 첫 번째 결정적 장면은 세 번째 용의자인 박현규가 지하실에서 취조 받는 장면이다. 박두만과 서태윤은 공장에서 관리직으로 일하는 박현규를 데려온다. 공장에 갔을 때 박현규는 책을 읽는 중이었다. 그를 경찰서 지하로 데려가 형사들이 취조를 하지만 용의자 박현규는 표정변화 없이 범행을 부인한다. 강한 심증을 갖고 취조하던 서태윤 형사도 이성을 잃고 분노를 노골적으로 드러내기 시작한다. 그 와중에 조용구 형사가 박현규를 향해 발길질을 하고 지하실 취조 책상에 놓인 스탠드가 엎어지면서 화면은 암흑으로 변한다. 관객들은 이후 박현규가 구타당하고 있음을 추정할 수 있다. 그전에도 용의자 구타로 인해 문제가 생겼던 경찰서장은 지하실 계단에서서 조용구를 꾸짖으면서 그를 발로 찬다. 조용구는 계단 아래로 굴러 떨어진다. 형사와 용의자, 일반형사과 관리자 사이의 위계관계가 드러나는 지하실의 공간 연출을 통해 폭력과 권위주의가 일상에 배어 있던 사회 분위기를 잘 드러낸 장면이었다. 무엇보다 영화에서 가장 인상적인 장면은 박두만이 얼마 전 살인범으로 추정되는 사람이 범죄현장을 다녀갔음을 알게 된 후 의혹의 시선을 던지는 영화의 엔딩 장면이다. 분노와 허망감이 뒤얽힌 박두만의 시선은 조금씩 방향을 바꿔 마지막에는 정면을 바라보게 된다.

5. 초자연 스릴러: 〈곡성〉(2016)

〈곡성〉은 〈추격자〉(2007), 〈황해〉(2010)에 이은 나홍진 감독의 세 번째 장편 스릴러 영화다. 나홍진의 세 편의 영화는 모두 범죄 미스터리물이다. 그런데 앞선 두 편의 영화가 서사의 미스터리보다 속도감 있는 추격으로 인해 발생하는 서스펜스와 스릴감을 강조했다면, 〈곡성〉은 심리적 긴장감에 결합된 서사적 불가해성이 영화적 핵심을 이루고 있다는 점에서 차별화된다.

2000년대 이후 현대 한국 스릴러 영화들을 살펴보면 일반적으로 살인이나 강력사건을 바탕에 둔 사실적인 범죄스릴러물이 주류를 이루고 있다. 그런데 〈곡성〉은 주류 스릴러의 사회적 특성과 달리 무속, 귀신, 좀비, 악령 등 초자연적인 현상을 영화 소재로 가져왔다는 점에서 이색적이다. 〈곡성〉은 한국의 토속 신앙인 무속과 서구의 카톨리시즘, 그리고 외지인의 민간신앙에서 드러나는 동아시아 샤머니즘을 다양하게 활용한 오컬트 영화다.

〈곡성〉(2016)

영화는 곡성이라는 가공의 시골 마을을 배경으로 한다. 마을에 일본 출신 외지인(쿠니무라 준)이 배회하고 이어 의문의 사망 사건들이 일어난다. 경찰은 집단 야생버섯 중독으로 인한 비정상적 사건이라고 잠정 결론을 내리지만 좁은 마을에는 괴괴한 풍문과 미신이 퍼져나가기 시작한다.

주인공 종구(곽도원)는 소심한 경찰이자 가장이다. 그는 사건을 조사하던 중 미스터리한 여인 무명(천우희)을 만나면서 외지인에 대한 불신을 품기 시작한다. 이어 자신의 딸 효진이 사망했던 피해자들과 비슷한 증상을 보이기 시작하자 종구는 외지인을 쫓아내기 위해 무속인 일광(황정민)을 불러들인다.

실체를 알 수 없는 사건에 처한 주인공과 정체가 불분명한 인물들(외지인, 무명, 일광 등)이 서로 얽히며 영화는 점차 풀리기 어려운 혼돈 속으로 빠져들어 간다. 영화 〈곡성〉의 결말은 모호하다. 일반적으로 이 영화는 합의 가능한 인식을 구현한 영화이기보다 관객의 참여를 유도하기 위해 극적 모호함을 활용한 영화로 평가된다.(3) 감독은 영화가 전개되는 와중에 관객들이 보고 있는 것이 현실인지 초현실인지 구분할 수 없게끔 연출하였다.

따라서 〈곡성〉은 점증하는 미스터리의 해소를 향해 가는 해결의 영화가 아니라, 등장인물이 느끼는 모호함과 불안함을 전이시킴으로써 관객과 게임을 하는 심리적 스릴러물이자 궁극적인 불가해성과 서사적 모호성을 활용한 초자연적 스릴러물에 가깝다. 관객은 영화를 이끌어나가는 주인공 종구마저 정상적인 인물인지 끝내 신뢰할 수 없다.

(1) 인물: 주인공 종구는 시골 마을 경찰관이다. 영화 초반에 그는 평범하며 겁 많은 소심한 경찰로 보인다. 하지만 마을에 미스터리한 사건이 벌어지고 심지어 자신의 딸이 이상한 증상을 보이자 점차 경찰

의 본분에서 벗어나 비합리적으로 행동하기 시작한다. 종구의 점진적인 변화와 함께 영화는 미스터리에서 오컬트로 장르적으로 변화한다. 한편 영화에서 산중에 사는 외지인은 그 정체가 모호하다. 그가 대학 교수인지, 스님인지, 일본에서 온 무당인지, 무당이었다가 부활한 악마인지, 혹은 인간들의 무지와 의심이 만들어낸 현혹적 존재인지 영화에서 분명히 드러나지 않는다.(4) 그런 점에서 이 외지인이 영화의 **맥거핀**으로 작용하고 있다고 평가되기도 한다.(5)

외부로부터 온 일본인과 달리, 일광과 무명은 토착 사회의 무당으로 보인다. 서사가 전개되면서 일광이 외지인과 결탁한 무속인이라는 점이 추측 가능하지만, 무명이 어떠한 존재인지에 대해서는 뚜렷하게 짐작하기 힘들다. 관객은 무명이 초자연적인 직관을 지닌 인간(무당)인지, 현실 세계 너머의 유령인지 구분하기 어렵다. 일광은 일상생활에서는 슈트를 입는 무당이다. 무명은 내내 흰 한복을 입고 있으며, 종종 그 위에 낡은 군복이나 카디건 등 영화 속 죽은 자들이 입던 옷을 겹쳐 입는다.

(2) 공간: 제목인 곡성(哭聲)은 영화 속 등장하는 가공의 지명이기도 하고 '곡 소리'를 의미하기도 한다. 영화의 전반부의 사건은 경찰서, 병원과 같은 근대적인 공간들에서 일부 전개된다. 시골 마을에 잔혹한 사건이 일어나지만, 야생버섯 오용으로 인해 발생한 일탈적 사건이라고 치부된다. 경찰인 주인공과 그의 주변인물들이 처음에는 합리적으로 추론하면서 사건에 다가갔다. 하지만 이해하기 힘든 상황들이 연쇄적으로 벌어지고 무엇보다 주인공 종구의 딸 효진에게 기이한 증상이 시작되자 주인공은 점차 합리적인 공간에서 물러나 폐가와 숲 속 등 토속적인 공간 속으로 들어간다. 영화는 동시대를 배경으로 하고 있지만 미신, 무속, 주술, 좀비 등이 오컬트적 소재를 곳곳에 마련해 두었다. 구체적인 시골 마을의 속성이 탈각되면서 점차 영화 속 공간 곡성은 기괴하게 고립된 토속적 마을로 그려진다. 외지인의 집 내부와 동굴 일부를 제외하고 영화의 공간은 세트 없이 올 로케이션으로 촬영되었다고 한다.

(3) 상징: 영화 〈곡성〉의 메인 광고 카피는 '절대 현혹되지 마라'와 '미끼를 물었다'이다. 영화를 이끌어가는 가장 강력한 정서는 '의심'이다. 영화의 오프닝은 강가에서 외지인이 낚싯바늘에 미끼를 끼우는 장면으로 시작하는데, 이는 영화가 현혹과 의심에 관한 것임을 암시하고

맥거핀

맥거핀(macguffin)이란 작품 줄거리에는 영향을 주지 않지만, 관객의 시선을 의도적으로 묶어둠으로써 공포감이나 의문을 자아내게 하는 것이다. 히치콕 감독이 자신의 영화에서 극적 줄거리를 전개시키기 위해 활용한 속임수 장치로, 사건, 상황, 인물, 소품 등이 맥거핀으로 활용될 수 있다.

있다. 주인공 종두는 소심하며 의심이 많은 성격이다. 처음에 종두는 영화 속에서 발생하는 미스터리한 사건들에 대한 '원인'을 찾아간다. 하지만 차차 이러한 사건들이 합리적인 인과관계로 해명되기 어려운 것임을 감지한 종두는 사건들을 해명힐 '인물'에 의지한다. 그 때 등장하는 것이 미스터리한 여인 무명과 무당 일광이다. 누구의 말을 믿고 누구의 말을 의심할 것인지 종두는 주저하고 의심하게 된다. 한편 영화의 오프닝과 엔딩에서는 말린 금어초가 등장하는데, 흡사 죽은 이들의 해골과 같은 모양이 인상적이다. 금어초의 씨방 모양이 해골 모양과 유사하다 하여 서양에서는 이를 벽사의 의미로 매달아두기도 한다고 한다.

(4) 결정적 장면: 첫 번째 결정적 장면은 낮과 밤 두 차례에 걸쳐 벌어지는 굿이다. 밤에 이루어지는 소위 '살(殺)을 날리는 굿' 장면에서는 딸을 걱정하는 종구, 외따로 떨어진 오두막에서 괴로워하는 외지인, 방 안에서 괴로워하는 딸 효진의 세 장면을 교차편집 하였다. 강렬한 동양적 엑소시즘의 장면으로서, 화려한 시각적 효과와 음향으로 한껏 긴장감을 높였다. 편집의 기술로 인해 살을 맞는 대상이 외지인으로 보일 것이지만, 실제 이 살이 외지인을 향한 것인지 무명을 향한 것인지 영화 속에서 모호하게 처리되었다. 두 번째 결정적 장면은 종구가 무명과 일광 사이에서 갈등하고 의심하는 클라이맥스 장면이다. 종구는 일광과의 통화를 통해 딸의 신변이 위험하다는 말을 듣고 집으로 달려온다. 대문으로 들어가기 전 종구는 무명을 만나 지금 들어가면 가족이 다 죽으니, 새벽닭이 세 번 울 때까지 기다리라는 말을 듣는다. 하지만 일광은 무명이 악한 귀신이라고 말하며 자신의 말을 따라 집 안으로 들어가야 딸이 산다고 전한다. 무명과 일광 사이에서 갈등하던 종구는 결국 무명의 말을 의심하며, 닭이 세 번 울기 전 집으로 돌아간다. 이 장면 역시 동굴에서 외지인이 자신의 정체를 밝히는 장면과 교차 편집되어 긴장감 있게 전개된다.

6. 관음증과 스릴러의 관객

수잔 헤이워드는 스릴러가 관객에게 공포와 두려움의 분위기를 낳기 위해 플롯을 정교하게 활용하는데, 이때 우리의 유아적이며 대부분 억압되어 있는 환상들을 활용한다고 말한다. 이 억압된 환상들은 **관음증**적이고 성적인 특성을 적절하게 활용하게 된다.

관음증

관음증(voyeurism)이란 훔쳐보는 행위를 통해 시각적 쾌락을 얻는 증상을 말한다. 영화 관람 행위에 적용해본다면, 관객은 스크린 앞에 앉아 관음하는 자와 같은 응시의 주체가 된다. 히치콕의 〈이창〉, 마이클 파웰의 〈피핑 톰〉 등의 스릴러가 영화의 관음증적 특징을 탁월하게 보여주고 있다고 평가된다.

희생자 여성을 응시하는
〈사이코〉(1960)

관음증을 주제로 활용한
〈이창〉(1954)

일반적으로 심리 스릴러는 사도마조히즘, 광기, 관음증에 그 구성의 바탕을 둔다고 한다. 대부분의 희생자는 여성이다. 영화는 희생당하는 여성을 관찰하는 방식으로 관음증을 작동시킨다. 그런데 스릴러 영화의 관음증은 영화 속에서만 작동하는 것은 아니다. 영화는 관객을 관음하는 자의 자리로 데려다 놓는다. 관객은 카메라를 따라 관음하는 자(감독의 자리)의 위치에 서기도 하고, 때로는 관음 당하는 자(희쟁자인 극중 인물)의 위치에 서기도 한다. 이러한 방식으로 관객은 스릴러 관람을 통해 사디스트적인 연기를 경험하게 되고 원시적이며 유아적인 욕망을 재경험함으로써 쾌락을 얻는다.(6)

앞선 히치콕과 폴란스키의 영화에서 여성 인물은 남성적 응시의 대상이자, 두 남성 사이에 낀 희생자로 존재한다. 히치콕의 다른 영화인 〈이창〉(1954), 〈현기증〉(1958), 〈사이코〉(1960) 등은 노골적으로 관음증과 억압된 성적 환상을 활용한 심리 스릴러물이다. 로만 폴란스키는 자신의 다른 〈악마의 씨〉, 〈혐오〉와 같은 영화에서 심리적 강박증에 빠진 여성을 다룬 바 있다. 봉준호의 〈살인의 추억〉에서는 희생자들인 여성에 대한 명백한 성적 공격을 확인할 수 있다. 〈곡성〉에서 관객은 몇몇 단서를 통해 어린 소녀에 대한 불쾌한 성적 가해의 뉘앙스를 감지할 뿐이지만, 나홍진의 전작 〈추격자〉에서 관객은 때로는 추격자의 입장과 추격당하는 자의 입장을 오가며 영화에 몰입하였을 것이다.

스릴러 영화는 공포에 대해 심리적 매혹을 느끼며 두려움을 즐기는 관객들을 겨냥한다. 관객들은 대개 추격하는 자에 이입하여, 희생자의 고통을 관음하는 자의 위치에서 영화를 관람하며 서스펜스에서 오는 쾌감을 느낀다. 때로 관객은 희생자에 이입함으로써 발생하는 긴장감과 피학적 고통의 쾌감을 느끼기도 한다. 스릴러 관객은 전율과 공포를 통해 형성되는 장르적 쾌감의 향유자들이다.

|주　석|

(1) 제프리 노엘 스미스 편, 이순호 외 역, 『옥스퍼드 세계영화사』, 열린책들, 2005, 273-275 쪽 참고.

(2) Steave Neale, *Genre and Hollywood*, Routeledge(London and New York), 2000, 82-85쪽 참고.

(3) 위의 책, 82-85쪽 참고.

(4) 김영진, 「〈나홍진이 〈곡성〉에 자치한 서사적 속임수는 어떻게 관객에게 통했나」, 『씨네21』, 2016.5.31.

(5) 김영진, 위의 글; 김성훈, 「나홍진의 작가적 야심이 만개한 세 번째 영화 〈곡성〉」, 『씨네21』, 2016.5.18.

(6) 수잔 헤이워드, 이영기 역, 『영화사전』, 한나래, 2012, 233-234쪽.

(7) 위의 책, 98-100쪽 참조.

6장 공포 영화의 장르적 상상력

송아름

1. 공포 영화가 지시하는 것들

'공포 영화를 좋아한다'고 말한 후에는 수많은 의미가 담긴 '왜?'라는 질문에 대답할 준비를 해야 한다. 귀신, 좀비, 늑대인간, 강시, 뱀파이어, 그 외 정확한 신체 부위조차 구분하기 힘든 생물체들과 살인마, 외계인까지를 포괄하는 **괴물**들이 전혀 깔끔하지 않은 모습으로 갑작스레 등장하고, 다양한 장비로 (사람을 포함한) 생명체를 베고, 찢고, 자르고, 썰며, 표본을 만들거나 전시까지 하는 장면들이 등장하는 영화를 즐길 수 있다고 생각하는 이는 많지 않을 테니까. 공포 영화를 좋아한다고 말하는 이들에게 보내는 의심스러운 눈초리와 수많은 질문들은 공포 영화애호가들의 도덕적 심성에까지 의문을 표하는 것일지도 모른다. 그러나 단언컨대, 공포 영화만큼 윤리적인 교훈을 주는 장르 영화는 없다. 공포 영화는 금기시되는 것, 그러니까 가장 크게는 사람을 죽이면 안 된다는 당연한 명제에서부터 함부로 일탈하면 안 된다, 자신의 잘못을 잊으면 안 된다, 심지어는 물건을 함부로 잃어버리거나 주워오면 안 된다는 등의 일상적인 실수에 이르기까지 잘잘못을 따져 위반한 이들을 처벌하는 내러티브를 중심으로 하기 때문이다.(1)

그럼에도 불구하고 '공포 영화=잔인하고 무서운 것'으로 생각하는 이들이 많은 것은 공포 영화가 윤리적 교훈을 주기 위해 선택한 방법이 강도 높은 '처벌'을 가시화하는 것에 있기 때문이다. 시각적 희열을 극대화하는 영화라는 매체에서 '무엇이 윤리인가'와 같이 대답하기 힘

괴물의 의미

괴물은 단순히 기괴한 생물만을 가리키는 것은 아니다. 괴물은 정체성을 위협하는 상황이나 대상, 원인 등을 의미하는 것으로 (리처드 커니, 이지영 역, 『이방인, 신, 괴물』, 개마고원, 2004, 13면), 괴물이 변화한다는 것은 이 모든 것이 뒤바뀐다는 것을 의미할 만큼 중요한 일이라 할 수 있다.

든 질문을 던지는 것보다, 위반자가 얼마나 끔찍한 처벌을 당하는가를 보여줌으로써 윤리적 기준을 생각하게 하는 것이 매체의 미학에 있어서도, 효과에 있어서도 훨씬 강한 인상을 남길 수 있기 때문이다. 영화 매체의 입장에서 매우 경제적이면서도 다소 고민스러웠을 교훈의 전달방법은 과격하고도 다종다양한 처벌 방식으로 이어지며 이 세계만의 규칙을 형성했고, 공포 영화라는 장르로 자리 잡게 했다. 물론 공포 영화를 살펴보기 위해 이 장면들까지를 수용해야 한다는 것은 아니다. 이는 강요할 수도 없을뿐더러 강요하면 안 되는 부분이기도 하다. 다만 한 가지 제안은 해보려 한다. 공포 영화는 윤리적 기준을 바탕으로 위반자를 처벌하고, 그 규범을 유지하기 위한 것이라 말한 바 있다. 그렇다면 '처벌의 방식'이 아닌 '처벌을 내리는 이유'로 시선을 돌려 공포 영화를 살펴보면 어떨까. '처벌을 내린 이유'에 집중했을 때 우리는 괴물들이 중요하게 생각하는 것, 중요 지침의 사회·문화적 배경, 문화 간의 차이 등에 대해 생각해 볼 수 있다. 즉, 괴물들의 성격과 특징을 중심으로 그것이 어떤 의미를 가졌는지에 대해 이야기해볼 수 있는 것이다.

공포 영화를 이야기할 때 가장 먼저 떠올리는 것은 할리우드의 슬래셔 영화들이다. 살인마가 등장해 사람들을 잔인하게 살해하는 이 영화들은 공포 영화를 잔인하기만 한 영화로 취급하며 한쪽으로 치워버리도록 하는 데에 크게 기여했을 것이다. 이쯤에서 한 가지 질문을 던져보자. 우리가 한 번쯤 본 적 있는 서구 공포 영화에 대한 기억을 가지고, 그 잔인한 살인마들의 행위를 떠올리며 한국 공포 영화를 본다면 과연 어떤 이야기를 할 수 있을까.

할리우드 공포 영화와 한국의 공포 영화를 비교하는 것은 단순히 살인마가 등장하고 귀신이 등장한다는 차이만을, 혹은 잔인함의 강도만을 이야기하자는 것이 아니다. 곰곰이 생각해 보자. 〈나이트메어 A Nightmare On Elm Street〉(1984)의 프레디 크루거가 나타나 살인하는 이유를 궁금해 하며 그의

〈슬래셔 영화의 대표적인 살인마, 프레디와 제이슨〉

뒤를 밟았던 이가 있는가? 〈13일의 금요일 Friday the 13th〉(1980)의 제이슨 부히스가 자신의 살인 이유를 밝히며 관객들을 눈물짓게 만든 적이 있는가? 떠올리는 것만으로도 어색한 이 장면들은 한국 공포 영화에서는 매우 익숙한 것이다. 죽은 자의 이야기를 들어주고, 가해자를 찾아 벌하여 그의 한을 풀어주며, 결국 좋은 곳으로 보내준다는 이 익숙한 구조는 귀신이라는 괴물을 이야기의 주인공으로 세워 그 사연에 귀를 기울였을 때만 실현 가능하다. 괴물에게서 도망치기보다는 그의 이야기를 들어줘야만 한다는 생각, 너무나 괴이하지 않은가. 괴물을 대하는 전혀 다른 이 태도는 분명 잔인한 장면들만으로는 설명할 수 없는 지점에 놓인 것들이다.

또 하나. 과연 귀신이 겪은 억울한 이야기를 들으며(보며, 느끼며, 혹은 찾아가며) 단 한 순간이라도 그의 말을 의심하는 한국 공포 영화의 주인공이 있던가? 한국 공포 영화에서는 이 정체모를 존재의 이야기를 틀림없는 진실이라는 전제하에 이야기를 진행한다. 도대체 어떻게 귀신의 말은 무조건적인 신뢰를 받을 수 있는 것일까. 사실 이는 우리나라에서 귀신을 등장시키는 모든 서사에 해당한다고 할 수 있다. 자신이 겪은 공포를 이야기하는 수많은 재연프로그램들에는 '어디선가 울음소리 같은 것이 들렸다', '나에게 할 말이 있는 듯 보였다', '왠지 그의 말을 들어야만 할 것 같았다'라는 식의 진술이 반복적으로 등장하고, 그 원인을 찾아 해결해줬더니 더 이상 귀신은 나타나지 않았다는 해피엔딩으로 마무리된다. 울며 등장해야 할 만큼 슬픈 사연을 지닌 귀신은 우리에게 무엇을 이야기하고 있는 것일까. 이처럼 조금만 다른 질문을 던져본다면 공포 영화는 꽤 재미있는 대답을 내놓을 수 있는 흥미로운 텍스트인 것이다.

공포 영화에 관한 상당수의 책들은 고딕호러부터 시작하는 서구의 공포 영화를 계열화하고 통시적으로 서술하는 데에 많은 부분을 할애한다. 이에 이 글은 익숙하게 알고 있는 듯 했지만 막상 쉽게 떠오르지 않았던 한국 공포 영화에 대한 이야기로 먼저 문을 열어보려 한다.(2) 슬픔과 공포가 공존하는 이 독특한 텍스트는 익숙하다고 생각하여 미뤄뒀기에 오히려 더 미지의 영역으로 남아 있었는지 모른다. 한국 공포 영화는 매우 독특한 심성을 바탕으로 우리의 근저에 무엇이 깔려 있는지, 우리가 무엇을 두려워하고 있는지 등에 대해 흥미로운 답을 내보일 준비를 하고 있다.

이와 함께 공포 영화들이 어떠한 변주로 내부적 변혁을 일으키고 있었는지에 대해서도 살펴볼 것이다. 대체로 장르 영화는 매우 사소한 설정, 찰나의 순간, 한 마디의 대사 등으로 기존의 장르 컨벤션을 뒤흔든다. 장르가 안일하게 이어지고 있다고 느끼는 순간 튀어나오는 유희들은 장르 영화를 즐기는 이들에게 기쁨을 선사한다. 이 사소한 순간의 발견, 장르 영화 애호가들에게 선물 같았던 이 순간들 역시 살펴볼 것이다.

마지막으로 특정한 괴물이 문화권을 넘나들면서 어떻게 변화하는지에 대해 이야기할 것이다. 우리가 알고 있는 수많은 괴물들은 각 나라, 넓게는 각 문화권에서 억압되고 있는 것들을 대표하는 비틀어진 존재라 할 수 있다. 문화권을 넘나들며 자신의 존재 방식까지를 놓은 이 괴물은 과연 어떤 모습을 하고 우리에게 어떤 이야기를 하고 있는 것일까. 이제 늘 멀리해도 상관없다고 생각했던 이 기괴한 장르에 관한 이야기를 시작한다.

2. 〈월하의 공동묘지〉(1967): 슬픈 공포의 완성

현재 한국 공포 영화가 상정하는 관객층이 청소년을 포함한 10대에서 20대 정도의 젊은이들이라는 점에 이의를 제기하긴 힘들다. 대부분의 한국 공포 영화는 '15세 관람가'를 지향하고 있으며, 이 영화들이 다루는 소재 역시 인터넷 방송이나 리얼리티 프로그램 속의 상황(〈혼숨〉(2016), 〈폐가〉(2010)), 인터넷에 떠도는 도시 괴담의 극화(〈장산범〉(2017)), 외모나 인기에 대한 강박(〈화이트〉(2011), 〈신데렐라〉(2006)), 학창시절 발생할 수 있는 수많은 일들(〈여고괴담〉 시리즈, 〈가위〉(2000), 〈찍히면 죽는다〉(2000), 〈하피〉(2000), 〈해변으로 가다〉(2000), 〈분신사바〉(2004), 〈스승의 은혜〉(2006), 〈고사〉(2009), 〈4교시 추리영역〉(2009), 〈소녀괴담〉(2014) 등)과 같이 젊은이들의 공감을 끌어낼 수 있는 내용이 중심에 서기 때문이다. 이와 같은 한국 공포 영화의 관객층은 지금까지도 별다른 의심 없이 수

한국 공포 영화의 시원

한국 공포 영화는 1924년 제작된 〈장화홍련전〉을 그 시작으로 두는 경우가 다수이다. 억울한 누명을 쓰고 죽은 자매가 고을 부사를 통해 해원한다는 고전소설 『장화홍련전』의 스토리는 우리가 익히 알고 있는 한국 공포 영화의 전형처럼 보이기 때문일 것이다. 그러나 지금 그 정체를 확인할 수 없는 이 작품이 정말 공포를 강조한 작품이었을지 의문이 든다. 고전소설 『장화홍련전』에서 죽은 장화와 홍련은 여귀라기보다는 용이나 오색구름을 타고 등장하며 녹의홍상(綠衣紅裳)을 한 신선(神仙)과 같은 이들로 묘사되고 있기 때문이다. 더군다나 대중에게 『장화홍련전』이 가장 적극적으로 소비되던 1930년대, 『장화홍련전』은 비련담(悲戀談)이나 공안(公案)소설로 분류되어 괴기담과는 거리가 멀었다. 〈장화홍련전〉을 공포 영화의 시원으로 두는 것은 사후적으로 조정된 것이 아닐까 싶다.

영화 〈살인마〉와 〈마의 계단〉의 한 장면

용됐고, 공포 영화를 만드는 이들 역시 늘 이에 맞춰 수위를 조절하는 듯 보인다.

그러나 이렇게 당연한 듯 보이는 관객층에 대한 인식은 〈여고괴담〉 이후에야 만들어진, 불과 20년밖에 되지 않은 것이다. 그렇다면 그 이전 한국 공포 영화들은 어떤 모습을 하고 있었을까. 예상할 수 있는 것처럼, 우리가 익숙하게 들어왔던 그 이야기들처럼 처연한 모습을 한 귀신들이 스크린을 장악하고 있었을까. 우리의 예상과는 다르게 과거의 한국 공포 영화는 과학과 연을 맺었고, 눈물보다는 끔찍한 웃음소리를 내었고 다양한 실험결과물로 겁을 주기도 했다. 또 한편에 있던 공포 영화들은 치정 관계나 고부갈등, 혹은 대를 잇는 문제로 인한 과거의 악습 때문에 벌어진 일들을 중심에 두고 있었다. 이 영화에 등장하는 이들은 당연히 학자로서의 권위를 가지거나, 가정 내 갈등 관계에 놓일 수 있는 중년의 남성이나 여성 배우들이었고, 이에 공감할 수 있는 당시 고무신 관객이라 불렸던 중년의 여성 관객들이 공포 영화의 주 관객층이었다. 현재로서는 생각할 수 없는 이 극명한 간극은 어디에서 시작됐는가. 지금과는 전혀 달랐던 당시의 영화들에 대해 먼저 살펴보자.

한국 공포 영화를 이야기하기 위해서는 가장 많은 공포 영화가 제작됐던 1960년대로 거슬러 올라가야 한다. 보통 1960년대의 한국영화를 이야기할 때 그 중심을 차지하는 것은 문예영화지만, 같은 시기 SF, 스릴러, 공포 영화, 정확한 시공간을 파악할 수 없는 역사물 등과 같은 실험적인 영화들이 무수히 제작됐다. 당시에는 공포 영화라는 명칭보다 괴기영화, 괴기물이라는 이름으로 불렸던 이 영화들은 다양한 괴물들, 그러니까 흡혈식물(〈악의 꽃〉(1961)), 대낮에 공동묘지를 뛰어다니는 귀신들과 고양이로 둔갑하는 혼령(〈살인마〉(1965)), 수술실을 드나들며 자신과 내연관계에 있던 의사를 위협하는 간호사(〈마의 계단〉(1964)), 머리가 떨어진 채 붕대만 감고 있던 위협적인 귀신(〈목 없는 미녀〉(1966)), 불을 뿜고 도시를 파괴하는 괴수(〈대괴수 용가리〉(1967)) 등이 자리하고 있었다.

1990년대 중 후반, 〈다큐멘터리 이야기 속으로〉, 〈토요미스테리 극장〉 등 신비한 이야기를 중심으로 한 재연프로그램들은 큰 인기를 끌었지만 얼마 후 폐지됐는데, 그 이유는 과도한 공포감과 미신을 조장한다는 것이었다. 지금도 공포와 관련한 것들은 대개 허황한 믿음이나 과학적으로 설명 불가능한 비합리적 사고의 결과로 간주하는 경우가 많지만, **1960년대 한국 공포 영화의 내러티브**를 추동하던 힘은 과학적 세계관이었다. 이러한 양상은 1980년대 초반까지도 이어지면

1960년대, 식민지기에 대한 무의식

매우 첨단의 담론을 선취하고 있는 듯 보이는 1960년대의 한국 공포 영화는 모든 사건의 기원을 식민지기로 둠으로써 식민지기의 문제가 아직 해결되지 않았다는 것을 은유적으로 보여준다. 〈공포의 이중인간〉에서 과학자가 죽은 시체를 살려내려는 것은 일제 말기, 금괴를 숨긴 위치를 알아내기 위해서이며, 〈목 없는 미녀〉의 귀신이 죽음을 맞이한 것 역시 일제말기 금괴에 대한 욕심 때문이었다. 비단 공포 영화가 아니더라도 1960년대의 다수의 한국 장르영화들에선 식민지 시기의 기억들을 놓지 않고 있다.

서 흥미로운 양상을 만들어낸다. 당시 한국 공포 영화에 등장하는 주인공들의 직업은 의사이거나 생물학자나 식물학자(〈마의 계단〉, 〈악의 꽃〉, 〈공포의 이중인간〉(1975)) 등과 같은 전문적인 과학적 지식을 가지고 있는 이들이었으며 곤충을 채집하고 슬라이드를 사용하여 이 모습을 지켜보거나(〈깊은 밤 갑자기〉(1981)), 한국인에겐 많지 않은 혈액형인 Rh+형(?) 혈액에 대해 반복적으로 이야기하고(〈목 없는 미녀〉), 귀신들린 아이를 살펴보는 의사들은 최첨단 의료장비로 수많은 검사들을 진행한다(〈너 또한 별이 되어〉(1975)). 해충을 박멸하기 위한 초음파가 시체를 일으켜 사람을 공격케 했다는(**〈괴시〉(1981)**) 등의 과학적 상상력이 한국 공포 영화의 중심에 있었던 것이다. 영화 전체의 전개상 과학적 담론에 대한 대사들이나 장면들은 다소 어울리지 않는다는 인상을 줬지만 당시의 공포는 근대적인 진전과 관계를 맺으며 성장했다. 문예영화의 부흥으로 상당수의 영화들이 농촌으로 돌아가던 그때, 한국 공포 영화는 그 어떤 장르보다 최첨단을 걷고 있었다.

그러나 이 모든 내용은 우리에게 그리 익숙하지 않다. 이는 이러한 공포 영화의 방식들이 당시의 관객들은 물론 현재의 관객들에게도 깊은 공감을 끌어내지 못했다는 것을 의미한다고 할 수 있다. 재미있는 것은 이러한 획기적인 시도들 사이에서 한국 공포 영화의 전형으로 자리잡아 지금까지 회자되는 작품은 이 모든 담론들과 가장 멀리 떨어져 있던 작품이라는 점이다. 원한을 품고 죽은 여귀가 자신을 죽음에 이르게 하고 아들까지 해치려 한 첩에게 복수한다는 내용의 〈월하의 공동묘지〉(1967)는 당시 여타의 영화들과 비교한다면 너무도 과거지향적인 영화라 할 수 있다. 〈월하의 공동묘지〉의 시작을 알리는 것은 괴상한 분장을 한 얼굴로 갑작스레 튀어나오는 변사이다. "지금으로부터 40년 전 무성영화를 해설하던" 자신이 "이렇게" 변했다며 영화의 해설을 시작하는데, 잔뜩 꾸며 내뱉는 듯한 해설자의 목소리는 마치 문어체를 길게 늘어놓은 고전소설의 한 대목을 리드미컬하게 읽는 것과 같은 느낌을 준다. 즉, 〈월하의 공동묘지〉는 영화의 시작부터 과거 익숙한 관습을 따르겠다는 선언을 한 작품이라 할 수 있다.

주인공 명선(강미애)은 식민지 시기 학생운동을 하다 투옥된 오빠(황해)와 그의 친구 한수(박노식)의 옥바라지를 위해 기생이 된다. 명선은 먼저 출옥하여 금광으로 부자가 된 한수와 결혼하여 행복한 생활을 하지만 홀로 감옥에 남은 오빠를 걱정하다 병석에 눕는다. 병수발을 위해 집으로 들어온 난주(도금봉)는 기생이었던 그가 많은 재물을 누리

〈괴시〉(1981)

"죽은 지 3일이 지난 용돌이가 되살아났다"라는 헤드 카피는 〈괴시〉의 포스터에서 가장 눈에 띄는 부분이라 할 수 있다. 죽은 이가 아닌 죽었다가 살아난 이의 등장은 한국 공포 영화에 흔한 설정이 아닐뿐더러, 시체가 보여주는 활극적 요소들은 매우 희귀한 장면이다. 이처럼 〈괴시〉는 매우 흥미로운 영화이나 이 생소함이 사실은 스페인 영화 〈Let Sleeping Corpses Lie〉(1974)의 모작이기에 부각될 수밖에 없다는 점에서 아쉬움이 남는다. 〈괴시〉의 표절에 대한 자세한 설명은 허지웅, 『망령의 기억 (1960~80년대 한국 공포 영화)』(한국영상자료원, 2011, 101–108면.)을 참조.

〈월하의 공동묘지〉

고 사는 것에 앙심을 품고 의사(허장강)와 모의하여 명선의 건강을 더욱 악화시킨다. 난주는 술에 취해 들어온 한수를 유혹하여 동침하고, 때마침 탈옥하여 이를 목격한 오빠는 분노하지만 명선은 오빠를 달래며 한수를 감싼다. 얼마 후 난주의 계략으로 명선은 남자를 집에 들였다는 오해를 받고 억울함에 자살한다. 이후에도 난주의 악행은 끝없이 이어지고, 갓난쟁이 아들까지 죽이려는 찰나 명선의 혼령이 나타나 이들을 공포로 몰아넣는다. 결국 난주와 의사, 그의 어미는 죽거나 미치고, 자신의 잘못을 깨닫고 아들을 잘 키우겠다는 한수의 다짐에 명선은 조용히 사라진다. 원한으로 죽은 귀신의 복수. 이 전형성은 〈월하의 공동묘지〉에 매우 뚜렷하게 각인돼 있었다.

남성 중심적인 전통사회에서 억압받은 여성의 한을 완벽하게 공포 영화에 이식한 이 작품은 당시 많은 관객들을 불러들이며 흥행에 성공했다.(3) 이는 당하기만 하던 유약한 여인의 사연에 그만큼 많은 이들이 공감했으며 귀신으로나마 자신의 복수를 시행했다는 것에 대한 통쾌함도 공명했다는 것을 의미할 것이다. 그러나 이러한 내러티브는 그리 특별한 것은 아니다. 〈월하의 공동묘지〉에 변사가 등장해 영화가 진행됐던 것처럼 〈월하의 공동묘지〉의 서사 역시 실제 변사가 등장하던 그때 그 시절의 작품들과의 유사성을 찾을 수 있기 때문이다. 〈월하의 공동묘지〉는 해방 전 최대 흥행작으로 불리는 연극 〈사랑에 속고 돈에 울고〉(1936)와 매우 유사한 설정들을 불러오고 있다. 오빠의 학비를 대기 위해 기생이 된 홍도, 오빠의 동창이자 부잣집 아들인 광호와의 결혼, 홍도의 존재를 탐탁지 않아하던 시모와 광호를 흠모하던 봉옥의 괴롭힘, 광호의 어미를 도와 광호와 홍도의 편지를 빼돌리는 월초의 존재까지 〈월하의 공동묘지〉는 안타까운 주인공에게 감정을 이입하도록 했던 〈사랑에 속고 돈에 울고〉의 많은 장치들을 활용하고, 홍도가 자신의 뒷바라지로 경찰이 된 오빠의 손에 체포되며 흩뿌렸던 눈물을 귀신의 복수로 대체하며 안타까움과 공포, 통쾌함을 동시에 끌어낸 것이라 할 수 있다. 그리고 이에 대한 관객들의 공감은 〈월하의 공동묘지〉 속 귀신의 성격을 한국 공포 영화의 전형적인 괴물로 자리 잡도록 했다.

바로 여기부터, 한국 공포 영화 속 귀신에게는 눈물이 따라다녔다. 조선시대부터 구전되는 기이한 이야기에서 찾을 수 있는 조상신이나 색정귀(色情鬼), 상사귀(相思鬼), 아귀(餓鬼) 등은 탈각된 채 원귀(冤鬼)만이 지금까지 익숙하게 남아 있는 것은 원귀가 가진 슬픔, 즉 억울함이 우리에게 다양한 울림을 줄 수 있는 형태로 변형될 수 있기 때문일 것이다. 이렇게 우리는 슬픈 귀신을 만났고, 이는 꽤 오랫동안 우리의 곁을 지키고 있다.

3. 〈여고괴담〉(1998): 피를 드리운 여귀의 복수

그렇게 착하던 명선은 왜 '죽어서야' 분노하고, 그들을 죽음에 이를 만큼 응징했을까. 살아있을 때의 명선은 자신을 오해하며 쳐다보지도 않던 남편을 끝까지 감싸고, 난주의 악행을 눈치챘으면서도 감내하던 이였다. 남편의 외도를 알면서도, 난주가 이 집의 재산과 자신의 자리를 노린다는 것을 알면서도 참아냈던 명선이 죽음 이후 갑작스레 변화한 이유는 무엇일까. 당겨 말하면 명선은 죽었기 때문이다. 너무도 허무한 이 대답은 우리나라에서 죽음을 어떻게 인식하고 있는지를 생각한다면 쉽게 이해할 수 있다.

'개똥밭에 굴러도 이승이 좋다', '산 입에 거미줄 치지 않는다'는 말들은 상황이 어떻든 간에 '살아만 있다면' 다른 모든 것은 부차적인 문제가 될 수 있다는 의미를 내포한다. 즉, 우리나라에서 죽음, 심지어 생명을 '빼앗긴'다는 것은 그 무엇으로도 해소할 수 없는 일인 것이다. 우리가 죽은 자의 사연에 그 어떠한 의심을 품지 않는 것도 바로 이러한 인식에서 기인한다. 우리는 '그가 혹은 그 사건이 아니었다면 나는 살아있을 것'이라는 원귀의 전제와 억울함을 이해하기에, 귀신이 그 누구도 아닌 자신을 죽음에 이르게 한 '나쁜 놈'을 가리킬 것이라는 점을 공식처럼 받아들였다. 다행히 귀신은 거짓말을 하지 않았고, 귀신의 말은 더욱 신빙성을 높여 갔다. '억울하게' '생명'을 빼앗긴 것에 대한 복수, 거꾸로 생각하면 너무도 강한 '생에 대한 갈망'은 한국 공포 영화의 귀신들이 깊이 새기고 있는 특징이다. 이것이 매우 명시적이며 현실적으로 형상화된 작품이 바로 〈여고괴담〉(1998)이었다.

〈여고괴담〉을 이야기하기 위해서는 〈월하의 공동묘지〉 이후 약 30년 사이 한국 공포 영화계에 어떤 일이 있었는지를 먼저 알아보아야 한다. 〈여고괴담〉에서는 한국 공포 영화의 지류와는 또 다른 지점이 발견되기 때문이다. 〈월하의 공동묘지〉의 성공 이후 이와 비슷한 영화들이 개봉했지만 그리 큰 성공을 이루지 못한다. 1970년대에 들어 〈무당〉이라는 제목으로도 알려졌던 **〈엑소시스트 The Exorcist〉(1973)**의 수입과 흥행은 심령영화에 대한 관심을 끌었고, 이와 비슷하게 귀신들림에 대한 종교적 접근을 보여준 **〈너 또한 별이 되어〉** 등의 작품이 개봉했다. 그러나 이러한 영화들은 큰 호응을 받지 못했고, 공포 영화는 점

〈엑소시스트〉의 국내개봉

1974년 수입, 개봉하려던 〈엑소시스트〉는 문공부의 비밀 시사 결과 국내 개봉이 부적절하다는 결과를 받는다. 그러나 바로 다음 해, 〈엑소시스트〉는 합법적인 절차를 밟아 개봉하고, 당시 인기작이었던 〈바보들의 행진〉을 포함, 함께 개봉한 대부분의 국내영화보다 월등히 높은 흥행 성적을 거둔다.

〈너 또한 별이 되어〉

〈엑소시스트〉에서 소녀의 몸에 자리 잡은 악마는 보편적인 악의 근원을 의미한다고 할 수 있다. 악령에 씐 소녀가 십자가로 스스로를 희롱하는 장면은 이를 매우 상징적으로 보여준다. 그러나 〈엑소시스트〉의 오컬트적 요소를 차용한 〈너 또한 별이 되어〉는 이를 전혀 다른 방식으로 해석하고 있어 흥미롭다. 중산층의 집안에서 어린 소녀에게 악령이 깃든다는 것은 두 영화의 공통점이지만 〈너 또한 별이 되어〉의 악령은 사랑하는 이에게 버림받고 자신의 꿈도 빼앗긴 채 죽음을 맞은 사연을 가진 여귀이다. 자신의 억울함을 고하고 나서야 소녀에게서 빠져나가는 원혼은 한국 공포 영화의 특징이 얼마나 뿌리 깊은 지를 잘 보여준다.

반짝 지나간 한국형 슬래셔 영화들

〈여고괴담〉이 큰 성공을 거두고, 〈스크림〉이나 〈나는 네가 지난여름에 한 일을 알고 있다〉 등의 슬래셔 영화가 국내에서 인기를 끈 후, 2000년 슬래셔를 표방한 공포 영화가 쏟아져 나온다. 〈가위〉, 〈해변으로 가다〉, 〈찍히면 죽는다〉, 〈하피〉 등은 모두 2000년 한 해에 쏟아져 나온 공포 영화로 대학생을 주인공으로 하며 캠프를 떠나거나 동아리에서 벌어진 사건을 중심에 둔다. 이 영화들 중 유일하게 흥행을 거둔 것은 〈가위〉로, 재미있게도 네 작품 중 유일하게 귀신이 등장한 영화이다. 원귀의 복수는 〈여고괴담〉과 비교할 수 없을 만큼 잔인하지만, 이는 전적으로 죽은 이가 겪은 고통에 비례하는 것이라 할 수 있다.

〈여고괴담〉

점 침체기에 빠져들었다. 1980년대를 넘어서 특수효과를 앞세워 공포감을 극대화했던 〈여곡성〉(1986)이 잠시 관객들의 관심을 끌긴 했지만, 그 이후 〈여고괴담〉이 나올 때까지 우리나라에서는 단 한편의 공포 영화도 제작되지 않았다.

한국 공포 영화가 제작되지 않았다고 해서 관객들이 공포 영화를 접할 수 없었던 것은 아니다. 아니 오히려 더욱 풍부하게 즐겼다는 말이 맞을지도 모른다. 시각적 희열을 앞세운 할리우드 공포 영화들이 한국을 찾았고, 관객들은 VHS를 통해 극장뿐만 아니라 안방에서 공포 영화를 즐길 수 있었다. 〈텍사스전기톱학살 The Texas Chain Saw Massacre〉(1974), 〈사탄의 인형 Child's Play〉(1988), 〈데드 얼라이브 Dead Alive〉(1992), 〈13일의 금요일〉 시리즈, 〈나이트메어〉 시리즈 등과 같은 할리우드 슬래셔 영화들은 한국 공포 영화의 부재를 대신하며 관객들을 불러들였다. 살인마가 등장인물을 쫓고, 등장인물을 얼마나 잔인하게 죽이느냐에 초점이 맞춰진 이 영화들은 10대에서 20대 초반의 젊은이들, 대개는 학생들이 중심인물이었다. 바로 이때부터 공포 영화의 관객들은 중년 여성의 관객에서 10대, 20대 젊은이들로 재편됐고, 이처럼 새로운 한국 공포 영화의 패러다임이 요청되고 있을 때 등장한 것이 바로 〈여고괴담〉이었다. 〈여고괴담〉은 할리우드 공포 영화들에서 볼 수 있었던 직접적인 위해와 〈월하의 공동묘지〉가 보여줬던 귀신의 애달픈 사연과 생에 대한 욕망이 고스란히 녹아 있던 작품이었다.

〈여고괴담〉 전 한국 공포 영화에서 귀신이 가해자를 처벌하는 방식은 출현 그 자체였다. 귀신이 나타나면 죄책감에 떨던 이들은 심장마비를 일으키거나 도망치다 사고로 죽음을 맞이하는 등 스스로 처벌당했고, 이 죽음의 순간마저 자극적으로 장면화되지 않았다. 〈여고괴담〉은 바로 이 부분에서 분명한 차이를 보이는 작품이었다. 〈여고괴담〉에는 실제로 귀를 자르는 장면과 바닥을 나뒹굴고 있는 피 묻은 귀, 죽은 여교사의 시신이 매달려 있는 장면들을 작품 곳곳에 배치하였고, 피가 흘러내리는 교실로 마무리하며 공포 영화 패러다임의 변화와 함께 상당한 시각적 효과를 성취해냈다.

게다가 〈여고괴담〉은 현실과 동떨어져 있던 공포라는 기재를 완전하게 현실로 끌어들인 작품이기도 했다. 상술한 1960년대의 한국 공포 영화들을 다시 떠올려보자. 이 영화들 속에서 1960년대 당시 현실적인 한국의 사회상을 짐작하기는 쉽지 않은 일이다. 공간상으로는 현실과 완전하게 유리된 실험실이나 병원 혹은 2층의 양옥 주택과 그 옛날의 한옥들이 뒤섞여 있었으며, 시간상으로는 조선시대로 회귀하는 듯도, 긴 실험에 성공할 만큼 기술력이 높은 현재 혹은 미래가 공존하는 듯도 했다. 현실을 반영했다고 보기 힘든 배경들을 〈여고괴담〉은 완전히 떨쳐냈다. 이런 점에서 〈여고괴담〉은 공포 영화에 일상을 불러들인 첫 영화라 해도 과언은 아니다. '여고'라는 공간은 단순한 배경이 아닌 영화의 중심이었고, 슬래서 영화들로 시작한 공포 영화의 관객층을 불러들이는 데에, 그리고 공포를 형성하는 데에 매우 중요한 요인으로 작용했다.

〈여고괴담〉 속 학교는 너무나 낯익다. 그리고 그렇기에 무섭다. 〈여고괴담〉은 학교에서 흔히 볼 수 있는 인물들을 배치하고, 낡은 책걸상, 나무로 바닥이 깔린 교실, 귀신 이야기가 서린 미술실 등 당시 어느 학교에서나 볼 수 있는 공간으로 친밀도를 높였다. 특히 친구들과의 경쟁 관계나 선생님의 편애 역시 당시 많은 학생들에게 공감을 이끌어낸 것이었다. 바로 이 상황 속에서 벌어진 진주(최강희)의 복수는 우리와 같은 교복을 입은 이가 공포의 대상이 될 수도 있다는 것을, 그리고 그 익숙하기 짝이 없었던 학교가 살인의 현장으로 변할 수도 있다는 것을 보여주면서 흥미로운 공포를 만들어냈다.(4)

〈여고괴담〉

무당의 딸이라는 이유로 친구들의 괴롭힘과 선생의 차별을 견뎌야 했던 진주는 친구들의 장난으로 미술실에서 죽음을 맞이한다. 살아 있고 싶었던, 그래서 학교에 다니고 싶었던 진주는 그저 자리만 지키고 있으면 크게 문제 될 것 없었다며 3년에 한 번씩 졸업앨범에 자신의 사진을 남기면서 9년간 학교에 다닌다. 몇몇 돋보이는 학생들에 가려 비애감을 느꼈을 평범한 학생들은 진주가 겪었던 고통에 함께 슬퍼했다. 영화 속에서 진주는 소복을 입지도, 그렇다고 도움을 요청하며 울지도 않은 채 자신을 괴롭혔던, 그리고 자신의 친구들을 괴롭히며 학생들을 무시했던 선생들을 응징한 귀신이었지만, 이해해주지 못해 미안하다는 친구 앞에서 눈물 흘리고, 자신이 선생으로서 더 잘하겠다며 반성하는 친구를 바라보며 서서히 사라진다. 이러한 진주의 모습은 역시 슬픈 사연을 가진 원귀라는 특징을 가지고 있지만, 잔인한 복수를 직접 행하는 파괴력을 지닌 귀신으로 변화한 것이라 할 수 있다.

이렇게 귀신들의 성격은 조금씩 변화하고 있었지만, (과학 담론을 내세웠던 다양한 1960년대의 영화들까지를 포함하여) 한국 공포 영화는 반드시 귀신의 죽음에 가담한 자들에게만 처벌이 가해진다는 명제를 굳건히 지켜낸다. 결코 억울한 죽음이 발생하지 않는 이 일대일 대응의 응징은 다른 이에게 해를 끼치면 안 된다는 명제를 살아있는 이들뿐만 아니라 귀신에게까지 적용하는 것으로 매우 강박적으로 보이기까지 한다. 이 틀은 꽤나 견고하게 현재에도 유지되고 있으며, 이것은 곧 배경이나 사건만 바꾼 채 비슷비슷한 공포 영화들을 양산하게 되는 원인이 되기도 했다.

영화 〈텍사스전기톱학살〉의
레더 페이스

**살인자와 가면
그리고 살인도구**

그렇다면 살인마들이 무차별적으로 사람을 죽이는 이유는 무엇일까? 단순히 시각적 쾌감만을 위한 것이라고 하기엔 흥미로운 두 가지 설정이 포착된다. 하나는 살인마들이 쓰고 있는 가면이다. 구멍 뚫린 가면을 쓴 〈13일의 금요일〉의 제이슨 부히스, 사람의 피부로 만든 가면을 쓰고 등장해 레더 페이스로 불리는 〈텍사스전기톱학살〉 시리즈의 살인마, 섬뜩한 표정이 살아 있는 흰 가면을 쓴 〈할로윈(Halloween)〉 시리즈의 마이클 마이어스, 유일하게 가면을 쓰지 않았지만 화상으로 일그러져 얼굴을 가리기 위해 페도라를 깊이 눌러 쓴 〈나이트메어〉 시리즈의 프레디 크루거에 이르기까지. 중요한 것은 이들의 가면 뒤로 숨겨진 얼굴은 선천적인 기형으로 일그러져 있다는 점이다. ▶

4. 〈스크림 Scream〉(1996), 〈캐빈 인 더 우즈 The Cabin in the Woods〉(2012): 장르의 몰락에 대한 경고

비단 공포 영화뿐만 아니라, 장르 영화를 찬찬히 살펴보면 매우 사소한 장르적 컨벤션의 변화들이 장르 영화 자체에 큰 변혁을 일으키고, 그것이 또 다른 컨벤션을 운용해가며 자리 잡는 지점들을 발견할 수 있다. 이러한 변화에는 영화 내적 전환뿐만 아니라 문화적 특징이나 시대적 특징을 포함하여 당시에 유입된 다양한 작품들, 그것을 누리는 계층, 장르 영화가 받아들여진 분위기 등까지가 모두 영향을 미칠 수 있다. 얼핏 비슷비슷한 이야기를 반복하는 듯하지만 분명한 변화를 목격할 수 있는 이 영화적 순간들을 발견하는 것은 늘 흥미로운 일이다.

한국 공포 영화의 빈자리를 채워주며 지금까지도 꾸준히 한국 공포 영화에 영향을 미치고 있는 할리우드 슬래셔 영화들은 장르적 컨벤션이 매우 확고하다고 할 수 있다. 공식과 같은 등장인물들 즉, 성적 매력을 풍기는 커플(남성은 운동부인 경우가 많다), 모범생 남녀, 괴짜(늘 술병을 들고 있으며, 마약을 하는 경우가 많다) 등 5명의 대학생이 숲속의 산장으로 떠나는 것은 거의 모든 슬래셔 영화들의 출발점이다. 이들은 산장으로 가는 도중 기분 나쁘게 쳐다보는 이를 만나 꺼림칙한 이야기를 듣지만 무시한 채 목적지로 향한다. 그들이 흥겨운 시간을 보내는 장면들은 곧 흔들리는 시점쇼트로 대체되면서 영화는 그들을 노리는 누군가가 있다는 것을 알린다. 섹스하는 커플, 모범생 남성, 살인마의 정체에 가장 근접한 괴짜가 차례로 죽음을 맞이하고, 순결한 여대생은 홀로 남아 살인자와의 대결을 펼친다. 이는 1970-80년대를 구가했던 할리우드 공포 영화의 장르적 컨벤션이었다.

단적으로 말해 이 영화들에서 살인마가 상대를 죽이는 이유는 알 수 없다. 설사 살인마의 트라우마 때문에 누군가를 죽인 것이라 해도

군이 왜 그들이 대상이 돼야만 했는지 역시 드러나지 않는다. 이러한 슬래셔 영화들의 컨벤션이 당시의 타락한 젊은이들에 대한 경고였다는, 이제는 흔해져 버린 해석은 영화의 외부적 판단에 불과하다. 섹스와 약물에 탐닉하고, 가장 순결한 여성이 살아남아 괴물을 물리친다는 설정은 당시의 미국 사회가 젊은이들에게 바라는 윤리였을 뿐, 살인마가 이를 겨냥했는지 그렇지 않은지에 대해 영화는 아무런 단서도 보여주지 않는다. 슬래셔 영화들은 무수한 시리즈물이 나올 만큼 인기가 있긴 했지만, 이렇게 반복되는 피의 향연은 그저 얼마나 다양하게 사람을 죽일 수 있는지에 대한 나열 혹은 대결처럼 보였다. 살인마들끼리의 대결이라는 설정으로까지 귀결될 만큼(〈프레디 대 제이슨 Freddy Vs. Jason〉(2003)) 많은 시리즈가 나온 이 영화들은 조금씩 그 힘을 잃고 있었다.

바로 이 지루해진 장르적 컨벤션을 꼬집으며 등장한 영화가 바로 〈스크림 Scream〉(1996)이다. 〈스크림〉은 첫 장면에서부터 많은 이들의 예상을 배반하는 것으로 이 영화의 성격을 알렸다. 당시 인지도 높은 배우였던 드루 베리모어는 그가 주인공일 것이라는 예상을 깨고 영화의 오프닝 타이틀이 나오기 전 사망한다. 영화를 이끌던 이들은 당시 전혀 얼굴이 알려지지 않았던 신인 배우들이었다. 이러한 캐스팅은 죽음의 순서와 범인을 쉽게 예측할 수 없도록 만들었고, 죽음의 순간마다 놀라움을 선사할 수 있었다.

한 고등학교의 남녀 학생이 사망하면서 마을 전체는 살인마에 대한 공포로 술렁인다. 살인사건은 반복적으로 일어나지만 학생들은 오히려 단축 수업에 기뻐하는 등 크게 개의치 않는다. 학생들은 살인사건을 마치 공포 영화를 보는 것처럼 즐기는데, 이들의 대화에는 지금까지 반복적으로 제작됐던 슬래셔 영화들에 대한 조롱이 문득문득 튀어나온다. 특히 함께 모여 공포 영화를 보고 있는 이들에게선 영화에 대한 그 어떤 두려움도 찾아볼 수 없다. 팝콘을 던지며 다음 장면을 예상하는 이들의 대화는 슬래셔 영화가 얼마나 비슷하게 반복됐는지를 적나라하게 보여준다. 학생들은 이미 '섹스를 하면 죽는다', '술과 마약을 하면 죽는다', '다시 돌아오겠다고 말하면 죽는다'는 법칙을 명확하게 알고 있으며, 이젠 이러한 법칙에 야유를 보내거나 웃어넘겨도 된다고 생각할 만큼 고루한 것으

영화 〈스크림(Scream)〉

▶이는 최근 〈데드캠프(Wrong Turn)〉(2003) 시리즈나 〈힐즈 아이즈(The Hills Have Eyes)〉(2006) 시리즈에서도 비슷하게 반복된다. 기형으로 태어난 이들 혹은 핵 실험으로 돌연변이가 된 집단이 인간을 대상으로 살육을 펼치는 것이다. 이처럼 신체적 결함을 지닌 이들의 살인은 곧 온전한 신체를 가지고 싶었던 욕망을 드러낸다. 상대의 신체를 훼손하면서 드러내는 광기는 자신이 가지지 못한 것에 대한 분노로 볼 수 있을 것이다.

이는 두 번째 공통점, 살인마들이 어마어마한 살인 도구들을 가지고 있다는 것에서도 드러난다. 즉 갈고리나 전기톱, 엄청난 크기의 칼이나 아예 손끝에 붙어 있는 칼날까지 이 모든 것은 결국 내가 갖지 못한 신체에 대한 훼손의 욕망이다.

이는 도덕적인 이유로 단죄를 내리는 한국의 귀신과는 정반대에 놓인 것이라 할 수 있으며, 후술하겠지만 우리나라에 등장한 좀비와는 다르게 서구에서 좀비가 엄청난 위협이 되는 이유이기도 하다. 좀비는 신체를 훼손시키다 못해 전염까지 시키는 존재이니까.

사다코의 의미

물론 장르적 변화를 꾀하는 시도가 서구 슬래셔 영화에서만 발견되는 것은 아니다. 이제는 패러디 대상이 될 만큼 익숙해진 일본 공포 영화 〈링(リング)〉(1998)의 사다코는 매우 상징적인 여귀라 할 수 있다.

먼저 사다코는 자신의 모습을 제대로 보여주지 않은 채 불시에 나타났다 사라지며 사람들을 놀라게 했던 여타의 귀신들과 다르게 자신의 목표를 향해 천천히 다가가면서 매우 깊은 인상을 남겼다. 그러나 이러한 등장의 방식보다 중요한 것은 그의 등장이 모두의 믿음을 무시한 결과였다는 점이다.

주인공은 조카의 죽음을 추적하다 발견한 VHS에서 이 영상을 본 자는 일주일 안에 죽는다는 저주의 문구를 본다. 주인공은 이를 풀기 위해 전 남편과 함께 동분서주하고 결국 억울하게 죽임을 당한 이의 시신을 수습해준다. 일주일이 지나고 아무 일도 일어나지 않자 주인공은 모든 것이 끝났다고 생각하지만, 다음날 남편의 부고를 듣는다.

주인공이 안도한 것은 억울하게 죽은 이의 시신을 찾아 공감해주고 위로해주며 좋은 자리를 마련하여 안착시켜준 것으로 해원이 이루어졌을 것이라는 확신 때문이었을 것이다. ▶

〈캐빈 인 더 우즈 The Cabin in the Woods〉

로 취급한다.

비명을 지르는 듯한 가면을 쓴 〈스크림〉의 살인마는 숲속에 어딘가에 살고 있는, 어마어마한 힘으로 장비를 들고 돌진하는 살인마와 거리가 멀다. 살인마는 자신이 죽이려는 이를 쉽게 제거하지 못한 채 오히려 나가떨어지거나 넘어지는 등의 어설픈 모습을 보이기도 하고, 다친 듯 정신을 차리지 못하기도 한다. 게다가 결국 그 가면을 쓴 살인자가 내 친구 중 하나였다는 것, 그저 재미로 이런 짓을 저질렀다는 그 어이없고 단순한 호기심은 지금까지의 공포 영화가 얼마나 먼 곳을 헤매고 있었는지, 얼마나 현실과 먼 이야기를 하고 있었는지를 뚜렷하게 보여준다. 이처럼 〈스크림〉은 당시 영화들이 가지고 있던 안일함에 경종을 울리는 작품이었다고 할 수 있다.

이렇게 1990년대 후반을 넘어가면서 서구 공포 영화는 새로운 시도들을 하고 있었다. 수많은 슬래셔 영화뿐만 아니라, 1999년 개봉한 〈블레어 윗치 The Blair Witch Project〉(1999)는 지금까지도 이어지고 있는 〈파라노말 액티비티 Paranormal Activity〉(2007) 시리즈나 〈REC〉(2007) 시리즈 등과 같이 페이크 다큐의 원류가 됐다. 〈아미티빌의 저주 The Amityville Horror〉(1979)나 〈폴터가이스트 Poltergeist〉(1982)와 같이 귀신들린 집에 대한 이야기들은 2000년대 다시 반복되거나 현재의 〈컨저링 The Conjuring〉(2013)과 같은 작품들로 이어졌으며, 〈엑소시스트〉나 〈오멘 The Omen〉(1976)과 같은 오컬트 영화 역시 끊임없이 반복돼 제작되는 영화들 중 하나였다. 여기에 좀비영화 역시 서구 공포 영화에서 중요한 자리를 차지하고 있었다. 이러한 영화들은 나름대로 변주를 시도하면서 관객들을 호명했지만 이미 반복적인 자극을 받은 관객들에게 큰 호응을 얻지 못했고, 장르 역시 특정한 변화를 마련하지 못한 채 지쳐 갔다.

할리우드 공포 영화들의 수많은 요소들을 활용해 장르의 안일함을 비판하고, 공포의 상황을 유희판으로 만든 영화가 〈캐빈 인 더 우즈 The Cabin in the Woods〉(2012)이다. 〈캐빈 인 더 우즈〉는 마치 거대한 상황실과 같은 공간에서 시작된다. 이 시스템에서 해야 할 일은 지하에 자리 잡고 있는 고대의 신에게 인류의 피를 바칠 수 있도록, 제물로 정한 이들이 죽음에 이르는 다양한 상황을 만드는 것이다. 이들이 인간을 쉽게 죽이는 방식으로 선택한 것이 바로 공포 영화의 컨벤션들이다. 슬래셔 영화들의 공식에 따라 움직일 수 있는 이들을 발견한 순간 시스템의 상황실에서는 이들의 일거수일투족을 감시하면서 그들이 죽음에 이르도록 각종 장치들을 활용한다.

가령 이런 식이다. 산장에 도착한 젊은이들을 가장 빨리 죽게 하는 방법은 (슬래셔 영화의 관습처럼) 섹스를 하도록 만드는 것이다. 한 커플이 친구들의 눈을 피해 숲속으로 숨어드는 순간, 상황실에서는 숲속에 강한 페로몬을 뿌려 두 사람을 빨리 섹스하게 만든다. 괴물은 관습에 따라 그들을 죽이고, 시스템을 운용하는 이들은 죽은 이들의 피를 시스템 속 고대신에게 흘러가게 한다. 이렇게 상황실에서는 관습을 활용하여 따라 제물로 바칠 이들을 희생시키려 하지만 너무도 반복돼 왔던 이 관습적인 상황들은 (마치 〈스크림〉의 학생들이 그랬던 것처럼) 젊은이들에게 발각된다. 이를 눈치챈 이들이 시스템에 숨어들면서 결국 너무도 거대하고 견고해 보였던 시스템은 붕괴하고 고대신은 깨어나고 만다.

〈캐빈 인 더 우즈〉에서는 이러한 장르의 무한반복만으로는 이제 내리막길밖에 없다는 자조를 읽어낼 수 있다. 이 시스템에서 봉인하려 했던 것은 비단 고대신만이 아니다. 이들은 공포 영화에 등장한 다양한 괴물들을 진열장에 가둔 채 제물을 얻을 때만 소환하곤 했었는데, 시스템이 붕괴되는 순간 이 모든 괴물들 역시 튀어나와 버린다. 〈캐빈 인 더 우즈〉는 장르 영화의 붕괴가 비단 영화만이 아닌 이 괴물들이 영향을 미칠 우리 사회에까지 매우 위협적일 수 있다는 상상력을 발휘하고 있다. 물론 그럴 수 있다. 본 영화인지 안 본 영화인지를 판단하기 힘들 만큼 비슷비슷한 영화들은 관객들의 흥미를 떨어뜨리고, 이는 (공포 영화를 사랑하는 이들에게는) 꽤나 무력한 기분까지 느끼게 하기 때문이다.

5. 〈이웃집 좀비〉(2009): 괴물이 겪는 삶과 공포

너무도 뻔한 컨벤션만으로 운영됐던 〈캐빈 인 더 우즈〉의 시스템이 무너졌던 것처럼 최근 공포 영화는 관객들에게 그리 큰 호응을 얻지 못하고 있다. 이는 한국의 공포 영화 역시 마찬가지이다. 흥행했던 몇몇 작품, 혹은 아직도 많은 이들의 입에 오르내리고 있는 〈장화, 홍련〉(2003)이나 〈알포인트〉(2004), 〈기담〉(2007) 등의 영화는 이미 10년을 훌쩍 넘긴 작품들이며, 최근에는 여름을 겨냥하여 제작되는 공포 영화가 거의 없다시피 한 상황이다. 공포 영화라는 장르에서 소비될 것

〈살아 있는 시체들의 밤〉과 〈새벽의 저주〉

▶그러나 주인공은 곧 죽은 이가 원하는 것이 훨씬 더 무서운 일이라는 점을 알게 된다. 자신이 남편에게 보여주기 위해 VHS를 복사했던 것처럼(남편은 주인공이 주는 VHS를 받아서 보기만 했을 뿐 복사는 하지 않았다) 자신의 저주를 무한 증식시켜 불특정 다수에게 유포하는 것, 바로 이것이 죽은 이가 원하는 것이었다.

아마도 VHS는 끊임없이 증식되며 사람을 죽일 것이다. 영화 〈링〉은 후반의 단 7분으로 자신을 죽인 이들을 벌하는 것으로 해원했던 동양 귀신의 패러다임을 바꿔놓았다. 이는 이후 〈주온(呪怨)〉(2002)에서 역시 집에 들어온 이들을 특별한 이유 없이 공포에 떨고 죽음에 이르도록 한 지박령으로도 이어진다.

으로 생각됐던 자극들은 실제 사건이나 각종 도시 괴담을 바탕으로 제작된 스릴러 영화들이 차지해버렸고, 이젠 귀신보다 사람이 무섭다는 이야기들이 공포 영화를 더욱 무력하게 만들었다.

이러한 상황에서 새로운 괴물의 등장으로 눈을 돌려본다면 무섭지는 않더라도 조금은 재미있을 이야기를 할 수 있을 것이다. 2000년대를 중후반을 넘어서면서부터 우리나라에 포착되기 시작한 **좀비**가 그것이다.(5) 사실 우리나라에서 좀비를 이야기하는 것은 그리 익숙하다고 할 수 없다. 산 자와 죽은 자의 경계에 놓여 기괴한 움직임과 훼손된 신체를 자신의 정체성으로 삼은 좀비는 자신의 억울함을 밝히고자 나타나는, 게다가 분명 온전한 신체로 등장하는 귀신들과는 너무도 거리가 멀기 때문이다. 가까운 나라의 일본이나 중국과 비교해 보아도 우리나라의 귀신들은 신체의 어그러짐과 거리가 멀다. 인육만두나 인육국수에 대한 괴담을 지금까지도 생산하는 중국이나 죽음을 카니발적 미학으로까지 표현하는 일본과 비교한다면 더욱 그렇다. 한국의 귀신에게 중요한 것은 그들이 나타날 수밖에 없는 이유였고, 죽은 이가 나타났다는 자체로 공포는 완성된 것이기에 귀신의 신체는 굳이 기괴할 이유가 없었다. 그러나 기괴한 모습의 좀비는 이 사이를 비집고 들어와 대중문화 속에서 쉽게 언급하거나 볼 수 있는 괴물이 됐고, 일상적으로도 그리 어색하지 않은 코드이자 용어로 자리 잡았다.

우리는 좀비를 떠올리며 그들을 매우 위협적인 존재라 생각하지만, 사실 좀비들이 인간에게 달려들어 물 수 있는 존재가 되기까지는 반세기를 넘는 시간이 필요했다. 서구의 좀비는 저주에 걸린 시체가 좀비가 돼버린 영화 〈화이트 좀비 White Zombie〉(1932)에서부터 출현하는 것으로 알려져 있다. 이후 좀비가 인간을 위협하는 대중적인 괴물로 자리하게 된 것은 조지 로메로 감독의 〈살아있는 시체들의 밤 Night of the living dead〉(1968)이라 할 수 있으며, 약 30년 후 느리게 움직였던 좀비들은 사람을 따라잡을 수 있을 만큼의 속도를 갖춰 〈28일후 28 Days Later〉(2002), 〈새벽의 저주 Dawn Of The Dead〉(2004), 〈28주후 28 Weeks Later〉(2007) 등에 등장하여 완전한 공포의 대상이 됐다. 이렇게 지난한 경로를 거쳐 좀비들은 점차 인간을 위협하여 전염시키기에 유리한 방향으로 발전했다고 할 수 있다.

이와 같은 좀비 발전은 곧 신체 훼손에 대한 극심한 공포를 매우 극단적으로 반영한 것이라 할 수 있다. 바로 죽임을 당하는 것이 아닌 물어뜯기는 것, 그로 인해 신체가 떨어져 나가는 것, 이후 감염으로까지 이어지는 것 등은 이성이 또렷한 존재가 겪을 수 있는 최대치의 고통이

서구 좀비들의 변화는?

공격에 능한 좀비들이 등장한 후 서구에서도 약간의 변화 양상이 보이긴 한다. 〈좀비가 된 이들과 함께 살아가는 〈새벽의 황당한 저주(Shaun Of The Dead)〉(2004), 사람들과 함께 살아가는 좀비의 생활을 휴먼 다큐멘터리처럼 연출한 〈아메리칸 좀비((American Zombie))〉(2007), 좀비가 사랑을 나누는 설정의 〈웜 바디즈(Warm Bodies)〉(2013)와 같은 영화들도 있다. 그러나 이 영화들은 좀비를 좀비로 인식하지 못하는 코미디 같은 상황 속에서 좀비와 함께하는 것이거나, 결국 흉포하게 변해 인간을 제물로 바치는 카니발을 벌이는 등의 속성을 드러낸다. 서구 영화 속 좀비들은 장르의 변주 속에서도 여전히 인간을 탐하고 인간 역시 이들을 없애야 하는 존재로 인식한다.

나열된 것이라 할 수 있다. 좀비가 그 어떤 영화의 살인마, 혹은 다른 괴물들보다 위협적인 존재가 됐다는 것은 서구 공포 영화에 거의 등장하지 않는 살인 도구인 총이 좀비영화에는 등장한다는 것에서도 드러난다. 잔인함을 장르적 쾌감으로 내세운 많은 영화들에서 총은 영화의 재미를 반감하는 도구이기에 좀처럼 찾아보기 힘들었지만, 좀비영화에서는 필수품이었다. 언제 어디에서 달려들지 모르는 좀비는 멀리 떨어져 있더라도 반드시 죽여야만 하는 존재였기 때문이다. 이는 좀비가 그만큼 위험한 괴물이라는 점과 좀비가 등장하는 영화에서는 다양한 방식으로 좀비를 죽이는 것 그 자체에서 쾌감이 발산된다는 것을 드러낸다.

그러나 이처럼 좀비의 강력한 파괴적 속성은 우리나라로 건너오면서 현저하게 상쇄되고 전혀 뜻밖의 선회를 보인다. 의식 없이 몰려다니며 인간을 물어뜯고 총에 맞아도 좀처럼 나가떨어지지 않던 좀비는 우리나라에서 의식과 기억을 가진, 의지를 지닌 존재로 탈바꿈하는 것이다. 전혀 이성을 찾아볼 수 없었던 좀비는 당장 눈앞의 사람을 물어뜯고 싶을지라도 그가 누구인지를 알아보며 참고, 과거 자신을 괴롭혔던 이에 대한 기억을 고스란히 가지고 있으며, 누군가를 위로할 수도 있는 괴물로 자신의 성격을 재설정한다. 즉, 우리나라에서의 좀비는 생과 사의 경계에 존재하는 좀비에게서 '생'을 택한 것이라 할 수 있다. 그렇기에 이러한 좀비들을 대하는 가족들 역시 그를 괴물이라고 생각하기보다 감싸줘야 할, 혹은 훈련을 통해 영원히 가족을 잊지 않게 할 이들로 유지할 수 있다고 믿는다. 이러한 속성은 우리나라에서 좀비를 등장시킨 텔레비전 드라마(〈나는 살아 있다〉(MBC 2부작 드라마, 2011))나 웹툰(〈좀비의 시간〉(2008), 〈당신의 모든 순간〉(2010-2011), 〈좀비의 시간2〉(2010-2011), 〈웨이크업 데드맨〉(2010-2013), 〈좀비를 위한 나라는 없다〉(2012) 등), 소설(『좀비들』(2010)), 그리고 영화(〈이웃집 좀비〉(2009), 〈미스터 좀비〉(2010), 〈불한당들〉(2007), GP506(2007) 등)에 이르기까지 배우 도드라지게 나타난다. 유행처럼 전 세계적으로 번진 좀비 열풍 사이에서 우리나라는 독특한 좀비를 탄생시켰다고 할 수 있다.

서사를 운용하는 방식에 있어 서구 좀비영화와 큰 차이를 보인다는 점 역시 중요한 부분이다. 서구 좀비영화의 중심에는 좀비 떼 사이에서 생존하려는 인간들이 놓인다. 좀비 떼를 피해 도망치다 밀폐된 곳에 모인 이들 사이에서 벌어지는 감염에 대한 의심, 생존에 대한 경쟁, 그리고 침입해 들어오려는 좀비들의 광기와 그에 대한 대응 등은 서구 좀비

영화에서 긴장의 축을 담당하고 있었다. 이 사이에 등장하는 군대나 의료기구 등의 등장은 인간의 생존을 위해 늘 환영할 만한 것이었다.

그러나 만약 앞서 설명한 것처럼 좀비가 의식과 기억을 지녔지만 그것을 전달하는 데에 미숙하거나 불편한 것뿐이라면, 자신의 의지대로 행동할 수는 있지만 몸이 훼손된 것뿐이라면, 그러니까 좀비가 되기까지의 전사(前史)를 가진 이야기의 주인공이라면 과연 이들을 죽이려는 인간들이나 안전을 보장한다는 이름으로 등장한 집단의 소탕 작전을 긍정적으로 볼 수 있을까. 서구 좀비영화에서 군대의 발포는 인간의 안전을 위한 것이지만 한국에서의 발포는 인간과 같은 의지를 지닌 좀비에 대한 살육으로 전환되는 것이라 할 수 있다. 이는 좀비에 대한 연민을 불러일으키는, 서구의 좀비보다는 귀신을 대하는 방식에 가까운 감정이라 할 수 있다. 기본적으로 좀비로부터 탈출하는 것을 중심에 둔 영화 〈부산행〉(2016)에 등장하는 좀비로 변한 할머니에 대한 연민, 전형적인 악인의 모습을 하고 있었지만 좀비로 변해가는 순간 엄마를 찾는 용석(김의성), 좀비에 감염된 사실을 알고 어린 딸을 안고 있던 과거를 떠올리며 자살하는 석우(공유) 등의 모습은 서구의 좀비영화들과 비교한다면 매우 이례적인 장면들이었다고 할 수 있다.

영화 〈이웃집 좀비〉

이러한 한국 좀비들의 특징이 매우 잘 나타나 있는 영화가 옴니버스 영화 〈이웃집 좀비〉이다. 이 영화는 좀비 바이러스가 퍼지기 시작한 순간부터 그것이 치료된 이후까지를 짧은 단편들로 보여주고 있다. 〈도망가자〉에서는 좀비가 됐으면서도 자신의 여자 친구를 감염시키지 않기 위해 끊임없이 좀비의 본능을 누르는 남자와 그 모습을 보다 못해 남자를 물어 스스로 좀비가 되고 마는 여자의 모습을 그린다. 좀비에게 물리는 것이 아닌, 좀비를 물어서까지 괴로움을 함께하려는 이들은 서로를 뜯고 싶어 괴로워하고, 끔찍하게 변해가는 모습에 안타까워하면서도 함께 살 미래를 꿈꾼다. 그리고 이들이 밖으로 나갈 결심을 하며 카메라 프레임 밖으로 사라졌을 때 멀리서 들려오는 총소리는 안타까움을 자아낸다.

〈백신의 시대〉에서는 분명한 이성을 가진 좀비가 백신으로 이익을 창출하려는 제약회사와 대결을 벌인다. 좀비는 혹여 자신이 남들을 감염시킬까 두려워 방독면을 쓰고 힘들어하면서도 싸움을 멈추지 않는다. 〈그 이후 미안해요〉에서는 좀비 바이러스가 치료된 이후의 사회를 그려낸다. 용근은 자신이 좀비였을 때의 기억들로 고통스러워하며, 매일 밤 사죄의 기도를 드린다. 좀비 바이러스가 완치된 후에도 용근은 그저 좀비 취급을 받으며 생활고에 시달린다. 그의 집에 유일하게 찾아오는 이는 용근이 감염됐을 때 먹어버린 이들의

영화 〈이웃집 좀비〉

딸로, 딸은 용근을 칼로 찌르며 무자비하게 공격하지만 용근은 그 어떠한 물음도 던지지 않은 채 온몸으로 고통을 받아낸다.

결국 우리나라로 넘어온 살아 있는 좀비들은 좀비의 괴물성보다는 이렇게 훼손돼 버린 이들을 소리조차 지를 수 없게 만든, 아무 곳에서도 살 수 없게 한 사회의 잔인함의 희생양으로 전락한다. 이들은 자신이 누구였는지, 무엇을 해야 하는지를 잊지 않고 있지만 이들의 의지를 받아주는 곳은 아무 데도 없다. 어찌 보면 좀비들은 억울한 죽음으로 정당성을 얻어 복수를 감행했던 귀신들보다도 자신의 목소리를 낼 구실을 마련하지 못한 채 배회하고 있는 것인지도 모른다.

6. 요약 및 제언

공포 영화에 대해 많은 이야기를 했지만, 사실 공포 영화에서 이와 같은 의미를 찾아내는 것보다는 이 영화가 보여주는 쾌감이 무엇인지를 즐기는 것을 더 추천하고 싶다. 다만, 이야기했던 것과 같이 장르 영화가 어떤 순간들로 인해 변화하는지를 발견하는 것은 너무도 행복한 일이기에 많은 이들이 이를 느낄 방법을 마련하고 싶은 것이 개인적으로 가지고 있는 작은 욕심이다.

물론 이 사소한 변화를 느끼는 것에 큰 의의를 두지 않고 즐기기만 해도 충분한 것이 공포 영화이기도 하다. 2010년대에 접어들면서 등장한 〈샤크 스톰 Sharknado〉(2013), 〈샤크토퍼스 Sharktopus〉(2010), 〈피라냐콘다 Piranhaconda〉(2012)와 같이, 내러티브가 굳이 필요치 않으며 이 괴물들이 희생자를 어떻게 다룰까만을 궁금하게 하는 이 저예산 영화들은 그저 황당함과 시원함을 만끽하는 것만으로 그 시간을 보내는 것이 어떠하냐고 묻고 있는 듯하다. 너무도 강력한 토네이도에 휩쓸린 상어들이 LA 한복판에 떨어지고, 상어와 문어가 결합한, 또 피라냐와 아나콘다가 결합한 괴물이 등장하

는 이 영화들은 도무지 어떤 위력을 발휘할지 모르는 괴물들의 파괴력을 상상하는 것만으로도 충분한 재미를 선사한다. 이렇게 현재 공포 영화는 관객들이 즐기기만 해도 좋다고 소리치고 있다. 동참하지 않을 이유가 없지 않은가.

|주 석|

(1) 공포에 대해 늘 고민하며 공포소설을 써온 스티븐 킹은 공포이야기의 주된 목적이 금기를 어긴 이들이 얼마나 무서운 일을 경험하는지를 보여주며 규범의 미덕을 재확인 시키는 것에 있다고 본다. 스티븐 킹, 조재형 옮김, 『죽음의 무도』, 황금가지, 2010, 625면.

(2) 최근까지도 공포 영화에 관한 연구는 간헐적으로 이루어지고 있지만 그 수가 많은 편은 아니다. 쉽게 접할 수 있는 단행본 중 한국 공포 영화를 중심으로 한 것은 허지웅, 『망령의 기억 (1960~80년대 한국공포영화)』, 한국영상자료원, 2011. 과 백문임, 『월하의 여곡성 (여귀로 읽는 한국 공포영화사)』, 책세상, 2008. 정도만을 꼽을 수 있다.

(3) 가부장제 속에서 재현된 여귀들에 대한 세밀한 논의는 백문임, 『월하의 여곡성(여귀로 읽는 한국 공포영화사)』(책세상, 2008)를 통해 살펴볼 수 있다.

(4) 이에 대한 자세한 설명은 송아름, 「1990년대의 불안과 여고괴담의 공포」, 『한국극예술연구』 34, 2011, 308-310면.

(5) 이하의 내용은 송아름, 「괴물의 변화: '문화세대'와 '한국형 좀비'의 탄생」, 『대중서사연구』 19, 2013, 185-223을 중심으로 발췌, 수정, 요약한 것이다.

7장 로드 무비:
길을 떠나는 자들의 이야기

이 호

1. 로드 무비의 세 가지 요소

로드 무비라는 영화의 장르적 개념을 재빨리 이해하려면, 배리 레빈슨 감독의 〈레인맨 Rain Man〉(1988)이나 리들리 스콧 감독의 〈텔마와 루이스 Thelma & Louise〉(1991) 혹은 이만희 감독의 〈삼포 가는 길〉(1975)을 떠올리면 된다. 여행 중 일어나는 여러 가지 사건이나 에피소드들을 다루며 진행되는 종류의 영화를 로드 무비라 총칭할 수 있다. 다시 말해 영화 서사 속 인물들(대체로 주인공들)이 여행을 떠나거나 혹은 장소의 이동을 따라서 이야기가 펼쳐지는 영화 장르를 일컫는 말이다. 그러므로 로드 무비에는 길과 길 떠남(여행), 만남과 사건, 목적지와 여행의 의미들이 중요하게 부각된다.

이런 종류의 서사들은 **제7의 예술**이라 불리는 영화보다 역사가 오래된 문학 장르에서 그 원형들을 찾아볼 수 있다. 저 고대 그리스 시대의 『오디세이아』나 중국의 『서유기』를 생각해 볼 수 있겠다. 뿐만 아니라 세계 곳곳의 오래된 설화들도 이미 로드 무비적이다. 이를테면 한국의 『바리데기』를 생각해보라. 그러므로 로드 무비란 전혀 새로운 장르의 것이 아니며, 기존에 있던 이야기 유형을 영화적 장르 안에 담아낸 이야기라고 보는 것도 가능하다. 사정이 이러한 것은 이야기라는 장르가 근본적으로 로드 무비와 유사한 형식을 갖고 있기 때문이다. 시간의 흐름에 따른 사건의 전개라는 이야기의 기본 공식구를 상기해 보자. 혹 달리 말해, 전혀 무관하며 개개 파편적인 사건들을 사람들이 하나의 선

제7의 예술

영화의 예술성을 이론적으로 처음으로 주장한 사람은 이탈리아인 리치오니 카뉴도(1879-1923)라 한다. 영화는 본질적으로 '빛의 펜'으로 그려지고 영상으로 만들어진 시각(視覺)의 드라마라고 그가 주장한 것은 1911년이었다. 그는 예술의 기본은 건축과 음악이며, 이를 보충하는 것으로서 그림과 조각과 시와 무용을 들었고, 이 모든 것을 포함하는 것이 영화이며 움직임의 조형 예술이라 하여 영화를 제7의 예술이라고 주장했다.

형적 전개 안에서 이해하고 인식하는 패러다임을 가지고 있기 때문이기도 하다.

　인물들이 나오고, 그들이 행동하며 사건이 발생하고 다른 인물들을 만나며 이야기가 진행되고 종국에 도달하는 방식, 이야기의 선형성이 로드 무비적이라는 뜻이다. 이야기가 펼쳐지는 방식 자체가 로드 무비적인 성격을 갖추고 있다고 파악할 수 있다. 따라서 대부분의 "모든 서사는 로드 무비적이다"라고 말할 수 있겠다. 흔히 인생을 '길'에 비유하는 메타포가 새로운 것이 아니듯, 사람들이 시간을 살아가며 그 속에서 사람들을 만나고 또 행위를 통해 사건들을 경험하는 방식 자체가 로드 무비적인 성격을 갖고 있다. 거꾸로 말하자면 로드 무비야말로 인간 삶의 근본적 형식을 포착하고 담아낸다고 볼 수 있는 것이다.

　그러므로 로드 무비의 개념적 외연을 확장할 경우 대부분의 영화가 로드 무비라고 과감하게 단언할 수도 있는 것이다. 그러나 그런 식의 개념 정의는 별로 도움이 되지 못한다. 우리는 로드 무비만의 조금 더 특징적인 개념을 포착해야 한다. 주인공들이 길을 떠나고 어딘가로 이동해 가면서 사건들을 겪는다는 장르 서사의 외피 외에도 어떠한 의미들이 발생해야 한다. 여행이라면 모름지기 성장과 배움과 깨달음을 담아내야 한다. 여행을 통한 성장, 시간이 흐르고 장소들을 이동해 가면서 인간과 사회를 이해하고, 인생의 의미를 배워나가는 이야기가 담겨 있어야 하는 것이다. 시간의 흐름과 공간의 이동, 사건과 마주침 등을 통해 인간은 인생의 의미를 체득해 나가는 것이다. 그러나 기실 대부분 영화나 서사들이 이러한 주인공의 성장과 배움의 이야기를 담고 있다고 말할 수도 있기 때문에 그것만으로 로드 무비가 정의될 수는 없다. 아무래도 영화 속에서 실제 여행을 떠나며, 장소를 이동하면서 사람들을 만나고 사건들이 펼쳐지며 그 여행의 종국지에 도착하는 과정에서 인물의 성격 변화(배움과 성장)가 영화 필름 위로 펼쳐져야 로드 무비라고 정의할 수 있을 것이다.

　따라서 로드 무비에는 다음과 같은 세 가지 요소가 반드시 등장해야 한다. 그것은 길과 여행(길 떠남), 길 위에서 펼쳐지는 크고 작은 사건들, 그리고 목적지에의 도착(혹은 서사의 종결)이다. 1)길 떠남(여행), 2)길 위에서 펼쳐지는 사건들, 3)목적지에 도착해 얻게 되는 인물들의 배움과 성장이 로드 무비를 구성하는 3개의 요소들이다.

　먼저 길을 떠나게 되는 계기들을 생각해 보자. 로드 무비에서 주인공이 범죄자이거나 쫓기면서 여행을 하게 되는 경우도 없지 않다. 즉 의도적이고 의지적으로 여행을 떠나게 되는 것이 아니라 불가피한 상황에 내몰려 본의 아니게 여행을 하게 되는 경우다. 이런 경우 로드 무비적 성격은 약화될 수 있다. 여행과 길 떠남은 서사의 이면에서 인물의 성장과 변화를 목표로 하므로 불가피한 여행의 성격은 주인공의 자발성을 약화시킬 우려가 있기 때문이다. 하지만 주인공의 여행이 의도적이지 않았다고 해서 인물의 성격과 변화·발전이 이루어지지 말라는 법은 없으며, 도리어 원하지 않던 여행이 주인공 내면의 심리와 성격의 변화를 일으키는 서사가 도리어 호소력 있을 수 있다.

최근에는 주인공이 스스로 설정한 목표와 분명한 이유를 가지고 여행에 나서게 되는 이야기보다는 어떠한 상황이 그를 강제하기 때문에 여행에 나서게 되는 서사들이 많아진 추세이다. 이것은 후근대 사회에서 근대 이전의 사람들처럼 여행하기가 힘들어졌기 때문이다. 근대 사회에 들어와서 사람들은 여행이 아니라 관광을 하며, 모험보다는 오락과 구경거리를 일삼게 된다. 따라서 현실적으로 분명한 목적성을 가진 여행이란 대체로 관광(휴양) 아니면 비즈니스 트립인 경우가 많고, 의지적인 목적성을 가진 여행의 경우도 대체로 속물적인 이유가 많다.

배리 레빈슨의 〈레인 맨〉을 생각해보자. 이 영화에서 찰스(톰 크루즈)가 형과 여행을 하려는 이유는 유산 상속을 받으려는 속셈을 가지고 있다(여행 동기의 속물성). 그런데 형인 레이먼드(더스틴 호프만)는 자폐증 환자이며 비행기 안에서 폐소공포증적 발작을 일으키기 때문에 어쩔 수 없이 미국 서부로 대륙을 가로지르는 자동차 여행을 하게 된다(긴 여행을 할 수밖에 없는 상황의 강제성). 이렇게 시공간이 도로 위에 펼쳐지면서 크고 작은 서사들이 발생하고 찰스는 형과 갈등을 빚으면서도 형에 대한 기억과 사랑을 되찾게 되며, 그 여행이 끝났을 때 그의 속물성은 크고 작은 변화를 일으키게 된다. 즉 여행이 사람을 바꾸게 되는 서사로서 로드 무비의 전형성을 완성하게 되는 것이다. 상황의 강제성이 인물들이 행동하게 하는 서사가 로드 무비의 여행 출발 동기의 변화된 면모 가운데 하나이다. 주인공이 명백한 의도를 가지고 자발적으로 길을 떠나는 것보다는 상황이라는 요소가 주인공이 길을 떠나도록 하는 서사가 훨씬 설득력 있고 흥미로운 로드 무비 서사의 요소가 돼버린 것이다. 불가피한 여행이라고 해서 주인공의 변화와 발전이 일어나지 않는다는 생각은 수정될 필요가 있다.

여행하는 동안의 벌어지는 크고 작은 사건들이 있게 마련이다. 이것은 연쇄적이고 파편적일 수 있지만, 선형적인 관점에서 파악하자면 이야기 전체에서 차지하는 기능적인 역할을 한다. 마주치게 되는 여러 사람들, 그리고 그로 인해 빚게 되는 크고 작은 사건들은 시리즈처럼

〈레인 맨〉(1989)

전체 서사에서 차지하는 일정한 역할을 하며 기능을 수행하게 되는데, 무엇보다 어떠한 인물의 성격 변화에 영향을 주는 인물과 사건들로 배열되는 경향이 많다. 어떤 점에서는 주인공의 숨겨진 이면을 드러내는 역할로 사용되기도 하고, 때로는 여행의 성격과 목적을 바꾸게 되는 사건들이 벌어지기도 한다.

〈델마와 루이스〉(1993)

〈델마와 루이스〉를 생각해보자. 그녀들은 지루하고 답답한 일상에서 벗어나기 위해 둘만의 여행을 기획하고 실천에 옮긴다. 원래의 여행 목적은 지친 일상으로부터 쉼과 활기를 얻고 다시 (혹은 어쩔 수 없이) 자기의 삶터인 일상으로 복귀하기 위한 여행이었을 것이다. 떠날 때는 즐겁고, 여행 중에는 흥이 날 수 있지만 여행이 끝나면 어쩔 수 없이 현실로 돌아올 수밖에 없는 여행. 그런데 그곳에서 마주치는 사람들과 사건들로 이들은 결코 다시 안온한 일상으로 돌아올 수 없게 되는데, 이는 그 여행에서 마주친 사람들과 사건들 때문이다. 이 과정에서 〈델마와 루이스〉는 남근중심적인 미국 사회의 여러 모순과 마주치면서 한편으로는 범죄자가 돼 쫓기게 되고, 한편으로는 부조리한 사회적 편견에 맞서는 비극적 여성 영웅의 면모조차 갖추게 된다. 만일 그 여행길에서 아무런 사건도 일어나지 않았다면 그들은 며칠간의 일탈적 여행을 마치고 일상에 안착했을 것이다. 그렇다면 그들은 남근 중심적인 사회적 모순에 다시 순응하거나 타협했을 것이며, 서사는 성립되지 않았을 것이다. 아무런 일도 일어나지 않았기 때문이며, 주인공은 아무런 변화도 일으킬 수 없었기 때문이다.

세 번째 요소인 목적지에 도착한다는 점을 생각해보자. 처음에 의도했던 목적지에 도착하지 못했다고 하더라도, 이야기의 귀결에서는 또 다른 형태의 목적지에 도착한 셈이 돼야 한다. 여행은 출발부터 변화(성장)를 그 목표와 이념으로 하는바, 여행은 시작되자마자 여행자를 변화시키기 때문에 애초에 설정한 목적지에 도착하지 않는 경우라도 인물의 성장과 변화는 중요하게 부각돼야 한다. 따라서 그것 역시 또 하나의 변경된 목적지(원하지는 않았으나 도착하게 된 목적지)로 간주하는 것이 가능하다. 그렇지 않은 경우도 있지만, 영화 서사의 실패가 아니라면 반드시 인물은 어떤 식으로든 종국지에 도착하는 것으로 귀결돼야 한다.

이를 설명하기 위해 3편의 영화를 선정해서 논해보고자 한다. 이윤기 감독의 〈멋진 하루〉는 스펙터클한 로드 무비 서사는 아니지만 분명히 로드 무비적 성격을 강하게 가지고 있다. 이제는 헤어진 연인과 다시 만나 하루 동안에 펼쳐지는 이야기는 어떤 점에서 로드 무비의 전형적 성격을 하루 안의 서사에 농밀하게 담아내고 있다고 판단하기 때문이다. 두 번째는 이준익 감독의 〈님은 먼 곳에〉를 다룬다. 이 영화는 남편을 찾아가는 여성의 서사를 다루며 얼핏 로드 무비적 관습을 따르고 있는 것 같지만, 식상한 로드 무비의 공식을 비틀고 바꾸는 변형을 내장하고 있기 때문에 전형적 로드 무비보다 흥미로운 지점이 있다. 세 번째는 휴즈 형제의 영화 〈일라이〉를 다룬다. 로드 무비 가운데 널리 인정되고 호평을 받는 영화가 많이 있지만, 필자는 〈일라이〉야말로 로드 무비적인 성격을 이해가 빠르고 쉽게 이해할 수 있도록 해주는 영화라고 판단했기 때문이다. 이 3개의 영화들을 만나고 통과하면서 우리 역시 로드 무비적으로 길을 떠나보자.

2. 〈멋진 하루〉(2008): 하루의 여행으로 발견하는 연애의 의미

이윤기 감독은 일상의 섬세함과 개개인의 미묘하고 내밀한 감성을 잘 그려내는 것으로 알려져 있다. 〈멋진 하루〉(2008)에서도 옛 연인들의 하루를 다루며 색다른 종류의 감성적 멜로 로맨스이자 로드 무비를 보여준다. 이 영화는 과거 연인 관계였지만, 지금은 꿔준 돈 300만 원을 되돌려 받기 위해 옛 애인을 찾아온 여자가 남자와 하루 동안 동행하는 이야기이다. 이것을 로드 무비라고 하는 이유는 그들이 어딘가를 찾아다닌다는 것 외에도 과거의 사랑—사건의 의미와 자신을 찾아가는 서사일 수 있기 때문이다. 더불어 남녀 간의 관계와 연애의 문제만이 아니라 나와 타인, 주체와 타자 간의 관계에 대해 생각해 볼 만한 것들을 담아내기도 한다.

〈멋진하루〉(2008)

만일 로드 무비가 길을 떠나면서 사람들과 사건을 만나고 변화하는 인물들을 다루는 서사라면 이 영화는 색다른 로드 무비다. 비록 멋진 풍광과 위험이 가득한 세계로 모험을 떠나는 것은 아니지만 미로나 정글 못지않은 도시 이곳저곳을 헤매며 돈을 꾸러 다니는 것이다. 길 위에서 사람들과의 만남을 통해 다른 세계를 경험하고 그래서 인물의 성격이 변화하는 것이라면 희수(전도연) 역시 마찬가지다. 총알이 날아다니고 포탄이 터지는 식의 스펙터클한 사건은 벌어지지 않지만 사람들을 만나고, 거기서 미묘한 관계들이 펼쳐지고 미세한 감정의 변화들이 일어난다. 그 변화가 물리적으로, 가시적으로 분명하게 드러나지 않는다고 해서 '사건'이 아닌 것은 아니다. 인간관계와 감정의 문제이니만큼 이 영화에서 인물의 심리변화는 중요한 사건에 갈음하는 것이며 사실상 이 영화의 재미와 장점도 희수의 미묘한 감정선을 따라가는 것에 있다.

영화의 오프닝은 어떤 커플의 대화로 시작하지만, 이내 카메라는 희수의 뒤를 따라간다. 그녀가 옛 애인 병운(하정우)을 찾으러 가는 곳은 경마장이다. 경마장의 무심한 타인들 속에서 희수는 병운을 발견해낸다. 그리고는 날카롭게 "돈 갚아!" 소리를 지른다. 돈을 받으러 왔다는 것은 (채무-채권) 관계를 청산하겠다는 희수의 의지다. 돈을 꿔주었다는 것은 둘 사이에 어떤 관계가 있었다는 뜻이고, 그 돈을 돌려받겠다는 것은 그 관계를 정리하겠다는 얘기다. 둘 사이에 남아 있는 채무-채권 관계, 돈을 받아냄으로써 관계 그 자체의 흔적조차 말소해버리려는 희수. 그러나 그러기 위해서는 다시 한번의 마주침이 필요하다. 전화로 해도 될 일을, 굳이 병운을 찾아온 이유는 무엇일까? 희수의 표정이나 태도를 보자면 그래야만 확실하게, 즉시로 돈을 받아낼 수 있기 때문인 것처럼 보인다. 당장에 돈을 갚을 수 없는 병운은 꾼 돈을 갚기 위해 다른 사람들에게 다시 돈을 빌리려 한다. 하나의 관계를 청산하기 위해 또 다른 관계들을 맺으려 하는 것이다.

무작정 돈을 갚으라고 소리를 버럭 지르는 희수와 지금 당장은 갚을 수 없다는 병운. 돈을 꿔서라도 갚아 주겠다는 병운에게 희수는 못 믿겠으니, 함께 돈을 꾸러 다니겠다고 말한다. 이제 이들은 하루 동안의 동행을 시작한다. 희수는 병운과 동행하면서 그가 자기 돈을 갚기 위해 새로운 돈을 빌리는 과정, 즉 과거 청산을 위해 어떤 새로운 관계들을 맺는가를 구경하고 동참하게 된다. 그것은 꿔준 돈을 돌려받기 위한 여정이자, 새로운 돈을 꾸러 다니는 걸음이며, 엑스-보이프렌드 병운과의 채무 관계를 청산하려는 여로, 자신이 잃어버렸던 병운과의 연애시절을 되찾는 과거로의 회귀이다. 무엇보다 '되찾기'는 자기 과거를 긍정할 수 있게 하는 과거 해석(연애 사건의 의미를 재발견하기)이다.

관객들도 이들의 짧은 여행을 바라보며, 희수와 병운의 하루를 따라나선다. 이들의 하루 동안의 일이 〈멋진 하루〉의 내용을 이루고, 두 사람의 감정변화가 리듬감 있게 드러나며, 이들의 관계와 과거들이 조금씩 엿보인다. 꾼 돈을 받으려는 여자와 그 돈을 갚기 위해 다시 돈을 꾸는 남자, 깨져 버린 옛 커플을 따라서 성격 차이라는 간격으로, 지난 연애의 파편들을 주우며 조각조각 돈을 모으러 가는 여로형 서사로서의 로드 무비.

출발하기 전부터 이들은 다툰다. "어디로 가냐니까?" "어, 일단 출발해." 일단 출발하고 보는 성격과 목적지가 정해져야 출발하는 성격의 대립. 사소한 말다툼으로 지나치는 이 장면은 이 영화 전체를 요약

할 수도 있는 장면이고, 남자와 여자, 병운과 희수의 성격을 잘 보여주는 장면이기도 하다. 그 둘의 성격 차이는 그들이 주차장을 찾는 데서도 드러난다. 조금이라도 싼 곳을 찾으려는 희수와 대충 세우자는 병운. 남녀의 성격이나 성별 차이에서 비롯하는 취향의 차이, 세계관이나 생활 태도, 대인관계의 차이. 차 안에서 이들이 나누는 대화는 각자의 기분이 다르고, 성격이 다르기 때문에 빚어진다. 같은 목표를 가지고 함께 가면서도 티격태격하는 모습을 우리는 보게 된다.

병운의 대사에서 그의 성격이 잘 드러난다. "어차피 빌리는 돈 빌려주길 잘했다고 생각하는 게 낫지 않아?" "생각하기 나름 아니겠어? 좋게 보면 좋은 거고 나쁘게 보면 한없이 나빠 보이는 거고." "조금만 기다리자, 삼십 분만… 쟤 밤일하는 애라 아침에 일어나기 힘들어. 대신 돈은 확실하게 받을 수 있지 않겠냐?" "돈 빌리는 게 뭐 어때서 그래? 없으면 있는 사람한테 좀 빌리는 거고 생기면 갚고, 내가 있으면 남도 좀 도와주고 그게 바로 사람 사는 맛이지." "힘들긴 뭐, 항상 좋을 수만은 없잖아?" "우리랑 비슷한 사람이 많다… 외롭진 않잖아, 좋게 생각하자 희수야." "다 나름대로 아픔이 있는 거야. 걔도 그렇고 나도 그렇고, 너도 그렇고. 아까 그 수위 아저씨도 그렇고." "그래도 우리가 함께하니까 잘 해낸 거야. 나 혼자 했으면 어려웠을걸?" 반면 희수의 대화는 비아냥거리면서 "참 편한 사고방식이다." "세상이 싫다." "선생님? 칫… 학생한테 돈 빌리는 선생?" "우리가 그렇지 뭐…" "돈 갚으려고 돈 꾸러 다닌 게 잘한 거야?" 둘의 대화는 이런 식이다. KFC에서 그들은 너무나 다른 성격의 주문을 하고, 희수는 이번 지하철을 타기 위해 달려가고, 병운은 느긋하게 다음 것을 타자고 한다. 성격의 차이이자 세계관의 차이, 살아가는 방식의 차이. 병운이 유들유들하고, 만사태평 급할 것 없는 성격이라면 희수는 다른 사람을 이해하지 못하며 까칠하고 피곤한 성격이다.

희수는 병운과 성격이 매우 다르다. 내비게이션을 콘솔박스에 집어넣고 다니고, 다른 사람에게 아쉬운 소리를 하기 싫어하며, 따지고 날카롭고 신경질적이며 어딘가 얌체 같은 모습도 있다(신경질을 내면서도 길거리에서 나눠 주는 샘플을 병운이 받아 주자 얼른 주머니에 챙겨넣는 모습, 병운이 주차비를 자신이 내겠다고 할 때 주차 티켓을 넘겨주는 모습 등등…). 생각해보면 다짜고짜 경마장으로 찾아와 돈 갚으라고 소리를 지르는 것 또한 상대를 배려하는 행동이라고 말하긴 어렵다. 그러나 희수와 병운은 서로 다르기 때문에 연인이 됐던 것이다. 두 사람의 차이에도 불구하고 공통분모가 아니라 차집합이 도리어 매력으로 다가오는 것이다. 달리 말해 다르기 때문에 소통의 가능성이 있고 이해할 수 있는 여지가 생긴다. 서로 같았다면 그들은 결코 연인이 되지 못했을 것이다.

두 사람 사이의 감정의 앙금이나 스타일의 차이뿐만 아니라, 이 영화의 또 다른 재미는 이들이 찾아다니는 사람들과 그들의 언행을 지켜보는 일이다. 병운이 돈을 꾸기 위해 찾아다니며 만나는 사람들은 나쁜 사람들이라고 말하기는 어렵지만 어딘가 사람을 불편하게 하고, 관점에 따라서는 상대에게 불쾌감을 안겨줄 수도 있는 사람들이다. 한 여사는 무안하리만치 희수의 얼굴을 빤히 들여다보며, 박세미라는 여인은 희수에게 대놓고 별로 특징도 없이 평범해서 병운이 아깝다고 말한다. 우연히 마주친 병운의 대학 후배 홍주의 남편은 묻지도 않고 자기 마음대로 다른 사람들의 메뉴로 맥주를 주문한다. 병운의 사촌은 여러 사람들 있는 데서 병운의 불행한 과거를 들먹이며 탓하고, 학생을 찾으러 온 그들에게 선생님은 자신이 학생을 감시할 책임은 없다며 발명하기에 바쁘다. 전철 안에서 우는 희수를 보며 승객들은 이유도 모른 채 병운을 나무라는 눈으로 쏘아본다. 이런 장면들은 모두 우리가 타인의 진실에 접근해 있지 못했을 때, 충분한 관계성 하에서 바라보지 못할 때, 타인을 얼마나 피상적으로 오해할 수 있는지를 보여주는 장면들이다.

그러한 불편함은 그들의 성격과 병운과의 관계가 좀 더 알려지고, 그들의 대사가 늘어날수록 그들이 결코 막 돼먹은 사람들이 아니라 우리 주변에서 늘 만날 수 있는 이웃이고, 알고 보면 나 또한 누군가에게 그러한 사람일 수 있구나로 바뀐다. 한 여사는 약간의 푼수기가 있지만 사실 마음이 따뜻하고 여유 있는 여자일 수 있다. 상대를 곤혹스럽게 하려고 쳐다본 것이 아니라 희수가 형편이 어렵다니까 안쓰러운 마음에 그녀를 물끄러미 바라본 것일 수 있는 것이다. 박세미라는 여자는 희수에게 예의 없이 말을 했지만 곧바로 자신의 말을 뉘우치고 사과를 건넬 줄 아는 '쿨'한 여자이며, 홍주와 그녀의 남편 간의 문제는 그들 부부 사이에서만 통용되는 양식이라는 게 있어 쉽게 판단할 수만도 없다. 바이크족 무리는 그들 나름대로 문화와 게으름을 즐기는 중이다. 희수가 앉을 곳이 없자 양지바른 곳에 앉도록 자기들의 자리를 내어주며, 담배도 건네준다. 정학을 받은 여중생 소연도 자신만의 질풍노도를 겪는 중일뿐이다. "잘 알지도 못하면서 무슨 말을 그렇게 함부로 하니?", "잘 알지 못한다"는 것, 그렇다, 우리는 결코 타인을 완전히 이해할 수는 없다. 그의 보여짐은 그의 사정과는 결코 같지 않다. 그것은 그저 우리 이해의 지평에서만 그렇게 비칠 뿐이다.

병운이 경마장에 간 것은 도박하기 위해서가 아니라 승마 기억을 통해 꿈과 희망을 느껴보기 위해서였고, 아내의 과거사를 아무렇지도 않게 캐묻는 홍주의 남편은 그들 부부 사이에서 통용되는 특정 약호체계일 수도 있는 것이다. 이 영화는 차이를 다루지만, 사실은 사람들 사는 모양이 크게 다르지 않다는 것을 보여주고 있는 것이다. 〈멋진 하루〉는 이처럼 사람들의 삶의 방식을 따뜻하게 바라보게 하며, 타인에 대한 시선과 인식을 조용히 전복시킨다. 이 영화에서 지나치는 행인들, 멀리서 그네들을 보았을 때 느꼈던 것과 달리 그 사람을 알고 나면 시각이 바뀌는 것을 자주 보여준다. 연애가 오인에서 시작하듯이, 이별도 오해로부터 비롯되며, 이 영화는 희수의 병운에 대한 오해로부터 시작해(경마장 쇼트) 병운에 대한 이해와 자기 자신에 대한 이해로 확장돼 가는 이야기이다.

이를 가장 잘 보여주는 장면은 병운의 초등학교 동창생이자 이혼녀로서 딸을 데리고 혼자 살아가는 여자와 희수가 만나는 시퀀스다. 병운은 오전 중에 그녀에게 돈을 꾸기 위해 마트 앞에서 그녀와 만나는데, 카메라는 희수의 시점에서 그 둘의 만남을 보여준다. 그때 그녀는 낯선 타인이고, 이쪽을 힐끔거린다. 멀찍이서 희수가 그 둘을 바라봤을 때, 병운과 동창 여자 사이는 왠지 정상적이지 않고, 음험하고 수상한 내연 관계 같기도 하다. 희수 입장에서 보자면 병운은 이런저런 여자들과 복잡한 관계를 유지하고 있는 것처럼만 보인다. 그러나 영화의 후반부 희수-병운은 그녀와 다시 한번 만나는데, 이번에는 그녀가 어린 딸을 데리고 집으로 들어가는 골목 앞에서 만난다. 그녀는 딸과 힘겹게 살아가면서도 병운에게 돈을 꿔주고 있으며 "병운이도 내가 어려웠을 때 도와줬기 때문에 저도 꼭 도와야 해요…여유로운 건 아니지만 호들갑 떨 정도로 어렵진 않아요"라면서 희수의 손에 돈을 꼭 쥐여준다. 멀리서 봤을 때와 달리 타자의 진실을 알게 되자 병운의 동창생 여자는 그 누구보다 따뜻한 사람이 된다. 이처럼 〈멋진 하루〉는 낯선 타인들도 우리가 그들을 잘 모르는 상태에서는 언제나 당황스럽고 당혹스러우며 이해 불가능한 대상이지만, 그들을 알게 되고 이해하게 되면 매우 친숙한 사람들이라는 걸 보여준다. 자신의 틀에 사로잡혀 타인을 재단하고 차이를 인정하지 못하는 삶에서 그것을 수용하고 이해하는 방식으로의 변화. 이것이 이 영화의 메시지다.

견인 당한 자동차를 찾으러 가는 전철 안에서 병운은 격투기 선수의 광고를 보면서 생각난 듯 희수에게 말을 한다. "언젠가 말이야, 내가 좀 힘들었던 시기가 있었거든, 근데 꿈에 저 사람이 나왔어. 한국말을 하더라고…. 나한테 그랬다. '너 괜찮아? 너 뭐 많이 힘들지?' 나한테 막 그러는 거야. 그 말에 나 가슴이 막 벅차가지고 대답을 했어. '당신이 있어서 나 괜찮아.' 그리고 한동안은 신기하게 마음이 괜찮은 거야." 이 말을 듣는 희수는 눈물을 흘린다(희수가 왜 우는지 병운이 몰라 당황해한다는 것 역시 중요하다). 그렇다면 전철 안에서 효도르에 관해 이야기하는 쇼트에서 희수가 우는 이유는 무엇일까? 희수의 눈물은 힘들었던 병운의 지난 시간과 현재 처지에 대한 공명이자 그것을 헤아리지 못했던 자기 자신에 대한 회한의 울음일 것이다. 병운이 돈을 떼어먹고 잠적한 것이 아니라, 사업이 망했고, 아내와 헤어졌고, 집도 없어 이곳저곳에서 자고 다니는 힘든 시간을 보내고 있다는 걸 알게 된다. 그녀는 이제 병운의 삶을 헤아려 볼 수 있게 된 것이다. 아침부터 경마장으로 찾아와 다짜고짜 돈 갚으라고 소리쳤던 자신 또한 자기 입장에서만 생각하고 행동했었다는 걸 알게 되는 것이다.

이 영화에 등장하는 타인들은 기본적으로 곤혹스러운 타자들처럼 보인다. 남의 얼굴을 빤히 들여다보고, 자기 멋대로 맥주를 시키고, 듣는 사람의 기분은 고려하지 못한 채 막말을 하고, 심드렁한 태도로 대하며, 서로 이해하지 못한다. 물론 타자는 지옥일 수 있다. 이 영화에서는 가볍게 마주치는 정도로 타인들을 다루고 있어서 그렇지, 타인은 사실 정말 끔찍한 지옥일 수 있다. 그러나 그런 타인은 대체로 매우 특수한 경우에 해당한다. 타인이 지옥이 아니라 타인을 지옥으로 대하는 자신이 있을 뿐이고, 지옥은 도리어 나 자신일 경우가 많다. 타인을 받아들일 수 없는 상태, 자기성으로 가득 찬 상태의 내면이 지옥이 아니라면 무엇이겠는가? 그렇다면 타인이 지옥이 아니라, 타인을 지옥으로 느끼는 지옥만이 있다는 얘기가 된다. "지옥, 그것은 타인들이다"(l'enfer, c'est les autres)라는 사르트르의 명제에 레비-스트로스가 답한다. "지옥, 그것은 우리들 자신이다."(l'enfer, c'est nous-meme)

둘은 예전에 함께 다녔던 식당이 사라져 버려 햄버거 가게에서 점심을 먹는다. 그곳에서 만난 병운의 옛 스키 제자라는 주차단속 요원들도 마찬가지다. 잠깐씩 스쳐 지나가는 그네들은 희수의 편견과 자기중심적 입장에서 모두 어딘가 이상하거나 이해할 수 없는 관계들이다. 화장실에서 꼭 언젠가 자신이 병운에게 했던 것과 비슷한 이별 통보의 대화를 듣게 된 희수는 병운의 캔커피를 사며, 내비를 차에서 감추지 않는 등 조금씩 병운에 대해 너그러워지는데 이는 병운을 이해할 수 있는 여유를 갖게 되는 희수를 보여주는 장면들이다. 병운의 동창생 여자에게 기어이 돈의 절반을 주는 데서도 희수가 다른 사람을 배려하고 헤아릴 줄 아는 여유를 찾게 된다는 것이 드러난다. 그리고 그 끝은 희수의 미소다.

하루 동안의 여정이 끝나고 돈이 다 모였다. 이제 그들은 다시 남남이 돼 헤어져야 한다. 그러나 짧은 시간 동안 적지 않은 변화가 있었다. 희수의 기분이 좋아졌다. 왜일까? 온종일 돈을 꾸러 다닌 것이 그토록 기분 좋은 일이었을까? 돈

〈희수가 간직하게 된 병운의 차용증〉

을 모두 되돌려 받게 된 것에 기분이 좋아졌던 것일까? 병운과 헤어지고 나서 희수의 표정은 무덤덤하고 무료하다. 자동차를 돌려서 가다가 (!) 이번에는 병운이 길거리의 가판대 시식코너에서 사람들과 이야기 나누는 걸 보게 된다. 병운은 길거리의 타인, 완전히 낯선 사람이라고 할 수도 있는데, 희수가 병운을 보는 눈길이 전과는 다르다. 헤어진 연인이 된 마당에 이제 새삼 옛 애인을 이해하게 된 것일까? 병운을 뒤로 하고 운전을 하는 동안 카메라는 희수의 얼굴을 한참 동안 보여준다. 겉으로 봤을 때 우리는 그녀가 무슨 생각을 하고, 무슨 감정을 느끼는지 알 수 없다. 타인의 마음을 알기란 어려운 법. 그러다 영화의 끝, 하루의 끝에서 그녀는 빙그레 웃는다. 이 영화는 그렇게 그녀의 미소 짓는 한 장면을 위해 두 시간을 달려왔던 것이다.

결국 자기만 힘든 것이 아니라는 것, 삶을 받아들이고 자기를 객관화할 수 있는 시선과 거리를 갖게 된 것, 희수의 미소는 거기에서 나온다. 따뜻한 미소 한 조각, 희수의 마지막 미소는 그녀의 삶에 난 숨구멍 같은 것, 이해와 관용의 미소다. 빙그레 시작해 활짝 짓게 되는 미소. 그것은 가슴 따스해지는 미소이자, 병운을 받아들이고 이해하는 미소이지만 궁극에는 자기 자신에의 확장, 열림의 미소다. 그것은 무엇보다 자기 과거와의 화해이다. 나는 왜 그런 사람과, 왜 그런 식으로 연애하고 헤어질 수밖에 없었을까? 과거는 후회를 남기게 마련이지만 실패한 연애, 되짚기조차 끔찍한 기억들로 점철된 연애나 혹은 아직도 가슴이 먹먹해 제대로 상기조차 할 수 없는 연애들. 그러나 지나간 연애와의 화해는 결국 자기의 지난 시간과 화해하는 것이며 그때 그곳에서 했던 나의 선택들과 나의 삶들에 대한 재수용이다. 그렇게 보낸 그들의 불편하면서도 따뜻한 하루는 차라리 연인 관계였을 때의 이해 없고 기쁨 없는 어떤 날들보다 값진 날이자, 병운이라는 과거의 연인, 타

자를 긍정할 수 있게 만드는 '멋진 하루'가 된다.

3. 〈님은 먼 곳에〉(2008): 여행을 통해 목적이 구성되는 서사

〈님은 먼 곳에〉(2008)

이준익 감독의 〈님은 먼 곳에〉(2008)는 순이(수애)와 와이낫 밴드를 데리고 한국에서 베트남의 뒷골목으로, 전장의 미군 부대와 한국군 부대, 베트콩의 아지트로 데리고 다니면서도 순이가 남편을 만나려는 이유에 대해서는 직접 설명하지 않는다. 영화 중간쯤에 용득(정경호)은 묻는다. "왜 남편을 만나러 갑니까?" 순이는 빙그레 웃을 뿐 대답하지 않는다. 그 질문은 관객에게 던져진 질문이기도 하다. 이 질문에 답하는 것이 이 영화를 이해하고 즐기는 데 필수적인 요소다. 도대체 순이는 왜 애정도 없는 남편을 찾으러 홀로 그 험난한 여정에 오르며, 세계사의 한복판으로 뛰어드는 것일까? 순이와 와이낫 밴드의 행로로 베트남의 역사, 한국의 현대사, 세계사가 노출되고, 한국과 베트남의 뒷골목이 풍경으로 그려지며, 포연이 가득한 미국의 현대사와 제국주의가 모습을 드러낸다.

"순이는 왜 남편을 만나러 가는 것일까?" 둘은 사랑하는 사이도 아니다. 그저 부부관계이기 때문에 베트남까지 면회를 간다는 것은 이유가 될 수 없다. 위문편지를 보내고, 무사히 돌아오기만을 기원하는 것이 상식적이다. 굳이 지금 상황에서 남편을 만나야 할 이유도 없다. 무엇 때문에 그렇게까지 해야 하는가? 집 안에서 남편이 무사히 돌아오기만을 기다리면 안 되는 것일까? 순이와 남편 사이에는 그 어떤 사랑도 없어 보인다. 그렇다면 남편을 사랑하지도 않는데, 아니 남편에게 사랑을 받아 본 일도 없고, 남편을 사랑한다는 극 중의 어떤 암시도 없는 상황에서 순이는 왜 그토록 죽음까지 불사하며 남편을 찾아가는 것일까? 영화에서 순이가 남편을 찾으러 떠나듯, 우리도 이 질문의 답을 찾아 작은 여행을 시작해보도록 하자.

영화 초반, 순이라는 여성의 주체성은 이데올로기로 강요된 주체성, 생식적인 것이지 남편과의 사랑에 기초를 둔 아내, 며느리의 정체성이 아니다. 사회적 존재로서의 인간이 단 하나의 기능점으로만 환원될 수 없겠지만, 영화에서 부각되는 것은 이와 같은 기본적 상황이며, 여기서 순이는 가부장적 이데올로기의 강요를 받고 있는 인물로 형상화돼 있다. 그녀의 남편 '박상길'(엄태웅)의 경우도 크게 다르지 않다. 남근중심적 사회의 대표적 집단인 군대에서 언어폭력과 신체적 폭력에 시달리며 자신의 주체성을 재구성 당하고 있다.

남편 상길은 아내 순이를 사랑하고 있지 않다. 어떤 이유에서 순이와 결혼했는지 모르지만, 연애결혼은 아닌 것으로 보인다. 내무반 씬에서도 드러나듯 그는 다른 여자와 연애편지를 주고받고 있으며, 급기야 애인으로부터 "부인과 행복하게 사세요"라는 마지막 결별의 편지를 받는다. 이 편지를 조롱하는 선임 병사를 야전삽으로 때리고는 처벌 받게 될 처지에 이르자, 순이의 남편 상길은 "영창 갈래 월남 갈래?"의 강요된 선택 속에서 베트남행을 결심한다. 세계사적인 전쟁에 참여하게 되는 계기로서는 다소 어처구니가 없는 것이긴 하지만, 역사 속에서 개인의 선택은 대체로 이런 경우가 적지 않다. 그를 베트남으로 가게 하는 것은 그가 처한 상황에서의 자기포기적 절망과 한국군대의 파월 결정이라는 상황이 결합해 만들어 낸 우연과 필연의 변증법에 해당한다.

남편을 면회 간 순이는 그와 함께 여관에서 하룻밤을 지내지만 남편 상길은 그녀에게 관심이 없다. 그는 서먹하고 어색한 분위기 속에서 소주를 마시다가는 독백조로, 순이에게 "니 내 사랑하나? 니 이제 면회 오지 마라. 니, 사랑이 뭔지 아나?"라고 말하며 돌아눕는다. 너(순이)는 사랑을 모른다는 말이며, 나는 너를 사랑하지 않고, 너도 나를 사랑하지 않는다는 말이다. 너와 나 사이에는 제도상의 결혼 외에는 아무것도 없다. 이 부부의 갈등은 결혼과 사랑이 일치하지 않는 데서 비롯하고 있다. 이 영화의 이야기는 이 간격에서 출발하며, 이 간극을 가로지르는 여자의 이야기다. 그런데 그녀는 남편이 전쟁터 베트남으로 가버렸으므로, 이 물리적 거리와 심리적 간극을 메우기 위해 남중국해를 거쳐, 미군과 한국군이 베트콩과 싸우고 있는 이데올로기적 전장, 월남을 온몸으로 횡단해야 하는 서사가 구성된다.

서사의 표면에서 보자면 아들을 찾으러 나서는 시어머니를 대신해 순이 자신이 월남행을 자청하는 것으로 나타나지만 그것은 설득력이 없다. 얼마든지 베트남에 갈 방도를 찾을 수 없었다고 하면서 돌아가도 그뿐이기 때문이다. 뿐만 아니라 미군 장교에게 몸을 허락하면서까지 남편에게 가려고 애를 쓰는 대목을 보면 로미오를 찾으러 가는 줄리엣을 연상케 할 정도, 아니 아내를 찾으러 하데스의 구역에까지 내려갔던 오르페우스를 떠올리게 된다. 그렇다. 이 서사는 남녀의 역할이 뒤바뀐 '**오르페우스 신화**'를 닮았고, 한편에서는 '바리데기 설화'를 닮기도 했다. 블라디미르 프롭이 〈민담의 형태소〉에서 분류한 8개의 기능들(functions), 파송자(이데올로기)와 조력자(와이낫 밴드), 방해자(전쟁 상황)와 탐색대상자(박상길) 등이 등장한다. 서사의 주체는 물론 우

베트남 전쟁

1960년에 결성된 남베트남민족해방전선(NLF)이 베트남의 완전한 독립과 통일을 위해 북베트남의 지원 아래 남베트남 정부와 이들을 지원한 미국과 벌인 전쟁이다. 베트남의 독립을 위해 프랑스와 벌인 제1차 인도차이나전쟁(1946~1954)과 구분해 '제2차 인도차이나 전쟁'이라고도 하며, '월남전(越南戰)'이라고도 한다. 남베트남 정부가 붕괴된 1975년 4월 30일까지 지속됐다. 초기에는 북베트남의 지원을 받은 남베트남민족해방전선과 남베트남 정부 사이의 내전(內戰)이라는 성격을 띠었으나, 1964년 8월 7일 미국이 통킹 만 사건을 구실로 북베트남을 폭격한 뒤에 전쟁은 북베트남과의 전면전으로 확대됐다. 그리고 미국과 소련의 냉전 체제 하에서 한국, 타이, 필리핀, 오스트레일리아, 뉴질랜드, 중국 등이 참전한 국제적인 전쟁으로 비화됐으며, 미국이 캄보디아와 라오스 등으로 군사 개입의 범위를 넓히면서 전장도 인도차이나 전역으로 확대됐다. 한편 전쟁 중에 미국, 한국군에 의해 미라이 학살, 빈호아 학살, 퐁니 퐁넛 양민 학살 등 베트남 민간인 학살이 자행됐다.

오르페우스 신화

오르페우스는 그리스 신화에 나오는 음유시인이자 리라의 명수이다. 그의 노래와 리라 연주는 초목과 짐승들까지도 감동시켰다고 한다. 사랑하는 아내 에우리디케가 뱀에 물려 죽자 저승까지 내려가 음악으로 저승의 신들을 감동시켜 다시 지상으로 데려가도 좋다는 허락을 받아냈다. 그러나 지상의 빛을 보기까지 절대로 뒤를 돌아보지 말라는 경고를 지키지 못해 결국 아내를 데려오지 못하고 슬픔에 잠겨 지내다 비참한 죽음을 맞았다.

리의 주인공 '순이'이며, 객체(대상)는 남편 박상길이 아니라 되찾아내야 하는, 과정을 통해서 의미를 생성해야만 발견할 수 있는 '남편'이다. 따라서 이 영화는 전쟁 영화라기보다는 드라마에 가깝고, 멜로드라마라기보다는 탐색담이나 모험담에 더 가깝다. 만일 〈오디세우스〉가 아내가 기다리는 집으로 돌아가는 남자-영웅의 서사라면, 이 영화는 남편을 찾아가는 페넬로페, 여성-인간의 이야기다.

그러나 시골 아낙네 혼자만의 힘으로 전쟁터 월남으로 갈 수는 없는 노릇, 급기야 그녀는 베트남 위문공연단을 파송하는 사무소를 찾아가 거기서 '김정만'(정진영)을 만난다. 정만은 밴드 공연을 통해 한몫 챙겨보려는 인물이지만 사실 날건달이나 다름없다. 그는 빚 독촉에 쫓겨 월남에라도 가야 하지만, 지난번 베트남에서 동료들의 돈을 떼어먹은 일이 알려져 갈 수가 없다. 그와 함께 베트남에 가려 하는 밴드 일원들의 돈으로 뇌물을 써서 월남에 갈 수 있는 티켓을 사려 한다. 이 와중에서 정만은 순이를 밴드의 여성 멤버로 끼워준다. 순이는 노래와 댄스를 잘 하는 것도 아니고, 베트남 위문공연단에서 여성 멤버로 일을 한다는 것이 무엇을 의미하는지도 모른다. 혹은 개의치 않는다. 정만은 자신의 애인 제니가 임신을 하게 된 탓에 동행할 수 없게 되자, 순이를 합류시킬 마음을 먹는다. 이렇게 해서 월남에서 돈을 벌어 오려는 정만의 유사(類似) 밴드 무리와 남편에게 도달하려는 순이가 함께 베트남으로 향하는 배에 오르게 된다.

배 안에서 순이는 이름을 '써니'Sunny로 부여받고 급히 '수지큐'라는 노래도 배우지만 단기간에 밴드의 여성보컬이 되기에는 무리다. 이들의 공연은 단순히 노래만 하는 것이 아니라 남성-군인 무리의 노골적인 성욕에 찬 시선을 견뎌낼 줄 알아야 하고, 그들의 환호에 자신을 판타지의 먹이로 제공할 줄 아는 노련함이 있다 해도 쉬운 일이 아니기 때문이다. 그녀의 이름이 써니로 명명된다는 것은 사회 상징망 속에서 새로운 기능(정체성)을 부여받게 됨에 따르는 일이다. 이제 그녀는 한 남편의 아내만이 아니라 사회라는 잔혹한 타인들의 망 속에서 자신의 자리를 부여받은 주체가 된다. 가문이라는 울타리에서 나와 더 험난하고 잔혹한 전장으로 가게 된 것이다.

남중국해를 거쳐 베트남에 도착한 정만 일행. 이름하여 '와이낫' 밴드. 그러나 도착한 그곳에서도 좀처럼 일자리를 구할 수가 없다. 정만이 베트남을 떠나오기 전의 관계들로 인해 도리어 빚이 산적해 있는 상태다. 이 와중에서 정만이 베트남에 버리고 떠났던, 또 다른 밴드의 동료 용득을 만나 그의 안내로 어렵사리 미군 보충대 캠프에서 공연을 열

어 보지만, '순이-써니'의 울렁증으로 공연은 무산되고 그들은 도망치
듯 그곳을 빠져나와야만 했다. 남성들의 시선에 자신을 욕망의 대상으
로 공급한다는 것이 시골 아낙네였던 순이에게 결코 용이한 일은 아니
었기 때문이다. 급기야 순이와 '와이낫' 밴드 일행은 한국군을 상대로
한 공연을 하기로 하고 푼돈을 모두 털어 트럭을 구한 뒤, 작업 중인
한국군 부대를 찾아가 다짜고짜로 공연을 개최한다. 그 결과가 생각보
다 좋아 보이자, 이들은 이제 한국군들만을 대상으로 하는 위문공연을
다닌다.

공연 도중 급작스럽게 시작된 적의 포격. 이것이 그들이 처해 있는
장소의 상황적 속성이다. 그 공연이 언제든지 포탄으로 중지될 수 있
고, 거기서 자기의 몸과 동시에 부대의 물품을 챙겨야 하는 사정. 이것
이 우리들의 엄중한 현사실성이다. 순이의 육체는 응시의 덫에 걸린 시
선들에 의해 상품화되고, 물신화된다. 시장과 전쟁의 경제학. 전쟁터,
그것은 이데올로기와 이익투쟁의 현장 그 자체로서 본질적으로 시장투
쟁의 폭력적 장이다. 순이의 섹슈얼리티 자체는 봉건적 이데올로기에
서 출산 기계로 취급받다가 이제 시장에서 판타지의 대상으로 옮겨갔
을 뿐이다. 공연이 거듭될수록 순이는 이제 공연에 익숙해지고, 남성-
군인들의 시선을 즐길 줄도 알게 되며, 의상도 더욱 파격적으로 변해
간다. 그리고 그 끝은 결국 자신의 몸을 미군 중령에게 헌납하는 것이
었다.

써니는 남편이 소속된 부대가 있다는 호이안(Hoi An)으로 가려 하
지만, 정만은 물이 오른 써니를 데리고 사이공으로 가, 계속 공연을 하
려 한다. 이에 써니는 홀로라도 남편에게 가려 하지만 그들 모두는 베
트콩 민병대에 의해 포로가 되고 만다. 그들은 자신들은 군인이 아니며
밴드일 뿐이라고 하지만 베트콩(Viet Cong)은 돈을 벌러 왔다는 점에
서 한국군과 목적이 같다고 말한다. 말이 통하질 않는다. 베트콩의 총
구 앞에서, 남편을 찾으러 왔다는 말조차 통용되지 않자, 순이는 **김추
자의 '님은 먼 곳에'**를 부르기 시작한다. 순이의 이 노래는 총구 앞에서
부르는 자신만의 내밀한 고백, 무력하지만 그녀가 발할 수 있는 유일
한 언어, 생사의 갈림길 앞에서 부르는 절체절명의 노래이다. 이후로
그들은 베트콩 아지트 생활을 하면서 다른 방식의 삶도 경험하지만, 곧
미군의 기습으로 다시금 미군의 포로가 된다. 미군들은 베트콩 아지트
에서 발견된 그들에게 적대적으로 총구를 들이댄다. 여기서 그들은 다
시 한번 정체성을 요구받게 되는바, 총구의 위협 앞에서 미국국가 (흔
히 '성조기여 영원하여라'로 알려진) '별이 빛나는 깃발'을 부르다가 '대

김추자의 〈님은 먼곳에〉

〈님은 먼곳에〉는 대한민국의 가
수인 김추자의 명곡이다. 1970
년에 발표했다. 이 당시에 김추
자는 이 노래에 힘입어 최정상
의 인기를 구가하던 가수였다
고 한다. 1995년 조관우가 리메
이크하여 다시 주목을 받았고,
2008년에 개봉한 영화 〈님은
먼 곳에〉에서도 주제곡으로 쓰
였다.

니 보이'를 부른다.

한국군들에게는 '울릉도 트위스트'와 '간다고 하지 마오'를 불러주고 베트콩 앞에서는 김추자를, 그리고 이제 미군 앞에서 미국의 내셔널 앤섬과 '대니 보이'를 부르는 것이다. 위기, 혹은 자신들의 한계와 무력성에 직면해, 계속해서 그들을 겨누는 총구 앞에서 이들이 부르는 노래는 자신의 정체성은 없는, 오직 살아남기 위해 부르는 앨러지, 타인들의 노래, 절규의 언어일 뿐이다. 미군 앞에서 '미국가'를 부른다는 건 미군에 대한 국가적 종속을 선언하는 것이며, '대니 보이'를 부른다는 건 문화적으로 예속됐다는 걸 표명하는 일이다. 이들의 노래는 자신의 노래가 아니고, 자기 나라의 노래도 아닌, 남의 노래를 자신의 말로 부르는, 그래서 끝내 제대로 불릴 수 없는 흐느낌과 애절함으로 가득하다.

미군에 의해 이들의 신원이 확인되고, 순이의 남편이 한국군 소속임이 밝혀지지만, 남편이 작전 중 실종상태라는 소식을 듣는다. 이들은 미군에 의해 다시 사이공으로 돌려보내질 형편에 놓인다. 그러나 써니는 호송을 거부하고, 그들을 포획한 미군 부대에서 공연하게 해달라고 청원한다. 그리하여 미군 부대에서 어렵사리 공연하게 됐음에도 이들은 결코 즐겁거나 유쾌하지 않다. 연주하는 밴드들의 표정도 밝지 않다. 순이는 미군 병사들이 쥐여주는 지폐들을 뒤로 던져 버리고 퇴폐적인 분위기로 절규에 가까운 '수지큐'를 부른다. 순이의 이 노래는 존슨 중령 앞에 서서 약자가 하는 호소이자 흐느낌이다. 자리에 앉아 써니를 응시하는 미군 중령의 눈빛은 바로 자기 존재를 다 내놓아야만 원하는 것을 얻을 수 있다는 요구의 눈빛이자, 우리 존재의 내밀한 핵심조차 요구하는 권력자의 시선이다. 그리하여 거래가 성립한다. 남편에게 갈 수 있는 명령을 내려주는 대가로 순이는 몸을 제공한다. 욕망과 욕망 간의 교환, 한 사람은 자기 몸을 팔고, 한 사람은 권력을 지불하고 그것을 산다. 이로써 순이는 이제 남편 박상길에게 갈 수 있도록 해주는 명령의 수혜자가 된다.

순이가 미군 중령에게 몸을 허락하는 동안, 밴드원들은 미군들이 내놓은 꼬깃꼬깃한 달러들을 계산해 보지만 용득은 이 달러들을 태워 버린다. 어쩌면 살아남는 것도 중요하고 돈을 버는 것도 중요하지만, 그런 것보다 더 중요한 것이 있음을 깨달았던 것일까? 돈과 목숨이 있어도 그것이 없으면 노예에 불과한 삶이 있다는 걸 발견했기 때문일까? 여기서 주인과 노예의 선택에 대해 떠올리게 된다. '목숨이냐 돈이냐'는 진정한 의미의 선택지가 될 수 없다. 돈을 택하면 목숨을 잃게 될 것이다. 목숨 없는 돈은 아무런 의미가 없고, 목숨을 택한다 해도 결국은 돈 없는 삶을 살게 될 것이기 때문이다. 이른바 라캉이 제시했던 '소외의 벨 vel'이다. '자유냐 목숨이냐'에서 노예는 목숨을 택하고 주인은 자유를 택한다. 그러나 자유를 택하기 위해서는 목숨을 버려야만 한다.

한편 전투 중 실종됐던 박상길은 부대의 선임병과 가까스로 한국군 부대로 귀환하지만, 다시 전선으로 투입되는 바람에 후방으로 빠질 수 없게 됐다. 그래서 순이는 이제 직접 헬기를 타고 남편과의 상봉을 준비한다. 가만히 기다려도 될 일을 위험한 전선으로 그녀 자신이 가려 하는 것이다. 죽음에 근접해야만 의미가 만들어질 수 있기 때문일까? 밴드원들의 도움으로 이제 순이는 헬기를 타고 남편이 거의 실성할 지경에 이른 격전장에 도착한다.

이제 이 영화의 가장 미학적인 장면이 펼쳐진다. 영화의 마지막 장면은 포연이 피어오르는 전쟁터 한복판에서 순이와 상길의 만남으로 막을 내린다. 비스듬히 펼쳐진 언덕, 참호들이 즐비하고 포탄과 포연이 피어오른다. 포성과 총성이 울리고 총탄이 날아든다. 지금은 사라졌을 병사들이 뛰어다니고 '대니 보이'의 가락이 흘러

〈상길과 조우하는 순이〉

나온다. 거기서 남편 박상길은 동료 병사의 죽음에 넋이 나간 상태에서 전투하다가 순이를 발견한다. 순이는 알기 어려운 얼굴로 남편을 노려본다. 그 눈빛을 뭐라 부를 수 있을까? 순이는 언덕을 올라 남편의 따귀를 때린다. 서너 대의 따귀를 때린 후, 결국 순이는 남편 앞에서 울음을 터트린다. 남편은 그런 그녀의 발 앞에 무릎을 꿇고 오열한다.

순이는 이데올로기들의 장을 가로질러, 총알과 포탄이 빗발치는 전장을 횡단하고, 노래와 성욕−시선을 화폐로 바꾸는 시장을 지나, 권력자의 욕망에 몸을 팔아넘기면서까지 '님'을 찾아간다. 그저 '남편'이 아니라 '님'이다. 님이 반드시 남편일 필요는 없지만, 남편이 님일 수도 있다. 이때 님으로서의 남편은 상징망에서 통용되는 그런 남편 이상의 존재일 것은 분명하기 때문이다. 사랑을 증명하기 위해 순이는 시장을 가로질러, 이데올로기를 가로질러, 몸을 팔아 영혼을 증명(아니 영혼을 구성)한다!

존슨 중령한테 가서 남편을 찾을 수 있도록 해달라는 부탁을 했을 때, 용득은 "왜요? 실종됐다잖아요"라고 하지만, 써니는 "그러니까 가자"고 말한다. 목적지가 남편 그 자체가 아니라 남편에게 가는 과정,

자기의 모든 것을 내던지고 내파시켜야만 그곳에 도달할 수 있다고 생각하기 때문일 것이다. 그곳에 도달하지만, 그곳에 도달할 때까지의 과정에서 의미(자기 존재를 투신해서 죽음과 직면하는, 자기 걸 다 내던지는 것)가 확보되지 않고서는 목적에 도달할 수 없다. 의미는 그 과정에서만 생성되기 때문이다.

남편을 왜 만나러 가는가? 사랑해서? 아니다. 사랑하기 위해서 간다. 순이 주위로 전쟁과 삶과 미국과 베트남이 펼쳐지고 이들은 그곳을 통과한다. '**포레스트 검프**'가 바보처럼 뛰면서 미국의 현대사를 가로질렀다면 〈님은 먼 곳에〉의 인물들은 역사에 꿰어진다. 꿰어지면서도 앞으로 나간다. 이것이 순이가 그 전쟁터와 남자들의 틈바구니에서 다른 사랑에 포섭되지 않는 이유이며, 수많은 군인 남성들의 성적 욕망의 시선에 노출되면서도, 미군 장교에게 몸을 파는데도 추해 보이지 않는 이유이다.

순이는 남편을 사랑해서 베트남에 간 것이 아니었다. 사랑하기 위해서 간 것이다. 이것은 사후성의 논리이다. 그곳까지 그토록 간난신고를 겪고 남편에게 도착했기 때문에 순이-써니는 남편을 사랑한다는 것을 증명함과 동시에 남편에 대한 사랑을 만들어 냈다. 이제야 순이는 남편을 사랑할 수 있었다. 없던 사랑이 그 과정을 통해서 생성됐고, 동시에 증명됐다. 사랑 때문에, 사랑해서 가는 것이 아니라 사랑을 생성하기 위해서, 사랑을 만들기 위해서 간다. 이것은 독사(doxa)가 아니라 역설(paradox)이다. 어떤 사람들은 말할지도 모른다. 그것은 진짜 사랑이 아니고 자신의 행동 이유를 설명하기 위해 사후적으로 만들어진 해석학적 이유들, 갖다 붙인 보충적인 논리 아니냐고. 그럴지도 모른다. 하지만 **원인(cause)**이 아니라 **이유(reason)**는 사후적으로 밝혀지게 마련이다. 그것은 그곳으로 간 사람, 가로지른 사람에게만 주어진다.

4. 〈일라이 The Book of Eli〉(2010): 여행자에서 횡단자로

핵전쟁과 오존층의 파괴로 황폐한 사막이 돼 버린 지구, 분진이 흩날리는 숲속에서 주인공 '일라이'(덴젤 워싱턴)는 일용할 양식을 위해 고양이를 사냥한다. 방독면을 쓰고, 끈질기게 기다려 고양이를 잡는 모습. 일라이의 고양이 사냥 시퀀스는 영화 전체의 에피그램이자 그의 성격과 특징을 압축한다. 일라이가 쏜 화살은 팽팽한 시위를 떠나 날아간다. 목표를 향해 날아가는 화살, 그것은 일라이라는 인물의 은유적 상징이다. 시위를 떠난 화살은 뒤를 돌아보지 않는 법. 일라이 역시 서쪽으로 가기 위해 황량한 폐허와 사막을 가로지른다. 그의 임무는 지상에 한 권 남은 (것으로 생각되는) 책—성경을 운반하는 것이다.

여행이란 길 위를 걷는 것이다. 그러나 길 위에는 약탈자가 숨어 있다. 길은 위험하다. 거기에는 동반자가 될 수 있는 잠재적 친구만이 있는 것이 아니라 여행자를 '먹을—거리'로 여기는 무법자들로 즐비하다. 열악한 환경에서 '살아남기 위해' 그들은 타인을 약탈한다. 그들은 일라이의 소지품을 빼앗고 그를 죽이려 한다. 그러나 일라이는 놀라운 솜씨로 그들을 처치한다. 약탈자 무리의 리더를 죽여주는 장면에서는 이미 지옥 같은 삶을 사는 사람에게 안식을 선사하는 느낌마저 든다. 일라이를 따라가겠다는 여성을 뒤로한 채 그는 다시 길을 나선다. 그는 길을 가는 여행자, **호모 비아토르**다.

그는 갈림길에서 타운으로 진입한다. 타운은 폐허의 모습이었고 사람들은 황량한 마을에서 희망 없이 늘어져 있지만, 그래도 그곳은 물물교환이 가능한 정도로는 질서 있는 공간이었다. 그곳은 카네기(게리 올드만)의 타운, 카네기가 지배하고 통치하는 장소다. 물을 구하기 위해 바 오피엄(Orpheum)을 찾은 일라이에게 길 위에서 살해를 일삼던 라이더가 다가와 시비를 건다. 그들과 일라이 사이에 한바탕의 전투가 벌어지고 일라이의 전투실력을 본 카네기는 그를 사무실로 초대한다.

카네기는 일라이에게 그럴듯한 제안을 한다. 고단하고 위험한 서쪽으로의 여행은 그만두고 안온한 삶과 특권을 보장받으며, 물이 있고 문명이 있는 곳에서 '전문가로서' 일하라고 한다. "진짜 침대, 따뜻한 음식, 여자 그리고 물." 카네기는 지속적 쾌락과 안락함을 제공하는 생필품들로 그를 자기 수하에 두려 한다. "너는 더 많은 것들을 할 수 있어"라며 비전과 포부의 성취 가능성을 언급하는 것도 잊지 않는다. 힘에 기반을 둔 통치지만 카네기의 마을은 분명 '문명적인 통치'가 이루어지는 곳이다. 상점들이 있고 그곳의 치안은 카네기의 부하들에 의해 유지되고 있다. 규칙의 질서가 작동하고 있기 때문에 약탈과 무법상태의 혼란보다는 나아 보인다.

그러나 일라이는 그 제안을 받아들이지 않는다. "하지만 난 가야 할 곳이 있어요." 술집에서의 싸움을 카네기는 중지시켰으며 (진정한 환대가 아니라 의도성 회유책이기는 했지만) 융숭한 대접을 하고 은근한 협박을 암시하며, 생각할 시간을 주고는, 정당한 노동의 특별한 대가를 약속한다. 그러나 일라이는 그 제안을 받아들일 수 없었다. 그에게

〈일라이〉 (2010)

호모 비아토르

철학자 '가브리엘 마르셀'은 인간을 '호모 비아토르(Homo Viator)', 즉 '여행하는 인간'으로 정의했다. 삶의 의미를 찾아 길을 떠나는 여행자, 한곳에 정착하지 않고 방황하며 스스로 가치 있는 삶을 찾아나서는 존재를 가리킨다.

는 목적이 있었기 때문이다. "서쪽? 그곳엔 아무것도 없어." "난 다르게 들었어요." 카네기가 "넌 누구냐?"라고 묻자 일라이는 "아무도 아니다 Nobody"라고 대답한다. 카네기는 "네가 바에서 죽인 자들이야말로 노바디"라고 말한다. 하지만 카네기는 일라이의 능력과 유용성에 관심 있었을 뿐, 그의 존재 자체에 관심을 가진 것이 아니었다. 말하자면 존재 관심이 아니라 이익 관심이었다.

사실을 정확하게 말하자면, 일라이는 여행자가 아니다. 그는 목적을 가지고 세상을 가로지르는 '횡단자'(transverser)다. 그는 둘러보고 구경하는 관광객(tourist)이 아니었으며, 모험을 찾아 길을 나서는 여행자(traveler)도 아니고, 목적을 찾는 탐구자(seeker)도 아니었고 순례자(pilgrim)도 아니었다. 순례란 종교적인 목적으로 성지를 순회하는 것이며 거기엔 정해진 목적지가 있다. 따라서 순례 역시 여행에 해당한다. 여행이란 결국 낯선 곳에서 자신을 재발견하기 위한 것이다. 그러나 일라이의 경우, 자신의 완성이나 발견이 그의 여행 목적은 아니었다. 더욱이 그는 자신이 가는 곳이 어느 곳인지 정확히 알지 못했다. 그러나 그는 방황하는 것이 아니었으며 유랑자는 더더욱 아니었다.

그에게는 단지 서쪽이라는 방향만이 있었다. 그가 가진 것은 목적과 동기, 그리고 방향뿐이었다. 그는 자신이 가려는 곳이 어딘지 정확히 알지 못했고, 자기가 도달하려는 곳이 어떤 곳인지 상상할 수 없었다. 일라이의 동기도 사실상 불투명하고 애매하다. 그의 동기는 외부자가 보기에 스스로 꾸며낸 목소리로 자신에게 명령하고, 스스로 동기화한 것으로밖에는 보이지 않는다. 아마 데리다였다면 일라이를 자기 목소리를 자신이 다시 듣는, 상상적 독백을 실행하는 음성중심주의자라고 말했을 것이다. 칸트라면 그 목소리는 없는 것보다는 나은 '초월론적 가상'이라고 말했을 것이다. 그러고 보면 화살은 과녁을 '향해' 날아가는 것이 아니다. 화살은 활이 겨냥한 방향으로, 쏘아진 곳을 향해 날아갈 뿐이다. 그때 화살이 갖는 벡터와 텐서는 화살 그 자신으로부터 발생하는 것이 아니라 활의 이념과 과녁 사이에서 결정된다. 화살은 활에서 과녁으로 운동하는 힘일 뿐이다.

그러므로 횡단자는 목적을 가지고 여행하는 자다. 여행 역시 목적에서 발생하기도 한다. 하지만 진정한 여행이 겨냥하는 바는 언제나 여행자 그 자신이다. 변화되고 확장된 자신을 발견하지 못한다면 여행은 실패한 것이다. '다시 돌아오기 위해 떠난다'는 여행의 테제는 이처럼 여행의 근본적 성격을 드러내 주는 역설이다. 그러나 횡단자는 여행하지만 여행 자체를 목적으로 삼지 않는다. 바디우를 빌려 말하자면, 횡단자의 강밀도−에너지는 사건에 대한 충실성에서 연유한다. 일라이의 사건은 어느 날 들려온 목소리에 따른다. 그 음성이 그를 책이 있는 곳으로 이끌었고, 그 속에서 그는 자신의 목적과 임무를 발견한다. 그리고 그것을 실현하기 위해 산다. 그러한 과정에서 그의 주체성이 확보된다. 사건적 충실성의 주체, 그것이 횡단자의 다른 별칭이다. 그러나 일라이는 횡단자였지만 배타적이지는 않았다. 길 감의 계기들과 타인과의 소통 속에서 마주친 자들과는 함께 간다. 함께 감과 함께함 속에서 그의 정신과 삶은 '솔라라'(밀라 쿠니스)에게 전수된다. 그렇다면 목적을 가지고 도저한 강밀도로 그것을 추구하면 모두 횡단자가 될 수 있는 것인가?

타운의 지배자 카네기는 통치자이자 권력자이며 독재자, 전제군주, 폭군이다. 또한 그는 무솔리니의 전기를 읽으며 마을을 통치하고 확장하는데 힘을 쏟는 교양형의 인물이다. 그러나 그의 통치는 시민들의 안정과 행복을 위한 것이라기보다는 많은 사람들을 지배하고 타운을 확장하여 자기의 힘(지배력)을 강화하려는 것이다. 그러한 카네기가 판단하기에 그 자신의 목적을 효율적으로 달성시켜줄 수 있는 교본이 하나 있는데 그것이 바로 성경이라는 것이다. 일라이처럼 카네기의 목적도 분명했다. 자신의 마을을 더욱 크고 강하게 키우려고 한다. 그 목적을 위해 필요한 것이 성경 획득이다. 이제, 성경이라는 텍스트를 두고 목적과 수단의 문제가 제기된다.

카네기의 목적 추구에서 우리는 그가 성경을 수단화했음을 보게 된다. 그는 그 책을 통해 사람들을 지배하고 조종하려고 했던 것이며, 그책의 영향력을 믿었던 것이지 그 책이 의미하는 바와 지시하는 바의 삶따위에는 아무런 관심도 없는 자였다. 목적과 수단의 분리. 그는 일라이에게 총을 쏘아 성경을 빼앗고는 "찾으면 얻으리라"는 성경 구절을 인용한다. 본의와 맥락을 떠나 그 말을 자기 편의대로 이용한다. 목적하는 바와 수단이 분리되고, 수단이 목적을 먹어 치우게 되면 본의는 상실된다. '성경을 읽기 위해 촛대를 훔치지 말라'는 말이 뜻하는 바도 그와 같은 것이리라.

카네기는 사회를 조직하고, 사람들이 삶을 지속하도록 하는 기초에는 '믿음'이라는 것이 있다고 이해한다. 그는 "신뢰와 믿음이 인간 세상과 문명의 기초를 이룬다"고 말한다. 그런데 그러한 사고방식을 사람들이 이해하지 못하자, 그런 것을 알려줄 말과 가르침이 기록된 그 책을 원한다. 믿음을 위한 올바른 말들이 기록된 책. 그러나 그의 목적은 자기중심적으로 왜곡됐다. 그에게 성경은 그의 말처럼 일종의 무기였을 뿐이다. "그 책은 약하고 절망에 빠진 사람들의 심장을 정조준하는 무기야. 그 무기는 그들을 조종할 수 있게 해주지." 타인을 조종해 자기 목적을 획득하려는 수단으로 성경을 이용하기, 이 지점에서 카네기는 타락한 종교지도자나 신앙심을 이용해 자기 목적을 달성하려는 사람들의 형상으로 읽을 수도 있게 된다. "여러 마을들을 통치하려면 그 책이 필요해. 내가 책 속의 말로 한다면 사람들은 정확하게 내가 시킨 대로 할 거야." 여기서 우리가 보게 되는 것은 '목적이 수단을 정당화한다'는 마키아벨리즘의 타락 버전이다.

그래서 카네기의 효율적인 통치방법 가운데 하나는 '거래'다. 그는 유용하고 필요한 도구-사람들을 획득해, 그것을 자기의 통제 대상으로 두고자 대가를 지급한다. 그의 부하 레드릿지 역시 일라이 추격에 앞서 그에게 '솔라라'를 달라고 거래를 제안한다. 서로를 이용하며 대가를 주고받기. 그들 행동의 토대는 명분이나 대의를 위한 충성심, 일에 대한 소명과 윤리의식이 아니다. 단지 자기가 필요로 하는 것(욕망)을 채우고 얻으려는 계산만이 있을 뿐이다. 그러나 이 문제는 좀처럼 쉽게 거론할 문제가 아니다. 우리 삶의 양식은 교환양식에 기반을 뒀고, 그것에 이의를 제기하는 것은 거의 미친 짓이다. 공정한 거래가 과연 무엇인지 그 기준은 모호하다고 할 수 있지만, 교환양식 자체를 의문에 부치기란 결코 쉬운 일이 아니다. 자본주의는 타인을 소유하는 것을 강압적 노예제도가 아니라 자발적인 시장원리에 맡긴다. 시장원리가 지배하는 자본주의 사회에서 인간은 기꺼이 타인의 소유 대상이 되길 갈망한다. 자신을 매력적인 소유대상으로 상품화해야만 자신도 더 많은 것들을 소유할 수 있기 때문이다.

목적에 충실하고, 원하는 바를 이루기 위한 집중력에 관해서는 일라이나 카네기가 다를 바 없다. 그럼에도 한 사람은 횡단자가 되고, 다른 한 사람은 지배자가 되는 것은 여행자냐 정주민이냐의 차이 때문만은 아니다. 둘의 차이는 그 목적의 자기중심성 여부다. 일라이의 목적을 그 스스로 만들어 낸 가상이라고 평한다 할지라도 그 책 운반은 자기 자신을 위한 것이 아니라 신이라는 대타자의 명령에 부응하는 자기희생적 실천에 해당한다. 이 경우 신이 부여한 소명이 실제적이고 정확한 것이냐는 과학적 검증의 영역을 떠나 있으므로 논외로 하자. 그러나 카네기의 목적은 강하고 잘 통제된 마을-국가를 세워 자기 힘을 증대하려는 것이었다. 그가 책-성경을 구하려는 이유를 상기하자. 다른 이들을 수단화, 조작 가능한 대상으로 지배하고 통제하려는 목적, 그 목적은 다시 자신이 다른 이들을 조정하고 부릴 수 있는 위치(스스로 신이 되려는 목적)를 원했다. 따라서 이 두 사람의 차이는 목적의 자기 중심성에 있다. 어떤 목적이든 그 목적이 결국 자기 강화(자기 부의 증가, 자기 쾌락의 극대화, 자기 힘의 증대)에 있다면 그것은 자기중심주의(egocentrism)에 다름 아니다.

카네기도 글을 읽을 줄 알고, 매일 읽는다. 그러나 그의 읽기는 자기의 개인적인 목적을 실현하는 수단으로서의 읽기였고, 자신이 문명인(지성인)임을 스스로 확인하고 향유하는 읽기, 통치의 수단획득을 위한 기술·정보습득에 불과했다. 그는 자신이 읽은 바대로 사는 일에는 전혀 관심이 없었다. 반면 일라이의 읽기에는 그런 수단화 경향이 없다. 그는 저녁 시간에 그 책을 읽고 그것을 묵상하며, 그것을 음미한다. 그 역시 읽기를 통해 자기 삶의 길을 발견하고 싶어 했지만, 그것은 도구적인 것이 아니라 그것을 내면화하는 길이었다. 그 책을 통해 그 책이 지시하는 바대로 살기 위해서는 그 책의 내용과 정신이 육화되고 내면화되는 것이 필수적이었다. 그 책이 명령하는 삶을 살도록 자기의 생각과 마음을 가꾸고 그 책과 자기 자신의 일치를 이루는 길. 그것은 실천을 통해서만 확증되고 완성되지만 '책-읽기'와 '책-살기'의 차원에서 동시에 이루어지는 것이다. 그래서 그는 싸움의 직전에 그 상황에 어울리는 구절을 외우며, 솔라라에게 그 유명한 〈시편〉 23편을 들려주기도 한다. 그럼에도 책에 대한 호기심을 보이는 솔라라에게 일라이는 책을 감춘다. 사실 일라이가 책을 감춘 것은 그것이 귀한 보물이기 때문이 아니었다. 그가 책을 소중히 하는 것은 그것이 자기의 소명, 자기 정체성의 담보물이었기 때문이다. 대신 그는 책 사는 법을 알려주기 위해 솔라라에게 기도하는 법을 가르쳐 준다.

카네기에게 총을 맞고 성경을 빼앗긴 후에도 서쪽으로 가며 차 안에서 일라이는 말한다. "오랫동안 책을 가지고 있었으면서도 안전하게 보관하는 데만 신경 쓰느라 이 책에서 배운 대로 사는 것은 잊어버린 것 같아." 그가 배운 교훈은 그 유명한 황금률로 집약됐다. "네가 대접 받기를 원하는 대로 남을 대접하라." 이 말의 정신은 자기에게 되돌아올 대접과 이득을 계산해서 그것을 다른 이들에게 베풀라는 뜻이 아니다. 그건 거래의 정신이지 선행과 환대의 정신이 아니다. 예수의 가르침인 이 황금률은 "네가 원하는 것, 네 자신이 타인들로부터 기대하는 대우와 존엄성, 그것이 네 자신에게 소중한 만큼 다른 이들 역시 그러하다. 그러니 너 역시 그들의 권리와 존엄성을 인정하고, 그들을 존재적으로 대하라"는 뜻일 터이다.

카네기에게 책을 빼앗겼음에도 그는 여행을 멈추지 않는다. 빈손으로 서쪽의 섬에 도착한 일라이. 그 섬은 알카트라즈 감옥이었지만 지금은 인류문명의 보고이자 재건과 희망의 장소로 변해 있다. 그곳에 도착한 그는 성경을 구술하기 시작한다. 반전이 일어난다. 그가 운반하던 것은 문자가 적힌 물질적이고 부피를 가지는 책으로서의 성경이 아니었으며, 그 자신이 걸어 다니는 바이블이었다. 일라이가 성경 구절을 모조리 외우고 있었다는 의미에서 그 자신이 바이블 자체였고, 그가 보여준 삶과 삶의 자세가 그 성경 전체의 정신이었다. 법도 도덕도 실종된 약육강식의 세계에서 일라이는 살아있는 책-성경의 정신(삶)이었다. 성경이 무기가 아니라 성경을 읽는 정신, 성경을 살아가는 윤리성이 바로 그의 무기였던 것이다.

일라이, 그는 죽었다. 그는 자기의 임무를 다하고 죽었다. 성경은 이제 샌프란시스코의 인문적 자유주의자들의 자치도시에 있는 도서관에 인쇄돼 토라와 코란 사이에(!) 나란히 꽂혔다. 인류의 유산인 성경은 보존됐고, 다시 배포될 수도 있게 됐으며 성경의 정신적 불꽃도 보전될 수 있다. 그것이 영화의 끝은 아니다. 우리는 영화의 마지막 장면에서 다시 고향 마을로 돌아가는 솔라라를 목격할 수 있다. 그녀는 이제 일라이의 뒤를 이어 고향으로 돌아가는 길 위로 나선다. 그녀가 고향으로 돌아가는 이유와 목적은 무엇일까? 자신이 목격했던 것, 자신이 본 도시를 증언하기 위해서? 그럴지도 모른다. 하지만 가장 그럴듯한 해석은 그녀가 일라이를 통해서 배운 삶(횡단자적 삶)을 살기 위해서라는 해석일 것이다. 그러기 위해서 그녀는 길을 걸어야만 한다. 일라이에게 배운 것은 바로 길을 걷는 방법, 목적을 위해 삶을 투신하면서도 그 목적이 뜻하는 바의 정신을 삶의 길 속에서 실천하는 것일 터이니, 그 길을 걷지 않으면 그녀에게 집으로의 귀환이라는 목적은 아무런 의미도 없다. 이처럼 하나의 정신은 그것을 살지 못하는 자에게는 아무런 실정성도 갖지 못한다.

한편, 그 책을 획득한 카네기는 어떻게 됐는가? 그 책은 그에게 아무런 쓸모도 없는 책이었다. 그 책은 점자책이었다. 그 책을 그토록 필요로 했던 카네기가 성경을 열지 못해 쩔쩔매다가 잠금장치를 풀고 내용을 열람할 수 있게 됐을 때, 그 책은 자신이 이해할 수 있는 언어와는 전혀 다른 방식으로 인코딩된 책이었다. 이것은 카네기가 그 책이 말하는 메시지에 접근할 수 없음을 보여줌과 동시에 성경이 그에게는 여러 겹으로 닫혀 있다는 것을 의미한다. 지금까지 그는 자신이 읽을 수도 없는 책, 자신에게 소용없는 것을 위해 자기의 제국을 바쳤던 셈이다. 그는 점자를 읽을 수 있는 사람을 구해보지만, 글자를 읽을 수 있는 사람도, 희귀한 판의 점자를 읽을 수 있는 사람을 구하기란 성경을 구하는 것보다 어려웠을 것이다. 그의 제국은 이제 몰락한다. 성경을 구하기 위해 너무도 많은 부하를 잃고 쇠약해진 그의 왕국은 그 자신이 부렸던 부하들의 반란으로 몰락한다. 그의 제국의 기초와 구조는 힘과 힘에 의한 통치였는데 그것이 사라지자 붕괴할 수밖에 없다. 실상 그의 제국은 문명에 기반을 둔 통치가 아니라 몇 사람의 물리적인 힘 위에 구축된 허약한 독재국가였던 것이다. 카네기의 패망은 '자멸'이었다. 과욕이 스스로 재앙을 불러 자멸하는 방식이다.

일라이는 카네기가 쏜 총에 맞아 쓰러진다. 총알이 비껴가는 행운도, 맞아도 쓰러지지 않는 기적은 일어나지 않았다. 곧 바로는 아니었지만 일라이는 결국 그 총상 때문에 목숨을 거둔다. 그러나 죽음은 패배가 아니다. 총을 맞고도 그는 결국 서쪽 끝에 도달해 그 '책'(!)을 전달했다. 패배는 의미로 충만한 삶을 살지 못하는 것이다. 살아 있어도 충분히 살지 못하는 것, 때 이른 죽음을 맞고서도 삶은 계속되는 것이 문제일 뿐이다. 일라이는 자신의 임무를 완수하고 죽었다. 마지막 시퀀스에서 일라이는 자기의 임무 완수를 신에게 감사하고, 자기 죽음을 긍정하며 솔라라를 축복한다. 그는 자기 신념을 지켰다. 그는 행복한 사나이였다.

5. 로드 무비 서사의 함정

이 세 편의 영화를 감상하고 나서 생각해 본다. 여기서 다룬 영화들이 비록 로드 무비의 전형적 작품들은 아니었지만, 장르라는 개념 자체가 계속 변화하며 발전하는 느슨한 개념이라는 점을 잊지 말자. 종을 뜻하는 장르란 생명체 개념이며, 생명체는 진화한다. 장르라는 말은 본디, 다양한 현상을 임의로 포착해 설명하기 위한 자의적 개념이고, 그 분류 관점이 언제까지고 고정돼 있을 수 없다. 뿐만 아니라 우리들이 편하게 이해하고 있는 이야기란 로드 무비와 매우 닮았다는 점도 잊지 말자. 사건의 발생을 통해 인물들의 성격이 변화 발전하며 서사의 종국에 도달하는 것은 우리 인생의 근본적 형식이기도 하다. 이를 다른 관점에서 생각해 보자면, 우리들이 이야기를 안온하고 편안하게 즐기고 수용하기 위한 일직선적 수용 방식이 로드 무비라는 장르가 만들어지고 유통되는 이유일지도 모른다. 서사를 즐기기 위한 편리하고 안이한 방식이 로드 무비일 수도 있다는 것이다.

이 지점에서 생각나는 소설이 하나 있는데 그것은 제임스 조이스의

〈율리시즈〉다. 그것은 호메로스의 〈오디세이아〉에 대한 일종의 패러디일 수 있음은 널리 알려져 있다. 그것 역시 하루 동안에 일어난 일을 다루지만 선형적 방식을 따르지는 않는다. 그렇기 때문에 파악하기 힘들고 끝까지 읽어가기가 쉽지 않다. 대신 그것은 우리가 이야기를 파악하고 의미들을 얻어내는 방식에 의문을 제기한다. 뿐인가. 괴테의 〈파우스트〉는 우리가 가진 편안한 장르 개념에 도전하고 있으며, 로렌스 스턴의 〈트리스트럼 샌디〉는 이야기를 결코 선형적으로 제시하지 않는다. 이런 이야기들은 무엇을 하는 것일까? 따라서 우리가 로드 무비를 즐기며 그 속에서 인생의 의미를 찾는 것은 자유지만, 대신 로드 무비적인 서사 진행 방식에서 우리가 놓치고 있는 것은 과연 무엇인지를 생각해보는 것이 필요하다는 제언을 끝으로 글을 맺자.

8장 뮤지컬 랜드

김경욱

1. 뮤지컬 영화란?

뮤지컬 영화는 노래와 춤을 중심으로 구성된 장르이다. 뮤지컬 영화에서 서사는 단지 뮤지컬 영화 넘버(뮤지컬 영화에 삽입된 음악)를 위한 수단이 되기도 한다. 뮤지컬 영화의 이야기가 흔히 진부하고 피상적이며 개연성이 부족한 이유는 여기에 있다. 서사가 진행되다가 춤과 노래가 펼쳐지는 뮤지컬 영화는 영화 장르 가운데 가장 이질적인 장르로 평가된다.

(1) 뮤지컬 영화의 전개과정

무성영화 시대에도 영화는 항상 음악과 함께 상영됐다. 그러나 노래를 수반하는 장르로서의 뮤지컬 영화는 유성영화 시대의 도래와 함께 탄생했다. 최초의 유성영화로 기록된 〈재즈싱어 The Jazz Singer〉(1927)는 최초의 뮤지컬 영화이기도 하다. 이 영화에서 주인공 알 졸슨은 주제곡 "마미 Mammy"를 포함한 여섯 곡의 노래를 불렀다. 관객들이 비록 알 존슨의 노래보다 그의 대사 "당신은 아직 아무것도 듣지 못했어요"에 더 열광하기는 했지만(1), 이 영화의 대대적인 성공을 통해 할리우드는 빠르게 유성영화 시대로 넘어갔다. 1930년대에 할리우드에서 제작된 뮤지컬 영화는 200편이 넘었으며, 뮤지컬 영화 장르는 전성기를 맞이하기 시작했다.

〈재즈 싱어〉 포스터

〈겨울왕국〉 포스터

디즈니의 뮤지컬 애니메이션

1930년대 말부터 디즈니에서는 뮤지컬 애니메이션을 만들었다. 〈백설 공주와 일곱 난쟁이〉(1938)를 필두로, 〈판타지아〉(1940), 〈피노키오〉(1940), 〈아기 코끼리 덤보〉(1941), 〈피터 팬〉(1953) 등을 제작해 엄청난 성공을 거두었다. 그러나 디즈니의 뮤지컬 영화 블록버스터 〈메리 포핀스 Mary Poppins〉(1964) 같은 영화는 흥행에 실패했다. 극영화에서 뮤지컬 영화가 쇠퇴했던 시기인 1990년대에, 디즈니의 뮤지컬 애니메이션은 전성기를 맞이하면서 뮤지컬 영화의 명맥을 이어갔다. 〈인어공주〉(1989)를 필두로, 〈미녀와 야수〉(1991), 〈알라딘〉(1992), 〈라이온 킹〉(1994), 〈노트르담의 꼽추〉(1996) 등이 대대적인 성공을 거두었다. 〈겨울왕국 Frozen〉(2013)은 전 세계적인 성공을 거두었을 뿐만 아니라, 한국에서는 천만 관객 영화에 등극했다.

1920년대 후반과 1930년대 초반 시기의 초기 뮤지컬 영화는 보드빌(2), 뮤직홀, 극장의 공연물에서 자양분을 얻었다. 그것은 리뷰(Review)(3) 형식의 영화로 나타났다(〈1929년 할리우드 리뷰 The Hollywood Revue of 1929〉(1929), 〈파라마운트 퍼레이드 Paramount on Parade〉(1930)). 또 유럽에서 영향을 받은 오페레타(Operetta)(4) 스타일의 뮤지컬 영화도 인기를 끌었다(〈러브 퍼레이드 Love Parade〉(1929), 〈장난꾸러기 마리에타 Naughty Marietta〉(1935)). 브로드웨이 뮤지컬 영화가 영화화되는 경우도 빈번했다(〈리오 리타 Rio Rita〉(1929), 〈쇼 보트 Show Boat〉(1929)). 보드빌 스타들이 대거 영화배우로 캐스팅됐고, 많은 브로드웨이 작곡가들이 영화사와 계약을 했다. 한편, 공연자들의 이야기를 다루는 백 스테이지(backstage) 뮤지컬 영화(5)가 등장하면서, 뮤지컬 영화 장르의 원형이 확립되기 시작했다(〈42번가 42nd Street〉(1933), 〈1933년의 채굴업자들 Gold Diggers of 1933〉(1933)).

뮤지컬 영화 장르는 1940년대에 전성기를 맞이했다. 할리우드의 메이저 영화사 MGM은 주디 갈랜드와 진 켈리, 빈센트 미넬리 감독을 내세워 많은 뮤지컬 영화를 만들어냈다(〈세인트루이스에서 만나요 Meet Me in St. Louis〉(1944), 〈해적 The Pirate〉(1948), 〈파리의 미국인 An American in Paris〉(1951), 〈사랑은 비를 타고〉). 미국의 2차 세계대전 참여로 인해 애국심을 강조하는 뮤지컬 영화들이 대거 제작되기도 했다.

1950년대는 텔레비전의 등장으로 영화계 전체가 큰 타격을 받게 됐다. 할리우드는 컬러영화와 시네마스코프의 도입, 대규모 영화를 통해 돌파구를 마련하려고 했다. 따라서 뮤지컬 영화는 보다 더 규모가 커지고 더욱 화려해졌다. 〈남태평양 South Pacific〉(1958), 〈뮤직맨 The Music Man〉(1962), 〈마이 페어 레이디 My Fair Lady〉(1964) 같은 블록버스터는 엄청난 흥행을 거뒀다. 〈웨스트사이드 스토리 West Side Story〉(1961)는 상업적 성공뿐만 아니라 작품성으로도 높은 평가를 받았다.

이밖에 〈사운드 오브 뮤직 The Sound of Music〉(1965), 〈화니 걸 Fanny Girl〉(1968), 〈올리버! Oliver!〉(1968) 등이 성공을 거두었으나, 이전 시대와 달리 대부분 브로드웨이 뮤지컬 영화 히트작을 영화로 재해석한 결과물이었다. 이러한 경향이 정착하면서, 1970년대 이후 뮤지컬 영화 장르는 쇠락해갔다.

뮤지컬 영화가 쇠퇴한 시기에 **디즈니의 뮤지컬 애니메이션, 뮤**

직비디오 등이 그 공백을 채웠다. 〈록키 호러 픽쳐 쇼 The Rocky Horror Picture Show〉(1975) 같은 기괴한 뮤지컬 영화가 등장해 컬트영화로 인기를 끌기도 했다.

(2) 고전 뮤지컬 영화의 특징

고전 뮤지컬 영화의 특징은 첫째, 가장 미국적인 장르로서 미국식 낙관주의와 세계관을 가장 잘 구현했다고 평가된다. 뮤지컬 영화는 현실과 유토피아가 공존하는 장르로서, 주인공이 처한 현실이 아무리 어두워도 춤과 노래가 시작되면 모든 장애가 해소되고 밝은 희망이 화면 가득 펼쳐진다. 이때 노래와 춤의 스펙터클을 통해 시청각의 쾌락은 극대화된다. 이러한 유토피아의 전개는 강렬하고 투명하고 풍부하며 공동체의 에너지로 충만한, 조화로운 경험을 선사한다. 여기에는 사회적인 규범과 억압에서 얼마든지 자유로울 수 있다는 이데올로기적 판타지가 가미돼 있다.

그러므로 뮤지컬 영화는 현실 원칙을 따르는 사실주의에서 자유로운 반면 도피주의 장르로 비판받기도 한다. 특히 1930년대의 뮤지컬 영화는 경제대공황에 대한 낭만적인 현실 도피의 산물로 평가된다.

둘째, 주인공과 주변 인물들은 춤과 노래에 능한 데 비해, 주인공과 대립하는 안타고니스트는 춤과 노래를 못하거나 그것이 주는 즐거움을 알지 못한다. 주인공의 춤과 노래의 무대가 펼쳐질 때, 안타고니스트는 그에 대한 무지로 인해 조롱거리가 되기도 한다.

고전 뮤지컬 영화는 고전 할리우드 양식의 쇠퇴와 텔레비전의 등장에 따른 1950년대 미국 영화산업의 변화로 퇴조해갔다.

(3) 뮤지컬 영화의 주요 인물

버스비 버클리

버스비 버클리는 할리우드 뮤지컬 영화의 역사에서 가장 중요한 안무가이다. 브로드웨이에서 활동한 경험을 바탕으로, 워너브라더스에서 영화 경력을 시작한 그는 쇼걸과 코러스라인, 그리고 대칭의 미학에 기반을 둔 엄격히 통제된 안무 등을 영화에 도입했다.

〈42번가〉 등에서 버스비는 정교한 무대 장치, 정확하게 안무한 여성 무용수들의 춤, 인체로 구현한 기하학적인 조형, 객석의 관객의 눈으로는 체험할 수 없는 오버헤드 쇼트(overhead shot)를 포함한 이동

〈록키 호러 픽쳐 쇼〉 포스터

버스비 뮤지컬 영화의
특징을 보여주는
〈42번가〉의 한 장면

촬영과 특수효과(특히 칼레이도스코프) 등으로 뮤지컬 영화 역사에 길이 남을 기념비적인 장면을 실현했다(〈42번가〉의 장면 참고). 이렇게 성립된 버스비 뮤지컬 영화의 전통은 〈코러스 라인 A Chorus Line〉(1985), 〈물랑 루즈 Moulin Rouge〉(2001), 〈시카고 Chicago〉(2002) 등을 통해 끊임없이 이어지고 있다.

프레드 아스테어와 진저 로저스

프레드 아스테어와 진저 로저스는 초기 뮤지컬 영화의 스타이다. 아스테어와 로저스는 RKO 스튜디오에서 제작한 〈리오로의 비행 Flying Down to Rio〉(1933)으로 뮤지컬 영화에 새로운 바람을 일으켰다. 그들은 연극적인 세팅을 제거하고 집단보다는 개인기를 통한 춤과 무용을 통해 자유롭고 리듬감 넘치는 스타일의 뮤지컬 영화를 만들었다. 그 결과 버스비가 구현한 집단 스펙터클의 뮤지컬 영화에서 개인의 표현력에 집중하는 뮤지컬 영화로 이동하게 됐다.

진 켈리

진 켈리는 프레드 아스테어와 비교되는 뮤지컬 영화의 스타이다. 아스테어의 춤에 비해 진 켈리의 춤은 남성적이고 곡예 같다는 평가를 받는다.

진 켈리는 브로드웨이의 성공을 통해 할리우드로 진출했다. MGM에서 주로 활동한 그는 주디 갈랜드와 함께 버스비 버클리가 연출한 〈나와 그녀를 위해 For Me and My Gal〉(1942)로 데뷔했다. 스탠리 도넌과 공동 연출한 〈사랑은 비를 타고〉는 뮤지컬 영화의 최고 걸작이다.

빈센트 미넬리

빈센트 미넬리는 대표적인 뮤지컬 영화감독이다. 브로드웨이에서 여러 편의 뮤지컬 영화를 성공적으로 연출한 경력으로 1940년에 MGM과 계약을 했다. 당시 MGM의 뮤지컬 영화 파트에는 주디 갈랜드, 진 켈리, 프레드 아스테어 등 할리우드의 최고 뮤지컬 영화 스타들이 포진해 있었다. 미넬리는 그들과 함께 〈세인트루이스에서 만나요〉, 〈밴드 웨건 The Band Wagon〉(1958), 〈지지 Gigi〉(1958) 등, 걸작 뮤지컬 영화를 다수 연출했다.

미넬리의 최고 걸작으로 평가되는 〈파리의 미국인〉은 조지 거슈인의 음악을 효과적으로 활용했다. 진 켈리가 주연한 이 영화에서 뮤지컬 영화 넘버와 퍼포먼스는 도시의 거리 같은 일상 환경에서 행인들 앞에서 펼쳐진다. 특히 17분 동안의 환상적인 발레 시퀀스는 영화사에서 가장 인상 깊은 장면으로 손꼽힌다.

미넬리와 함께 기억할만한 뮤지컬 영화감독으로는 〈사랑은 비를 타고〉, 〈7인의 신부 Seven Brides for Seven Brothers〉(1954)를 연출한 스탠리 도넌, 〈카바레 Cabaret〉(1972), 〈올 댓 재즈 All That Jazz〉(1979)를 연출한 밥 포시 등이 있다.

〈파리의 미국인〉 포스터

2. 〈오즈의 마법사 The Wizard of Oz〉(1939): 고전 영화 시대의 걸작

〈오즈의 마법사〉는 역사상 가장 많은 사람이 본 영화로 손꼽힌다. 영화를 보지 않았다 해도 이 영화의 주제가 "무지개 넘어 어딘가에 Somewhere Over the Rainbow"를 들어보지 않은 사람은 거의 없을 것이다(뮤지컬 영화는 아니지만 몇 편의 주제곡을 통해 깊은 인상을 남긴 사례는 무수히 많다).

L. 프랭크 바움이 1900년에 발표한 소설 『오즈의 마법사』는 먼저 1925년 래리 서먼이 일반 영화로 만들었다. MGM의 뮤지컬 영화 파트를 이끌던 아서 프리드는 이 소설을 뮤지컬 영화로 만들기로 결정했다. 영화에 컬러필름이 도입된 초기였기 때문에 컬러영화를 찍기는 쉽지 않았으나, MGM은 디즈니의 컬러 애니메이션 〈백설 공주와 일곱 난쟁이〉(1937)의 엄청난 흥행에 맞설 작품이 필요했다.(6) 제작자 루이스 메이어는 주디 갈랜드를 주인공 도로시 역에 캐스팅했고, 영화는 대대적인 성공을 거두었다. 해럴드 애런이 작곡하고 E.Y. 하버그가 작사한 "무지개 넘어 어딘가에"와 작곡가 허버트 스토싸트는 각각 아카데미 주제가상과 음악상을 받았다.

그러나 이 영화의 영광 뒤에는 믿기 어려운 우여곡절이 있다. 원래 이 영화의 감독이었던 리처드 소프는 12일 만에 해고됐고, 그 다음에 기용된 조지 쿠커는 3일 동안 메가폰을 잡았다. 감독으로 크레딧에 올라있는 빅터 플레밍이 연출을 맡았으나 〈바람과 함께 사라지다 Gone With the Wind〉(1939)를 연출하러 떠나버리자 다시 조지 쿠커가 돌아왔다. 킹 비더가 캔자스 장면과 먼치킨(7) 시 장면 일부를 찍었다. 뿐만 아니라 출연진의 교체도 있었다. 원래 양철나무꾼 역을 맡았던

〈오즈의 마법사〉 포스터

주제곡으로 기억되는 영화들

뮤지컬 영화는 아니지만 몇 곡의 음악 퍼포먼스를 통해 더욱 인상 깊은 영화가 된 사례는 아주 많다. 대표적인 예로는 〈카사블랑카 Casablanca〉(1942), 〈졸업 The Graduate〉(1967), 〈이지라이더 Easy Rider〉(1969), 〈화양연화 In The Mood For Love〉(2000)를 비롯한 왕가위의 영화들, 그리고 최근의 사례로는 〈너의 이름은〉(2016) 등이 있다. 한국영화로는 〈해피엔드〉(1999), 〈나쁜남자〉(2001), 〈친절한 금자씨〉(2005) 등을 들 수 있다.

버디 입센이 은색 분장에 알레르기 반응을 보이자 잭 헤일리로 교체됐다. 서쪽 나라 마녀를 연기한 마거릿 해밀턴은 연기를 하다 심각한 화상을 입었다. 강아지 토토는 스태프에게 밟혀서 2주 동안 촬영을 할 수 없었다.(8)

〈오즈의 마법사〉를 둘러싼 가장 어두운 일화는 이 영화를 통해 가장 수혜를 입었던 주디 갈랜드에게서 나왔다. 갈랜드는 이 영화를 통해 아카데미 아역상을 받았고 스타덤에 올랐다. 할리우드를 대표하는 스타로서, 20여 편의 뮤지컬 영화에 출연했다. 그러나 그녀는 자서전을 통해 배우로 살아온 삶이 행복하지 않았다고 고백하면서, 아이러니하게도 불행의 시작이 〈오즈의 마법사〉였다고 지적했다. 그녀가 겪은 삶의 굴곡과 비극은 '스타' 연구의 중요한 주제가 됐다. 그녀는 빈센트 미넬리 감독과 결혼해 배우이자 가수로 활동한 라이자 미넬리를 낳았다.

〈오즈의 마법사〉는 도로시가 사는 캔자스의 시골 마을에서 시작한다. 심술궂은 아줌마 게일이 애견 토토를 심하게 핍박하자 도로시는 '어딘가 좋은 곳'을 찾아 떠나고 싶어 한다. 갑자기 마을에 토네이도가 몰아쳐 도로시와 토토가 피신해있던 집을 휩쓸어 간다. 기절했던 도로시가 깨어나 방문을 열자 화면은 마치 마법처럼 흑백에서 컬러로 바뀐다. 도로시가 꿈꾸던 무지개 너머의 환상의 세계가 펼쳐진다. 마치 색깔을 처음 본 듯한 경이로움을 선사하는 이 전환은 대부분 영화가 흑백이던 1939년에 커다란 반향을 불러일으켰다. 원색을 아름답게 재현해내는 테크닉칼라의 장점이 최대한 활용된 결과였다.

도로시가 오즈에 도착하면서 영화는 진짜 뮤지컬 영화가 된다. 이것은 뮤지컬 영화 장르가 판타지와 매우 가깝다는 증명이기도 하다. 도로시는 북쪽의 착한 마녀로부터 캔자스로 돌아가려면 오즈의 마법사의 도움이 필요하다는 말을 듣고 그가 산다는 에메랄드 시로 떠난다. 따라서 이 영화의 하위 장르는 '로드 무비'라고 할 수 있다. 도로시는 여정에서 허수아비, 양철나무꾼, 사자를 만난다. 허수아비는 생각할 수 있는 두뇌를 원하고, 양철나무꾼은 감정을 가질 수 있는 심장을 원하고, 사자는 겁쟁이에서 벗어나게 해줄 용기를 원한다. 그들이 얻고 싶어 하는 것은 인간이 갖춰야 할 기본적인 요소들이기도 하다. 그들은 오즈의 마법사에게 해결방법을 얻기 위해 도로시를 따라나선다. 그러나 그들의 여정은 순탄하지 않다. 서쪽 마녀는 자신의 동생인 동쪽 마녀가 도로시 때문에 죽었다고 믿고, 호시탐탐 복수를 노리기 때문이다.

그들은 가까스로 오즈의 마법사를 만나게 되지만, 그는 그들에게 서쪽 마녀의 빗자루를 가져와야 소원을 들어줄 수 있다고 말한다. 서쪽 마녀를 물리치게 되는 과정에서 그들은 자신도 모르게 원했던 것(두뇌, 감정, 용기, 고향에 대한 열망)을 얻게 된다. 그들이 임무를 완수하고 오즈의 마법사를 다시 찾아갔을 때, 그는 위대한 마법사가 아니라 사기꾼 마법사임이 밝혀진다. 그럼에도 그는 허수아비에게는 대학 학위 증명서를, 양철나무꾼에게는 심장 소리가 나는 시계를, 겁쟁이 사자에게는 메달을 주고, 그들은 그렇게 원하는 것을 얻게 된다. 다소 우스꽝스럽고 난센스 같은 이 장면은 사회적인 인정과 호명의 중요성을 일깨워준다.

한편으로 이 장면은 원작의 배경을 알면 더 잘 이해할 수 있다. 프랭크 바움은 미국 중서부 지역에서 활동한 저널리스트였다. 19세기 말에 미국은 금본위제도를 채택하고 있었는데, 그는 이 화폐 제도와 관련한 정치 현실을 풍자하기 위해 『오즈의 마법사』를 썼다고 한다. 제목의 오즈(Oz)는 당시 금 등을 잴 때 사용되는 도량형의 단위인 온스(ounce)에서 착안한 것이고, 도로시 일행이 에메랄드 시를 찾아갈 때 따라가는 노란 벽돌 길은 금길, 즉 금본위제도 자체를 뜻한다. 에메랄드 성은 미국의 연방정부가 남북전쟁 시기인 1862년에 발행한 지폐 그린백(연방정부가 인정한 최초의 지폐)을 상징하는 것이다. 도로시는 전통적인 미국의 가치, 허수아비는 농부, 양철나무꾼은 산업노동자, 겁쟁이 사자는 금융권 카르텔의 권한에 저항했던 민주당 대통령 후보 윌리엄 제닝스 브라이언으로 해석되는 등, 등장인물들 모두 당시의 주요 정치인들과 인물들을 모델로 했다고 한다. 그런데 그들이 사는 오즈는 '12시에 일어나 1시에 일을 시작하고 점심을 먹고 나면 2시에 일이 끝나는, 노동에 매진하지 않아도 모두가 매일 즐겁게 웃는 나라, 즉 일종의 유토피아'이다.

현실에서 도출된 아이디어 없이 그런 이야기와 인물들을 만들어내기는 쉽지 않았겠지만, 원작으로부터 100년이 훨씬 넘은 지금 영화만 놓고 보면 그 맥락을 읽어내기는 쉽지 않다. 그러므로 원작의 배경에 대한 이해는 분명 영화를 해석하는 데 도움을 준다. 하지만 이 영화는 해석되지 않고 여전히 남아있는 무언가가 있다는 생각이 드는, 매우 풍부한 텍스트이다. 어떤 상상력을 만들어내는 원천이 되기도 한다. 예를 들어 샐먼 루시디는 '10살 때 본 〈오즈의 마법사〉가 나를 작가로 만들었다'고 말한다.(9) 데이비드 린치는 이 영화를 초현실주의 관점으로 재해석한 〈광란의 사랑 Wild at Heart〉(1991)을 연출했다.

진짜 간절하게 집으로 돌아오고 싶어 했을 때, 도로시는 기절 상태에서 깨어난다. 그녀가 오즈에서 겪은 모든 일은 꿈일 수도 있다. 그

녀가 그곳에서 만난 주요 인물들이 모두 현실에 있는 인물이기 때문이다. 그러나 단 한 인물, 시종일관 도로시를 도와주는 북쪽의 착한 마녀 글린다는 도로시가 현실에서 만난 적이 없다. 그녀는 고아로 보이는 도로시가 상상한 이상적인 엄마일까?(장면 참고)

도로시는 모험 끝에 '세상에 집만 한 곳은 없다'고 선언한다. 많은 로드 무비의 결말이기도 하다.

〈오즈의 마법사〉에서,
북쪽의 착한 마녀 글린다

3. 〈사랑은 비를 타고 Singin' In The Rain〉(1952): 할리우드 뮤지컬 영화의 최고 걸작

〈사랑은 비를 타고〉 포스터

로저 에버트는 〈사랑은 비를 타고〉에 대한 글의 첫 문단을 이렇게 시작한다. "〈사랑은 비를 타고〉보다 재미있는 뮤지컬 영화는 없다. 세월의 흐름 속에서도 여전히 신선한 영화로 남아있는 영화도 드물다. 〈사랑은 비를 타고〉를 위해 새로 작곡된 삽입곡이 한 곡밖에 되지 않고, 소품과 세트는 MGM 창고에 있는 것을 제작자가 슬쩍 해 온 것이며, 처음 개봉됐을 때는 아카데미 작품상 수상작인 〈파리의 미국인〉보다 낮은 평가를 받았다는 사실을 알고 나면, 여러분은 〈사랑은 비를 타고〉의 독창성에 깜짝 놀라고 말 것이다…. 〈사랑은 비를 타고〉를 관람하는 것은 시공을 초월한 경험을 하는 것이다. 영화를 사랑한다고 자부하는 사람은 이 영화를 놓치려야 놓칠 수가 없다."(10)

〈사랑은 비를 타고〉는 뮤지컬 영화로도 더없이 훌륭하지만, 무성영화에서 유성영화로 넘어가는 과정과 그 시기에 벌어진 각종 해프닝을 이 영화보다 더 재미있고 실감 나게 그린 영화는 없을 것이다. 영화 도입부에서 영화 제작자는 영화인들에게 유성영화를 시범으로 보여준다. 영화인들은 유성영화를 보고 놀라면서도 냉소적인 반응이다. 그러나 〈재즈싱어〉가 대대적인 성공을 거두자 모든 영화사는 유성영화 제작에 돌입하게 된다. 진 켈리가 연기하는 주인공 돈 락우드가 출연하던 영화도 급히 유성영화로 전환하게 되면서 갖가지 우스꽝스러운 해프닝이 벌어진다. 예를 들면, 유성영화 초기에는 지향성 마이크가 없었고 동시녹음을 할 수밖에 없었기 때문에 촬영현장에서는 소리를 조절하기 위해 갖은 아이디어를 동원하면서 애를 썼다. 그 과정에서 더빙 기술이 개발되기도 했다. 배우들은 발음 연습에 돌입하는데, 특히 목소리가 나쁜 배우는 곤경에 처한다. 친구 코즈모와 함께 보드빌 등에서 탭댄스와 노래를 했던 돈은 쉽게 유성영화에 적응하면서 뮤지컬 영화를 기획하기도 한다.

이 영화에서 진 켈리가 연출하는 "사랑은 비를 타고" 장면은 볼 때마다 감탄하게 된다. 뿐만 아니라 코즈모를 연기한 도널드 오코너의 춤도 정말 뛰어나다. 오코너가 "그들을 웃겨봐"를 부르는 장면에서 혼자 펼쳐내는 퍼포먼스는 경이롭기까지 하다. 또 진 켈리와 오코너, 두 사람이 "모세가 이르기를"(11)을 부르며 함께 춤추는 장면도 인상적이다.

이 영화가 제작된 1952년은 스튜디오 시스템에서 구축된 고전 할리우드 영화 양식이 쇠락해가는 시기였다. 따라서 이 영화에는 고전 뮤지컬 영화와 모더니즘 영화의 특성이 모두 들어 있다. 먼저 주인공을 비롯해 춤과 노래를 잘하는 코즈모와 캐시는 긍정적인 인물로 묘사된 반면, 춤과 노래를 못할 뿐만 아니라 목소리가 나쁜 리나는 심술궂고 이기적이다. 춤과 노래를 못하는 발음교정 선생은 돈과 코즈모의 조롱거리가 된다.

"사랑은 비를 타고" 장면에서 돈은 우산을 손에 들고 있음에도 비를 맞으며 거리에서 마음껏 춤과 노래를 부른다. 쏟아지는 비에 흠뻑 젖는 데 전혀 개의치 않고 어린아이처럼 뛰노는 자유는 불쑥 등장해서 말없이 지켜보는 경관에 의해 중단된다. 고전 뮤지컬 영화에서의 유토피아와 현실 원칙의 경계가 극명하게 드러나는 순간이다.

한편으로 이 영화에서 백 스테이지 뮤지컬 영화의 특성도 볼 수 있다. 그것은 특히 14분간 지속되는 진 켈리의 발레 장면에서 두드러지는데, 이 영화를 통합적 뮤지컬 영화로 분류하면서도 비통합적인 측면이 지적되는 이유이기도 하다. 돈은 자신이 구상한 뮤지컬 영화의 스토리를 제작자에게 들려주는데, 그것이 영상으로 연결된다. 하지만 서사의 전개에서 꼭 필요한 장면은 아니다. 다시 말해서, 장면만으로는 진 켈리의 개인기와 안무 실력, 뮤지컬 영화의 스펙터클을 극대화한, 매우 훌륭한 장면이지만 없어도 되는 것이다. 이 장면에서 진 켈리는 버스비의 뮤지컬 영화를 환기하면서 재현하려고 한다. 동시에 그는 탭 댄스뿐만 아니라 볼룸 댄스, 모던 댄스, 발레 등, 다양한 춤 솜씨를 한껏 뽐낸다.

무성영화에서 유성영화가 제작되는 과정을 그린 이 영화는 '영화에 대한 영화'라고 할 수 있다. 아울러 모더니즘 영화의 특징인 상호텍스트성, 반영성, 노스탤지어 등이 담겨 있다.

돈과 캐시가 어두운 텅 빈 스튜디오에서 "우리는 운명으로 맺어진 사이"를 부르는 장면에서, 돈이 조명을 하나씩 켜고 무대 장치를 위한 기계를 작동할 때, 스튜디오는 뮤지컬 영화의 무대로 변신해간다.

〈사랑은 비를 타고〉에서,
돈 과 캐시가 스튜디오에서
퍼포먼스 하는 장면

조명장치, 대형 선풍기, 사다리 같은 것이 화면에 보이지 않으면 뮤지컬 영화의 무대 그대로이다(장면 참고). 따라서 이 장면에서 관객은 자신이 보는 영화의 장면이 어떻게 만들어지는지 알 수 있다. 춤과 노래가 시작되면, 돈과 캐시는 고전 뮤지컬 영화에서처럼 현실의 장애에서 벗어나 이상화된 낭만적 커플이 된다. 그러므로 이 장면의 공간은 디제시스 내부이면서 외부인 상상적 공간으로 자리매김하게 된다.

이 영화를 둘러싼 아이러니는 실재의 '더빙' 과정에서 벌어졌다. 리나를 연기한 진 헤이건의 목소리는 좋은 편이었다. 캐시가 스크린 뒤에 숨어서 리나 대신 말하는 장면에서, 캐시 역의 데비 레이놀즈의 목소리는 헤이건이 더빙했다고 한다. 캐시가 노래하는 장면의 목소리는 데비 레이놀즈가 아니라 베티 노이즈가 담당했다.

이 영화는 무성영화 〈결투의 여신〉의 시사회로 시작해 유성영화 〈춤추는 기사〉의 시사회로 끝난다. 이 영화의 마지막 장면에서 돈과 캐시는 자신이 주연한 〈사랑은 비를 타고〉의 대형 영화 광고판을 바라보다 키스를 한다. 무성영화로 시작해 영화에 대한 영화로서, 모더니즘 영화로 막을 내린 셈이다.

4. 〈쉘부르의 우산 The Umbrellas Of Cherbourg〉 (1964): 뮤지컬과 모더니즘 영화

〈쉘부르의 우산〉 포스터

1960년 이후, 프랑스 누벨바그를 필두로 해서 모더니즘 영화 시대가 도래했다. 고전 할리우드 영화를 중심으로 구축된 컨벤션을 의도적으로 위반하거나 장르를 재해석하는 시대였다. 자크 드미 감독은 뮤지컬 영화를 재해석해서 〈쉘부르의 우산〉을 연출했다. 일반적인 영화처럼 진행되다가 춤과 노래가 등장하는 뮤지컬 영화가 아니라 오페라처럼 처음부터 끝까지, 네, 아니오 같은 단순한 대사에 이르기까지, 모두 노래로 이루어진 전대미문의 뮤지컬 영화를 기획한 것이다(아이러니하게도 영화 도입부에서 주인공 기가 [카르멘]을 보러 간다고 하자, 그의 동료는 '오페라는 싫고 영화가 낫다'고 말한다). 그러나 인물들이 인위적으로 춤추는 장면은 하나도 없다. 자크 드미가 시나리오까지 쓰고 미셸 르그랑이 작곡을 맡은 이 영화는 1964년 칸영화제에서 황금종려상과 기술공헌상을 받았다. 프랑스 영화계를 대표하는 스타 카트린느 드뇌브가 주연으로 등장했고, 그녀의 노래는 다니엘 리카리가 맡았다.

〈쉘부르의 우산〉은 프랑스가 알제리 독립전쟁을 일으킨 1957년 무렵, 영불 해협을 마주한 작은 도시 쉘부르를 무대로 하고 있다. 영화는 '이별' '부재' '귀환'의 세 파트로 구성돼 있다. 자동차 정비소에서 일하는 20살 청년 기는 엄마와 우산가게를 하며 살아가는 16살 소녀 주느비에브와 사랑에 빠진다. 그러나 기가 갑자기 알제리 독립전쟁에 징집되면서 두 사람은 헤어지게 된다. 기에게 영장이 나왔다는 소식과 함께 두 연인이 이별을 안타까워하며 그 유명한 주제곡(영어 제목 "I'll wait for you")을 부르는 대목은 언제 봐도 마음을 울리는 장면이다.

이 영화는 뮤지컬 영화의 형식뿐만 아니라 사진 학교를 졸업한 자크 드미의 탁월한 색채 감각으로도 유명하다. 전반적인 색채의 구성은 마티스의 그림(예를 들면 [붉은 방])을 연상시키는데, 특히 원색의 느낌이 두드러진다. 이 영화의 다채로운 색채는 단지 화면을 아름답게 장식하는 것이 아니라 색채의 대비와 병치를 통해 무언의 메시지를 담고 있다. 예를 들어 기와의 결혼을 반대하는 주느비에브의 엄마 방은 붉은색에 꽃무늬 벽지인 데 비해 기의 방은 푸른색 벽지이다. 엄마와 기, 두 사람에게 양쪽으로 끌려다니는 주느비에브의 방은 푸른색 바탕에 분홍색 꽃무늬의 벽지이다. 또 주느비에브의 머리 색깔은 금발인 데 비해, 기를 짝사랑하는 마들린의 머리 색깔은 짙은 밤색이다. 주느비에브와 엄마는 계속 서로 다른 색깔의 옷을 입고 등장하는데, 주느비에브가 엄마에게 임신 사실을 알리는 장면에서는 이제 둘 다 '엄마'이므로, 모두 붉은색 계열의 옷을 입고 있다. 주느비에브가 카사르가 선물한 반지를 낄 때, 그녀의 결혼을 암시하듯 입고 있는 원피스의 무늬와 그녀 방의 벽지는 거의 동일하다.

색채의 연출을 감상하는 재미뿐만 아니라 모더니즘의 영향 아래 있는 연출 솜씨도 재미를 더하는 요소이다. 주느비에브가 엄마와 함께 아끼던 진주 목걸이를 보석가게에 팔러 가는 장면을 보자. 보석가게 주인은 그 목걸이가 별로 가치 없다고 보고 구매할 여력이 없다고 거절한다. 그럴듯하게 차려입었지만 몹시 곤궁한 처지에 있는 모녀가 매우 낙담해할 때, 그곳에 있던 부유한 보석상 카사르가 그 목걸이를 사겠다고 한다. 카사르는 그 자리에서 수표를 끊어주겠다고 하는데, 눈치 빠른 엄마는 그가 자신의 아름다운 딸에게 관심이 있다고 알아챈다. 그녀는 그 관심을 강화하기 위해 그 자리에서 수표를 받는 대신 다음 날 자신의 우산 가게로 들려달라고 말한다. 이 장면에서 엄마, 주느비에브, 보석가게 주인, 카사르, 이렇게 네 인물을 나란히 세워놓고, 사회적 규범을 따르는 표면적인 노랫말이 오가는 동안, 말없이 오가는 눈짓과 시선의 교차가 매우 정교하게 연출돼 있다. 이때 노란색 코트를 입어 딸보다 더 두드러지는 엄마와 아이보리 색 코트로 청순함을 강조한 주느비에브가 대비를 이룬다. 그리고 카사르의 짙은 감색 양복 색깔은 보석가게 주인의 회색 양복보다 더 두드러지게 보인다. 아마도 그 순간 엄마는 어떻게 해서든 딸을 부유한 카사르에게 시집보내기로 결심했을 것이다.

기와 헤어지고 돌아온 주느비에브는 울면서 엄마와 대화를 나눈다. 엄마가 '2년 안에 기를 완전히 잊을지도 모른다'고 하자, 주느비에브는 '절대 잊지 않을 거'라고 대답하며 그녀를 보고 있는 관객에게 다짐하듯 카메라를 쳐다본다. 이것은 장 뤽 고다르의 〈네 멋대로 해라〉에서, 장 폴 벨몽도가 카메라를 쳐다보며 말을 걸었던 장면을 떠오르게 만든다. 그녀가 카메라를 응시하는 장면은 이후에도 몇 번 반복된다. 주느비에브의 임신 사실이 알려진 다음, 엄마는 카사르를 저녁식사에 초대한다. 이 자리에서 마치 앞일을 예상하게 하듯이, 엄마가 카사르가 가져온 왕관을 머리에 씌워주자 주느비에브는 카메라를 바라

〈쉘부르의 우산〉에서 카메라를 쳐다보는 주느비에브

보며 '선택의 여지가 없으니 당신이 나의 왕'이라고 탄식한다. 이때 그녀의 임신 사실을 알지 못하는 카사르는 의미심장하게도 '당신은 아이를 안은 성모마리아를 닮았다'고 말한다. 마침내 카사르와의 결혼이 결정되고 면사포를 쓴 그녀는 다시 카메라를 정면으로 응시한다(장면 참고).

주느비에브가 결혼과 함께 쉘부르를 떠나고 군대에서 돌아온 기의 이야기가 펼쳐진다. 그러나 주느비에브/카트린느 드뇌브가 사라진 화면은 활기를 잃고 갑자기 평범한 멜로드라마가 되는 것 같다. 무언가 부족해 보이는 그 느낌 자체가 주느비에브를 잃은 기의 마음의 상태 같기도 하다. 또 잔느 모로와 〈쥘과 짐〉, 장 피에르 레오와 〈400번의 구타〉, 장 폴 벨몽도·안나 카리나와 〈미치광이 피에로〉처럼, 드뇌브 없는 〈쉘부르의 우산〉은 생각하기 어렵다.

영화의 마지막, 크리스마스 즈음에 기가 운영하는 주유소에 자동차 한 대가 도착한다. 차에는 주느비에브와 기의 딸 프랑소와즈가 타고 있다. 기와 주느비에브는 주유소 휴게실에서 몇 마디 대화를 나눈다. 주느비에브가 '딸이 아빠를 많이 닮았다'고 하면서, '아이를 보고

싫냐'고 물을 때, 기는 단호하게 거절하면서 떠나라고 대답한다. 그녀가 그의 결혼 사실을 확인한 다음 '잘 사느냐'고 묻는 표정을 보면, 그녀에게 어떤 감정의 앙금이 훨씬 더 많이 남아있는 것 같다. 휴게실 문을 나서면서 그녀가 다시 그를 쳐다볼 때, 두 사람 사이에는 눈발까지 날리면서 아마도 마지막일 그의 모습은 그녀를 잊어버린 그의 마음처럼 흐리게 보인다. 그들은 물리적으로 매우 가까운 거리에 있지만, 마음의 거리는 그 화면의 느낌만큼이나 멀어 보인다.

주느비에브의 자동차가 떠나가고, 눈이 내리는 가운데 행복해 보이는 기의 가족의 모습으로 영화는 막을 내린다. 이 마지막 장면은 남편 없이 나타난 주느비에브와 묘하게 대비되면서, 배신한 그녀보다 배신당한 그가 더 행복하게 잘살고 있다고 말하는 것 같다. 비록 그녀가 훨씬 부유하다고 해도.

자크 드미는 알제리 독립전쟁이 프랑스 사회에 미친 여파를 특별한 뮤지컬 형식과 멜로드라마의 희비극을 통해 설득력 있게 보여주고 있다.

5. 〈어둠 속의 댄서 Dancer in the Dark〉(2000): 포스트모던 뮤지컬 영화

<어둠 속의 댄서> 포스터

1990년대 이후, 작가로 분류되는 감독 가운데 뮤지컬 영화를 연출하는 경우가 종종 있었는데, 대표적인 사례로는 우디 앨런의 〈에브리원 세즈 아이 러브 유〉(1996), 알랭 레네의 〈우리들은 그 노래를 알고 있다〉(1997), 차이밍량의 〈구멍〉(1998), 라스 폰 트리에의 〈어둠 속의 댄서〉가 있다. 특히 2000년 칸영화제에서 황금종려상과 비요크가 여우주연상을 받은 〈어둠 속의 댄서〉는 포스트모던 뮤지컬 영화로 주목을 받았다. 아일랜드 출신의 스타 가수 비요크의 출연으로 이 영화는 더욱 화제를 모았다. 〈쉘부르의 우산〉의 카트린느 드뇌브가 주인공의 동료 캐시 역을 맡은 점도 의미 있는 캐스팅이었다.

뮤지컬 영화의 주인공은 쇼 비즈니스와 관계 있는 경우가 많지만, 〈어둠 속의 댄서〉의 주인공 셀마는 체코에서 이주해온 노동자이다. 그녀가 미국에 온 이유는 아들이 시력을 잃기 전에 수술을 해주기 위해서이다. 자신도 유전병으로 인해 시력을 잃어 가고 있지만, 오직 아들을 위해 밤낮없이 공장에서 일하며 악착같이 수술비를 모은다. 자신을 좋아하는 제프와의 데이트조차 스스로 금지하고 있는 그녀에게 유일한 낙은 그 유명한 뮤지컬 영화 〈사운드 오브 뮤직〉의 공연 연습이다. 영화는 그녀가 동료들과 함께 〈사운드 오브 뮤직〉을 연습하는 장면으로 시작한다.

"So Long, Farewell" 같은 곡들은 할리우드의 스튜디오에 정교하게 세워진 화려한 저택 내부에서 귀족의 자제들이 불렀지만, 이 영화에서는 셀마가 노동을 하면서 부른다. 그녀는 공장의 기계 소리가 리듬 같다고 하는데, 춤과 노래가 시작되면 뮤지컬 영화답게 판타지로 넘어간다. 그러나 할리우드 뮤지컬 영화의 판타지가 아니라 노동자가 고된 노동 끝에 잠시 한눈을 파는 정도의 판타지이다. 춤과 노래는 셀마가 작업 기계에 손을 다치는 순간 멈춘다. 또는 셀마가 돈을 빼앗으려는 집주인 남자 빌을 살해하고 난 다음 그녀가 노래를 시작하면 죽은 빌이 살아나 그녀를 용서하고 빨리 떠나라고 말하는, 기이한 판타지이다. 이때 화면에는 성조기가 보인다.

할리우드 뮤지컬 영화가 화려한 색채와 스펙터클의 극대화를 통해 쾌락을 선사하는 반면, 〈어둠 속의 댄서〉는 메마른 그레이 톤과 어두침침한 브라운 톤을 유지하면서 시종일관 어둡고 칙칙하고 우울하다. 정교한 안무가 아니라 100대의 디지털카메라가 포착한 파편화된 움직임, 커트 대신 핸드 헬드 카메라를 통해 팬으로 이어지는 화면, 그리고 때로는 초점이 맞지 않아 미완성 같은 이미지는 셀마의 암울한 삶과 직결된다. 셀마의 노래가 나오는 장면에서 유명한 촬영 감독 로비 뮬러의 촬영은 사라져버린 과거, 기억의 잔상 같은 느낌을 준다. 여기에는 할리우드 뮤지컬 영화의 낙관주의와 낭만이 전혀 없다. 아이러니하게도 셀마와 동료 캐시는 자주 버스비 버클리의 뮤지컬 영화를 보러 극장에 가서 즐거운 시간을 보낸다. 이와 같은 요소들로 이 영화는 안티 뮤지컬 영화로 평가되기도 한다.

셀마는 집주인 빌에게 '체코에서 할리우드 영화를 보면서 미국을 동경하게 됐다'고 말한다. 그러나 그녀 앞에 놓인 현실은 '아메리칸 드림'이 아니라 '아메리카의 악몽'이다. 미국은 소비주의가 판치고 철저하게 자본의 지배를 받는 곳이다. 결국, 셀마의 비극은 돈에서 시작돼 돈으로 끝난다. 빌은 아내 린다의 소비 중독을 감당하지 못해 셀마의 돈을 훔치려고 한다. 셀마는 자신의 돈을 탐내는 빌을 살해하게 되고, 변호사 비용을 내지 못해 사형을 면할 기회를 놓친다. 그녀는 아들의 눈 수술비와 살인 또는 아들의 눈 수술과 자신의 목숨 사이에서 선택을 할 수밖에 없다. 이 영화는 비요크만큼이나 아들을 위해 자신의 전부를 희생하는 셀마라는 캐릭터가 중요하다. 그녀를 통해 이 영화는 2000년대에 찾아온 기이한 모성의 멜로드라마가 된다. 비요크의 수수께끼 같은

〈사운드 오브 뮤직〉 포스터

연기가 아니었다면, 통속적인 삼류 멜로드라마가 됐을 것이다.

아메리칸 드림을 꿈꾸며 찾아온 그녀에게 미국 사회는 너무 가혹하다. 법정에서 셀마가 일했던 공장의 관리자는 그녀를 부정적으로 평가하고 검사는 그녀를 공산주의자라고 냉소한다. 변호사는 그녀의 목숨이 아니라 돈에만 관심을 둔다. 그렇다면 애초에 셀마는 미국이 아니라 사회보장제도가 잘 돼 있는 나라로 가야 했던 것일까? 이 영화는 1960년대 미국의 소도시를 배경으로 하고 있으나 이러한 설정을 통해 현재의 미국에 대한 비판적인 시각과 아메리칸 드림에 대한 냉소를 엿볼 수 있다.

결국 사형을 당하게 된 셀마는 '뮤지컬 영화에서는 끔찍한 일이 일어나지 않는다'고 말한다. 그녀가 감방에서 부르는 "내가 좋아하는 것들"은 〈사운드 오브 뮤직〉의 넘버를 가장 어둡게 부른 버전일 것이다. 그녀는 사형대 앞에서도 계속 노래를 부르지만, 뮤지컬 영화의 주인공임에도 불구하고 끝내 죽음을 막지는 못한다.

6. 〈라라랜드 La La Land〉(2016): 뮤지컬 영화의 부활?

뮤지컬 영화의 침체 상태는 꽤 오랫동안 지속됐는데, 2001년에 개봉한 〈물랑 루즈〉를 필두로 다시 주목을 받게 된다. 바즈 루어만은 〈물랑 루즈〉에서 기존 뮤지컬 영화의 고전적 특징과 21세기 영화다운 요소를 혼합해 새로운 스타일의 뮤지컬 영화를 시도했다. 2002년에 개봉한 뮤지컬 영화 〈시카고〉는 작품성으로 인정받았을 뿐만 아니라 흥행에도 성공했다. 이러한 일련의 뮤지컬 영화의 성공 대열에는 유독 한국에서 더 인기를 끌었던 〈레미제라블 Les Miserables〉(2012), 외화로서는 드물게 천만 관객 영화에 등극한 〈겨울왕국〉 등이 있다. 또 다른 사례로는 엠마 스톤과 라이언 고슬링이 '골든 글로브'에서 주연상을 석권한 〈라라랜드〉가 있다.

〈라라랜드〉 포스터

다미엔 차젤레 감독이 연출한 〈라라랜드〉는 뮤지컬 영화 장르의 전통과 변화 그리고 포스트모던 시대를 거쳐 온 흔적이 고스란히 반영돼 있다. 오프닝 크레디트에서 1950년대의 뮤지컬 영화처럼 시네마스코프로 촬영했다고 명시하면서도, 첫 장면은 현대 도시의 상징 같은 교통체증으로 넘어간다. 그런 다음 뮤지컬 영화답게 운전자들이 자동차 밖으로 나와 춤과 노래를 부를 때, 꽉 막힌 도로의 답답함과 짜증은 멀리 사라져버린다. 그러나 춤과 노래가 끝나면, 현실은 다시 교통체증이 계속되는 도로이다. 이렇게 공간의 배경은 현대적이지만, 인물의 의상 등에서 원색을 강조함으로써 마치 194-50년대의 테크닉컬러 영화를 보는 느낌을 준다. 또 영화를 보는 내내, 〈파리의 미국인〉, 〈사랑은 비를 타고〉, 〈쉘부르의 우산〉 등, 여러 편의 유명 뮤지컬 영화를 떠올리게 된다. 말하자면, 고전과 현대 영화의 이미지와 정서를 절묘하게 버무려놓은 셈이다. 뮤지컬 영화는 단순한 이야기가 많고 그래서 서사가 허술하다는 지적을 받는데, 이 영화는 이야기 구조를 계절별로 나누어 전개함으로써 약점을 보완하려고 했다.

〈라라랜드〉의 두 주인공, 미아와 세바스찬은 뮤지컬 영화에서 흔히 볼 수 있는 유형이다. 커피숍에서 일하는 미아는 영화배우가 되기를 꿈꾸고, 재즈피아니스트 세바스찬은 재즈클럽을 여는 게 꿈이다. 그들은 꿈의 도시 할리우드(아마도 '라라랜드'는 할리우드가 있는 로스앤젤레스의 약자 'LA'에서 나온 제목일 것이다. 이 영화의 흥행에는 제목이 주는 미묘하게 낭만적인 느낌도 기여했을 것 같다)에서 성공을 위해 악전고투한다. 이 영화는 두 주인공을 중심으로 춤과 노래를 즐기면서 뮤지컬 영화의 재미를 만끽하면 그만일 수 있다. 그런데 이야기의 설정에서 두 가지가 흥미롭다. 특히 할리우드(그리고 한국영화)의 주류 영화에서 로맨스가 점점 사라져가는 추세에서, 뮤지컬 영화 장르와 함께 로맨스가 재현되는 방식에 주목하게 된다.

〈라라랜드〉에서, 진저 로저스와 프레드 아스테어를 흉내내는 세바스찬과 미아

먼저 미아와 세바스찬이 사랑에 빠지는 과정을 로맨틱 코미디처럼 설정한 점이다. 그들은 첫눈에 사랑에 빠지는 게 아니라 다소 티격태격하다가 점점 가까워진다. 파티에서 만난 두 사람이 자신의 자동차를 찾으려고 밤길을 걷다가 춤과 노래 "A Lovely Night"를 부르는 장면이 있다. 그들은 뮤지컬 영화의 전설, 진저 로저스와 프레드 아스테어를 흉내 낸다(장면 참고). 뮤지컬 영화 장르의 컨벤션에 따르면 노래의 가사는 당연히 구애가 주가 됐을 텐데, 여기서는 로맨틱 코미디를 따라 서로 상대가 자기 타입이 아니므로 관심이 없다고 주장한다.

다른 하나는 두 사람이 헤어지는 과정과 결말이다. 세바스찬은 친구 키이쓰의 재즈밴드에 들어가기로 한다. 그가 친구의 제안을 받아들인 이유는 미아가 안정된 수입의 남자를 원한다고 생각했기 때문이다. 그러나 그가 순회공연을 다니면서 점점 바빠지게 되자 두 사람의 사이는 멀어진다. 미아에게 영화배우가 될 기회가 찾아오고 파리에서 촬영하게 되자, 두 사람은 결국 헤어지게 된다. 차젤레의 전작 〈위플래쉬 Whiplash〉(2014)에서, 주인공 앤드류는 최고의 드러머가 되기 위해 애인에게 이별을 통보한다. 그는 결국 꿈에 가깝게 다가가지만, 애인은 돌아오지 않는다. 일에서의 성공과 연애는 양립할 수 없다는 차젤레(또는 대다수 현재의 청춘남녀들?)의 생각이 〈라라랜드〉에서도 반복된다.

이전에 미아는 세바스찬이 대중의 입맛에 맞는 재즈를 연주하며 신나게 공연하는 모습을 보고 실망한다. 세바스찬이 성공을 거두고 있을 때, 미아의 일인극 공연은 실패로 끝난다. 미아는 세바스찬에게 꿈을 포기했다고 비난하지만, 그녀는 혹시 세바스찬의 성공을 시기한 건 아니었을까? 이것은 남녀가 동일하게 자신의 목표를 향해 나아갈 때, 두 사람 사이에서 벌어질 수 있는 감정일 것이다. 아니면 그녀의 사랑의 대상이 자신의 자아 이상과 일치하는, 꿈을 간직한 세바스찬이었는데, 그것이 깨졌기 때문일까? 그녀가 그에게 매혹된 순간은 그가 아무도 관심을 두지 않는 가운데 레스토랑에서 고독하게 피아노를 치는 모습을 보았을 때이다.

이 영화는 별이 가득한 프롤레타리움에서 미아와 세바스찬이 날아오르는 장면 등, 뮤지컬 영화답게 로맨틱한 장면이 여러 번 등장한다. 그러나 두 사람이 열렬하게 사랑한다는 느낌을 주는 장면은 별로 없다. 그들은 동거까지 하는데도, 연인과 친구 사이에 머물러 있는 것처럼 보인다. 세바스찬이 배우를 포기하고 부모의 집에 칩거하고 있는 미아를 찾아가는 이유는 구애가 아니라 오디션을 보라고 권유하기 위해서이다. 미아에게 일인극을 시도하라고 권유하고, 그녀와의 이별을 감수하면서도 배우의 꿈을 포기하지 말라고 용기를 줄 때, 그는 애인이 아니라 일종의 멘토 역할을 한다.

그들의 이별은 이 낭만적인 영화에 일말의 씁쓸함을 안겨주지만, 지그문트 바우만이 현대 사회를 진단하면서 주장한 내용을 생각하게 만든다. 『리퀴드 러브』에서 바우만은 '연인뿐만 아니라 일반적인 인간 관계를 유지하기 위해 헌신하는 일은 '길게 보면 의미가 없는' 일로 변화했다. 관계에 대한 투자는 내가 헌신하더라도 상대방의 배신으로 흐트러질 수 있으므로 안전하지 않다. 우리가 헌신적인 사랑을 할 수 없는 이유, 상대방이 주는 만큼만 사랑을 베풀고 상처받지 않기 위해 일정 선을 유지하는 행위에는 모두 이런 생각이 잠재돼있기 때문'이라고 주장한다.(12) 그렇기 때문인지 이 영화에는 미아와 세바스찬이 가깝게 교류하는 인물도 거의 등장하지 않고, 대부분 스쳐 지나간다.

5년의 세월이 흐르고 미아는 남편과 함께 우연히 들어간 레스토랑에서 재즈 연주를 하는 세바스찬을 보게 된다. 마치 〈쉘부르의 우산〉의 조우처럼. 그리고 두 사람이 헤어지지 않았을 때를 가정하는 장면이 10여 분에 이르는 춤과 노래로 펼쳐진다. 여기서 차젤레는 뮤지컬 영화의 거장 빈센트 미넬리가 〈파리의 미국인〉에서 연출한 그 유명한 마지막 장면을 자신의 방식으로 다시 찍고 싶었던 것 같다. 그렇다면, 이 장면을 위해 두 사람은 헤어질 수밖에 없었을까?

영화는 레스토랑을 나서는 미아와 연주하는 세바스찬이 멀리서 서로를 바라보며 미소 짓는 장면으로 끝난다. 헤어졌지만 두 사람 다 꿈을 이루었고, 각자의 나르시시즘은 충족됐다. 그리고 관객들은 '꿈꾸는 사람들을 찬양하고, 망가진 삶들을 위로한다'고 노래하는 영화를 즐겼다. 그러므로 더 바랄 게 뭐가 있겠는가!

7. 뮤지컬 영화의 미래

〈라라랜드〉에 이어 〈위대한 쇼맨 The Greatest Showman〉(2017)도 흥행에 성공했다. 할리우드 뮤지컬의 변형인 **발리우드(Bollywood) 영화**는 점점 더 알려지면서 세계 도처에 마니아층을 형성하고 있다.

뮤지컬 영화는 '원 소스 멀티 유즈(one source multi use)'(13)가 유행하는 환경에 매우 적합한 장르이다. 예전에는 소설이나 브로드웨이 뮤지컬이 뮤지컬 영화로 각색되는 경우가 대부분이었으나 최근에는 다양한 소스에서 뮤지컬 영화가 만들어지고 있다. 그 반대의 경우도 빈번하다.

한국의 경우, 뮤지컬 영화 공연은 인기도 많고 마니아 층도 꽤 두텁다. 흥행에 성공한 작품들도 많다. 그러나 영화에서는 아직 성공사례가 나오지 않고 있다. 한국영화가 새로운 시도를 통해 흥행을 모색할 때, 뮤지컬 영화는 여전히 도전을 기다리고 있는 장르이다.

발리우드 영화

봄베이(1995년부터 뭄바이로 명칭 변경)와 할리우드의 합성어로서, 인도 영화산업을 통칭하는 말이다. 발리우드 영화의 특징 가운데 하나는 영화 중간에 극의 흐름을 단절시키면서 반드시 들어가는 뮤지컬 영화의 요소이다. 할리우드 뮤지컬 영화의 변형이라고 할 수 있는 발리우드 영화는 가장 널리 알려진 비영어권의 뮤지컬 영화 형식으로 평가받고 있다.
발리우드 영화는 2000년대 이후에도 계속 번창하면서 세계 전역으로 퍼져 나가 한국에도 마니아층을 형성하는 등, 그 위상이 더욱 높아지는 중이다.

〈표〉 AFI(American Film Institute, 미국영화연구소)에서
2006년에 선정한 최고의 할리우드 뮤지컬 영화 20편.

순위	영화	개봉연도	순위	영화	개봉연도
1	사랑은 비를 타고	1952	11	왕과나	1956
2	웨스트사이드스토리	1961	12	시카고	2002
3	오즈의 마법사	1939	13	42번가	1933
4	사운드 오브 뮤직	1965	14	올 댓 재즈	1979
5	카바레	1972	15	톱 햇	1935
6	메리 포핀스	1964	16	화니 걸	1968
7	스타 탄생	1954	17	밴드 웨곤	1953
8	마이 페어 레이디	1964	18	성조기의 행진	1942
9	파리의 미국인	1951	19	춤추는 뉴욕	1949
10	세인트루이스에서 만나요	1944	20	그리스	1978

|주   석|

(1) 유성영화가 토키(talkie) 영화로 불리게 된 이유이기도 하다.

(2) 1890년대 중반에서 1930년대 초까지 미국에서 유행했던 통속적인 공연
물로서, 10여개가 넘는 다양한 공연으로 구성된다. 마술사와 광대, 희극
배우, 훈련된 동물, 곡예사, 가수, 무용수 등이 출연해 다채로운 공연을
펼친다.

(3) 서사가 결여된 버라이어티 형식의 풍자 쇼. 춤, 노래, 시사 풍자 등이 결
합된 오락성 강한 공연물.

(4) 대사와 춤, 오케스트라가 있는 소규모 오페라.

(5) 백 스테이지 뮤지컬 영화는 뮤지컬 영화에서 현재까지 반복해서 등장하
고 있는 형식이다. 대표적인 예로는 〈카바레〉, 〈시카고〉, 〈위대한 쇼맨〉
등이 있다.

(6) 로저 에버트, 『위대한 영화』, 을유문화사, 2003, 343쪽.

(7) 먼치킨은 가상의 공간으로. 원작에서는 이곳에 사는 주민들을 조금 키가
작고 파란색 계통의 옷만 입은 모습으로 묘사했다. 영화에서 그들은 칼라
의 극대화를 위해서였는지 알록달록한 옷을 입었다.

(8) 위의 책, 347쪽.

(9) 위의 책, 345쪽.

(10) 위의 책, 181쪽.

(11) 이 영화를 위해 작곡한 유일한 노래로 알려져 있다.

(12) 지그문트 바우만, 『리퀴드 러브』, 새물결, 2013, 19-21쪽.

(13) 하나의 소스(source) 즉 하나의 콘텐츠(contents)로 여러 상품 유형을
전개시킨다는 의미이다. 한 편의 영화는 극장 상영뿐만 아니라 비디오,
DVD, 방송 등으로 전파되는 한편, 소설, 게임 등으로 각색되거나 캐릭터
같은 관련 상품을 파생시킨다.

9장 예술(가) 영화:
예술의 죽음 이후 예술(가) 영화들

이 호

1. 예술(가) 영화라는 용어

'예술(가) 영화'라는 어법부터 해명해보자. 먼저 '예술 영화'라고 하면, 예술을 다루는 영화로 이해되기보다는 우리들의 일상 어법에서 영화 그 자체가 예술적인 지향점을 가지고 제작된 경우를 일컫는 때가 많다. '예술가 영화'라고 하면 예술가를 소재로 삼아 그의 일생, 그의 작품과 관련한 사건이나 전기를 다루는 경우를 일컫는다. 그러나 예술가 영화는 예술가를 소재로 택하는 것이지 예술가의 예술 세계를 포착하는 문제와 별개로 제작되는 경우가 있기 때문에 그저 그런 전기 영화를 다루게 될 소지가 없지 않다. 그런 경우 예술가 영화는 예술가를 대상으로 삼아 영화를 제작했을 뿐이며, 다른 역사적 인물들을 소재로 다룬 영화와 차별점을 가질 수 없게 된다. 그리하여 괄호치고 예술(가) 영화라고 쓰게 되는 사정이 여기에 있다. 예술가를 다룬다고 해서 예술의 문제를 제기한다는 보장이 없기 때문이다. 또한 예술가와 예술에 관한 담론으로서의 영화를 한 작품에서 구분하는 일은 거의 불가능하거나 무망한 일이다. 이것이 예술(가) 영화라 이름 붙이는 또 다른 이유이다.

예술(가) 영화에는 크게 두 종류가 있다. 역사적으로 실존했으며, 그의 예술적 업적이 널리 인정받고 있어 예술가로 알려진 사람들의 인생을 (상상력을 가미하여) 전기적으로 다룬 영화이다. 이런 유형의 예술가 영화들은 대체로 전기적 방식의 전개를 따른다. 출생부터 사망까지를 일대기적으로 다루지는 않더라도 그/녀의 예술과 관련한 중요한 사건들이 연대기적으로 펼쳐진다. 이런 경우 우리는 그 예술가(의 이름)를 인지하고 있으며 또 어느 정도의 관심을 두고 있기 때문에 영화에 접근하거나 이해하기가 쉽다.

또 하나의 유형은 영화 안에 등장하는 예술가가 허구적 인물인 경우이다. 우리는 이 유형을 고려하지 않을 수 없다. 왜냐하면 영화 텍스트 내에서 실존 인물로서의 예술가와 허구적·상상적 산물인 영화 속 인물간의 분리와 구분은 명확하게 이루어질 수 없기 때문이다. 실존 인물 예술가는 그 사람이 역사적으로 실존했고, 또 여타의 작품들을 남겼다는 것뿐이지, 그가 영화 서사 안으로 옮겨졌을 때 그 인물이 실제로 존재했었다는 사실은 극도로 불투명해진다. 무슨 말인가. 일단 예술가는 대개의 경우 예술가의 역할을 배우가 연기하며, 그가 실제로 겪었던 일을 필름 위에 재현한다고 하더라도 그것이 역사상 단 한번 일회적으로 일어났던 일 그 자체는 아니기 때문이다. 즉 영화라는 미적 가상, 재현의 문제가 개입해 있다는 것을 의식하지 않을 수 없는 것이다. 예술가의 삶을 다루는 영화 자체가 이미 인위적이고 의도적으로 스크린 위에 재현된 가상의 것이라는 뜻이다.

따라서 실존했었던 인물, 실제로 일어났었던 이야기라고 하는 영화 초반의 알림은 관객들의 수용 태도나 심리적인 효과에 영향을 미치는 것이지, 그것이 영화 작품 내부적으로는 별다른 차이를 갖지 않는다. 모든 것이 영화라는 장르 안에서 재현되는 것에 불과하다는 것을 잊어선 안 된다. 영화가 다루는 예술가가 실존 인물이었다고 해서 더 큰 효과가 있다면 그것은 관객이 그것을 사실로 받아들이도록 만드는 효과에 있을 뿐(관객의 수용적 태도에 대한 효과), 예술가의 삶과 직접적인 연관성을 갖는 것은 아니다. 주지하다시피, 외적 재현으로는 인물 내부의 미묘한 심리들을 포착하기 어려울 뿐 아니라, 사실 그 자체를 날 것으로 파악할 수 있게 하지는 않는다. 허구적 인물이거나 꾸며낸 사건이라고 해도 그것이 도리어 그 예술가 내면과 그의 작품 세계의 본질에 더 잘 접근하고 잘 표현하는 경우도 얼마든지 있기 때문이다.

다시 말해 그것이 실제 있었던 인물, 실제 일어났던 이야기이기 때문에 더 흥미롭게 다가온다는 것은 어쩌면 영화를 대하는 데 있어 하나의 억견일 뿐, 근거가 희박한 편견과 고정관념일 수 있다. 따라서 실존했던 유명 예술인의 삶을 연대기와 사건 중심으로 다루는 영화들은 예술가의 삶과 그들의 예술작품을 다루고 있음에도 그것이 그의 예술적 세계를 반드시 표현하는 충분조건은 되지 못할 수 있다. 그 이유는 예술가는 그의 작품이나 그 작품과 삶을 통해 천착했었던 그의 세계관,

〈토탈 이클립스〉(1995)

〈취화선〉(2002)

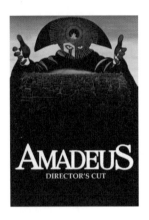

〈아마데우스〉(1984)

그의 예술적 세계와 반드시 연관을 가져야 하기 때문이다. 만일 예술(가) 영화가 그의 전기적 사실을 나열했을 뿐, 그의 예술적 세계에 대한 안내와 이해를 동반하지 못한다면, 우리는 그 예술가에 대한 사전적 정보를 영화 서사 안에서 구경했을 뿐이며, 그렇다면 그것을 굳이 영화로 재현할 필요는 없을 것이다.

물론 예술가의 삶을 다루면서 그/녀들의 전기적 사실들과 그/녀들의 작품 세계를 모두 함께 전달하는 예술가 영화들이 없지 않다. 프랑스 상징주의 시인 랭보와 베를렌느를 다룬 〈토탈 이클립스Total Eclipse〉(아그네츠카 홀란드, 1995)나 호오는 엇갈리나 장승업의 예술적 고뇌를 다룬 〈취화선〉(임권택, 2002)이 그러한 경우이다. 그 외에도 우리에게 알려진 예술가 영화들은 꽤 많다. 이상(李箱)의 삶과 사랑을 다룬 〈금홍아 금홍아〉(김유진, 1995), 모차르트와 함께 예술적 천재성과 시기심을 잘 표현한 〈아마데우스 Amadeus〉(밀로스 포만, 1984), 그 외에도 〈클림트 Klimt〉(라울 루이즈, 2006), 〈폴락 Pollock〉(에드 해리스, 2001), 〈피카소 Surviving Picasso〉(제임스 아이보리, 1996) 〈에곤 실레 Egon Schiele〉(디터 베르너, 2016) 등 예술가의 이름과 영화 제목이 같은 경우까지 포함하면 예술가 영화는 꾸준히 제작되고 있다.

이렇게 봤을 때, 예술가 영화의 어려움은 단번에 예상된다. 영화라는 영상 장르 안에 예술가의 작품 세계를 녹여내 그것을 전달한다는 것이 결코 쉬운 일이 아니라는 점 말이다. 사실상, 회화 화가의 작품 세계를 알고 싶다면 그의 회화 작품을 보면 되고, 작곡가의 음악 세계를 느끼고 싶다면 음악을 들어야 한다. 그런데 그것을 왜 굳이 영화 작품으로 접근하려 하는가. 그리고 영화는 그것을 가능케 할 수 있는가 등의 여러 문제들이 제기되지 않을 수 없다. 즉 음악, 회화, 조각, 무용, 문학 등등 영화보다 앞선 6개의 예술 장르들과 영화 사이에는 또 다른 예술 장르 문제가 개입해 있고, 이 번역이야말로 쉽지 않은 문제이며, 그것은 영화 장르의 과제임이 분명하다. 이런 난점들이야말로 예술가 영화를 관람하고 이해할 때 우리가 반드시 생각해 보아야 할 점들이라 여겨진다.

게다가 예술(가) 영화 외에도 극 중 허구적 인물인 예술가를 통해 예술적인 문제를 제기하는 영화들이 없지 않다. 이 영화들은 예술적인 문제 못지않게 사회적·역사적 문제들과 결합된 메시지를 전달하는 경우가 많다. 그도 그럴 것이 예술이란 결코 예술 그 자체로 자족적이지 않고 사회적 문제나 역사 등 인간 삶의 다양한 요소들과 연결돼 있기 때문이다. 어떤 점에서는 허구적인 예술가가 등장하는 영화들이 예술의 본질이나 예술적 세계를 더 잘 드러내기도 한다. 따라서 본고에서는 실존했던 예술가를 전기적으로 다룬 영화보다는 허구적 인물들을 통해 예술의 문제를 제기하는 영화들을 집중적으로 생각해보고자 한다.

사정이 이렇게 된 이유는, 필자가 다양한 예술 장르에 대한 이해와 지식을 결락하고 있기 때문이다. 실존했던 예술가의 삶과 예술적 세계를 다루려면 그에 걸맞은 예술 장르에 대한 이해는 물론 영화가 다루는 예술가에 대한 오랜 천착과 연구, 이해와 공감을 바탕으로 해야만 다룰 수 있고, 또 그러는 것이 온당하다. 그렇게 하기에는 필자의 지식과 예술에 대한 이해가 일천함을 고백하고 실존하는 예술가를 피하는 것이 낫겠다고 판단했다. 양해를 구할 것은 또 있다. 필자의 전공은 문학이기 때문에 문학·예술 외의 장르에는 기초적인 지식밖에 수련을 겪지 못했다. 영화 텍스트 자체만을 분석한다면 모르되, 예술(가) 영화를 이야기하면서 그 예술에 대한 이해를 갖추지 못한 상태에서 그것을 논한다는 것은 어불성설일 것이 분명하기 때문이다. 따라서 이후로 다룰 작품들은 허구적 인물을 내세워 문학과 관련된 영화 세 편을 선정해 예술의 문제를 영화적으로 담아낸 작품들을 논하고자 하는 것이다.

본고에서는 〈물랑 루즈〉를 통해 예술가 지망생과 예술의 세계를 추구하는 사람들이 예술을 추구하는 일을 가로막는 장애물(현실적 제약들)과 갈등하는 이야기를 다뤘다. 이창동 감독의 영화 〈시〉는 시라는 장르 예술 안의 진정성을 문제로 삼는다. 진정한 시와 시의 아름다움은 우리에게 널리 알려진 시인이나 시 작품들의 문제가 아니라 그것을 쓰는 과정과 삶 속에 담긴 아름다움을 포착하는 일에서의 윤리성이 뒷받침되지 않으면 안 된다는 메시지를 전달하고 있기 때문에 선정하여 다룬다. 끝으로 〈라이프 오브 파이〉는 이야기와 서사의 문제를 제기하는 작품이라고 생각해 다뤘다.

<물랑루즈>(2001)

2. 〈물랑 루즈 Moulin Rouge〉(2001): 예술가의 신념과 자본의 담론

바즈 루어만(Baz Luhrmann) 감독의 〈물랑 루즈 Moulin Rouge〉(2001)는 일종의 뮤지컬 극영화이며, 널리 알려진 노래와 춤을 삽입해 많은 사람들이 즐길 수 있도록 만들어진 대중서사다. 충분히 오락적이고 통속적이면서도 그 안에 음미할 만한 지점들을 내장하고 있는 영화이기도 하다. 춤과 대사, 노래 등 다채로운 요소들이 다중적

오페라 〈라 보엠〉(1896)

뮤지컬 〈렌트〉(1996) ▶

인 이야기와 담론들 속에 펼쳐지고, 하나의 이야기 속으로 통합되면서
도 극중극과 현실 사이를 매개한다. 이 영화는 보헤미안적 삶의 양식을
서술했던 앙리 뮈르제의 〈보헤미안 생활의 정경〉(1845)에 그 뿌리를
두고 있으며, 이 책을 토대로 극으로 개작된 작품들, 지아코모 푸치니
Giacomo Puccini의 오페라 〈라 보엠 La Bohême〉(1896)을 원전으로
삼는 20세기 말의 뮤지컬 〈렌트 Rent〉와 친연성을 갖는 작품이다.

　때는 1899년, 19세기 자본의 수도였던 파리. 크리스천(이완 맥그
리거)은 영국으로부터 예술가의 거리 몽마르트르로 찾아든다. "보헤미
안의 혁명에 합류하기 위해서" 그리고 글을 쓰기 위해서. 그는 보헤미
안이 되려는 사람답게도 사랑에 관한 이야기를 쓰려 한다. 그러나 단
한 줄도 쓸 수가 없다. 사랑을 해 본 적이 없기 때문이다. 크리스천은
아직 써야 할 이야기, 쓸 수 있는 이야기, 즉 자기 서사를 갖지 못한 것
이다. 그는 사랑과 낭만을 동경하기는 하지만, 아직 자기 서사를 갖지
못한 주체다. 그래서 그는 주저한다. 그의 재능을 발견한 난쟁이 배우
들은 그를 고무시켜 보헤미안적 생활에 관한 작품을 쓸 것을 권하지만,
크리스천은 아직 자신이 진정한 보헤미안이 아니기에 쓸 수 없다고 말
한다. 그러자 그들은 크리스천에게 "미와 자유, 진리와 사랑을 믿느냐"
고 묻는다. 그가 사랑만큼은 믿는다고 말하자, 그로써 그들은 크리스
천이 보헤미안의 자식임을 확인한다.

　댄스파티의 와중에 개입한 난쟁이 툴루즈(존 레귀자모) 때문에 새
틴(니콜 키드먼)은 크리스천을 듀크로 '오인'하게 되고(그래서 사실상
그 자신의 숨겨진 욕망을 실현하게 되고) 공작을 만나기 전 크리스천과
먼저 만나게 된다. 그리고는 작가 크리스천과 사랑에 빠져 버린다. 하
지만 새틴은 자신이 사랑 같은 건 할 수 없는 존재라고 말한다. 이 지
점에서 보헤미안 작가 크리스천과 여배우 새틴 사이에 논쟁이 일어난

다. 만인의 연인, 타자들의 판타지용 소모품인 그녀는 사랑을 거절한다. 그 자신이 타자의 욕망에 귀속돼, 타자들의 욕망의 장에서 자신의 육체−존재를 환금 가능성으로 다루려는 한, 그녀는 진정한 자유나 사랑을 할 수 없는 존재이다. 이것이 사랑에 관한 영화들에서 타자들이 사랑의 주인공들로 자주 등장하는 이유이기도 하다.

듀크는 자본가의 형상이다. 그가 귀족(Duke)이자 극장의 진짜 주인인 것은 타인들이 욕망하는 대상(화폐와 권력)을 소유했기 때문이다. 그는 이 영화에서 (화폐)소유자의 형상이며, '빛나는 다이아몬드'(황금과 여자)에 가장 가까이 접근해 있다. 확실히 그는 극장에서 욕망하는 자이자, 욕망 극장의 주인−자본가다. 그 이야기−극장에 자본을 투자했기 때문이며 따라서 극장을 좌우할 힘을 가졌기 때문이다. 이제 극장에서 상연되려는 이야기에 그는 돈을 통해서 자기 권력을 행사하고, 급기야 이야기를 좌지우지하려고 한다. 돈과 자본의 서사(이윤창출의 내러티브)가 이제 극장과 극 속에서 **보헤미안**의 서사(사랑의 서사)와 충돌한다.

듀크의 관심은 '과정'이 아니라 '결말'에 있다. 그는 성급하게 결말을 묻는다. "그래서 끝은 어떻게 끝나는 거지?" 그에게는 이야기의 종말, 끝이 어떻게 되는가 만이 중요하다. 그에게 과정은 지루한 것이자 관심 밖의 일이다. 경제적 인간에게 과정이란 그다지 경제적이지 않은 것이다. 종종 과정에 의해서 결말의 의미가 바뀐다. 그러나 듀크에겐 결말이 과정을 규정한다. 투자자에게 '의미' 따위는 아무런 '의미'도 없다. 그는 결말(산출물, output)만을 믿는다. 빠른 시간에 효과적으로 스토리를 장악하는데 이야기의 결말을 아는 것처럼 경제적인 방법도 없을 것이기는 하다. 그래서 그는 아무것도 알지도, 누리지도 못한 채 이야기에 참여한다. 거기서 그의 권력은 불완전한 권력이다. 자본가, 투자자로서 가장 최고의 권력자이면서도 이야기(극)에서 가장 소외된 존재가 바로 듀크다. 그는 노래에 관해서도, 극에 관해서도, 이야기에 대해서도 알지 못한다. 하지만 그에게는 별 상관이 없을 것이다. 다름 아닌 그가 바로 극장의 주인이니까! 이야기의 세계가 어찌 되든 극장만이 확실한 것이라 믿는 사람은 역시 보헤미안은 아니다. "보헤미안이 아무리 다양하다고 해도 그들의 삶의 방식을 하나로 묶어주는 공통의 요소가 있다. 그것은 바로 부르주아적 가치에 대한 거부다."

난쟁이들에 의해 크리스천을 듀크로 착각한 새틴은 크리스천에게 육탄공세를 퍼붓는다. 크리스천은 그 난감한 상황을 벗어나기 위해 새틴에게 노래를 불러준다. 그것은 크리스천이 세속적 욕망에 나포된 쾌

보헤미안

"16세기부터 불어로 '보헤미앙 bohemien'이란 단어는 '집시'를 의미했다. 그것은 집시들이 보헤미아에서 흘러왔다는 프랑스인들의 그릇된 신념 내지는 착각에서 비롯된 것이다. 어쩌면 집시는 지구상의 어딘가에 존재하는 현실인이라기보다, '사회와 격리된 채 자연을 따라 떠돌며 자유와 무소유를 만끽하는 신비롭고 특이한 존재'라는 우리들의 공통된 상상력의 산물이다. 보헤미안은 환상과 현실의 경계가 없을 정도로 자유분방한 집시를 쏙 빼닮기도 하고 또한 전혀 다르기도 하다. 이 보헤미안이 적어도 프랑스에서는 19세기 파리의 라틴 지구에 몰려 사는 젊은 예술가와 반항아들을 지칭하는 용어로 자리매김을 했다. (…) 보헤미아는 중앙유럽에 위치한 유서 깊은 지역이다. 그것은 현재 체코공화국이 된, 전통적인 서부 체코슬라바키아의 2/3를 차지하고 있다. 포괄적인 의미에서 보헤미아는 과거의 역사적인 보헤미아 왕국(1212~1526년)의 전성기처럼, 모라비아와 슐레지엔을 포함하는 체코의 전체영역을 통틀어 가리킨다. (…) 오늘날의 보헤미안이란 용어는 그가 어떤 언어를 사용하고, 어떤 도시에 거주하든지 이를 불문하고, 일종의 문화적인 집시로 묘사된다." 김봉래, 《파리의 보헤미안과 댄디들》, 새문사, 2010, pp.13~20.

〈물랑루즈〉 크리스찬

〈물랑루즈〉 새틴

락주의자가 아니라 꿈과 낭만적 담론의 주체적 형상이라는 점을 말해준다. 새틴이 공작과의 '거래'를 떠나, 크리스천에게 사랑을 느끼기 시작하는 대목도 여기에서부터다. 그녀는 고달픈 현실주의자지만 크리스천이 불러주는 노래 속에서 세상을 아름답고 살만한 것으로 느낀다. 잠깐의 몽상일지라도 그것을 가능케 하는 것은 예술과 낭만의 영토에서 사는 작가, 크리스천이 불러주는 노래 속에서다. 그녀는 다음 장면에서 그가 '듀크'가 아니라 '작가'에 불과하다는 사실을 알게 되지만, 이미 크리스천과 사랑에 빠져버렸다. 게다가 곧이어 들이닥친 듀크 때문에 크리스천과 새틴은 한편이 돼 듀크를 속이는 연기를 한다. 듀크에게 다른 남자와 함께 있었다는 것을 들켜서는 안 되기 때문이다. 새틴은 현실적인 이유로 듀크가 필요하지만, 상황은 이미 크리스천과 새틴을 커플로 만드는 쪽으로 전개되고 있다.

크리스천과 함께 있는 장면을 들키지 않기 위해 듀크에게 극의 리허설 중이었다는 거짓말을 하고, 여기에 지들러와 난쟁이들(배우들)이 가세하면서 그들은 듀크에게 극의 투자를 요청한다. 여기서 듀크는 영화제작자 혹은 투자자인 셈이다. 무슨 내용의 극이냐는 듀크의 말에 그들은 즉흥적으로 극의 내용을 꾸며댄다. 이 사람 저 사람이 한마디씩 거들어 형성되는 '시타 악사와 창부의 사랑 이야기'는 그들이 공연하게 될 극의 내용이자 이들 모든 사람이 처해있는 '현실—극'이기도 하다. 인도를 배경으로 왕—권력자(듀크)와 시타 악사(크리스천)가 창부(새틴)와 사랑을 두고 펼치는 극의 내용은 어느 먼 나라, 동화 속의 이야기가 아니라 바로 그들이 처한 현실에 대한 알레고리—극이다.

듀크는 새틴에 대한 자신의 욕심을 채우지 못하게 되자 지들러에게 불평을 일삼고, 지들러는 새틴에 대한 듀크의 환상을 자극하려 한다. 달리 말해 지들러(경영자)는 듀크(투자자)를 설득하려는 것이다. 마돈나의 '라이크 어 버진 Like a Virgin'이란 노래를 부르면서 그는 새틴이 듀크에게 첫날밤을 바치는 마음으로 기다리고 있다고, 새틴에 대한 듀크의 소유욕을 자극하고 환상을 공급하려 한다. 그러나 새틴이 앓아 눕는 탓에 듀크의 요구는 이루어지지 못한다. 새틴은 폐결핵으로 죽어가고 있다. 그녀의 폐는 더 이상 회복 불가능하다. 그럼에도 이 사실은 새틴 본인에게도 숨겨진다.

새틴과 크리스천은 서로 사랑하지만 그들이 개입해 있는 상황, 듀크의 요구 때문에 원만한 사랑을 지속할 수 없다. 이러한 상황 속에서도 그들의 러브송이 적절히 삽입돼 뮤지컬 영화다운 재미를 제공하며 이야기가 진행된다. 그러나 두 사람의 사랑을 시기하던 동료 여배우의 고자질로 듀크 또한 상연될 극이 다름 아닌 자신과 크리스천의 이야기라는 점을 알아차리게 된다. 그래서 듀크는 극의 결말을 바꾸도록 지들러에게 지시한다. 그는 자신의 힘으로 이야기를 바꿈으로써 이야기 속에서도 자신이 승리하기를 바란다. 그는 상상적 상징망인 극 속에서도 자신이 지는 것을 용납할 수 없다. 극은 단지 상상 속의 허구만이 아니며, 이야기는 현실의 반영이자 현실을 바꾼다는 것, 현실과 교호하면서 만들어진다는 점을 알게 된 것이다. 극 중의 이야기에서 새틴을 차지한다는 것이 현실에서의 새틴을 차지하는 것과 무관하지 않다는 것, 상상은 상징이며, 상징은 곧 현실이라는 것. 여기서 극-이야기와 현실의 구분이 문제가 될 수 있다. 이야기는 비록 극장에서 상연되지만, 이야기의 세계는 상상과 허구의 세계일 뿐이며 현실-세계(극장)만이 확실한 세계라고 주장할 수 있다. 하지만 이야기와 현실은 생각만큼 명확히 구별되지 않는다.

듀크에게 몸을 허락하기 위해 듀크와 함께 있던 새틴은 끝내 듀크에게 자신을 허락하지 않는다. 이미 그녀는 현실주의자가 아니라 자신의 내면에 현전하는 사랑을 따르는 주체가 돼 버렸다. 듀크는 새틴을 강제로 겁탈하려 하지만 새틴을 보호하는 대머리 배우의 도움으로 빠져나와, 크리스천에게 달려가고 그와 함께 멀리 도망치려 한다. 그러나 듀크는 극의 결말을 자기식으로 만들고, 극과 상관없이 크리스천을 죽이려 한다. 소유와 질투에 휩싸인 광기. 극에서나 현실 모두에서 이기려는 욕심.

자신이 머지않아 병으로 죽게 될 것을 알게 된 새틴은 크리스천을 찾아가 자신은 듀크를 선택했다며 크리스천에게 이별을 고한다. 극장을 위해서나 출세를 위해서도 자신은 듀크를 선택할 수밖에 없다는 것이다. 물론 그것은 크리스천을 살리기 위한 거짓말이다. 툴루즈 역시 크리스천에게 그녀는 너를 사랑한다고 말해주지만 크리스천은 그녀의 사랑에 의구심을 갖게 된다. 결국 그는 그녀의 사랑을 확인하기 위해 극이 진행 중인 극장으로 달려간다. 극장에서는 이제 그들이 꾸며냈던 극, 시타 악사와 창부 이야기가 스펙터클하게 펼쳐지고 있다. 새틴은 힘겨운 체력으로 공연을 하고 있고, 듀크는 그 공연, 즉 자신이 승리할 이야기에 열중해 있다.

한편, 극장에 몰래 숨어든 크리스천은 무대 뒤에서 새틴에게 사랑의 진실을 말할 것을 다그치며, 듀크처럼 자신도 돈을 지급하겠다고 말한다. 새틴이 듀크의 돈에 팔려 자신과 사랑을 배신했다고 생각하는 그는 그녀와의 사랑의 시간을 화대로 지불하려 한다. 크리스천의 극장 침입을 눈치챈 듀크의 심복 '워너'는 크리스천을 죽이려 하고 그 와중에서 그들은 그만 극이 진행 중인 무대 위로 등장하게 된다. 그러나 지들러의 기지로 그들의 등장은 마치 짜인 각본대로 움직이는 것처럼 위태로운 연기를 이어가는데, 관객들은 그것이 연출된 극인지, 실제 현실 속의 이야기인지 구분하지 못한다.

여기서부터 이제 극은 더 이상 실제 현실과 구분되지 않는다. 그들은 연극을 하는 것도 아니고 실제를 펼치는 것도 아니다. 혹은 연극을 하고 있으면서 실제로 이별을 하고 또 재회를 하는 사랑을 하고 있다. 그러므로 여기서 연극(가상)과 실제(현실)는 더 이상 구분이 명확하지 않으며 하나로 합쳐져 구별되지 않는다. 연극과 현실이 분리되지 않고 서로 삼투하고 얽혀서 구분되지 않는 지점. 이제 연극이 사랑이 되고, 사랑이 바로 연극이다. 이들이 나누는 대화는 짜인 각본의 연출이 아니라 자신들의 이야기 그 자체가 된다.

이것이 바로 연극의 특징이다. 영화나 영상텍스트, 그리고 "쓰기에 의해 고정된 담화로서의 텍스트"(리쾨르)에서 독자가 극에 참여할 수 있는 지평은 전적으로 해석적 수용의 차원에 머문다. 대개, 독자는 수용적 감상 행위와 해석적 행위를 하지 그 공연-행위(작품의 구성)에 직접 가담하지는 않는다. 그들이 작품을 통해 텍스트가 지시하는 의미의 지평 안으로 들어서든, 혹은 어떤 메시지를 전달받아 새로운 해석을 열어내든 그것은 일차적으로 작품의 내부는 아니다. 즉 관객은 작품의 구성에는 직접 참여할 수 없다. 그러나 연극은 비록 그들이 수동적으로 연극을 관람하고 있다고 하더라도 극의 요소이다. 익히 알려졌다시피 연극의 구성요소에는 관객의 자리가 있다. 이는 무엇을 의미하는가? 관객은 이야기의 진행에 아무런 참여도 하지 않는데 왜 연극에 참여하고 있는가? 그것은 극이 극의 장에서 발생하는 일회적 공연이기 때문이며, 연극이 거기서 벌어지고 있다는 사건적 성격 때문이다. 따라서 연극은 하나의 사건이 펼쳐지는 사건의 장이기도 하다.

무대 위에서 크리스천은 새틴에게 화대를 지불하고 객석 사이로 걸어 나간다. 관객들이 구경하는 서사는 어느덧 극과 현실의 경계를 허무는 포스트모던한 실험극이 돼 있다. 그 순간 난쟁이 툴루즈가 헛발을 디디며 무대장치에 매달려, 잊고 있었던 자신의 대사를 크게 외친다. "인생에서 가장 위대한 건 누군가를 사랑하고 또 사랑받는 거야!" 보헤미안의 대사이자 크리스천 자신이 극을 만들며 직접 쓴 대사였다. 새틴은 객석 사이로 걸어가는 크리스천의 뒷모습을 바라보며 애절하게 내게로 돌아오라는 노래를 부른다. 이 노래가 계획된 것이었는지 즉석

<물랑루즈>(2001)

에서 새틴이 부르는 노래인지 그것은 알 수 없다. 이미 현실과 극의 구분은 불가능하다. 퇴장하려던 크리스천은 이 노래에 대한 화답가를 부르면서 다시 새틴에게 다가가 둘은 사랑의 대화이자 노래인 듀엣송을 주고 는다. 이로써 이들의 사랑은 해피엔딩으로 마무리되는 것처럼 보인다. 그러나 다음 순간 새틴은 폐병으로 쓰러지고 모두가 지켜보는 가운데 숨을 거두고 만다.

그리고 이제 크리스천은 이 모든 이야기를 글로 쓰기로 한다. 그것은 새틴의 유언이기도 했다. 새틴은 말한다. "우리 이야기를 글로 써. 그러면 우리는 영원히 함께 있을 수 있을 거야." 그녀는 죽고 둘은 헤어지지만 그들과 그들의 이야기는 이야기 속에서 영원히 살아 있을 수 있다. 이야기가 반복돼 공연되고 읽히기 때문만은 아니다. 사랑하는 모든 사람들, 그리고 이 이야기를 경험하는 이들은 바로 그들의 이야기 속에서 자신들의 사랑과 인생의 이야기를 꿈꾸거나 혹은 발견하게 될 것이며, 그들 자신이 바로 크리스천이자 새틴이라는 것을 깨닫게 될 것이기 때문이다.

이 영화—서사가 사랑(새틴)을 잃고 난 뒤에 자신의 사랑 이야기를 들려주는 형식으로 전개되고 있다는 점을 잊지 말자. 이 영화는 사랑에 관한 이야기이자 이야기에 관한 이야기다. 영화의 마지막 장면, 크리스천은 타자기 앞에 앉아 이야기를 마무리한다. 그가 하는 이야기의 끝이 곧 이 영화 <물랑 루즈>의 끝이다. "그렇게 세월이 흘러가던 어느 날 '나'는 문득 타자기 앞에 앉아 글을 쓰기 시작했다. 내 젊은 시절에 그곳에서 만났던 사람들의 얘기를…. 그러나 무엇보다도 이건 사랑에 관한 이야기다. 영원히 변치 않는 사랑의 이야기. The end." 그러나 이는 끝이 아니라 시작의 장면과 순환한다. 언제나 하나의 이야기의 끝은 새로운 이야기의 시작과 맞물린다. 남는 것은 이야기들을 해석을

통해 자기 삶으로 가져오는 것이다.

3. 〈시〉(2010): 아름다움과 타인의 진실

〈시〉(2010)

영화 〈시〉(이창동, 2010)는 비정하게 흐르는 강물과 강변에서 무심하게 놀고 있는 아이들, 강물에 떠내려온 익사체를 보여주면서 시작한다. 이 오프닝 시퀀스의 '강물, 아이, 시체'는 영화의 전개와 주제를 압축적으로 제시한다. 강물은 불가역한 시간의 이미지를 보여주면서, 늙음이나 병고, 인생 등 삶의 불가피성을 제기한다. 물살에 떠내려오는 시체를 무심하면서도 기이하게 바라보는 아이의 뒷모습은 사람들 사이의 거리, 인간과 인간 사이에 어쩔 수 없이 존재하기 마련인 얇은 막(inframince)을 암시한다. 교복을 입은 여중생의 시체는 이후로 전개될 서사 전체의 주제를 예고한다. 이 얼굴 없는 한 사람—소녀의 죽음과 관련돼 영화의 서사가 진행될 것이다. 그것은 기대가 아니라 도리어 알 수 없는 어떤 불안감을 안겨준다. 하지만 우리는 이 영화의 피날레 전까지 그 시체의 얼굴을 확인할 수 없을 것이다. 그 소녀의 얼굴에 양미자의 삶을, 우리가 망각해버린 얼굴들을 환치할 수 있을 때까지 우리는 이 불편한 이미지와 서사들을 따라가야만 한다.

'같은 강물에 두 번 발을 담글 수 없다'는 아포리즘처럼 〈시〉는 인간의 힘으로 어쩔 수 없는 불가역성의 문제들을 제기한다. 실로 이 영화는 생물학적 몸을 지니고 산다는 필연성에서 오는 온갖 제약들로 포진돼 있다. 팔 저림 증세를 호소하기 위해 병원을 찾은 양미자는 치매 초기증세인 단어 섬망증을 드러내고 '큰 병원으로 가보라'는 예진(豫診)을 받는다. 미자가 간병인 노릇을 해주고 있는 '김노인'(김희라) 역시 늙고 병들어 타인의 보살핌을 받아야 하는 처지의 인물이다. 영화 곳곳에서 보이는 죽음, 사고, 늙어감, 병듦의 모습들은 불가역적 세계와 그 속에 놓인 인간의 한계들을 보여준다. 삶이 우리에게 선사하는 조건들, 존재의 필연성과 더불어 나의 의지를 거스르는 조건들은 이 영화의 또 다른 주인공이다. 존재의 유한성, 나의 통제를 넘어서는 모든 것들, 비의지적인 것들은 삶의 조건이나 인간 존재의 피구속적인 모습, 삶의 생얼을 보여주고 있다.

그녀에게는 어떤 이유에서인지 남편이 없다. 먼저 죽었기 때문일까? 아니면 이런저런 이유로 헤어지게 된 것일까? 짐작할 수 있는 것은 미자의 "솔직한 말로 내가 팔자가 좀 셌죠"라는 대사뿐이다. 그녀는 오랫동안 딸과 떨어져 홀로 지내왔던 것으로 보인다. 미자의 딸 역시 이혼하고 아이를 엄마 미자에게 맡겨둔 채 객지에서 힘겨운 생활을 하고 있다. 게다가 미자는 늘그막에 치매까지 발병하게 됐다. 그런데도 자신의 치매 병세보다 차라리 손자의 합의금(위자료)에 내야 하는 돈 500만 원을 마련하는 것이 더 커다란 문제다. 그녀는 돈 500만 원을 마련하거나 빌릴 수도 없는 처지다. 그것이 단적으로 그녀 삶의 형편을 보여주는 상황이다.

미자는 병원에서 나오는 길에 딸을 잃고 넋이 나간 엄마의 모습을 본다. 소녀의 엄마를 바라보는 사람들의 시선은 무관심도 아니고, 그렇다고 남의 불행을 가십거리로 삼는 저속한 관심도 아니다. 그런 것을 '관심의 무관심'이라고 할 수 있을까? 눈앞에 벌어진 사건-풍경을 보기는 하지만 그 안으로는 걸어 들어가지 않는 태도다. 그것은 타인의 불행에 저만큼 떨어져서 바라보는 사람들의 거리와 몸짓, 구경꾼들을 헤치고 경적을 울리며 지나가는 택시 등에서 아주 미묘하게 드러난다. 미자는 도착한 간병인의 집 1층 슈퍼에서 죽은 소녀에 관해 묻지만 사람들은 그녀의 발화 자체를 아예 듣지도 못한다. 그러나 미자는 한 소녀의 죽음, 소녀 엄마의 절망이나 상실감에 관심을 둔다. 저녁때 손자 '종욱'(이다윗)에게 "어떤 애인지, 왜 자살했는지, 앞길이 구만리 같은 애가 왜 그랬는지" 궁금해하며 묻는다. 비록 돌아온 것은 "나 걔 잘 몰라요"라는 대답뿐이었지만, 이것은 타인의 삶과 사연에 깊이 동감하는 관심이고, 미자가 다른 인물들과 구별되는 지점이다.

미자가 갖는 타자의 죽음에 대한 관심은 망각과 기억의 윤리로 연결된다. 기억하는 것은 고통이고 망각은 편리하다. 망각할 수 있는 것도 일종의 힘이며, 새로운 삶을 창안하기 위해서는 과거를 잊어야 하지만, 자신의 생존을 위해서, 보다 편리하고 가벼운 삶을 위한 망각이 비윤리적일 수 있다는 것을 영화는 미자를 통해 보여준다. 사실, 이 영화에서 소녀의 죽음을 기억하고 애도하는 사람은 거의 없다. 소녀를 추도하는 천주교회의 위령미사가 있기는 하지만 그녀는 거기에 잠깐 밖에는 앉아 있지 못한다. 자신의 미사 참석이 손자의 행위가 드러나게 만드는 행동이 될까 우려했기 때문일까? 아니면 자살까지 도달해야만 했던 소녀의 심정이 너무도 가슴에 와 닿아 그 자리에 앉아 있을 수 없었기 때문이었을까? 미자는 소녀의 죽음, 소녀가 겪었을 그 고통에 공감하기 시작하지만 이와 대조적으로 사람들은 소녀의 죽음을 진지하게 대하지도 않고, 소녀를 추모하지도, 기억하지도 않는다. 소녀를 죽음으로 몰아간 소년들의 부모들, 학교의 선생들, 경찰들이나 기자, 심지어 희진의 엄마조차도 그녀를 애도하지 않는다. 자기 딸의 죽음의 원인을 알면서도 경찰에 신고하지 않은 것은 그 아이들을 용서해줬기 때문인 것으로는 보이지 않는다. 어차피 돌이킬 수 없는 딸의 죽음에 위자료라도 챙기는 편이 낫다는 계산에서였을까? 그녀는 결국 딸의 죽음을 팔아먹은 것인지도 모른다. 희진의 죽음을 단지 수습과 타협의 테이블로 끌어들이는 냉담한 교감, 학부모, 기자 등과 그녀의 엄마가 크게 다르지 않다는 것이 드러난다. 미자가 학부모들과 희진의 엄마가 함께 앉아 있는 모습을 보고 놀라 자리를 떠나는 것도 희진의 엄마까지 합세한 담합에 경악하기 때문일 것이다.

반면 미자는 학부모들에 떠밀려 희진의 엄마와 협상에 나서게 되지만 자기 임무는 잊어버린 채 날씨, 경치에 대한 찬탄이나 이런저런 다른 이야기만 나누다가 돌아온다. 알츠하이머 증세 때문에 일어난 순간적인 망각이었던 것 같다. 하지만 어쩌면 소녀의 죽음을 수습과 타협으로 다뤄야만 하는 상황을 피하려는 무의식적 의식은 아니었을까? 거기서도 미자는 새소리를 듣고 즐거워하며, 경치에 찬탄하고, 떨어진 살구를 보며 "살구는 스스로 땅에 몸을 던진다. 깨여지고 밟힌다. 다음 생을 위해"라고 메모한다. 그것은 자신의 운명에 대한 예감이자, 짓밟힌 소녀의 진실을 시상으로 포착한 것이리라.

미자는 소녀의 죽음에 대해, 그 아이가 죽음을 선택할 수밖에 없었을 내면적인 고통에 감응한다. 한 소녀의 죽음에 관심을 가지고, 소녀의 죽음을 기억하고 애도하면서 점점 그 소녀의 고통과 내면에 심리적 동일화를 일으킨다. 그럴 때, 미자는 도저히 소녀의 절망과 고독, 죽음을 묵과할 수 없었고, 학부모들처럼 그렇게 '처리'해 버릴 수 없었다. 그녀는 희진이 성폭행을 당했다는 학교 과학실에 가본다. 학교 운동장에서 시상 노트에 "새들의 노랫소리 무엇을 노래하나"라고 쓴다. 아마 우리는 새들이 무엇을 노래하는지 절대 알 수 없을 것이다. 우리는 타자의 진실을 알지 못한다. 소녀의 고통과 절망, 타인의 숨겨진 진실에 쉽게 다가설 수 없다. 하지만 미자는 소녀에게 점점 더 가까이 다가가며, 그녀의 삶과 고통 속으로 공명해 들어간다.

그 말은 미자가 타인의 고통에 대한 상상력이 풍부하다는 뜻이며, 시를 쓸 수 있는 기질이란 이와 멀지 않다. 이것은 고통 받는 타자의 얼굴을 발견하는 능력과 시 쓰기가 별개의 것이 아님을 말해준다. 모든 상황을 고려할 때, 미자가 '고통받는 타자'에 예민한 사람이라는 것을 의심하기 어렵다. 소녀가 몸을 던진 강가에 가서 앉아 있다가 김 노인에게로 가 그를 위해 정사를 치러주는 것도 그녀가 타자의 처절한 진실을 더욱 깊이 이해하기 시작했기 때문일 것이다. 나아가 그에게 거침없이 500만 원을 달라고 요구했던 것은 김 노인이 500만 원을 줄 수 있는 형편의 사람이기도 했고, 그 외에는 다른 방도가 없기도 했지만 '당신도 타자의 절실함에 공감할 줄 알라'는 어떤 절규였을지도 모른다. 타인들의 화목한 가족 회합을 뚫고 들어가 시상 노트에 "오백만 원만 주세요"라고 꾹꾹 눌러쓴 그 절규야말로 미자의 시였다.

〈시〉(2010)

그런데 그녀는 왜 갑자기 '시'를 배울 마음을 먹었을까? 그저 우연히 시 강좌의 포스터를 보게 됐고, 고작 50년 전 선생님이 하신 말씀 때문이라고 한다. 하지만 그녀의 시 강좌 참석의 이유가 과거, 어린 시절 선생님의 한마디 말과 연결돼 있다는 것은 앞서 언급한 삶-시간의 불가역성이나 기억의 문제를 상기한다. 미자가 '내 생애 가장 아름다웠던 순간'이라는 주제에 관해 말하는 어린 시절의 일화 역시 '돌이킬 수 없는 과거'와 결부돼 있다. 따라서 그녀의 시 쓰기는 삶의 불가역성에 맞서 생을 긍정하고 아름답게 재인식하기 위해서다. 그녀가 자신의 시 쓰기 동기를 어린 시절과 연관 짓는 것은 돌이킬 수 없는 시간-삶을 시라는 장르 예술, 아름다움을 추구하도록 허용하는 미학적 형식을 통해 완성하려는 욕구 때문이다.

이를 다른 말로 하자면 아름다움에 대한 갈구라 할 수 있다. 인간은 누구나 아름다움을 경험한 바 있으며, 지금도 경험하고 있고, 그것을 아름다움으로 느낄 줄 안다. 아름다움은 주관적인 것이지만 거기 보편성이 없지 않다. 하지만 아름다움은 거저 얻어지지 않는다. 김용탁의 말처럼 "찾아가서 빌어야 한다." 그것은 우리 삶에 너무도 가까이, 심지어 설거지통에도 담겨 있기 때문에 그것을 다시금 발견해낼 수 있는 눈-의지를 필요로 한다. 말하자면 아름다움을 아름다움으로 재인식해내는 일이 필요하다. 그것이 사람들이 시를 쓰려는 이유고, 시-쓰기를 통해 아름다움을 발견하고 느끼며 그것을 나누려는 이유다. 그런데 시-쓰기의 영토, 아름다움을 추구하는 삶을 살려는 영역에서조차도 무심하고 낯선 타인들이 있다. 그들은 다름 아닌 시인들이다.

시사랑회원들과의 뒤풀이 자리에서 만나는 김용탁(김용택) 시인과 후배 '황명승'(황병승)과의 합석 자리에서 시를 쓰는 전문가인 시인들과 시를 쓰려는 양미자 간의 대조가 드러난다. 시강좌의 선생 '김용탁'은 후배 '황명승'에 대해 감성이 뛰어난 시인이며 파격적인 시를 쓰는

〈시〉(2010)

시인이라고 소개한다. 그러면서 그가 썼다는 "죽은 지 한 달이 된 고양이 같은 하늘빛"이라는 구절을 극찬한다. 시는 지시하려는 것과 지시되는 것 사이의 결합을 통해 신선한 충격을 유발하고 거기서 의미나 아름다움을 창안하는 양식이다. 실제 현실에서 죽은 지 한 달 된 고양이의 사체는 그저 구더기가 들끓다가 끔찍한 악취와 혐오스러운 형해로 일그러져 역겨움을 불러일으키는 오물에 지나지 않을 것이다. 그러므로 황명승의 구절은 일종의 '사이비 진술 pseudo-statement'이다. 그러나 이것이 시적 진술이 되는 순간, 그것은 사실성의 차원을 뛰어넘어 언어적 낯설게하기를 통해 감성적 충격을 유발한다. 그것은 읽는 이들에게 아름다움으로 경험될 수 있다. 그런데 왜 이 비유, 두 대상의 폭력적 결합은 아름다움으로 경험되는가? 새로운 시선으로 사물의 진실을 캐냈고 그것을 언어적으로 포착했기 때문에? 아니다. 사물과 일상에 숨겨진 관계를 그처럼 보아낼 수 있었던 주체의 절실함, 그렇게까지 바라볼 수 있었던, 어떤 경계에까지 내려가야만 했던 주체의 삶과 진실에 시 구절을 통해서 우리가 감응하기 때문이다. 언어적 충격이나 의미의 확장은 그 다음의 일이다. 아름다움은 시 구절을 통해 발견하게 되는 주체의 간절한 진실과 그렇게 살아낸 흔적을 우리가 감지하고 그것을 수용할 수 있을 때만 아름다움으로 경험되는 것이다. 만일 그런 연결이 설익은 포즈에 그치거나 절실함과 진정성을 보유하지 못할 때 그러한 구절은 정말 '사이비 진술'로 전락하고 말 것이다.

양미자는 시를 쓰고 싶어 하면서도 어찌 된 일인지 황명승이나 황명승의 시 구절에는 전혀 관심을 보이지 않는다. 그녀는 그 말에 주목하지 않고 곧바로 김용탁에게 "선생님, 시를 어떻게 하면 쓸 수 있어요?"라고 물으며, 시 쓰기가 너무 어렵다고 토로한다. 그녀는 시 창작법을, 시를 창조하는 어떤 '비결'을 묻고 있는가? 아니다. 그녀는 자기 삶에서 발견한 어떤 감정과 그것을 언어적으로 표현하는 것 사이의 간극에 대해 질문하고 있다. 자신이 직접 경험하고 느낀 것과 그것을 시적으로 언어화하는 것 사이의 '괴리'로 생기는 곤혹스러움을 토로하는 것이다. 양미자는 얼마나 멋진 구절이 완성됐는가가 아니라 그것이 자신의 삶과 가슴으로부터 나온 것이냐를 문제 삼고 있다. 그래서 양미자에게 시 쓰기란 쉽지 않다. 양미자가 시 쓰기를 어려워하는 것은 자기의 마음 속에 정말로 들어온 것, 현현한 것만을 시로 쓰려고 했기 때문이다. 그녀는 "누구나 가슴 속에 시를 품고 있다는 것"을 믿으며 "가슴 속에 갇혀 있는 시가 날개를 달고 날아오를 수 있기"를 기대하고 있는 듯하다. 얼마나 아름다운 구절을 창조했는가가 아니라 어떻게 그 구절을 창조자 자신의 삶과 존재로부터 길어 올릴 수 있는가만이 그녀에게는 중요했다. 문제는 이처럼 화려한 구절이 말하는 거짓 아름다움에 속지 않는 일이다. 아름다움은 시 속에(만) 있는 것이 아니며 삶과 동떨어져 홀로 생성되는 것이 아니란 점이 이 영화가 가르쳐주는 주된 메시지다.

자기 삶과 자기 가슴으로부터 날아오르는 시 쓰기가 아니라면 그 어떤 멋진 구절도, 아무리 탁발한 시적 창조도 모두 하나의 껍데기 진술, 삶이나 자신과는 아무런 상관도 없는 말장난에 지나지 않기 때문이다. 그것은 아름다움을 찾는 시의 세계, 시적 진실의 영역에서는 차라리 '언어 모독'에 해당한다. 말을 아름답게 하고, 말을 통해 진실과 아름다움을 추구하는 일을 전문적으로 수행하는 이들이 그 누구보다 더 심각한 언어의 기술적 사용과 모독을 일삼을 수도 있다는 점이 여기서 드러난다.

양미자의 시 선생 김용탁은 "시가 죽어가는 시대"라고 한탄한다. 그러나 양미자에게 그런 진단은 도무지 쓸데가 없다. 이미 그 자신이 시를 쓰(려)고 하고 있고, 시를 쓰는, 아름다움을 발견하려는 삶을 살고 있는데 남들이 시를 쓰지 않거나 읽지 않아서, 그래서 시가 죽어간다는 것이 도대체 무슨 상관이란 말인가? 시의 유통량이 줄었을 수는 있지만 사람들이 삶 속에서 아름다움을 경험하고, 시를 통해 진실을 추구하도록 허락하는 시의 세계, 아름다움의 세계는 여전히 아무런 미동도 없다.

우리는 누구나 일상에서 어떤 감정을 경험하고 때로 아름다움을 경험한다. 그것은 주관적 진실과 상대적인 아름다움이다. 그것을 언어로 포착하고 다른 이에게 가닿을 수 있는 구절로 만드는 것은 감상을 느낀 주체의 절실한 감정과는 별개의 문제일 수 있다. 여기서 그러한 아름다움의 세계를 발견하고 그것을 언어적으로 포착할 수 있도록 이끌어 줄 스승—도반으로서의 시인들이 필요하다. 그런 소임을 맡은 사람들이 시인들이다. 앞서 아름다움의 세계를 경험했으며 그 세계에 대해 알고 있는 자들의 특권이자 소임이라고 할 수 있을 것이다. 그가 시인인 것은, 그가 시인이라는 계관을 쓰고 미의 사제로 대접받을 수 있는 것은 전적으로 시의 세계가 그에게 열어 보여주고 은총처럼 허락한 시의 계시 때문이다. 그 아름다움을 경험했기 때문에 그는 시 짓는 일을 그만 두지 못하는 것이고, 시가 거주하는 사원의 사제를 맡게 된 것이리라. 그렇다면 시의 사원에 들어서는 자들 앞에서 그는 경건해야 하고, 자중 해야 한다. "시를 모독해서 죄송합니다. 반성하겠습니다"라는 박경사 의 진술은 그 영화 속의 시인들이 해야 할 말이다. 시인도 아닌 사람이 시에 대한 모독에 사과하는 아이러니, 삶이 시인 사람이 시를 쓰는 시 인에게 시 창작법을 묻는 역설. 미자의 처지와 거기서 시를 통해 아름 다움을 재현하려는 그녀의 진정성을 생각해 볼 때 시가 죽어가는 시대 라는 엄살은 얼마나 호사스러운 것인가?

따라서 시를 쓰는 것은 불가능하다. 사물을 보고 거기서 느낌을 받 고 그것을 시 장르적 형식에 맞추어 적는 일, 그것은 이 영화에서 말하 는 '시-쓰기'가 아니다. 미자는 소녀가 빠져 죽은 장소에 가본다. 그곳 에서 그녀는 한참 슬픈 얼굴로 앉아 있다. 소녀의 죽음과 타자의 절실 한 고통을 언어로 적기란 결코 쉬운 일이 아닐 것이다. 그때 그녀가 들 고 다니는 시상노트에 빗방울들이 떨어진다. 빗방울들이 생의 음표들 을 그려낸다. 그것이 바로 이 영화가 말하는 시-쓰기다. 하지만 그녀 는 그 노트에 500만 원을 달라고 쓸 수밖에 없었다. 그런 요구조차 그 녀의 삶 속에서는 시가 됐다. 처절하고 슬프지만 그래서 아름답다. 왜 냐하면 우리가 미자의 진실에 대해 알았기 때문에, 그녀의 삶을 이해하 고 공감했기 때문이다. 영화의 마지막에 양미자가 제출한 시, 그리고 소녀의 나레이션으로 겹쳐지는 그녀/들의 시가 훌륭한지 아닌지 하는 것은 전혀 중요하지 않다. 그 시 구절을 들으면서 별 것 아닌 시라고 말하는 사람이 있다면 그는 아직도 시가 무엇인지, 타자의 진실이 무 엇인지 배우지 못한 것이다. 이 작품을 전체적으로 이해하기 위해서는 '미자'의 삶, 그녀의 행동, 그녀 행동의 동기 등 그녀 내면의 고독에 접 근하고 그것을 이해해야만 한다. 그리고 그녀가 지향한 아름다움의 추 구와 연관 지어 생각해야 한다. 그것은 실존적이고 구체적인 한 사람이 가진 삶의 미학적 내용과 형식에 관한 것이다.

시를 쓰는 것이 아니라 시를 살려는 사람, 시를 쓰는 것을 자기 삶 으로 살아 내려는 사람은 미자의 경우처럼 딜레마에 봉착한다. 자기 외 손자를 고발하거나 시를 쓰지 말거나 해야 한다. 만일 시를 쓰려면, 즉 삶을 아름답게 살려면 손자조차 고발해야 하는 삶을 살 수밖에 없다. 시 또한 어떤 가수의 말처럼 "전부를 요구하는 것"이기 때문이다. 소녀 를 기억하는 삶, 그래서 손자를 용서할 수 없는 삶, 그 간격에서 그녀 는 결국 자신의 삶을 마감하지만 미자의 얼굴은 비로소 소녀의 얼굴로

환치된다. 타인의 고통을 끝까지 기억하고 따라가서 그의 얼굴이 되는
삶이 바로 미자의 시-삶이었다.

4. 〈라이프 오브 파이 Life of Pi〉(2012): 너의 이야기는 무엇인가

우리는 이야기 홍수 시대에 살고 있다. 각종 미디어에서 쏟아내는
정보와 이야기들은 영화와 드라마를 앞세워 무수한 이야기들을 제작하
고 유통하며 이야기의 즉각적 소비를 권한다. 미디어와 채널들뿐만 아
니라 모든 것이 이야기화 돼야 한다고 부추겨지고 있다. 그야말로 스토
리텔링의 시대인 것이다. 그러나 본질적인 차이를 갖지 못한 이야기들
의 반복적 재생산은 유사-꿈과 거짓-판타지 속에서 현실을 조작하며
우리를 시뮬라크르(幻影)들의 세계에 빠져 허우적거리게 만든다. 이런
상황 속에서 이안 감독의 〈라이프 오브 파이〉(2013)는 이야기의 본질
에 관한 성찰의 기회를 제공해주고 있어 눈에 띈다.

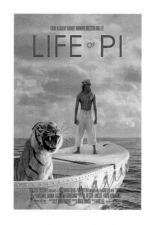

〈라이프 오브 파이〉(2013)

〈라이프 오브 파이 Life of Pi〉(이안, 2012)는 얀 마텔(Yann
Martel)의 베스트셀러 소설 〈파이 이야기〉(2002)를 원작으로 삼고 있
으나, 소설과는 사뭇 다른 분위기와 해석을 내놓는다. 소설에 있는 이
야기 중 많은 부분이 생략됐고, 새롭게 창조된 이야기나 화면들도 적지
않다. 소년 '파이'(수라즈 샤르마)가 원주율을 외워 칠판에 가득히 적
는 장면이나, 청소년 시절의 파이가 여자 친구 '아난디'와 만나는 장면
은 소설에 없는 이야기다. 무엇보다 파이가 작가에게 자신의 이야기를
들려주는, 이른바 액자구조는 소설에서는 맨 앞 장에 짧게 나오고 마는
데 비해 〈라이프 오브 파이〉에서는 커다란 비중을 차지한다. 이는 이
안 감독이 〈라이프 오브 파이〉에 이야기에 관한 이야기, 즉 메타-내러
티브적 성격을 부여하고자 했음을 말해준다.

영화의 오프닝, 한가로운 동물원에서 보이는 진기한 동물들은 신비
하다고 말할 수밖에 없는 자연의 다양함과 풍부함, 인간의 타자인 동물
들이 우리에게 불러일으키게 마련인 경이로움을 보여준다. 감미롭고도
신비로운 인도풍의 노래와 함께 스크린에 등장하는 동물들은 이 영화
의 주제를 암시한다. 그것은 이 영화가 인생과 우주의 신비, 우리 삶의
실재성을 이야기할 것임을 예고한다. 영화라는 또 하나의 이야기 장르
를 통해서 이야기가 무엇이며, 무엇을 할 수 있는지 보게 될 것이다.

영화는 이야기의 화자이자 주인공인 중년의 '파이'와 그의 이야기를
듣기 위해 찾아온 작가의 대화로 시작한다. 작가는 소설을 쓰다가 절망

하던 중, 인도에서 캐나다까지 파이를 찾아왔다. 파이의 이야기가 소설감이 될 수 있을지, 그의 이야기가 소설적 영감을 불어 넣어줄 수 있을 것인지, 혹은 이야기에 관해 무언가를 배울 수 있으리라는 기대를 하고 파이의 이야기를 듣기 위해 온 것이다.

파이의 어린 시절, 파이의 아버지는 동물원 사업을 접고, 캐나다에 이민을 가려 한다. 그래서 파이의 가족은 1977년 6월 21일, 그들이 기르던 동물원의 동물들과 함께 일본 화물선 '침춤 호'에 오른다. 힌두식 채식을 하는 그들 가족은 배의 요리사에 의해 인종-종교차별을 당하고, 얼마 후 폭풍우 가운데서 알 수 없는 이유로 배가 침몰한다. 가족을 구할 틈도 없이 배는 빠르게 가라앉고 파이는 가까스로 구명보트에 몸을 싣는다. 배가 침몰하는 과정에서 구명보트에 다친 얼룩말 한 마리와 하이에나, 바나나를 타고 표류하던 오랑우탄도 함께 승선한다.

리처드 파커가 구명보트에 올라탔는지는 확실치 않지만, 구명보트의 절반쯤 천으로 가려진 곳에서 리처드 파커가 튀어나옴으로써 호랑이도 함께 승선했음이 밝혀진다. 하이에나가 오랑우탄을 물어 죽여 파이가 분노하며 칼을 들고 하이에나에게 덤비라고 소리칠 때, 호랑이는 그 순간 파이의 밑에서 뛰어나와 하이에나를 물어 죽인다. 리처드 파커가 구명보트의 가려진 천 밑 부분, 파이가 서 있는 바로 그 자리에서 호랑이가 등장하는 장면은 리처드 파커를 파이의 잠재된 내면으로 볼 수도 있게 한다. 그렇게 하이에나가 얼룩말과 오랑우탄을 죽이고, 호랑이는 하이에나를 물어 죽였다. 이제 파이는 태평양 한가운데서 벵골 호랑이와 함께 불편한 동거를 시작하게 된다.

망망대해에 보트가 한 척 등장하고 동물들이 나오기 때문에 파이의 이야기는 알레고리나 우화적으로 읽힐 가능성이 커진다. 은유적인 측면이 강해지는 것이다. 〈라이프 오브 파이〉가 여러 사람들에게 다양한 해석을 불러일으킨다면 그것은 일차적으로 이 이야기가 우화적이고 종교적인 색채를 갖고 있기 때문이다. 보트의 동물들은 배에서 살아남은 사람들의 알레고리이며, '파이=호랑이'로 읽는 것이 가능하다. 구명보트를 파이의 자아라고 볼 수도 있고 보트에 탑승한 얼룩말과 오랑우탄 등은 모두 파이의 특정 성향들이나 여러 인격적 요소들을 상징한다고 보는 것도 불가능해 보이진 않는다. 정신분석학적으로 보트는 자아, 파이는 초자아, 호랑이는 이드라고 볼 것이다. 그러나 그 어떤 해석이든 파이가 직접 보았고 경험했으며 겪었던 고통과 절망, 고뇌 같은 것을 그 이야기를 전해 듣거나 보는 이가 제대로 이해하기는 결코 쉽지 않을 것이다. 그것은 아마도 그 상황을 직접 경험한 사람만이 알 수 있는 '진실'일 것이기 때문이다.

태평양 한가운데서 홀로 떠 있는 기분, 굶주림과 목마름, 추위나 고독과 싸워야 하고, 한시도 호랑이로부터 긴장을 늦출 수 없는 절체절명의 악조건 속에서 파이가 신을 떠올리지 않기란 어려워 보인다. 발광해파리들과 거대한 향유고래, 태평양 한가운데를 날아가는 날치들, 지나가는 화물선을 보면서도 구조되지 못하는 절망감, 한 척의 보트로 광포한 폭풍우 속에서 떠다니는 기분. 보트 안과 태평양 한가운데에서 소년 파이는 다른 어떤 사람도 본 적이 없고, 다른 누구에게도 설명할 수 없는 일들을 겪는다. 그것을 언어로 다시 중계하는 일은 파이가 잡아내어 건져 올렸던 총천연색의 물고기가 금세 어두운 회색으로 변해버리는 것과 같은 일일 것이다. 누군가의 경험담은 이야기돼야 하고, 전달될 수밖에 없지만, 그것은 바닷물에서 건져 올린 물고기처럼 이미 그 물고기는 아닌 것이다.

파이는 자신의 사정을 메모에 적어 깡통에 담아 던져보기도 하지만 그것이 발견되기는 어려워 보인다. 이때 태평양의 적막과 풍랑은 모두 파이의 내면이자 인생의 은유다. 거기서 파이는 신에게 기도한다. 우화적으로 해석할 때 리처드 파커는 파이 자신도 받아들이고 기억하기 힘들어 우화적으로 바꾼 이야기 속의 자기 자신일 수 있으며, 더 나아가 우리 내면에 도사린 위험한 힘일 수도 있다. 동물원에서부터 기르던 실제 호랑이일 수 있음은 물론이다. 이렇게 파이의 이야기는 이야기를 듣고 청자의 수용과 해석을 통해 사실과 진실 사이에 빠져든다.

여기서 이 이야기의 가장 신비하고도 소름 끼치는 장면을 언급하지 않을 수 없다. 그것은 움직이는 식인섬에 관한 파이의 이야기다. 폭풍우 속에서 절규하며 파이는 자포자기하게 되지만, 그는 곧 전설에서나 나올 법한 섬에 도착한다. 그 섬에는 먹을 것들이 있고, 미어캣이 가득한 그런 섬이다. 낮에는 마치 파라다이스 같은 모습으로 먹을 것과 쉼을 제공하던 것처럼 보이던 섬이 밤이 되면 자신이 먹은 것을 토해내며 끔찍한 식인섬의 면모를 드러내는 섬. 물론 그 두 가지 면이 모두 섬의 참모습이기도 하다. 파이의 설명에 따르면 섬의 화학작용으로 그 섬은 밤에는 산성화된다고 한다. 파이는 섬 가운데 있는 웅덩이에서 섬이 삼킨 고기들이 죽어 떠오르는 모습과 섬의 나무 열매 안에 인간의 치아가 있는 걸 보고 그 섬이 육식섬이라는 걸 알아차린다. 그래서 파이는 그 섬을 떠난다.

태평양을 표류하던 파이는 끝내 멕시코만에 도달한다. 보트에서 내려 리처드 파커는 밀림 속으로 사라지고, 파이는 사람들에게 구조받는다. 이것이 파이가 겪은 일의 귀결이자 이 영화의 개요다. 그러나 이것으로 파이의 진실을 포착할 수 없다. 파이(이르판 칸)는 자신을 찾아온 일본 선박회사의 조사원들에게 자신이 겪었던 일을 들려준다. 그러나 그들은 '떠다니는 섬' 이야기를 받아들이지 못하고, 바나나는 물 위에 뜨지 않는다고 말한다. 그들이 찾는 것은 화물선 침몰의 원인이나 보험료 처리의 문제이지, 호랑이와 오랑우탄이 나오는 동화 같은 이야기가 아니다. 아니, 그보다는 그러한 이야기를 '보고서'에 쓸 수가 없다. 보고서에 쓰여야 하는 이야기는 합리적인 이야기여야 한다는 어떤 규칙이 작용하고 있기 때문이다. 그래서 그들 역시 또 다른 하나의 이야기를 원한다. "우리를 바보로 만들지 않을 이야기, 회사도 수긍하고 우리도 믿고 수긍할 만한 이야기", "동물들이나 식인섬 이야기가 나오지 않는 이야기" 말이다.

　　그렇게 해서 파이는 또 하나의 이야기를 들려준다. 두 번째 이야기에는 동물들 대신 파이의 엄마와 요리사, 선원이 나오고, 구명보트 내에서의 갈등으로 서로 죽고 죽이며, 파이 홀로 구조를 받게 됐다는 줄거리다. 어쩌면 이 두 번째 이야기가 실제로 있었던 일이며, 호랑이와 지낸 이야기는 파이가 우화적으로 이해하고 꾸며낸 경험담이었을지도 모른다. 벵골 호랑이와 227일 동안 구명보트에서 지냈다는 이야기가 불확실하고 검증되기 어려운 이야기라면 일본 조사원들에게 들려주는 파이의 이야기는 합리적인 이야기다. 전자가 꿈과 환상의 이야기라면, 후자는 합리적 이성으로 추론해 볼 수 있는 이야기다. 만일 파이에게 일어났던 일에 대한 이 현실적인 판본이 제시되지 않았더라면, 더불어 이야기를 듣기 위해 찾아온 소설가와의 대화가 없었다면 이 영화는 그저 우화적이거나 환상적인 영화로 국한됐을 것이다.

　　파이를 찾아온 소설가는 파이의 두 번째 이야기를 듣고는, 알레고리적으로 해석한다. 두 번째 이야기가 실제로 있었던 일이며, 파이가

<라이프 오브 파이>에 나오는 식인섬

들려준 이야기는 그 이야기를 우화적으로 조직한 것이라는 식으로 받아들이는 것 같다. 그런데 그가 이 두 개의 이야기 사이에서 배우게 되는 것은, 좋은 이야기란 사실이 아니라 진실의 차원에 접근한다는 것이다. 사실이냐 아니냐, 진짜냐 가짜냐가 아니라 허구 속에서 도리어 진실을 발견해내는 것이 이야기라는 것 말이다. 여기서 거짓말

(허구)은 일종의 진실의 발견이다. 이때 실재와 허구는 대립개념이 아니라 상호침투적이며 상호보완적이다. 문학적 이야기는 과학적 원리를 탈과학화하는 게 아니라 오히려 설득력 있게 강화하기도 하는 것이다.

사고조사 보고서에 "그 배 안에 벵골 호랑이는 없었다"라고 쓰여 있다(보고 서류의 마지막 추가기록인 "구명보트의 그 누구도 벵갈 호랑이와 지내지는 않았다"는 과잉된 언급은 차라리 호랑이 얘기를 감추고 애써 부정하려는 몸짓 같다). 이야기를 다 듣고 파이의 진실을 확인한 소설가는 그 보고서의 문장을 읽으며 빙그레 웃는다. 그의 미소는 무엇인가? 파이의 이 모든 이야기가 단지 꾸며낸 허구일 뿐이라는 걸 확인한 데서 오는 편안함? 아닐 것이다. 그의 미소는 허구(이야기)는 '사실'이 아니라 진실 안에 머물도록 하는 힘이라는 것을, 그것이 훨씬 더 아름답다는 것을 (재)확인한 자의 미소일 것이다. 서류로는 포착할 수 없는 진실, 혹은 서류 따위에는 아랑곳하지 않고 자기 이야기를 펼쳐낼 수 있는 자가 이야기꾼이라는 것을 파이로부터 배웠기 때문일 것이다. 보고서가 포착하지 못한 곳, 보고서가 담아낼 수 없는 어딘가에 개인의 진실이 있다. 그리고 그 진실에 접근할 수 있는 길은 바로 이야기를 통해서다. 보고서류와는 다른 방식의 진실을 생성해 내는 이야기의 힘.

파이의 이야기에서 확인할 수 있는 사실은, 배가 파선됐고, 파이 혼자만이 살아남았다는 것이다. 이것이 사실이다. 사실에 없는 것, 그것은 진실이다. 입증은 할 수 없지만 "나는 느꼈다"는 파이의 말은 인간이 삶의 고비에서 만나고 경험하는 어떤 진실을 뜻한다. 그것은 필히 주관적일 수밖에 없다. 그것은 객관화될 수 없고, 검증될 수도 없는 개인의 진실에 해당한다. 팩트가 아니라 진실. 여기서 사실과 진실은 구분된다. 다른 사람도 확인 가능한 객관성의 영역으로 설명되고 이해될 수 있는 것을 '사실'(fact)이라고 한다. 하지만 '사실 그 자체'가 무엇인지 우리는 알지 못한다. 그것은 '사실 그 자체'를 담지하고 보증해 주는 체계에 의해서만 일시적으로 합의될 수 있는 것일 뿐이다. 그렇기에 사람들은 사실 자체에 대해서도 다른 의견(이해, 인식, 경험)을 가지게 된다.

'사실'은 누군가에 의해 파악될 때만이 진실이 될 수 있고, 거기에는 일정 정도의 주관성이 개입하게 마련이다. 인간이 사실을 파악하려면 그것을 파악하게 해주는 일종의 선험적 틀이라는 것이 개입한다. 그러므로 '객관성'이라는 것도 당대인들의 합의에 불과한 신화일지 모른다. 파이의 이야기를 소설에 써도 되냐고 묻는 소설가에게 파이는 "그럼요. 이제 그 이야기는 당신 거예요"라고 답한다. 그 이야기는 분명 파이의 것이었고, 파이가 경험한 것이며 파이가 들려준 것이다. 그러나 그 이야기를 믿기로 선택하고, 받아들이며 해석한 이야기는 소설가 그 자신의 것이 될 수밖에 없다.

이 이야기를 따라온 관객 역시 이 이야기를 어떻게 수용할 것인지에 관해 선택을 요구받는다. 〈라이프 오브 파이〉는 두 가지 이야기를 모두 제시하고 수용은 관객의 마음이라고 말하는 것처럼 보인다. 지금까지의 어떤 소년의 모험담을 3G 기술로 영상화한 이야기를 함께 보고 들어온 우리들 역시 호랑이 이야기로 받아들여야 할지, 병원 침상에서 일본 선박사고 조사원들에게 들려줬던 이야기로 들어야 할지를 선택해야 한다. 언제나 그렇듯 해석은 독자-수용자의 몫으로 남겨진다. 우리는 스스로 이야기를 선택할 수 있는 자유가 있고, 우리가 믿기로 한 이야기가 이번에는 우리를 선택할 것이다. 왜냐하면 그 이야기 체계가 우리 자신이 누구인지, 내가 오늘 왜 여기에 있는지를 설명해 줄 것이며, 그 이야기 안에서 우리는 살게 될 것이기 때문이다. 그러므로 우리는 이야기를 선택해야 한다.

이야기란 있었던 일에 대한 단순한 전달 그 이상이며, 상상으로 꾸며낸 이야기만을 뜻하진 않는다. 이야기는 무수히 많으나 커다란 이야기, 중요한 이야기는 몇 개 되지 않는다. 즉 이야기들의 이야기, 많은 이야기들을 낳고, 이야기들이 펼쳐질 수 있도록 허용하는 '초-이야기'(meta-narrative)는 그렇게 많지 않다. 우리는 그런 이야기들을 통해 인간과 사회, 자신과 자신의 인생을 이해한다. 이야기 속에서 우리는 세상 그 자체를 배우며, 세계를 이해할 수 있는 틀을 제공받는다. 이야기는 그냥 이야기가 아니라 우리의 인식 틀, 세상을 받아들일 수 있고 설명할 수 있게 해주는 어떤 틀(뮈토스)인 것이다. 고대 그리스인들이 신들의 이야기를 통해, (하고자) 했던 것도 바로 그것이고, 각 민족의 신화(이야기)도, 그러한 필요 속에서 만들어졌거나 그런 기능을 수행해 왔다. 즉, 어떤 이야기는 그보다 작은 이야기들을 생성할 수 있는 거대한 틀과 지평이다.

본능적으로 이야기하기를 즐기는 인간을 호모 나랜스(Homo Narrans)라 부른다. 하지만 더 정확히 말해 인간은 이야기 속에서 사는 존재라는 것이 더 적절한 해석이다. 인간은 이야기하는 인간이기 이전에 이야기 안에서 태어나는 존재, 이야기 안에서 살아가는 존재이다. 인간의 본능이 이야기를 하고 듣거나 즐기는 존재일 뿐만 아니라 이야기 안에서만 존재하며, 그 이야기 안에서 이야기를 살아갈 수밖에 없는 존재라는 더 심원한 뜻이 있는 용어인 것이다. 바로 이것이 그리스 신화에서부터 비극에 이르기까지 모든 서사의 핵심이며, 지난 수천 년 동안 서구 역사에서 있었던 모든 이야기의 기초 유전자다. 진화 생물학의 관점에서 인과율의 추구는 사람이 이야기를 만들어내게 하는 본능적 원동력이라는 이론도 있다. 근대성의 주요한 학문적 업적을 내놓은 다윈, 마르크스, 프로이트 등의 가설도 커다란 하나의 이야기에 해당한다. 그렇게 우리는 이야기들 안에서 살고 있다.

5. 문학에서 예술로, 그리고 영화로

전술한 바와 같이 음악, 회화, 조각, 무용 등 다양한 장르의 예술(가) 문제를 다루지 못한 것이 큰 한계로 남는다. 그럼에도 영화는 분명 이야기적인 속성을 강하게 갖고 있다는 측면에서 문학적 장르와 연결해 다루는 것이 전혀 무망한 일은 아니라고 위로해 본다. 그런 점에서 생각해 볼 때 영화라는 장르야말로 다종다양한 예술 장르들을 또 하나의 장르적 예술로 다룰 수 있는 종합적 예술 양식임을 다시 생각해볼 수 있겠다. 각각의 예술 양식이 자기만의 재현 수단과 방법을 오래도록 발전시켜왔음은 재론할 필요가 없다. 뿐만 아니라 그것이 다른 예술 양식들로 쉽게 번역·번안될 수 있는 것도 물론 아니다. 영화는 이미 출발부터 문학적 상상력에 그 뿌리를 두었으며, 회화나 조각, 음악적인 요소들을 이미 그 안으로 받아들여 형성됐고 발전한 장르임도 명백하다.

그런 점에서 영화가 다질적인 방식으로 예술가들의 삶과 작품, 예술성의 문제를 소재로 다루고 있다는 점, 여러 가지 방식으로 예술가적 인물들을 내세워 예술의 문제는 물론 삶과 역사적 문제와 결합한 메시지를 다루고 있다는 점 등은 모색의 과정 중에 있다는 점에서 긍정적인 평가를 할 수 있을 것으로 보인다. 영화의 매체적 기술이 종합 예술적이어서가 아니라, 각 장르 예술의 특징들을 영화적 매체로 담아내고 번역할 수 있느냐의 문제, 더불어 예술성의 문제까지 제기하고 다뤄간다면 좀 더 심도 있는 예술 영화, 예술적인 영화가 만들어지고 소통의 증가를 예상할 수 있다. 이것은 예술의 죽음이 선언됐고, 예술의 죽음 이후의 상황에서 매우 흥미로운 행보가 아닐 수 없다. 모쪼록 예술가를 소재로만 소비하는 영화가 아니라 예술가를 다루면서 예술에 관한 담론들을 소통시키며, 더 나아가 영화가 더 예술적으로 되고, 그것이 대중적으로도 소통될 수 있는 날이 오기를 희망하면서 결론에 갈음하고자 한다.

10장 멜로드라마의 변주와 탈주

이현경

1. 멜로드라마의 형성과 특징

음악(멜로)과 극(드라마)의 합성어인 멜로드라마는 연극 양식을 지칭하는 용어로 쓰이다가 영화의 탄생 이후에는 대표적인 영화 장르의 하나로 자리 잡았다. 현재는 연극, 영화, 텔레비전 드라마, 만화 등 다양한 매체의 장르 명칭으로 광범위하게 쓰이고 있다. 연극에서 멜로드라마의 출현 시기는 대체로 19세기 부르주아의 발흥과 연관이 깊은 것으로 보고 있다. 음악이 차지하는 비중이 크고 극의 결정적인 흐름을 좌우하는 순간에 음악이 등장하는 연극 장르를 멜로드라마라고 불렀다. 고전 비극 같은 귀족 계급이 향유하던 문화를 즐기기는 어려운 부르주아 계층이 손쉽게 관람할 수 있는 성격의 연극이다. 멜로드라마는 19세기 널리 유행한 가벼운 읽을거리, **고딕소설** 등 다른 서사물과의 영향관계 속에서 발전했다.

문학연구자 피터 브룩스는 멜로드라마의 특징을 '감정의 과잉'과 '도덕적 비의(moral occult)'라는 말로 설명하고 있다. 19세기와 20세기 초반의 연극, 소설, 영화 중 멜로드라마의 성격을 띤 작품들에 나타나는 공통된 특징이다. 피터 브룩스는 발자크, 헨리 제임스의 소설과 G.W. 그리피스의 영화들을 분석대상으로 삼았다. 멜로드라마 연극은 영화가 등장할 무렵인 19세기 후반이 되면 굉장히 스케일이 커졌다. 말과 도르래 같은 커다란 소품이 무대에 설치되는 등 상당히 생동감 넘치는 공연이 이루어졌다. 하지만 멜로드라마 연극은 새로 출현

고딕소설

19세기 후반에서 20세기 초반에 유행한 소설 양식. 낭만주의를 배경으로 탄생했으며 중세 고딕 양식의 성, 수도원 등이 공간적 배경이 된다. 음산하고 기괴한 분위기가 주조를 이루며 초자연적인 존재가 등장하곤 한다. 합리적인 영역에서 억압된 것들을 소설로 불러들였다.

한 매체인 영화에 점차 자리를 내주고 되고 초기 영화에서 멜로드라마는 서부극과 더불어 가장 중요한 장르가 된다. 처음 영화에 등장한 멜로드라마는 주로 시리얼 필름 형태로 만들어지게 된다. 즉, 지금처럼 한 편으로 완성되는 영화가 아니라 텔레비전 드라마처럼 연속되는 여러 편이 이어진 작품이다.

시리얼 필름 형태로 만들어진 멜로드라마의 전형적인 내용은 가난한 소작인의 딸인 여자주인공, 그녀를 괴롭히는 지주, 여주인공을 구출하는 남자 주인공이 펼치는 위기와 탈출의 스토리다. 결정적인 위기의 순간에 전편이 끝나고 속편에서는 위기를 극복하고 새로운 국면으로 넘어가게 된다.(2) 멜로드라마가 품고 있는 도덕적 비의라는 주제는 멜로드라마의 근대적 성격과 더불어 고찰돼야 한다. 근대 이전 사회에서 선악의 구분은 명확했고 이를 판단하는 절대적인 기준이 있었다. 그러나 프랑스 혁명, 영국 산업 혁명 등 근대 사회로 이행하는 역사적 사건 이후 사회는 새로운 모습으로 변모했다. 전통적인 계급은 와해되고 자본을 가진 부르주아 계층이 상승했으며 과학과 기술은 일상을 바꾸어 놓았다. 신의 심판 같은 절대적인 도덕률이 없어진 사회에서 선악은 개인의 도덕적 차원의 심급이 됐다. 멜로드라마가 추구하는 도덕적 비의는 어떠한 역경에도 불구하고 선은 승리한다는 믿음이 반영된 것이다. 선의 승리가 개인의 의지와 실천 수준에서 이루어지다 보니 '비의'라고밖에는 말할 수 없게 됐다.

1930~1950년대 할리우드 고전 영화시기에 장르로써 멜로드라마의 관습이 완성된다. 사랑을 방해하는 장애물을 극복하고 마침내 결혼에 이르게 되는 남녀의 러브스토리, 남성이나 아이를 위해 자신을 희생하는 여성의 사연, 대략 이런 종류의 이야기를 떠올릴 것이다. 멜로드라마는 소비되는 시기의 사회문화적 배경에 따라 독해가 달라진다. 그저 여성 관객을 울리는 영화, 흥행을 목적으로 제작된 영화 정도의 평가를 받던 멜로드라마는 1970~80년대 이후 재평가받기 시작한다.(3)

사적인 영역에 속한다고 본 남녀관계, 가정생활 등 멜로드라마가 묘사하는 세계에도 공적 영역과 마찬가지의 이데올로기가 작동하고 있다는 시각이 대두된 것이다. 개인적인 것과 정치적인 것이 분리되지 않으며 오히려 미시적인 세계, 개인적인 영역에 작동되는 이데올로기야말로 현실적이며 본질적인 것이라는 인식의 전환이 이루어졌다. 1990년대 들어서면서 멜로드라마 연구는 폭발적으로 증가하였고 섹

도덕적 비의
moral occult

피터 브룩스의 설명에 의하면 '도덕적 비의'라는 것은 현실의 표면에 의해 암시되면서도 은폐돼 있는 정신적 가치의 영역이다. 도덕적 비의는 형이상학적 체계가 아니라, 오히려 신성한 신화가 파편화되고 세속화된 나머지들의 저장고이다. 그것은 무의식적 정신에 비유될 수 있는데, 우리의 가장 기본적인 욕망과 금기가 존재하는 영역이기 때문이다. 일상적 존재 상태에서는 우리로부터 유리된 것처럼 보이지만 우리가 웅해야만 하는 의미와 가치의 영역이다. 멜로드라마 양식은 대부분 도덕적 비의를 명료하게 표현하기 위해 존재한다.(1)

신파 新派

'신파'는 1920~30년대 일본과 식민지 조선 연극계에서 과거의 극, 즉 구파가 아니라 새로운 형식의 연극이라는 의미로 사용됐다. 그러다가 신파는 연극 용어를 넘어 특정한 감정을 불러일으키는 이야기 관습, 구태의연한 장면 연출 방식을 설명하는 일상어가 됐다. "신파적이야." 라는 진술은 반복되는 방식으로 슬픈 감정을 쥐어짜는 이야기에 대한 일반적 표현이다.

소설『장한몽』표지

장한몽 長恨夢

원작은 일본 오자키가 지은 『곤지키야샤 金色夜叉』로 1897년 1월부터 1899년 1월까지 일본 『요미우리』신문에 연재됐다. 국내에서는 『매일신보』에 1913년 번안소설이 연재됐고, 1913년 유일서관에서 활자본 소설로 간행됐다. 연극으로는 1913년 8월 유일단에 의해 초연됐다. 물질에 대한 사랑의 승리라는 근대적 가치를 설파하는 대단한 파급력을 가진 서사다.(5)

슈얼리티, 젠더 등 다양한 주제로 연구과제가 분화됐다.(4) 이러한 변화는 비단 멜로드라마에만 한정된 현상이라기보다 영화를 바라보는 관점이 바뀐 데 원인이 있다. 상업적인 장르영화에서도 깊이 있는 사회문화적 함의를 이끌어낼 수 있다는 생각의 변화는 이제는 일반적인 인식이 됐다. 영화, 만화, 텔레비전 드라마, 뮤지컬 등 대중매체에 대한 연구가 활발해진 것은 매체에 대한 전통적인 위계의식이 사라지고 있다는 증거다.

한국에서 멜로드라마 연구는 1990년대 이후부터 활발해진다. 초기에는 '신파'와 멜로드라마의 상관관계에 주목했다. 한국적 멜로드라마의 특징을 분석하는 참조 틀로 '신파'는 유용한 역할을 했다. 식민지 조선에서 유행한 『장한몽』, 『사랑에 속고 돈에 울고』 같은 신파 서사는 이후 몇십 년 동안 반복, 변형되는 멜로드라마의 단골 소재였다.(6) 전 국민을 충격에 빠트린 신문연재소설 『자유부인』을 영화로 만든 〈자유부인〉(한형모, 1956)은 1950년대를 대표하는 멜로드라마다. 가부장적 질서에서 벗어나려는 여성의 일탈이 묘사되지만 궁극적으로는 가정으로 복귀한다. 1960년대 한국 영화 전성기에 나온 멜로드라마 대표작은 〈미워도 다시 한번〉(정소영, 1968)이다. 현재 시점으로 보면 불륜, 혼외자식이 소재로 등장한 자극적인 이야기지만 개봉 당시에는 여성 관객들을 울린 최루성 여성영화였다. 당시 여성 관객들은 여성 수난사에 초점을 두고 관람을 한 것으로 보인다.(7)

1980년대 한국 멜로드라마는 다른 장르와 마찬가지로 에로영화로 수렴되는 현상이 벌어졌다. 10편 이상의 속편이 만들어진 〈애마부인〉(정소영, 1982)은 이 시기를 대표하는 멜로드라마다. '애마부인' 시리즈가 관객에게 미친 가장 큰 영향은 여성의 성적욕망을 인정하고 표출한 데 있다. 한국 영화 산업이 비약적으로 팽창하게 되는 1990년대 출현한 〈8월의 크리스마스〉(허진호 1998), 〈편지〉(이정국, 1997)는 상반된 특징을 보여주었다. 〈편지〉는 최루성 영화의 계보를 잇고 있고, 〈8월의 크리스마스〉는 멜로드라마의 새로운 감각을 선보였다. 2000년 이후 사랑을 최우선 가치로 여기며 고민하고 성장하는 남성 주인공이 등장하는 멜로드라마가 다수 제작됐다. 이제 멜로드라마의 외연은 남성 멜로드라마를 포섭하는 지점에서 더 나아가 퀴어 영화도 넉넉히 품어내고 있다. 영화의 역사와 가장 오래 함께 한 장르 멜로드라마는 지금도 변신, 진화하고 있는 중이다.

2. 〈부운 浮雲〉(1955): 정념의 본말

나루세 미키오 감독은 일본 여성작가 하야시 후미코 소설을 여러 편 영화화했는데, 〈부운〉도 그중 한 작품이다. 하야시 후미코는 여러 직업을 전전하고 남성 편력이 심했던 자신의 인생 경험을 생생한 소설로 옮겼다. 제2차 세계대전 당시 남방에서 기자생활을 했던 하야시 후미코는 그 경험을 바탕으로 소설 『부운』을 썼다. 나루세 미키오 감독은 멜로드라마 중에서도 여성 주인공을 중심으로 그리는 '여성영화'를 주로 연출했다. 그의 대표작들을 보면 카페 마담, 게이샤 등 화류계에 종사하는 여성들이 자주 등장한다. 그렇다고 그의 영화가 유흥가의 애환이나 뒷이야기를 그리는데 주된 관심을 두고 있는 건 아니다. 나루세 미키오의 여주인공들은 생계를 위해 고군분투하지만 직업세계가 주는 피로에 함몰되지는 않는 인물들이다.

〈부운〉은 나루세 미키오의 가장 널리 알려진 대표작이자 멜로드라마의 정수다. 나루세 미키오 영화 중 가장 스펙터클한 영화이기도 한 이 작품은 동남아에서 도쿄, 일본의 남단까지 여러 장소에서 촬영됐다. 제2차 세계대전 중 일본 점령지였던 동남아 섬에서 만난 두 남녀의 질기고 기구한 인연을 그린 대하드라마다. 〈부운〉은 제목 그대로 남녀관계를 '뜬구름' 같이 허망한 것으로 보는 시각이 바탕에 깔

〈부운〉(1955)

하야시 후미코 (1903~1951)

일본 쇼와 시대 대표적인 여성 문학가. 홀로 도쿄에 정착한 후 여급, 점원, 파출부 등 온갖 직업을 전전하며 글을 썼다. 그 경험을 일기 형식으로 쓴 소설 『방랑기』로 일약 베스트셀러 작가가 된다. 1937년경부터 종군기사를 집필하는 일명 '펜부대'로 중국, 동남아 등지를 돌아다녔으며 그 경험은 훗날 소설의 소재로 반영됐다.

〈부운〉(1955)

려 있다. 거기서 한발 나아가면 인생 자체가 덧없는 뜬구름이라는 의
미가 담겨있다. 그런데 흥미로운 점은 뜬구름처럼 허망한 줄 알면서
도 마지막 순간까지도 관계의 끈을 놓지 못하는 여자 주인공의 엄청
난 정념이 허망함을 잊게 할 정도로 강렬하다는 것이다. '사랑'이 가
진 맹목적이고 파괴적인 속성을 매우 잘 보여주는 영화다. 두 남녀의
관계가 워낙 파란만장해서 그들의 동선을 쫓기 바쁘지만 그 동선 안
에 전후 일본 사회의 모습을 다양하게 담아낸 점도 이 영화의 강점이
다.

제2차 세계대전 말 동남아에 파견된 농림부 공무원 도미오카(모
리 마사유키)와 타자수 유키코(타카미네 히데코)는 베트남 **다라트**에
서 처음 만나게 된다. 유키코는 도미오카가 유부남이라는 사실을 알
지만 그를 좋아하는 마음을 적극적으로 표시한다. 도미오카는 도쿄로
돌아가면 이혼하고 유키코와 결혼하겠다는 약속을 하고 먼저 귀국한
다. 뒤늦게 일본으로 돌아 온 유키코는 소식이 끊긴 도미오카의 집으
로 무작정 찾아간다. 이미 다라트에서의 감정은 식어버린 도미오카는
예전 일은 잊고 각자의 생활을 하자고 말한다. 보통 현실의 남녀라면
이 정도 즈음에서 끝나겠지만 이 둘의 인연은 종착역까지 달려야 멈
추는 열차처럼 제동이 걸리지 않는다. 중간중간 만남이 끊어지는 시
간이 있지만 결국에는 또다시 재회하는 질긴 관계다. 마침내 도미오
카가 일본 남단 섬으로 발령을 받아 떠날 때가 돼서야 둘은 오롯이 남
게 된다. 화려한 도시나 번듯한 집에서는 절대 허락되지 않았던 둘의
결합은 전기도 없고 일 년 내내 비가 오는 섬에 가서야 이루어진다.

유키코는 이 관계를 주도하며 행동을 추진하는 인물
이다. 귀국하자마자 연락이 끊긴 도미오카를 찾아가고,
이카호 동반여행을 주도하며, 온천장으로 도미오카를
불러들이고, 도미오카의 임지에 동행하는 모든 행동은
유키코의 적극적인 의지에 따른 것이다. 유키코는 누구
보다도 도미오카의 성품과 본질을 잘 알고 있다. 다라
트에서 동료들이 평가하는 도미오카는 차가워 보이지만
알고 보면 가정적이고 책임감이 강한 사람이었다. 하지
만 그때도 도미오카는 숙소에서 심부름을 하는 베트남
여성과 부적절한 관계를 맺고 있었다. 유키코는 도쿄로

〈부운〉(1955)

돌아와 도미오카의 진면목을 보게 된다. 다라트와 달리 패전국 일본의
수도 도쿄는 감상이 끼어들 자리가 없는 현실의 공간으로 도미오카를
감싸주었던 후광을 다 걷어가 버렸기 때문이다.

유키코는 우유부단하고 소심하면서 여성 편력은 심한 도미오카를 잘 알지만 그와 함께 하겠다는 생각을 버리지 않는다. 도미오카를 향한 유키코의 이러한 집념을 단지 사랑이라는 말만으로 설명하기 어렵다. 〈부운〉이 멜로드라마의 걸작이 된 가장 핵심적인 요소는 아이러니하게도 유키코가 보여주는 이러한 비합리적인 태도에 있다. 근대 문학이 자신의 신념과 선택을 끝까지 밀고 가는 인물을 탄생시켰다면, 유키코는 거기에 적합한 인물 중 하나다. 사촌 오빠에게 겁탈당하고 현실 도피를 위해 동남아로 갔던 유키코는 패전국 일본에서 가장 소외된 계층이다. 먹고 살기 위해 양공주 생활을 하고, 자신을 겁탈했던 사촌 오빠가 차린 사이비 신흥종교에 몸담는 행위들은 자꾸 주변으로 밀려나는 상황에서 그녀가 붙들게 되는 최악의 선택들이다. 유키코가 자발적이고 적극적으로 선택한 유일한 것은 도미오카를 향한 구애뿐이다.

〈부운〉은 사랑이라는 정념에 모든 삶의 에너지를 집중한 상처 받은 한 여성의 치명적인 연애 보고서이다. 파국을 향해 가는 정념의 서사는 몹시 위태롭지만 그만큼 강렬한 흡인력으로 관객을 집중시킨다. 나루세 미키오 영화 속 여성들은 결코 행복하다고 말할 수는 없지만 그렇다고 불쌍한 여인들도 아니다. 자신이 떨어진 땅을 담담하게 다시 딛고 일어서서 묵묵히 앞을 향해 걸어가는 여성들이다. 〈흐르다〉(1956)와 〈여자가 계단을 오를 때〉(1960)의 여주인공은 나루세 미키오 감독이 그리고자 하는 여성의 표본들이다.

야마네 사다오의 말처럼 자신의 기교조차 지워버릴 기교를 지니고 있는 나루세의 영화는 지극히 사실적이고 잔잔해 보일 수 있다. 그러나 이것은 태도의 문제일 뿐, 그의 멜로드라마는 어떤 작품보다도 격정적이며 우리의 가슴을 미어지게 만든다. 특히 나약함과 강인함, 정숙함과 정념을 동시에 지닌 아이러니한 그의 여성 주인공들은 오로지 나루세만의 인장이다. 동시대에 활동한 오즈 야스지로가 아버지와 딸로 대표되는 남녀 주인공에게 에너지를 분배했다면 나루세는 그가 사랑한 문제적 여성 인물들에 집중한다.(8)

3. 〈바람에 쓴 편지 Written on the Wind〉(1956): 결혼의 이데올로기

황혼이 지는 푸르스름한 거리를 미친 듯이 달리던 노란 스포츠카가 대저택 앞에 멈춘다. 운전석에서 내린 남자가 술에 취해 비틀거리

〈흐르다 流れる〉(1956)

몰락하는 게이샤집 여주인과 그녀의 딸, 그 집에 속한 여성들. 가정부 등 다양한 여성들이 한 집에 모여 사는 모습을 그린다. 여주인과 가정부 사이에 형성되는 연대감이 매우 섬세하게 그려진 수작이다.

〈여자가 계단을 오를 때 女が層段を上る時〉(1960)

카페 마담인 여주인공은 가게 적자 때문에 주인에게 매일 시달리고 외상값을 받기 위해 전전긍긍하지만 도무지 타개책이 보이지 않는 답답한 상황이다. '여자가 계단을 오를 때'라는 제목은 여주인공이 삶에 지쳐 쓰러질 지경인 날에도 그날의 생계를 위해 카페로 향하는 계단을 올라가는 모습을 말한다.

〈바람에 쓴 편지〉(1956)

〈바람에 쓴 편지〉(1956)

더글라스 서크 Douglas Sirk (1897~1987)

더글라스 서크 감독은 독일에서 태어나 덴마크에서 유년시절을 보냈으며 1930년대에는 독일 UPA 영화사와 연극계에서 활동했다. 이후 할리우드로 건너가 1950년대를 대표하는 멜로드라마를 연출한다.
〈마음의 등불〉(1954), 〈하늘이 허락한 모든 것〉(1955), 〈바람에 쓴 편지〉(1956), 〈사랑할 때와 죽을 때〉(1958), 〈슬픔은 그대 가슴에〉(1959) 같은 대표작은 멜로드라마로, 여성영화로 손꼽는 수작들이다. 〈하늘이 허락한 모든 것〉은 1973년 라이너 파스빈더 감독이 〈불안은 영혼을 잠식한다〉라는 제목으로 리메이크 했으며, 2002년에는 토드 헤인즈 감독이 다시 〈파 프롬 헤븐〉으로 재해석했다.

는 걸음으로 집 안으로 들어가고 한 발의 총성이 들려온다. 뒤이어 총상을 입은 남자가 현관 밖으로 걸어 나와 쓰러진다. 현관 어귀는 심한 바람에 낙엽이 이리저리 사납게 휩쓸리고 있다. 〈바람에 쓴 편지〉의 서두는 이렇게 한 남자의 돌발적인 죽음을 보여주고 있다. '바람에 쓴 편지'라는 말은 이때 흘러나오는 주제곡의 가사 중 나오는 표현이다. "부정한 여인의 키스는 바람에 쓰여 있고 은밀한 행복의 밤도 바람에 쓰여 있네. 떨어지는 낙엽처럼 우리의 꿈도 말없이 떨어진다네." 이런 가사로 보아 '바람에 쓴 편지'라는 말은 약속, 꿈 이러한 것들의 허망함을 의미하는 것으로 보인다.

더글라스 서크는 본래 독일에서 활동하다 할리우드로 건너간 감독으로 1950~60년대 미국 멜로드라마의 거장이다. 더글라스 서크의 멜로드라마는 화려하고 원색적인 미장센과 폭풍 전개되는 극적인 스토리가 특징이다. 더글라스 서크의 화려하고 우아한 멜로드라마는 가짜 세계다. 현실의 파편을 모아 영화적으로 재현한 세계라는 점에서는 가짜이나, 현실의 이면과 본질을 투시한다는 점에서 더글라스 서크의 영화는 과장된 미장센에 담긴 진짜 현실이라고 할 수 있다. 〈바람에 쓴 편지〉는 더글라스 서크 감독의 대표작으로 삼각관계, 재벌 남성과 가난한 여성의 결합, 불임과 불륜 등 소위 막장 드라마에 등장할 만한 요소들을 다 갖고 있다. 인물들의 심리 묘사에 공을 들이기보다는 빠르게 전개되는 극적인 사건이 중심인 영화다. 비극적 사건이 발생하고 그 사건이 일어나기 일 년 전으로 시간을 거슬러 올라가 빠른 속도로 일 년 동안 벌어진 일들을 회상한다.

카일 하들리(로버트 스택)는 어린 시절부터 함께 자란 친구 미치 웨인(록 허드슨)에게 열등감을 느끼고 있다. 정유 재벌가의 외아들로 부러울 게 없는 카일이지만 아버지의 인정을 받지 못하고 문제아로 낙인찍혀 살아왔다. 형제와도 같은 사이인 카일과 미치 사이에 루시(로

렌 바콜)가 나타나면서 미묘한 갈등이 생겨
난다. 하들리 가문이 소유한 정유회사의 뉴
욕 지사 홍보 부서에 새로 들어온 루시는
카일과 미치 둘의 관심을 동시에 받는다.
첫눈에 루시에게 반한 카일은 루시를 마이
애미의 최고급 호텔 스위트룸으로 데려간
다. 그 방에는 드레스, 신발, 파우치, 액세
서리 등 루시가 변신할 수 있는 모든 것이
꽉 차 있다. 형형색색의 꽃장식까지 더해진
방은 화려하고 호화롭기 그지없다. 카일이
루시에게 방을 안내할 때 화장대 거울 속에
비친 미치의 모습은 물질적인 면에서 무력
하고 초라한 미치의 형편을 잘 나타낸다.

〈바람에 쓴 편지〉(1956)

　　카일과 루시의 결혼까지 이야기 진행은
속전속결이다. 루시와 카일은 진지한 대화
를 나누면서 서로의 매력을 인정한다. 루시는 회사를 통째로 사주겠다
는 말을 진담으로 할 수 있는 정도의 재력을 가진 카일에게 느낀 복잡
한 심경을 토로하고, 카일은 지금까지 만나온 여자들과 달리 루시와는
점심을 먹고 영화를 보는 진짜 데이트를 해보고 싶다고 고백한다. 이
대화 이후 결혼식 장면은 생략되고 둘의 결혼생활이 묘사된다. 루시와
결혼한 이후 카일은 술을 끊고 회사 일에도 관심을 갖는 밝은 모습으
로 변신한다.

　　이 지점에서 영화의 초점은 미치와 카일의 여동생 메릴리(도로시
말론)의 관계로 옮겨간다. 메릴리와 미치는 친남매 같은 관계지만 메
릴리는 미치를 오래전부터 연모하고 있었다. 메릴리는 부잣집 딸의
일탈을 제대로 보여준다. 술을 마시고 싸구려 술집에서 만난 낯선 남
자와 하룻밤을 보내는 일을 일삼으며 가족의 속을 태운다. 하지만 이
런 모든 행위의 목적은 미치의 관심을 끌고 그의 연인이 되고 싶다는
순수한 의도에 있다. 〈바람에 쓴 편지〉를 지금 다시 볼 때 흥미로운
사실은 감정에 정주행하는 인물과 자신의 감정을 감추거나 헷갈려 하
는 인물의 계급 차이가 확실하다는 점이다. 태어날 때부터 부를 손에
쥔 카일과 메릴리는 원하는 것을 위해서는 거리낌 없이 돌진하며 그
과정에서 상처를 입어도 개의치 않는 인물 유형이다. 이에 비해 미치
와 루시는 감정이 복잡하다. 미치는 어려서부터 붙어 다닌 카일 덕에
자신이 갖지 못한 것이 무엇인지 정확히 알고 있으며 분수 이상의 것

미장센

영화의 장면짜기. 감독의 연출
행위 자체를 지시하는 용어로 쓰
이기도 한다. 화면 안에 보이고
들리는 모든 요소를 구성하는 것
이다. 본래는 연극의 무대연출을
지칭하는 말에서 영화용어로 전
유됐다. 배우의 동선, 조명, 촬
영, 의상, 세트, 소품, 음향, 쇼트
의 지속시간 등 화면을 구성하는
모든 것의 배치와 조화를 만들어
내는 일이다. 각 쇼트를 연결하
는 편집에 해당하는 몽타주와 대
칭되는 의미로 쓰인다.

을 욕심내지 않는다. 루시는 카일을 만나자 자신의 욕망이 무엇인지 깨닫고 결혼으로 계층 상승을 이룬다. 하지만 다른 행보에도 불구하고 루시와 미치는 그들이 속했던 계층을 벗어나지 못한다.

영화의 결말은 미치와 루시가 함께 떠나는 것이며, 메릴리는 창문으로 이 모습을 지켜본다. 이때 메릴리는 영화 전편에 등장했던 것과는 딴판으로 정숙한 옷차림을 하고 있다. 정갈한 리본 블라우스에 투피스 정장을 입은 메릴리는 실연과 가족 해체의 아픔에 흐느끼지만 곧 아버지의 의자에 앉는다. 정유탑 모형을 손에 쥔 아버지의 대형 초상화 아래서 메릴리는 같은 포즈를 취한다. 의상이 상징하듯 이제 메릴리는 하들리 가문과 가업을 잇는 후계자로서 삶을 살게 될 것이다. 미치와 루시는 소시민 사회로 돌아간 것이고, 메릴리는 하들리가의 명운을 어깨에 짊어진 후계자가 된 것이다. 이렇듯 〈바람에 쓴 편지〉는 결혼은 철저한 계층적 결합이라는 현실을 일깨워 주며 마무리된다.

4. 〈사랑니〉(2005): 사랑에 관한 판타지

〈사랑니〉 포스터

정지우 감독의 멜로드라마는 특유의 정서적 울림이 있다. '심금을 울린다'라는 표현이 걸맞은 그런 정서적 체험을 하게 된다. 내면 깊은 곳을 건드리는 슬픔과 위로가 담겨 있는 〈사랑니〉는 정지우 감독 멜로드라마의 원형 같은 영화다. 서정적이지만 감상적인 차원에 머무르지 않으며, 보편적 사랑의 감정을 잘 녹여냈지만 상투적이지 않고 전복적인 시선이 담겨 있다. 〈사랑니〉는 반전에 반전이 거듭되는 쉽지 않은 내용이다. 단, 반전의 핵심은 사건이라기보다 감정 혹은 인식의 차원에서 일어난다. 감정의 반전을 영상으로 표현하는 일은 쉽지 않다. 보통 반전은 극적인 사건, 사고를 통해 드러나게 된다. 그만큼 〈사랑니〉는 인물의 감정선을 섬세하게 파헤치고 있다고 말할

〈사랑니〉(2005)

수 있겠다.

〈사랑니〉의 첫 번째 시퀀스는 숨 막히도록 긴장감이 높다. 학원에서 고등부 수학을 가르치는 조인영(김정은)이 자기 반 학생 이석(이태성)에게 좋아하는 감정을 드러내고 전화번호를 교환한다는 비교적 간단한 내용이다. 거의 대사 없이 진행되는 장면에서 느끼게 되는 긴장은 스릴러나 공포물이 주는 효과 이상이다. 선생님과 제자, 성인과 미성년이라는 둘은 관계에 내재된 경계가 허울어지고 금기가 깨지는 데서 오는 긴장감이다. 학원 수업시간이 끝나고 인영은 성적이 좋지 않은 이석에게 진로상담을 한다. 짧은 상담을 마치고 인영은 이석을 집까지 데려다주게 된다. 차에서 내린 이석은 아파트 입구로 뛰어들어가고 인영의 차는 전진해서 프레임 밖으로 빠져나간다. 하지만 곧이어 후진하는 인영의 차가 다시 프레임 안으로 들어오고 인영은 학생기록카드에서 이석의 주소를 확인한다. 다음 장면에서 초인종 소리가 들리고 이석이 아파트 현관문을 열자 비를 맞고 숨을 고르는 인영의 모습이 보인다.

인영은 막상 이석의 얼굴을 마주하자 자신의 행동에 문제가 있다는 것을 깨닫는다. 쥐구멍에라도 숨고 싶은 표정으로 인영은 계단을 뛰어 내려가며 도망친다. 하지만 엘리베이터를 타고 내려온 이석은 인영보다 한발 먼저 1층에 도착하고 둘은 고조된 감정 상태로 서로를 바라본다. 인영의 차에 함께 탄 두 사람 사이에는 아무 말이 없고 인영의 거친 숨소리만 차 안 공기를 팽창시킨다. 터질 것 같은 긴장을 깨고 이석은 휴대폰 거치대에 걸려 있는 인영의 휴대폰을 빼 든다. 이석은 자신의 번호를 찍고 발신을 누른 다음 자신의 휴대폰이 울리자 '조인영 선생님'이라고 이름을 저장한다. 돌발적이고 파격적인 이런 행동을 묘사하기 위해 몇 가지 장치들이 사용되고 있다. 우선, 이날 밤에는 소나기가 쏟아졌고 인영은 빨간 우산을 쓰고 담배를 피운다. 이석이 뛰어 들어간 아파트 입구에는 한 쌍의 남녀가 나란히 안으로 들어가는 모습이 보인다. 선명한 붉은 색이나 다정한 커플은 인영이 억압하고 있는, 억압의 압력만큼 실은 욕망하고 있는 내면을 직설적으로 드러내는 상징들이다.

이 영화는 암전(**페이드아웃**) 상태에서 여주인공의 목소리가 들리며 시작된다. 수학교과를 설명하는 내용이다. 화면이 **페이드인** 되면 '사랑니'라는 타이틀이 나오고 학원에서 수업하는 장면이 보인다. 방정식에서 '**허근**'의 개념에 대해 설명하고 있다. "허근 맞아?" "왜 허근이지?" "어떻게 허근이지?" 강사 인영은 연속에서 세 개의 질문을 학

〈사랑니〉(2005)

페이드아웃/인
fade out/in

화면이 검게 변하면서 한 쇼트가 마무리되는 것을 '페이드아웃'이라고 하고 반대로 화면이 밝아지면서 다음 쇼트가 시작되는 것을 '페이드인'이라고 한다. 가장 많이 사용되는 장면전환 기법의 하나로, 이야기 단락이 마무리될 때 휴지부를 주거나 시간과 사건의 경과를 압축해서 보여줄 때 효과적이다.

허근(ω)

수학에서 절대적 무한을 나타낸다. 일차방정식의 근은 x의 계수가 실수일 때는 항상 실근을 가지기에 실수좌표계에서 일차함수와의 관계를 명료하게 나타내는데 유용하다. 그러나 이차방정식의 근은 x의 계수가 모두 실수임에도 불구하고 허근을 갖는 경우가 있어, 이 경우는 실수좌표계에서 점으로 나타낼 수 없다. 즉, 이차함수와 이차방정식의 관계를 명료하게 나타내는데 어렵다. 방정식의 근은 복소수의 범위에 국한 되지 않고 매우 넓을 수 있다는 가능성을 보여줄 수 있는 증거이기도하다.
—위키백과

〈사랑니〉(2005)

생들에게 던진다. 흑 지나치게 되는 이 질문에는 큰 의미가 담겨 있다. 여주인공의 직업이 수학강사라는 사실에는 지나칠 수 없는 의도가 있다. 수학은 정확한 계산이 필요한 과목이다. 거리를 재고 무게를 가늠하는 과목을 가르치는 인영이 아무 계산 없이 사랑에 빠지고 사안의 경중보다는 마음이 가는 대로 행동한다는 것 자체가 이율배반적인 속성을 띤다. '허근'에 관해 묻는 첫 질문도 예사롭지 않다. 맞는지, 왜 그런지, 어떻게 그런지, 이런 질문들은 곧 인영 자신에게 쏟아질 질문들이다. 수학을 잘 모른다고 해도 '허근'이라는 단어가 상기시키는 느낌이 있다. 비어있는 이미지가 바로 연상되는 단어다. 비어있는 곳을 잠시 채우는 기호를 두고 기의를 자꾸 물으면 답이 나오지 않는 것처럼 인영이 맞닥뜨리게 될 상황도 이성적으로 설명할 수 없는 감정의 영역이다. 인영이 저지르는 금지된 사랑도 어쩌면 허근 같은 것이다. 하나의 점이나 좌표로 설명되지 않는 무한한 가능성의 영역, 〈사랑니〉가 지시하는 사랑의 방정식은 하나의 답으로 귀결되지 않는다.

수학만이 아니라 이 영화 등장하는 다른 고등학교 교과목도 인물의 관계에 대한 메타포로 작용한다. 고등학교 시절 인영은 쌍둥이 형제 이수, 이석과 사귄다. 인영은 불의의 교통사고로 이수가 죽고 나서야 그의 쌍둥이 형 이석의 존재를 알게 된다. 인영은 이수의 형 이석과 사귀게 되면서 도덕적 갈등을 겪게 된다. 죽은 이수 방에서 자신이 빌려준 윤리교과서를 발견한 인영은 착잡한 심경으로 교과서를 펼쳐본다. '윤리'라는 과목명은 인영이 처한 갈등을 환기시키는 역할을 한다.

인영은 십여 년 전 헤어진 첫사랑 이석과 재회한 후 현재 좋아하고 있는 고등학생 이석을 다시 보게 된다. 똑 닮았다고 생각했는데 전혀 닮지 않았던 것이다. 인영은 현재의 이석에게서 과거의 이석을 발견했지만, 정확하게는 발견하고 싶었던 것이다. 인영은 과거의 이석과 현재의 이석이 닮지 않았다는 걸 알고 나서 자책한다. 첫사랑과 닮았다는 이유로 자신의 감정을 합리화했지만 현실은 고등학생을 데리고 위험한 장난을 한 서른 살 여자라는 자각이다. 영화가 여기서 끝났다면 평범하고 밋밋했을 것이다. 그러나 여기서 또 한 번의 반전이 일어난다. 후회와 자책을 하며 이석을 멀리하던 인영은 잠 못 이루며 뒤척이다 한밤중에 이석이 기다리는 학원으로 달려간다. 처음 이석과 가까워질 무렵 이석의 자전거를 타고 달리던 길을 반대로 뛰어 학원에 도착한다. 인영이 오지 않는 텅 빈 학원에서 형광등 스위치를 올렸다 내렸다 반복하던 이석은 소파에서 잠이 들어버렸다. 깜박거리는 불빛은 둘의 인연이 이어질지 끊어질지 알 수 없는 혼란스러운 상태를 표현한다.

한밤중 텅 빈 학원에서 만난 이석과 인영은 서로의 사랑을 확인하는 스킨십을 한다. 격정적으로 키스를 하던 인영은 이석의 허벅지에 손을 가져가고 화면은 인영의 손을 클로즈업한다. 이어서 인영의 몸은 허공으로 떠오른다. 화면은 두 사람의 손, 발에서 시작돼 둘을 함께 담은 쇼트로 확대된다. 하늘로 솟아올라가는 인영의 두 발끝은 이석의 성적 흥분에 대한 등가물이고 정확히 90도 각도로 떠오른 인영의 신체는 둘의 성적 결합을 은유하고 있다. 다른 멜로드라마에서 볼 수 없었던 신선한 성적 표현이다.

〈사랑니〉는 판타지의 성격을 갖고 있는 멜로드라마다. 과거와 현재의 인연이 겹쳐지는 우연은 판타지 장르의 관습을 가져왔다. 하지만 이것은 사랑의 속성을 보여주기 위한 장치 정도에 해당하고 이보다 더 본질적인 판타지는 영화의 결말이다. 영화의 말미 인영과 세 남자가 한 공간에서 꽃을 바라보는 모습은 정지우 감독이 꿈꾸는 사랑의 판타지라고 할 수 있다. 첫사랑 이석, 현재 사랑하는 이석, 동거 중인 정우와 인영이 평화롭게 한 공간에 머무는 순간을 포착한 장면이다. 네 사람은 '꽃'을 바라보지만 각기 다른 꽃에 시선이 머물고 떠올리는 추억도 다르다. 자신의 반쪽은 한 명뿐이며 사랑은 영원하다는 이데올로기가 폐기되고 모두가 공존하는 비현실적인 순간이다. 즉, 배타적인 관계가 아니라 상생하는 남녀관계의 판타지를 보여준다.

5. 〈건축학개론〉(2012): 첫사랑이라는 신화

시대마다 첫사랑에 관한 이정표 같은 영화들이 있다. 2000년 이

〈건축학개론〉(2012)

〈건축학개론〉(2012)

플래시백 Flashback

과거회상장면을 뜻하는 영화용어다. 현재 발생한 사건의 원인이나 숨겨진 진실을 들춰내기 위해 플래시백이 사용된다. 시간은 과거로 돌아가지만 전체 서사의 전개로 볼 때는 더 많은 정보가 주어지기 때문에 이야기는 앞으로 진행되고 있는 것이다. 플래시백이 무리하게 사용되면 현재를 설명하기 위해 짜맞추기 식 이야기를 늘어놓는 촌스러운 영화가 될 수도 있다.

후 한국영화에서 두 편만 고르라면 〈클래식〉(곽재용, 2003)과 〈건축학개론〉을 얘기할 수 있을 거 같다. 약 10년의 세월을 두고 나온 두 편의 영화는 1980년대와 1990년대 대학생이던 주인공들의 첫사랑 이야기를 들려준다. 풋풋하고 애틋한 대학 시절 첫사랑의 기억은 동시대를 살아온 관객은 물론이고 세대를 초월한 공명을 불러일으켰다. 멜로영화답게 영화 전체를 감싸는 주제곡도 오래도록 관객의 마음에 남았다. 〈클래식〉은 '너에게 난, 나에게 넌'이라는 나무자전거의 주제곡이, 〈건축학개론〉에서는 전람회의 '기억의 습작'이 영화를 떠올릴 때마다 자연스레 귓가에 맴돌게 된다. 이들 주제곡은 중요한 장면에서 관객의 감정을 고조시키면서 영화의 주제를 각인시키는 역할을 한다.

〈건축학개론〉은 대학신입생인 건축학과 승민(이제훈)과 음대생 서현(배수지)이 겪는 첫사랑의 설렘과 안타까운 어긋남에 관한 영화다. 1학년 2학기 건축학개론 시간에 만난 두 사람은 학기가 끝나면서 헤어지게 된다. 영화는 십여 년의 세월이 흐른 뒤 두 사람이 재회하는 순간부터 시작된다. 〈건축학개론〉은 주인공들이 30대인 현재와 스무살 과거 모습을 계속 오가면서 진행된다. 과거회상장면인 **플래시백**은 현재 사건의 원인이 되는 과거를 보여줄 수 있어 적절히 사용할 경우 서사의 진행에 유용하지만 남발하면 혼란스럽기도 하고 촌스러운 영화가 되기 쉽다. 〈건축학개론〉은 현재-과거를 시종일관 교차시키고 있지만 지루한 인상을 주지 않는 플래시백 사용의 모범적인 예다.

30대가 된 승민(엄태웅)은 건축설계 사무실에서 팀장으로 일하고 있다. 그에게 어느 날 불쑥 서현(한가인)이 찾아와 제주도에 집을 지어달라는 의뢰를 한다. 처음에는 거절했던 승민은 결국 일을 맡게 되고 집을 지어가는 과정은 현재의 시간으로 그려진다. 집이 조금씩 완성되는 모습과 대학 시절 승민과 서현의 추억이 한 번씩 등장하는 방식으로 영화는 전개된다. 건축은 공간, 음악은 시간의 예술이다. 승민과 서현의 전공이 건축학, 음악이라는 점은 시간과 공간을 주제로 다루고 있다는 걸 명시한다. 이 영화의 제목이 화성학개론이 아닌 건축학개론인 건 승민 쪽으로 중심축이 가 있다는 걸 보여준다.

〈건축학개론〉은 제목답게 세세한 부분까지도 거의 완벽한 대칭을 이루고 있는 영화적 구조물이다. 과거와 현재의 모든 에피소드들은 각각의 의미를 가지면서 서로 유기적으로 연결돼 있다. 가령, 대학 시절 빈 집에서 화분에 꽃을 심었던 두 사람의 모습은 현재 제주도 집에 나무를 심는 모습과 유비적 관계를 이룬다. 비슷한 행동을 하지만 세월이 흐른 만큼 담긴 의미는 다르다. 시간 앞에서 누구도 자유로울 수 없는 현실을 느끼게 하는 이런 장면들은 쓸쓸하고 씁쓸한 기분을 불러일으킨다. 〈건축학개론〉은 첫사랑의 달콤함과 씁쓸함을 잘 배합했기에 완성도가 높아졌다.

건축학개론 수업시간 과제는 승민과 서현이 함께 다닐 로드맵이 된다. 개강 날 승민과 서현은 둘 다 정릉에 산다는 사실을 알게 된다. 건축학개론 첫 번째 숙제는 자기가 사는 동네를 돌아보고 사진을 찍어오는 것이다. 숙제를 하기 위해 사진을 찍던 승민의 카메라 렌즈 안에 서현이 들어오는 순간, 관객들은 렌즈 프레임 안이 곧 승민의 가슴 속이라는 걸 느끼게 된다. 정릉을 한 바퀴 돌면서 가까워진 승민과 서현은 비어있는 한옥을 둘만의 공간으로 발견해낸다. 이 한옥은 현실적인 공간을 가질 수 없는 스무 살 승민과 서현이 미래에 함께하고 싶은 공간을 예비하는 낭만적인 이상향 같은 곳이다.

건축학개론 두 번째 숙제는 각자가 생각하는 '먼 곳'에 가보는 것이

〈건축학개론〉(2012)

다. 승민과 서현은 이번에도 함께 숙제를 하기 위해 개포동으로 간다. 둘 다 한 번도 가본 적이 없는 곳이자 둘이 타고 다니는 버스의 종점이 개포동이다. 개포동 아파트 옥상에서 서현은 자기가 듣고 있던 이어폰 한쪽을 승민에게 건넨다. 이어폰을 나눠 끼는 모습과 이때 들려온 전람회의 '기억의 습작'은 완벽하게 조화를 이뤄 첫사랑의 감성을 묘사한다. "너의 마음속으로 들어가 볼 수만 있다면…" 이 노래 가사는 바로 둘의 마음이다. 사랑도 거듭하다 보면 무뎌져서 첫사랑만큼의 간절함이 생기지 않는다. 이 장면은 첫사랑을 하는 남녀의 고백 직전 상태를 극적으로 보여준다.

'그곳에 가고 싶다'라는 제목이 붙은 세 번째 숙제를 하기 위해 승민과 서현은 기차를 타고 교외로 나간다. 처음으로 아침부터 밤까지 함께 시간을 보낸 이 날은 승민과 서현이 간직하고 있는 추억의 정점이다. 기찻길 선로에서 오래 걸어가기 내기를 하거나 막걸리를 마시며 인생 얘기를 나눈 하루의 소풍 자체도 즐거웠지만 무엇보다 첫 키스라는 잊지 못할 사건이 발생한 날이다. 사실 그것보다 더 중요한 건 서현이 자신이 살고 싶은 집을 그린 종이를 승민에게 건네준 일이다. 스무 살 승민은 진짜 집을 지어주진 못하지만 그 그림을 바탕으로 설계 모형을 만들게 된다. 승민은 종강 날 모형을 건네주며 사랑을 고백하기로 결심하나 둘은 어긋나고 승민은 모형을 전해 주지 못한다. 승민은 모르고 있었지만 서현은 10년이 넘도록 그걸 간직하고 있었으며 건축을 의뢰할 때 애초에 원한 설계는 바로 그 모형과 같은 모습이었다.

서현이 오랜 시간 모형을 간직해 온 것처럼 승민 역시 서현이 준 '전람회' CD를 계속 간직하고 있었다. 〈건축학개론〉이 많은 관객에게 호소력 있었던 큰 이유 중 하나가 어리고 순진했기 때문에 어긋나버린 두 사람의 인연이 가슴 아프고 안타까워서다. 선배 재욱(유연석)이 술 취한 서현을 데려다주러 왔을 때 숨어서 지켜만 보지 말고 뛰쳐나갔다면 어땠을까? 서현이 공대 앞에 와서 기다리고 있던 날 재욱과 무슨 일이 있었는지 물어봤다면 어땠을까? 첫눈 오는 날 방바닥에 누워 괴로워하지 말고 서현이 기다리는 한옥으로 갔다면 어땠을까? 이 질문들은 승민을 향해 있다. 서른이 넘은 승민은 유들유들 이야기할 줄도 알고 짐짓 딴청을 부릴 줄도 아는 어른이지만 스무 살 승민은 아직 소년이다. 그래서 그때 그는 어쩔 줄 몰라 괴로워했을 뿐 아무것도 할 수 없었던 것이다. 첫사랑을 하는 무렵 소년은 대체로 소심하고 겁이 많다. 훗날 돌이켜보면 왜 그랬을까 싶은 정도로 찌질한 면을 드러내

곤 한다. 달리 말하면 그 시절 소년
은 풋풋하고 순수했던 것이다.

승민이 결혼을 약속한 여자에게
첫사랑을 설명하며 쓴 단어 "쌍년"
은 이 영화에서 가장 인상적인 대사
라고 할 수 있다. '정릉 독서실' 옆 골
목 어귀는 승민의 고민상담소고, 재
수를 하는 절친(조정석)은 연애 상담
사였다. 서현과 재욱이 함께 있는 걸
목격한 승민이 울면서 집까지 걸어

<건축학개론>(2012)

온 날 상담은 끝난다. 그때 승민을 위로하기 위해 친구가 던진 단어가
"쌍년"이었다. 친구를 위해 상대방을 깎아 내리는 다소 유치한 위로였
던 것이다. 영화가 진행될수록 관객들은 승민이 첫사랑에 관한 모든
기억을 잊지 않고 있다는 걸 알게 된다. 결국 "쌍년"이라는 말은 스무
살의 첫사랑을 떠올릴 때 호출되는 가장 강렬한 단어일 뿐 욕설의 의
미는 없는 것이다. 오히려 표면적인 욕설 안에 사실은 진한 그리움이
담겨있다는 걸 알게 될수록 관객은 주인공에게 감정이입하게 된다. 〈
건축학개론〉은 무엇으로도 대체되지 않는 첫사랑의 특권적 위치를 조
목조목 밝힌 영화다.

6. 현재진행형 장르, 멜로드라마

멜로드라마는 가장 오래된 영화 장르로 현재까지도 강력한 소구력
을 갖고 있다. 멜로드라마는 시대에 따라 갈등, 인물의 패턴이 달라졌
다. 뿐만 아니라 소비되는 시기의 사회문화적 배경에 따라 독해가 달
라진다. 사적인 영역에 속한다고 본 남녀관계, 가정생활 등 멜로드라
마가 묘사하는 세계에도 공적 영역과 같은 이데올로기가 작동하고 있
다는 시각이 대두되면서 멜로드라마 연구는 활발해졌다. 개인적인 것
과 정치적인 것이 분리되지 않으며 오히려 미시적인 세계, 개인적인
영역에 작동되는 이데올로기야말로 현실적이며 본질적인 것이라는 인
식의 전환이 반영된 것이다. 1990년 이후 멜로드라마 연구는 폭발적
으로 증가해 섹슈얼리티, 젠더 등 다양한 연구주제로 분화됐다.

〈부운〉(1955)은 나루세 미키오의 가장 널리 알려진 대표작이자
멜로드라마의 정수다. 제2차 세계대전 중 일본 점령지였던 동남아 섬
에서 만난 두 남녀의 질기고 기구한 인연을 그린 대하드라마다. 무모

해 보일정도로 맹목적인 정념을 지닌 여성 주인공의 선택을 통해 멜로드라마가 가진 비극적 파토스의 극단을 묘사한다. 더글라스 서크의 〈바람에 쓴 편지〉는 삼각관계, 재벌 남성과 가난한 여성의 결합, 불임과 불륜 등 소위 막장 드라마에 등장할 만한 요소들을 다 갖고 있다. 빠르게 전개되는 극적인 사건이 중심인 영화다. 계층을 초월한 낭만적인 사랑의 불가능성과 결혼제도의 완고하고 폐쇄적 성격을 꿰뚫어보는 통찰력을 갖춘 작품이다.

〈사랑니〉는 정지우 멜로드라마의 원형 같은 영화다. 보편적 사랑의 감정을 잘 녹여냈지만 상투적이지 않고 전복적인 시선이 담겨 있다. 학원 고등부 여자 수학강사와 고등학생의 열애라는 파격적인 소재 자체도 흥미롭지만, 남녀관계의 배타성, 본질적인 욕망, 연애 제도의 한계 등 다방면의 문제의식을 드러낸 영화다. 이용주의 〈건축학개론〉은 첫사랑을 사랑스럽게 기억하는 한편, 서로 어긋난 인연에 대해 가슴 아파하면서 어쩔 수 없는 현재를 받아들이는 내용이다. 현재-과거를 시종일관 교차시키고 있지만 지루한 인상을 주지 않아 플래시백 사용의 모범적인 예라고 할 수 있다. 〈건축학개론〉은 무엇으로도 대체되지 않는 첫사랑의 특권적 위치를 조목조목 밝힌 영화다.

최근 한국 영화계에서 멜로드라마가 위축됐다는 지적들이 나오고 있다. 오랜 역사를 갖고 있는 만큼 멜로드라마는 식상한 느낌을 주기도 쉽다. 그럼에 불구하고 우리는, 관객은 언제나 사랑에 대해 고민하고 사랑 이야기를 갈망한다. 그렇기에 멜로드라마는 계속 변신할 것이고 멜로드라마가 변한 지점은 삶의 변곡점과 맞닿을 것이다.

|주　석|

(1) 피터 브룩스, 『멜로드라마적 상상력』, 이승희 · 이혜령 · 최승연 역, 소명, 2013, 31쪽.
(2) 벤 싱어, 『멜로드라마와 모더니티』, 이위정 역, 문학동네, 2009, 285~388쪽 참고.
(3) 존 머서, 마틴 싱글러, 『멜로드라마』, 변재란 역, 커뮤니케이션북스, 2011, 48~57쪽 참고.
(4) 배리 랭포드, 『영화 장르』, 방혜진 역, 한나래, 2010, 57~92쪽 참고.
(5) 네이버 지식백과 참고.
(6) 유지나 외, 『멜로드라마란 무엇인가』, 민음사, 1999, 9~21쪽 참고.
(7) 박유희, "멜로드라마의 신기원으로서의 〈자유부인〉"대중서사장르연구회, 『대중서사장르의 모든 것: 멜로드라마』, 이론과 실천, 2007, 224~245쪽; 이현경, "1960년대의 축도(縮圖), 〈미워도 다시 한번〉", 앞의 책, 246~273쪽 참고.
(8) 이현경, "오래 볼수록 맛있는 멜로드라마의 거장", 『씨네21』, 2015. 12. 16; 이현경, "정숙하고도 정념 어렸던, 그녀들과의 재회", 『씨네21』, 2011. 7.13.

11장 역사 영화,
역사적 사실과 허구 사이

서성희

1. 역사 영화란

(1) 한국 역사 영화의 역사

한국인은 영화사 초기부터 역사 영화를 좋아했다. 〈춘향전〉(1923)을 비롯해 〈심청전〉(1925), 〈운영전〉(1925) 등 여러 편의 역사 영화가 제작됐다. 초기의 역사 영화 선호 현상은 익숙한 옛이야기를 동영상으로 확인하고 싶어 하는 보편적인 욕구에서 비롯됐다. 이 욕구는 이후 역사 영화를 한국 영화의 주요 장르로 자리 잡게 하는 힘으로 작용한다. 한국 역사 영화는 1950년대부터 번성한다. 그 촉매제가 된 것은 〈춘향전〉(1955)이다. 최초로 서울 관객 18만 명을 넘긴 〈춘향전〉의 성공으로 한국 영화계에 자본이 유입되고, 옛것에서 소재를 찾으면서 역사 영화 붐이 일어난다. 영화 제작 여건이 열악했던 1950년대에 세트나 의상, 소품 등에서 인프라 구축이 필요했던 역사 영화가 40여 편이나 제작됐다.

〈춘향전〉(1955)

1960년대 역사 영화는 장르로 성립된다. 1958년부터 멜로드라마가 번성하고 1960년대에 문예영화가 정착돼 가면서, 역사 영화는 대중들의 기대에 부합하기 위해 후궁들의 쟁총과 궁중 암투를 다루는 궁중 비사를 주로 다루기 시작한다. 그 시작점에 신상옥 감독의 〈연산군〉(1961)과 〈폭군 연

산〉(1962)이 놓여있다. 당시까지 축적된 자본과 기술, 서사 기반을 최대한 활용해 '**조선왕조 역사 영화**'의 형식을 정립한다. 〈연산군〉에서 보여준 촬영, 세트, 의상 등의 '**도상**'과 서사적 구조는 한국 역사 영화의 장르로 성립된다. 이때부터 이른바 정통 역사 영화 하면, 허구적 서술이 아닌 고증을 기본으로 하는 조선왕조에 대한 이야기라는

인식이 확산된다. 〈연산군〉에서 정립된 역사 영화의 관습은 1960년대 내내 지속하다가 1970년대 TV 궁중 사극으로 전이돼 오랜 기간 영향력을 발휘한다.(1)

　1970년대 이후 TV 드라마가 역사 영화의 영역을 장악하면서, 한국 역사 영화는 국책영화로 그 명맥을 겨우 유지한다. 1970년대 국책영화로서의 역사 영화는 유신 체제의 이데올로기를 대중에게 전파하는 도구로 이용된다. 그래서 주로 국난 극복을 지휘한 영웅이나 민족의 발전을 영도한 지도자가 그려진다. 대표적 인물로 세종대왕, 이순신과 같은 영웅을 찬양해 근대적 국가주의를 고취하려는 계몽적 역사 영화의 특징을 지닌다.

　겨우 명맥만을 유지하던 한국 역사 영화는 1980년대 검열로부터 상대적으로 자유로운 자장 안에서 대중성을 확보하기 위해 에로티시즘을 불러들인다. 1980년대 역사는 에로티시즘과 결합해 이른바 '토속적 에로티시즘 역사 영화'인 〈여인잔혹사 물레야 물레야〉(1984), 〈자녀목〉(1984), 〈씨받이〉(1986) 등에서 절정을 이룬다. 에로티시즘이 덧입혀진 성인물로써 역사 영화는 1980년대 줄곧 소비된다.

　1990년대 들어서면 1980년대 역사소설에 영향을 받은 〈개벽〉(1991), 〈살어리랏다〉(1993) 같은 보다 전통적인 역사 영화가 잠시 등장한다. 그러나 1990년대 한국 사회는 이데

〈씨받이〉(1986)

올로기에 대한 강박에서 벗어나 사회 전체가 훨씬 유연한 태도로 탈바꿈된다. 이에 발맞춰 역사 영화도 이전 시기의 획일적인 소재나 주제에서 벗어나 자유로운 상상력과 새로운 감각의 미적 스타일로 활로를 모색하는 시기를 보낸다. 이 시기에 〈영원한 제국〉(1994)과 〈은행나무 침대〉(1995) 같은 대표작을 내놓는다. 〈영원한 제국〉은 역사적 사실과 허구를 교묘히 결합한 '**팩션**' 시대를 예견하는 영화였다. 〈은

〈연산군〉(1961)

조선왕조 역사 영화

조선왕조 역사 영화는 흔히 '궁중사극'이라 부르는 영화 중에서 궁중을 중심으로 조선왕조의 이야기를 담고 있는 역사 영화를 말한다.

도상(icon)

장르영화에서 흔히 쓰이는 관습적 이미지로 장르영화에서 의상이나 소품 또는 특정 미장센과 그 구성요소를 말한다.

행나무 침대〉는 고증에서 벗어난 허구적인 서사를 바탕으로 판타지와
무협 장르를 결합한 '**퓨전**' 역사 영화이다. '팩션'과 '퓨전'이라는 이 두
용어를 통해, 2000년대 이후 이전과는 다른 역사 영화 장르를 설명할
수 있다.

(2) 한국 역사 영화의 정의

한국 역사 영화 장르를 명확하게 정의하기란 쉽지 않다. 장르적으
로 역사 영화에 대한 정의는 영화의 내용 즉 주제와 형식이라는 표현
방식에 따라 일관되게 구분된 것이 아니다. 예를 들어 멜로 영화는 주
제와 형식에 의한 구분이지만, 역사 영화는 시간과 공간을 통한 구분
이다. 역사 영화가 시간과 공간을 중심으로 정의된다면, 시간의 문제
는 늘 쟁점으로 남게 된다. 어느 정도 과거 시간을 다뤄야 역사 영화
범주에 포함시킬 것인가 하는 논란이 제기된다. 일반적으로 역사 영화
는 상고시대부터 일제강점기까지를 시대 배경으로 하는 영화를 통칭
한다. 시대극은 해방 전후부터 1980년대 말까지를 시대 배경으로 하
는 영화, 현대 영화는 1990년대 이후 시대 배경을 가진 영화로 정의
할 수 있다.

한국 역사 영화의 시기 문제는 현재를 기준으로 대체로 두 세대,
즉 40~60년 정도의 과거사를 소재로 한 영화를 역사 영화로 규정하
는 것이 타당해 보인다. 40~60년 정도의 시간 거리가 역사 영화의 역
사적 사실과 허구라는 이중적 요구를 만족시키는데 최소 시간이기 때
문이다. 이전 두 세대를 기준점으로 삼는다면, 시대극도 역사 영화의
범주에 포함된다.

또한, 영화가 '역사적 사실'에 기초하지 않는 설화, 전설, 고전소설
등 완전한 허구물을 영화로 제작할 경우 역사 영화로 볼 수 있는가 하
는 점이다. 춘향전은 고전소설을 원작으로 한다. 역사적 사실에 기초
하지 않았다 하더라도 '역사적 허구물'을 역사 영화의 범주에 넣는다.
따라서 역사 영화 장르는 과거 두 세대를 기준으로 역사적 시간과 공
간을 다루고 있으며, 역사적 사실과 더불어 설화, 전설, 고전 소설 등
역사적 허구물들을 영화화한 것도 모두 역사 영화로 정의한다.(2)

(3) 한국 역사 영화의 분류

한국 역사 영화는 '과거의 사건에 대한 현재적 진술'이란 점에서

사실과 **허구** 사이에서 끊임없는 논란을 일으킨다. 역사 영화가 급부상한 결정적인 요인은 역사적 사실보다 역사적 개연성과 허구성의 외연을 넓힘으로써 대중성을 확보한 것이다. 2000년대 이후 외연이 넓어진 역사 영화 장르를 정의하는 데 있어, 장르와 함께 사용되고 있는 용어를 풀어보면 대중과 영화계가 암묵적으로 동의한 장르 정의가 가능해진다.

먼저 '팩션'이라는 용어는 사실과 허구라는 스펙트럼 위에 놓인 수많은 역사 영화를 위치 지을 수 있게 한다. 한국 역사 영화는 '팩션' 즉 사실과 허구라는 역사 서술방식에 따라 네 가지로 분류될 수 있다. 첫 번째는 기록된 역사적 사실을 대부분 활용하지만 기록되지 않은 일부분을 작가의 해석으로 메우는 방식인 '사실적 역사 영화'이다. 두 번째는 역사의 기록을 매우 제한적으로 활용해 특정 인물이나 큰 사건 일부를 제외하면 야사나 작가의 해석에 주로 의존하는 방식인 작가의 '해석적 역사 영화'이다.

세 번째 '허구적 역사 영화'는 역사를 배경으로 활용하지만, 작가의 허구적 상상력으로 만들어낸 서사이다. 역사적 기록에 담기지 못했던 허구적 인물로서 지배계층이 아닌 주로 서민이나 천민들의 삶을 다루는 일련의 영화들로 아래로부터의 역사, 역사적 총체성, 강렬한 민중 지향성을 지닌 영화들을 중심에 둘 수 있다.

'해석적 역사 영화'와 '허구적 역사 영화'의 차이는 역사적 사건이 전경(foreground)으로 배치되는가 배경(background)으로 배치되는가에 따라 구분될 수 있다. '해석적 역사 영화'는 상상적 서술과 달리 과거의 중요한 사건이나 등장인물의 배치가 이야기의 핵심축이라면, '허구적 역사 영화'는 역사적 배경만 제시될 뿐 등장인물과 이야기의 전개는 과거 사실과 관계없는 작가의 허구적 상상력에 의해 지배된다.

네 번째는 가장 허구의 끝에 서 있는 서술 방식으로 작가의 상상력이 마음껏 발휘된 '상상적 역사 영화'이다. 이들 영화에서는 고전문학이나 야담, 설화, 민담 등을 소재로 하거나 수사, 범죄, 비리 등 협객의 무용담을 주로 다룬다.

그리고 '퓨전'은 역사 영화가 다른 장르와 결합해 전체 장르를 형성하는 장르 규정이 가능하다. 이는 한국 역사 영화가 인기를 끌게 된 요소이기도 하다. 영화 장르는 고정된 것이 아니라 항상 변화하고 있다. 특히 역사 영화는 시간과 공간으로 장르를 규정하기 때문에, 내용을 다른 장르로 채워야 하는 특수한 장르이다. 따라서 역사 영화는 항상 다른 장르들과 관계를 맺으며 새로운 장르 관습을 만들어내는 과

사실 fact

팩트, 즉 사실이란 실제 존재했던 일을 말한다. 다시 말해 역사적 사실은 역사적으로 실제 존재했던 일을 말한다. '역사 속 어떤 사람이 이런 말을 했다'는 사실이 된다. 그러나 그 사실이 진실이냐는 다른 문제다.

허구 fiction

픽션, 즉 허구는 실제로 있을 법한 혹은 실제로 없는 일을 상상력을 이용해서 만들어낸 가공의 인물이나 이야기를 말한다.

〈표〉 2000년대 이후 한국 역사 영화의 역사서술방식

서술방식	사실적 역사	해석적 역사	허구적 역사	상상적 역사
역사기술	사실 〉 해석	사실 〈 해석	역사적 개연성	이야기로서 전설, 설화, 활극
역사자료	정사의 활용	정사의 활용 + 야사	없음	전설, 설화, 고전소설 등
대표 영화	〈명량〉(2014) 〈남한산성〉(2017)	〈황산벌〉(2003) 〈왕의 남자〉(2005) 〈황진이〉(2007) 〈미인도〉(2008) 〈신기전〉(2008) 〈쌍화점〉(2008) 〈광해, 왕이 된 남자〉(2012) 〈역린〉(2014) 〈간신〉(2014) 〈사도〉(2014)	〈스캔들〉(2003) 〈혈의 누〉(2005) 〈궁녀〉(2007) 〈음란서생〉(2009) 〈구르믈 버서난 달처럼〉(2009) 〈최종병기 활〉(2011) 〈후궁〉(2012) 〈상의원〉(2014) 〈군도〉(2014) 〈암살〉(2015)	〈단적비연수〉(2000) 〈비천무〉(2000) 〈무사〉(2001) 〈낭만자객〉(2003) 〈형사〉(2005) 〈무영검〉(2005) 〈중천〉(2006) 〈기방난동사건〉(2008) 〈전우치〉(2009) 〈방자전〉(2010) 〈조선명탐정〉(2011) 〈바람과 함께 사라지다〉(2012) 〈조선미녀삼총사〉(2013) 〈해적〉(2014) 〈조선마술사〉(2015) 〈봉이김선달〉(2016)

사실(fact) ⟵⟶ 허구(fiction)

정에 있다. 하나의 전체 장르(Genre)로 보면 역사 영화이지만, 그 내부에는 대중과 시대의 요구에 따라 액션, 멜로, 추리, 판타지 등 다른 장르와 서로 밀접한 관계를 맺으며 다양한 하위 장르들(genres)로 분화 · 발전 중이다.

2. 사실적 역사 영화: 〈명량〉(2014)

〈명량〉은 역사 영화 중에서 가장 역사적 사실(fact)에 가까이 있는 영화이다. 그리고 〈명량〉은 '사실적 역사 영화'라 이름 지을 수 있는 영역에서 가장 흥행에 성공한 영화이다. 사실적 역사 영화는 역사에 남겨진 기록을 활용하고, 기록되지 않은 부분을 작가의 해석으로 메우는 역사 영화이다. 영화의 배경이 되는 명량해전은 많은 역사적 기록을 가지고 있고, 동시에 그 기록들은 극적인 요소를 품고 있다. 명량해전이 주목받는 이유는 작은 숫자의 아군으로 많은 숫자의 적군을 격퇴했다는 사실이다.

〈명량〉(2014) 포스터

'이순신'은 한국사회에서 가장 대표적인 영웅 서사의 역사적 주인공이다. 이순신은 실존 인물이며 고난과 시련을 겪은 존재이면서 풍전등화의 나라를 위기에서 구해낸 구국의 영웅이다. 그렇기에 한국 영화사에서 가장 많이 불려나온 인물 중 한 명이기도 하다. 이전 '이순신'을 그린 〈성웅 이순신〉(1962)은 이순신을 우상화된 탁월한 영웅으로 다루거나 거의 신격화한다. 이후 1971년 〈성웅 이순신〉과 〈구국의 영웅 성웅 이순신〉(1981) 등도 비슷한 방식으로 제작됐다. 장르의 속성상, 같은 이순신이라는 인물을 다루더라도 시대 변화에 따라 변하고 발전해야 한다.

2015년에 제작된 〈명량〉은 가장 중요한 키워드로 리더십을 호명하며, 한국영화사에 1,760만 명이라는 최고 흥행 기록을 세운다. 대중은 역사 영화 〈명량〉에 왜 그토록 열광했을까. 이순신이 없는 시대에 이순신을 원하는 마음이 모여 영화 〈명량〉의 흥행 돌풍을 일으켰다는 평가는 유효해 보인다. 영화는 흔히 민족의 영웅이라 일컫는 이순신에 대한 성찰적 재해석을 통해, 심각한 리더십의 실종을 앓는 한국 사회에 뜨거운 경종을 울렸다.(3) 그리고 역사적 사실을 기반으로 리더십이 뛰어난 영웅을 주인공으로 만든 영화가 아닌 리더십이 필요한 고통 받는 백성을 주인공으로 내세운다. 백성이 훌륭한 리더를 원하는 것은 시대를 초월한 역사적 요구이다.

〈명량〉은 세계 해전사에서 유례를 찾기 힘든 대승인 명량대첩을 재현하며 작가의 해석을 가미했다. 1시간 이상을 열심히 달려가는 〈명량〉의 마지막 전투 장면은 한국영화사에 가장 스펙터클한 해전 신으로 남을 것이다. 그러나 이순신이 처한 상황은 역사적 고증에 충실하다. 영화는 이순신이 고문당하는 장면으로 시작한다. 1592년 임진왜란 발발 당시 삼도수군통제사였던 이순신은 한산도대첩 등 혁혁한

〈명량〉(2014)

공을 세운다. 하지만 전쟁이 소강 국면에 접어들자 선조는 항명의 죄를 물어 이순신의 관직을 박탈하고 압송한다. 전쟁이 터지자 의주로 도망가서 완전히 민심을 잃은 선조가 전쟁영웅으로 민심의 지지를 얻은 이순신을 숙청하려 한다.

이렇게 〈명량〉의 이순신이 영화의 시작 부분에 고문당하는 시련과 고난의 존재로 등장한 것은 신격화된 영웅의 자리에서 벗어나 현실의 실존적 인물로 위치 변경된 이순신의 모습을 보여주려는 의도이다. 민족과 계급의 집단 이데올로기 선봉장의 역할을 부여받은 영웅의 모습이 아니라 수난자로서의 정체성을 가지고 현실의 자리로 위치 지운다. 이순신과 백성을 아웃사이더의 자리에 선조를 기득권의 자리에 놓고 기득권자들에게 버림받은 이순신과 백성들의 연대를 논의한다.(4)

그러나 1597년 일본의 재침 때 삼도수군통제사를 맡고 있던 원균이 칠천량에서 대패하자, 선조는 백의종군하던 이순신을 다시 삼도수군통제사에 임명한다. 이순신에게는 칠천량에서 도망친 배설 장군의 배 12척과 두려움에 휩싸인 패잔병들이 남아 있을 뿐이다. 이것으로 어떻게 330척의 왜선과 대적할 수 있을까. 수군을 포기하라는 왕명이 내려오자, 병사들의 탈영이 속출한다. 배설 장군이 거북선에 불을 지르고 도망치는 장면은 절망감에 정점을 찍는다. 이순신은 동요하는 병사들에게 "반드시 죽고자 하면 살고, 반드시 살려고 하면 죽는다"고 말한다. 그러나 이 말은 목숨이 위태한 상황에서는 논리로만 설득될 수 없다. 따라서 이순신은 그 말의 뜻을 몸소 보여주고 백성과 관객을 설득시키기 위해 영화는 오랜 시간 공을 들인다. 전투 초반 겁에 질린 11척의 배들이 뒤로 물러나 있는 동안, 이순신의 대장선은 홀로

330척의 적선과 싸운다. 이순신의 대장선이 죽기 살기로 싸우며 버티는 모습을 보고, 다른 장군과 병사와 백성들마저 감화돼 죽을힘을 다해 싸운다.

이 힘겨운 싸움을 위해 영화에서 61분을 할애한 해전은 화려한 스펙터클을 제공하면서 동시에 이순신과 백성들의 불굴의 의지와 인내의 서사를 새로 쓴다. 이순신의 영웅적 전략과 능력만을 중심에 놓는 서사 전개를 과감하게 삭제한 자리에 이순신의 생명을 구하는 주체로서 등장하는 수많은 백성의 결단과 행동이 그 안에서 생생하게 살아 움직인다. 이는 영웅 중심으로 쓰이던 기존의 낡은 이데올로기적 역사 서술을 과감하게 삭제하고, 잊힌 백성을 중심으로 미시적인 역사의 서술을 감행하는 시도이다. 최근 역사 영화가 지향하는 방향성이 영화 〈명량〉의 서사에도 스며들어 있는 것이다. 결국 이순신은 백성을 역사적 주체로서 성장하도록 돕는 조력자 역할을 한다. 관객들은 이순신을 통해 명량해전의 중심에 나선 백성들과 동일시되고, 이로써 현실의 체념과 두려움에서 벗어나 역사의 주체로 나서는 대리만족의 경험을 할 수 있게 된다.(5)

〈명량〉(2014)

〈명량〉은 흔히 전쟁영웅을 그린 영화들이 빠지기 쉬운 함정을 훌륭히 피해간다. 아무리 걸출한 영웅이라 해도 전투는 장군 혼자 하는 것이 아니다. 명을 따르는 병사가 있어야 하고, 함께 배에 타고 노를 저어야 하는 격군이 있어야 한다. 그들을 어떻게 설득해, 어떤 마음으로 전투에 나서게 할 것인지가 진정한 장군의 능력이다. 〈명량〉은 이순신의 무예나 지략 같은 개인기에 집중하지 않고, 겁에 질린 병사나 손에 피가 나도록 노를 젓는 격군들을 비춘다. 이들이 두려움을 용기로 전환해 싸우도록 하는 이순신의 자기 헌신적 리더십을 보여주는 것이다.

이순신의 자기 헌신적 리더십은 무엇을 위한 것이었을까. 영화는 이순신 아들의 입을 통해 묻는다. "승리한다 한들 왕은 이순신을 버릴 것이다. 그런 몰염치한 왕을 위해 왜 목숨을 버리려 하는가?" 이순신은 "충은 왕이 아닌 백성을 향해야 한다"고 답한다. 이순신이 진정으로 구하려 했던 것은 정권에 대한 욕심만 가득한 왕이나, 이미 시스템의 한계를 다 내보인 조선이라는 왕조가 아니라, 한반도에서 태어나 무능한 왕과 부패한 왕조로부터 착취당하며 살다가 이제는 외국군의 침입이라는 절체절명의 재난을 맞아도 국가로부터 아무런 도움을 받지 못한 채 무참하게 살육당하는 백성들이었다는 뜻이다.

영화 〈명량〉은 백성 위에 군림하는 이순신의 영웅성이 아닌 백성들에게 의리를 지키고자 한 이순신의 의리를 의리로 화답한 백성들의 힘을 강조하고 있다. 결국, 이 영화의 제목이 이순신이 아닌 〈명량〉일 수밖에 없는 이유는 이 영화의 주인공이 결코 이순신 개인이 아닌 당시 힘없는 조선 백성이었음을 의미한다. 영화는 군주에 대한 충이 아니라, 백성에 대한 충이 어떤 의미인지 정확하게 보여준다. 이순신은 왕의 핍박과 탄압에도 불구하고 의리, 즉 백성을 위한 충을 위해 죽기를 다해 일본군과 싸운다. 이는 박정희 정권 때부터 이순신을 내세워 강조했던 국가주의적 가치관과는 매우 다른 해석이다. 〈명량〉은 이순신을 국가주의에서 해방시키는 동시에, 왕이 아닌 민을 바라봐야 한다는 충의 진정한 의미를 돌아보게 한다.

명량해전과 이순신이라는 밀접한 연결고리는 역사서에 기술돼 있는 엄연한 사실 기록이다. 그러나 영화는 이러한 엄연한 역사적 사실 중심에 서 있는 이순신 대신 백성을 중심에 놓은 명량해전을 새롭게 재현한다. 왕과 걸출한 영웅의 서사가 더는 호소력을 가질 수 없는 시대라는 사실이 2000년대 이후 보여준 역사 영화의 변화와 함께 영화 〈명량〉의 흥행을 통해 반증된다. 특히 영화 〈명량〉은 서사의 복잡한 잔가지를 과감하게 쳐 버리고, 그 자리에 이순신을 백성과 특별히 다를 것 없는 고뇌하는 인간형으로 소환해 영웅 서사의 낡은 이데올로기를 삭제한다. 삭제된 공백을 채우는 것은 명량해전을 승리로 이끈 주체로서의 백성과 그들을 통해 새롭게 쓴 이순신이라는 개인의 새로운 역사이다.

3. 해석적 역사 영화: 〈왕의 남자〉(2005)

〈왕의남자〉(2005) 포스터

'해석적 역사 영화'는 기록된 역사적 사실을 대부분 활용하지만 기록되지 않은 일부분을 작가의 해석으로 메우는 방식의 역사 영화이다. 여기서는 이미 알고 있는 역사적 사실이나 인물에 대한 인식의 변화를 추구한다. 이들 영화에서는 잘 알려진 인물 주변에 있었던 잘 알려지지 않은 인물을 통해 역사적 사실의 본질을 드러내는 전략을 구사한다. 〈왕의 남자〉의 경우 연산군과 장녹수라는 잘 알려진 인물을 배경으로 공길이라는 잘 알려지지 않은 인물을 전면에 내세운다. 이를 통해 익히 알고 있다고 여겼던 역사의 의미를 다르게 해석하고 우리의 인식에 변화를 가져온다. 그렇지만 해석적 역사 영화는 우리가 익히 알고 있는 인식 체계를 약간 뒤흔들면서도 전체적인 방향은 대중의 기대에서 크게 벗어나지 않는 형태를 띤다. 〈왕의 남자〉는 해석적 역사 영화의 전형이라고 할 수 있다. 〈왕의 남자〉는 조선왕조실록을 바탕으로 공길이라는 미미한 사료에 작가의 상상적 해석을 부여한 작품이다.

〈왕의남자〉(2005)

그동안 '연산군'은 〈연산군〉(1961, 신상옥), 〈폭군 연산〉(1961, 신상옥), 〈연산일기〉(1986, 임권택), 〈연산군〉(1987, 이혁수), 〈왕의 남자〉에 이르기까지 5편의 영화로 제작됐다. 이미 잘 알고 있는 연산군이라는 인물에 대한 사료는 충분히 존재했다. 연산군은 왕이 된 후, 자신이 다스리고 있는 나라를 자기 마음대로 할 수 없다는 정치적 좌절감에 더해, 강력해진 신권으로 자신의 어머니마저 비운의 희생을 당했다는 사실에 분노하고 그의 아버지 시대에 쌓아놓은 모든 성리학적 업적을 부정하려 했다. 그 때문에 연산군은 성리학이 강조하는 근검, 금욕, 도덕적 완성 등을 모두 걷어치우고 자신이 하고 싶은 대로 정국을 운영한 가장 조선 시대 왕 같지 않은 군주였다.

〈왕의 남자〉에서 연산군은 대중들의 인식 체계와 기대감에서 벗어나지 않는다. 핵심적인 창조는 왕의 남자 공길이었다. 다시 말해 〈왕의 남자〉는 이미 잘 알려진 연산군 이야기를 배경으로 공길과 장생의 이야기를 얹는다. 공길이 궁중에 발탁되면서 임금 연산군, 공길과 장생, 이들 세 명 사이에서 생긴 미묘한 감정선을 중심으로 전개된다. 장생은 허구의 인물이지만 공길은 실존했던 인물이다. 공길은 많이 알려진 인물이 아니었다. 연산군이야 파란만장하고 괴팍한 인생사로 익히 알려졌지만, 영화에서 가장 중요한 열쇠를 쥔 캐릭터인 공길은 대체 어떤 인물이었을까.

공길에 대한 기록은 연산군 11년 12월 29일 자 『실록』에 남아있다. 기록에 따르면 실제 공길은 영화 속의 공길과는 그 성격이 판이하다. 영화 속 공길은 여자 뺨칠 만큼 아름다운 외모에 광대로서의 끼와 재능은 누구보다 탁월하지만 야리야리하고 소극적인 성격의 인물이다. 그러나 실제 공길은 임금 앞에서 죽기를 각오하고 바른 소리를 할 수 있는 꽤 배포 큰 남자로 보인다. 영화 속 캐릭터로 보자면, 장생이 이에 더 가까울 것이다. 신분적으로 매우 미천한 위치에 있던 광대가 『실록』에 그 이름을 남기는 것은 매우 이례적인 일이다. 연산군은 자신의 집권 말기 왕의 실정에 풍자로나마 직언을 하고자 했던 공길을 유배 보내고 그토록 좋아하던 나례 자체를 없애버린다. 이를 보면 공길이 연산군에게 심정적으로 상당히 영향력 있는 인물이었다는 것을

〈왕의남자〉(2005)

온고지신 溫故知新

옛것을 익히고 그것을 미루어서
현실을 처리할 수 있는 새것을
알다.

알 수 있다.(6)

그러나 공길에 대한 사료가 적었기 때문에, 작가적 해석을 덧붙였다. '왕의 남자'라는 공길의 등장이었고, 다른 하나는 연산에 대한 인간적인 해석이었다. 공길은 왕의 남자이면서 광대였다. 많은 작품에서 다뤄진 연산군이 다시 다뤄지므로, 영화는 연산을 전면에 내세우지 않는다. 광대를 통해서 식상하기만한 연산의 무의식을 분석해서 영상 앞에 보여줬다. 그리고 단순히 왕의 남자라는 동성애 코드에 영합하는 영화로만 그치지는 않았다.

그리스 비극과 셰익스피어, 그리고 경극까지 버무린 가운데, 전통적인 광대들, 즉 역사문화적인 관점에서 광대의 의미를 제대로 살려냈기 때문에 대중적 몰입을 끌어낼 수 있었다. 단순해 보이는 광대의 놀음을 통해 당시 정치와 권력의 이중성을 폭로해 냈다. 그러한 정치와 권력의 이중성은 비단 영화적 공간에만 존재하는 것이 아니라 우리의 지금 현실에서도 공통으로 확인할 수 있는 내용이기도 하다. 이 때문에 이준익 감독의 장르는 '온고지신'이라는 평가를 받기도 한다.(7) 하지만 영화의 결말은 기존의 금기를 깨려 했던 이들 세 명의 죽음으로 대중들의 기대치와 상상력에서 벗어나지 않은 상징계를 보여줬다.

형조판서 윤지상의 매관매직을 풍자하는 소극은 문화예술적인 발생이면서 광대놀음의 전형을 보여주지만, 이를 통해서 연산에 대한 미화를 감행하는 것은 아니다. 공길과 연산의 유희적 관계를 통해서 인간적인 고민과 고통, 그에 따른 심리적인 연민을 불러일으키지만 결국 역사적 사실에 분명히 기록된 패악적 행동을 긍정적으로 바꿔 놓는 무리수는 두지 않는다. 그것은 연산이 처음에는 신권을 견제하려는 정치적 의도로 광대극을 시작하지만, 세 남자의 마음과 영혼이 다치는 비극으로 선회하게 만드는 데서 상징적으로 알 수 있다.

〈왕의 남자〉와 같은 해석적 역사 영화는 기존의 역사적 인물과 사실을 기본으로 하되, 사실들을 관통하고 있는 진실이나 맥락을 추구한다. 거기에 역사적 사실이나 인물에 관해 새로운 해석을 하면서 때로는 충분한 상상력을 발휘한다. 여기에 필수 요건은 충분한 개연성의 함축이다. 따라서 우리가 잘 알고 있는 역사적 사실과 인물은 존재하되, 사실이나 인물의 행태를 둘러싼 그 의미와 인과관계는 다르게 형상화된다. 최종 목적은 작가의 상상력을 통한 사실의 재해석으로 역사적 본질을 드러내는 데 있다고 할 수 있다.

〈왕의 남자〉는 천만 관객몰이로 흥행 신드롬을 일으키며, 조선 초기 연산군의 정치적 상황 속에 광대라는 인물을 묘하게 섞어 넣어 만든 매우 빼어난 해석적 역사 영화이다. 해석적 역사 영화에서 흥행의 변수는 익숙함과 낯설게 하기의 조화에 있다. 〈왕의 남자〉는 익숙한 연산군과 장녹수 이야기를 밑그림으로 놓고 생소한 공길과 장생 이야기를 전경화해 낯설게 하는 효과를 낳는다. 익숙함과 낯설게 하기를 조화시킨 점은 〈왕의 남자〉의 흥행을 이끈 가장 중요한 요소이다.

영화는 역사적 실존 인물이 등장하는 역사 영화이지만 연산이나 장녹수를 새롭게 해석하는 데 초점이 맞추어져 있지 않다. 굳이 연산이나 장녹수가 아니어도 이런 서사가 만들어질 수 있었을 텐데 왜 연산이나 장녹수가 등장했을까. 그것은 이미 알려진 연산과 장녹수의 이야기를 이용해 서사를 경제적으로 꾸릴 수 있기 때문이다. 연산이 어려서 생모를 잃어 모성 콤플렉스가 있다든지 장녹수가 성적 매력이 있는 요부라든지 하는 내용을 일일이 설명하지 않아도 관객들은 이미 알고 있기에 그만큼 시간을 절약하면서 영화를 진행할 수 있다. 해석적 역사 서술에서 익숙함과 낯설게 하기는 이후에 나오는 〈광해, 왕이 된 남자〉에서 배경으로 완전히 물러나게 되는 진짜 광해군과 전경으로 활약하는 가짜 광해군을 통해 극적으로 활용된다.

4. 허구적 역사 영화: 〈스캔들−조선남녀상열지사〉(2003)

'허구적 역사 영화'는 역사적 개연성이 있음직한 인물과 사건을 작가의 상상력으로 창조해낸 역사 영화이다. 〈스캔들−조선남녀상열지사〉(이하 〈스캔들〉)는 2000년 이후 한국 역사 영화 부활의 신호탄이자, 허구적 역사 영화의 시작점이 된다. 2000년대 이후 역사 영화가 전 시기와 차별되는 지점은 역사적 사실, 혹은 사료의 기록에 대한 부채감을 벗어던진다는 데 있다. 이는 제작진뿐 아니라 관객도 마찬가지여서, 더 이상 관객들은 영화 속 역사가 기록된 사실인지 기록된 사실이라면 기록된 사실과 영화가 얼마나 일치하는지를 중요하게 여기지 않는다.

허구적 역사 영화의 경우 역사적 시점이나 상황을 명확한 역사적

〈스캔들〉(2003) 포스터

〈스캔들〉(2003)

사실에 근거하지 않는다. 〈스캔들〉의 경우 조선 시대라는 것을 추론할 수 있는 정황증거들이 제시되지만 정확하게 시대적인 배경을 말하고 있지 않다. 다만 시간과 공간이 과거라는 것만 알려줄 뿐이다. 허구적 역사 영화는 본질이나 맥락을 기본으로 하되, 구체적인 역사적 사실에서 비교적 자유롭다. 그런데도 관객은 조선 시대라는 배경을 자연스럽게 받아들이며 영화가 의도하는 이야기와 장르적 재미에 무리 없이 빠져든다. 역사 영화에서 과거는 역사라는 중압감에서 벗어나 현대적 감각으로 무한히 변주 가능한 소재로 받아들여지게 됐다.

첫사랑의 상대이자 사촌지간인 조씨 부인과 조원은 9년간 수절해 열녀문을 하사받은 '숙부인 정씨 무너뜨리기' 게임을 한다. 영화의 주인공 숙부인은 결혼도 하기 전에 과부 신세가 됐고 오랜 수절로 나라에서 열녀문까지 하사받은 소문난 정절녀이다. 물론 그녀는 역사적 실존 인물이 아니다. 이재용 감독은 인터뷰를 통해 "서구 문물이 조금씩 들어오고 내부적으로 동요가 일어나고 여전히 사회는 엄한 규율에 묶여 있지만, 욕망이 요동치는 그런 사회 속 인간들의 이야기가 구미를 당겼다"(8)고 말했다. 감독이 주목한 것은 역사적 시대가 가진 의미와 맥락이었다. 〈스캔들〉은 서양의 개인적 사유가 틈입하는 조선 후기를 배경으로 연애라는 근대적인 주제를 다루면서, 관객에게 전체 서사를 봉건질서가 지배적인 과거의 역사적인 맥락 속에서 소구하도록 만드는 역사 영화이다.

역사적 배경이 사실처럼 보이는 까닭은 이 영화에서 연애 사건이 발생하는 시기가 중요하기 때문이다. 영화에서 연애 사건은 봉건적 질서와 근대적 가치가 충돌하는 접점을 상상적으로 포착하는 하나의 실험도구이다. 만약 이 시기가 아니라면 이 영화의 서사는 설득력을 잃게 된다. 조원과 숙부인의 연예를 방해하고 조원과 조씨 부인 사이의 욕망을 금단의 영역으로 묶어 놓을 수 있는 결정적인 요인이 조선 시대라는 배경이다.

그렇지만 〈스캔들〉이 조선이라는 시대적 배경을 내세웠지만, 구체적인 역사적 시기를 내세우지는 않았다. 전체적으로 작품의 시공간의 배경이 조선이라는 점을 주지할 뿐이다. 공통으로 관심을 두는 것은 남녀 간의 사랑 이야기이고 그 가운데 밀고 당기기 고수들의 긴장

감 있는 밀고 당기기 연애 전략이다. 무엇보다
단순히 조선 시대의 로맨스 방식에만 함몰되는
우를 범하지 않았다. 즉 과거의 익숙한 코드에
현대적인 감각도 녹아 있다.

먼저 현대인들이 내세우는 쿨한 사랑을 담
았다. 그리고 근친상간, 혼전 관계 등 억압된
욕망도 분출시키는데 그것은 현대의 성적 코드
와 긴밀한 접점을 갖는다. 또한 조선이라는 시
대에 함몰되지 않은 것은 조씨 부인이라는 캐릭터를 통해서도 확인할
수 있다. 조씨 부인은 자신의 아름다움을 위해 몸을 가꾸고 그 아름다
움을 자신감 있게 여기는 여성으로, 당시 몸단장도 자신이 아니라 남
성들에 연연해야 했던 여성들의 이미지와 거리를 둔다. 전체적으로 예
술과 지적인 능력을 갖추고 자기를 세련되게 가꾸는 것 역시 현대 여
성과 공감대를 형성할 수 있는 요소임을 강조한다.

이 과정을 재현하기 위해 〈스캔들〉은 순제작비의 절반가량을 세
트, 의상, 소품 제작에 투자한다. 〈스캔들〉에서 인물의 성격, 감정의
변화, 지위와 취향, 주요 갈등 등 사회적이고 개인적인 모든 문제는
시각적인 특성으로 표출되고 있다. 이전에는 의상의 코드와 소품 하나
가 주제를 전달하고 영화 감상의 미적 즐거움을 제공한 예가 거의 없
었다. 관객들은 역사 영화의 또 다른 영역을 답사하는 체험을 하게 됐
다. 정교하게 복원된 사대부가의 밥상, 상류층 여성의 화장도구, 양반
남성의 수염 다듬는 도구 등 당시 생활소품들은 그 시대의 모습을 생
생히 들여다보는 시각적 즐거움을 선사한다. 〈스캔들〉은 거대한 세트
를 이용하고 건축물을 짓는 것이 아닌, 의상이나 소품 같은 섬세함이
사극에서 얼마나 중요한지를 새삼 일깨웠다. 좀 더 구체적으로 〈스캔
들〉은 순제작비 50억 원 중 40%인 20억 원이 '보이는 것'에 사용됐는
데, 그 20억 원 중 14억 원이 의상과 소품 비용에 사용됐고 나머지 6
억 원을 세트 제작에 썼다. 이후 역사 영화 장르는 화려한 미술적 섬
세함과 의상과 소품 등은 기본이 돼, 마케팅 단계에서 비주얼 강점 몇
개를 내세우고 주목을 받기도 한다.

결과적으로 〈스캔들〉은 역사 영화에서 프로덕션 디자인의 영역을
확실하게 부각한 영화였다. 이전에도 미술은 역사 영화에서 중요한 부
분이었지만, 시각적인 모든 요소를 통일되게 디자인하는 프로덕션 디
자인이 명실상부하게 도입된 경우는 〈스캔들〉이 최초라 할 수 있다.
1990년대 판타지 역사 영화 〈은행나무 침대〉가 고증에서 벗어나려는

흐름을 선도했다면, 〈스캔들〉은 고증을 현대화하는 예를 보여줬다. 이제 역사 영화에서 역사적인 어떤 사건보다 과거를 시각적으로 재현한 미장센 자체가 주요한 볼거리가 되었다.(9)

영화 〈스캔들〉에서 또 하나 주목할 점은 이른바 '19금 역사 영화'의 부활이다. 역사를 입고 멜로를 장착한 융합 방식은 여러 통로로 분출되지 못한 성적 욕망을 역사 영화에 다시 접목하며 하위 장르를 생산해냈다. 〈스캔들〉〈음란서생〉〈미인도〉〈쌍화점〉〈방자전〉〈후궁: 제왕의 첩〉 등은 에로틱한 묘사를 담고 있는 작품들이다. 2000년대 이후 에로와 접목한 역사 영화는 1980년대 에로 역사 영화의 천편일률적이며 합궁 중심의 테두리에서 벗어나, 좀 더 다양한 콘셉트를 보여준다. 〈스캔들〉의 정조를 건 내기, 〈음란서생〉의 음란 서적 작가가 된 양반, 〈쌍화점〉의 동성애, 〈방자전〉의 계급을 초월한 욕망과 사랑, 〈후궁: 제왕의 첩〉의 목숨을 담보로 한 섹스 등은 역사를 토대로 분화되는 역사 영화 하위 장르의 새로운 양상을 보여준다.

5. 상상적 역사 영화: 〈전우치〉(2009)

〈전우치〉(2009) 포스터

'상상적 역사 영화'는 작가의 상상력으로 쓴 이야기로, 전해져 내려오는 전설, 설화, 활극 등을 영화화한 것이다. 〈전우치〉는 고소설 가운데 다량의 환상적 요소를 가미해 체제 저항적 세계관을 반영한 작품이다. 〈전우치〉와 〈방자전〉은 한국고전소설을 영화화에 성공한 대표적 사례이다. 『춘향전』과 달리 고전소설 『전우치전』이 그동안 현대 영상물 콘텐츠로 외면받은 가장 큰 요인은 이야기 전체가 하나의 유기 구조를 띠지 못하고 분절적인 에피소드식 구조를 이루고 있다는 데 있다. 결국, 영화 〈전우치〉는 후반부에 등장하는 전우치와 서화담의 대립 구도 하나만 제외하고는 모든 구조를 새롭게 재창조함으로써 영화화에 성공한다. 고전 원작의 통쾌한 민중들의 억울함을 풀어주는 민중의 영웅으로서의 전우치의 성격을 가져오면서도 여기서 한 걸음 더 나아가 악동 전우치를 진정한 도사로 거듭나게 만들고 있다. 이러한 전우치의 성장은 원작 속의 정도를 표방한 서화담이란 인물을 요괴라는 악의 근원으로 전락시킴으로써 가능하게 한다. 그리고 원작에 없던 초랭이와 세 명의 신선들이란 조력자를 통해 이야기를 앞으로 진전시키고 연동시키는 데 도움을 받고 있다. 결국 전우치의 대립자인 서화담의 성격 변화, 조력자인 초랭이와 신선 등 새로운 인물의 보완은 에피소드식 이야기를 플롯을 가진 입체적 이야기 구조로 만드는 데 필수불가결한 과정을 거친다.

'상상적 역사 영화'의 특징은 현실을 뛰어넘는 액션이나 무협, 판타지와 장르혼종 양상을 보인다. 역사에 판타지와 무협을 서사 기반으로 하는 상상적 역사 영화는 〈은행나무 침대〉 이후 〈단적비연수〉 〈비천무〉 〈무사〉 〈무영검〉 〈중천〉 등 흥행에 성공한 작품이 나오지 않다가 2009년에 이르러 〈전우치〉가 흥행에 성공한다.

한국 영화계에서 판타지가 사랑을 받지 못했던 데는 그간의 한국 판타지가 중국 무협 일변도의 장르 영화로 양산된 데다 막대한 자본을 토대로 하는 수준 높은 CG의 결핍 등이 적지 않은 이유로 거론됐다. 이러한 상황에서 영화 〈전우치〉는 한국 판타지의 새로운 가능성을 모색하였다. 영화는 중국 무협처럼 보이지 않기 위해 도력의 대결과 같은 정신적 싸움을 전경화하고, 막대한 자본이 소요되는 할리우드 CG와 경쟁하지 않기 위해 연기가 펑 하고 솟은 다음에 변하는 식의 고전적이고도 순진한 CG를 전면에 배치했다.

〈전우치〉는 판타지 장르에 대한 관객의 시선이 외국 작품에 집중되고 있는 시점에 동양 사상을 근간으로, 도술을 사용하며 펼쳐지는 한국적 판타지로 관객의 이목을 끈 것은 의미가 있다. 할리우드 판타지 영화가 막대한 자본을 투여해 제작된 CG 효과의 덕을 톡톡히 보는 데 반해, 〈전우치〉에서는 시각적 이미지에 치중하지 않고 부적을 사용하는 둔갑술처럼, 환상적 장치임을 여실히 드러내는 동시에 코믹한 전개로 이어지는 전략을 전면에 배치함으로써 환상적 장치를 유희적으로 전복하고 있다. 이는 환상적 장치를 적극적으로 드러내고 희화화함으로써 제작비, 인력, 기술력의 결핍을 메운다. 결국 〈전우치〉는 서양 판타지와 자본과 기술력 등에서 큰 차이가 존재하는 시점에서 한국 판타지의 가능성에 기여하고, 아울러 한국 판타지의 나아갈 방향까지 제시하고 있는 작품인 점에 의의가 있다.

영화 〈전우치〉(2009)

서양 판타지물의 범람과 흥행 일변도에서 일궈낸 〈전우치〉의 흥행성적과 평가의 기저에는 '최초의 한국형 히어로 무비'라는 타이틀에 걸맞게 동양적 소재를 서사화한 데 있다. 〈전우치〉는 동양 사상인 윤회, 도가사상, 숙명론적 세계관을 도술이라는 동양의 환상적 장치와 결합해 서사화해 한국형 판타지 히어로로 무비를 개척한 것이다. 〈전우치〉에서 묘사되고 있는 전우치는 이전과는 다른 유형의 영웅이다. 악동 기질을 가지고 있는 전우치는 끊임없이 자신을 드러내고 싶어 하며, 최고의 도사가 되기 위한 욕망뿐 아니라 직위와 감투에도 관심이 많은 인물이다.(10)

〈전우치〉가 세속적 욕망에 매달리는 인간과 개인적 욕망을 추구한다는 점에서 현실과 큰 거리감이 없는 독특한 유형의 영웅으로 탄생한다. 환상적 장치로서의 도술과 악동 같은 전우치의 성격은 판타지적 속성으로 유쾌할 수밖에 없는 서사적 기능을 갖추고 있다. 즉 코믹을 전경화한 〈전우치〉는 『전우치전』에서 보이는 정치·사회면의 비판적 요소마저도 희화화하고 배경화하는 탈바꿈된 서사물로 자리하게 된다. 코미디를 바라보는 관객의 즐거움은 코미디 영화가 지닌 낙관적 전망과 웃음을 창출하는 오락적 기능과 현실에 대한 위기 인식에서 비롯한 갈등과 욕구를 코미디 영화를 통해 표출할 수 있음에 기인한다. 코미디는 단순한 웃음만 유발하는 것은 아니다. 유쾌한 웃음 이면엔 현실을 풍자하고 사회 비판의 요소가 내재한다.

〈전우치〉에서 사용된 코미디 전략 요소는 인물의 희화화다. 최고의 도사를 지향하는 초영웅적 인물인 전우치가 일반 대중과 큰 거리감이 느껴지지 않도록 설정된 것이다. 이러한 전략은 대단한 등장인물이나 영웅처럼 추앙받는 인물이거나 품위 있는 주인공 역시 관객과 같은 인물임을 나타내거나 평등한 인간이므로 자만해서는 안 된다는 경고와 응징의 효과가 있다. 영화 〈전우치〉는 고전문학 및 설화의 유통에 힘을 싣고 있을 뿐 아니라, 동양적 사상을 근간으로 한국 판타지의 가능성을 열고, 한국형 히어로를 창출했다는 점에서 가치가 큰 작품이라 할 수 있다.

상상적 역사 영화는 다양한 세부 장르로 진화될 가능성이 가장 높다. 새로운 한국형 캐릭터 오락영화 〈조선명탐정〉 시리즈와 바다에서 선보이는 액션 어드벤처 〈해적〉, 고전소설의 새로운 해석 〈봉이 김선달〉과 〈흥부〉 등 역사와 상상력 사이를 자유자재로 넘나드는 끊임없는 시도들이 영화화되고 있다. 역사와 접목해 영화적 상상력을 마음껏 펼쳐 보일 수 있는 상상적 역사 영화에 앞으로 거는 기대가 크다.

〈조선명탐정:
각시투구꽃의 비밀〉(2011)

〈해적〉(2014)

6. 마치는 글

2000년대 이후 한국 역사 영화는 전성기를 맞고 있다. 2000년대 한국사회의 문화적 키워드 중 하나는 '역사'이다. 역사 영화는 역대 한국영화 흥행 순위에서도, 천만을 넘긴 영화 중에서도 눈에 두드러진다. 역사 영화는 과거 사람들이 어떻게 그들의 삶을 목격하고, 이해하고, 살았는지에 대한 감정 이입된 역사를 제공할 수 있다. 역사 영화는 과거로 돌아가 그때, 그들을 이야기하는 게 아니라 과거를 빌려 지금, 우리를 이야기한다. 그리고 지금이 아닌 과거라는 공간, 그리고 사실이라는 방패는 지금 이야기하기 힘든 것을 이야기할 수 있는 장을 확보해준다. 역사 영화는 한국인에게 앞으로도 계속해서 불려나와 진화된 모습으로 지속적으로 소비될 전망이다. 그리고 역사 영화는 끊임없이 분화하고 발전할 것이다. 역사는 계속 진행되고 있기 때문이다.

| 주　석 |

(1) 박유희, 「총론」, 『대중서사 장르의 모든 것-2. 역사허구물』, 이론과 실천, 2009, 32쪽.
(2) 주창윤, 「역사드라마의 역사서술방식과 장르형성」, 『한국언론학보』, 48권 1호(2004년 2월), 170쪽.
(3) 황진미, 〈명량 가까운 바다에 침몰한 세월호〉, 『한겨레』, 2014-08-12.
(4) 신원선, 「〈명량〉을 보는 세 가지 방식」, 『현대영화연구』19, 2014. 396쪽.
(5) 신영현, 「영웅의 대중적 호출과 역사적 상상력: 영화〈명량〉」, 『현대영화연구』 20, 2015. 98쪽.
(6) 김정미, 『한국사 영화관』, 메멘토, 2014, 62쪽.
(7) 〈연산군시대의 재조명 '왕의 남자'〉, 『한겨레』, 2005-12-30.
(8) 김영진, 〈이재용 감독 인터뷰-영화가 관능적이던가? 그렇다면 다행이고〉, 『필름 2.0』, 2003-10-01.
(9) 이현경, 「2000년 이후 사극영화의 자유로운 상상력」, 『대중서사 장르의 모든 것-2. 역사허구물』, 이론과 실천, 2009, 336-340쪽.
(10) 김영학 외, 「동양 사상과 한국형 판타지」, 『국어문학』, 53, 2012, 243-247쪽.

12장 전쟁 영화

김병재

1. 전쟁, 역사 그리고 영화

착한 전쟁은 없었다. 전기와 수도, 통신이 끊기고 일상이 깨지고, 방화, 살인, 파괴, 기아, 결핍, 강간, 공포가 당연시되고, 생업 대신 전장에 나가 적을 죽여야 내가 산다는 극도의 공포감에 한시도 긴장을 늦출 수 없고, 우리를 지킬 수 있다면 비윤리적이고 불법적인 행위조차도 정당화되거나 오히려 칭찬받는 세상을 좋아할 사람은 아무도 없다.

하지만 세계는 전쟁을 계속 해왔다. '세계사는 전쟁사'란 말이 괜히 나온 것이 아니다. 청동기시대 트로이전쟁부터 종교전쟁, 제국주의 전쟁, 1,2차 대전을 거쳐 베트남전, 한국전쟁, 걸프전에 이어 9·11 테러전까지 인류는 수많은 전쟁을 치렀고 많은 희생을 감수했다. 2차 대전 6년간 570만 명의 유대인을 포함해 3천만 명의 군인과 민간인이 죽었다.

영화 탄생 이후 영화는 1,2차 대전을 포함해 이라크전까지 전쟁을 재현해 왔다. 대개는 두 가지 방향에서다. 우선은 전쟁에서 이겨야 한다는 의도로 영화가 취급됐다. 적으로부터 나라를 지켜야 한다고 동원됐다. 영웅을 만들고 약간의 역사를 미화하는 데 주저하지 않았다. 영화 〈300〉(2006)은 역사와 다르게 페르시아군을 괴물에 가까운 악으로 그린 반면, 서구 그리스군은 영웅으로 치켜세웠다.

극히 일부이긴 하지만 전쟁을 하지 말자는 의도로도 영화가 만들어졌다. 공포를 교훈으로 삼자고 했다. 병사가 죽어가 분명 전선에 문제가 있는 데도 〈서부 전선 이상 없다 All Quiet On The Western Fron)〉(1930)고 보고하는 영화의 메시지는 전쟁을 반대한다는 것이다. 반전(反戰)영화다.

<300>(2006)에서 광기의
괴물로 묘사된 페르시아 황제
크세르크세스 1세

전쟁이 영화로 재현될 때도 왕왕 포뮬러(formula 형식), 컨벤션(convention 관습), 아이콘(icon 도상) 등이 동원된다. 영화가 공포보단 영웅에 주목할 때 더 그랬다. 선전(propaganda)하고 계몽하려면 나름의 공식이 효과적이기 때문이다.

대개의 전쟁 영화는 자국민들에게 적군의 사악한 행위에 맞서 싸우는 아군의 활약상을 보여줘 자신들이 수행하고 있는 전쟁의 정의로움을 동기화한다. 여기엔 애국주의가 작동하고 박진감 넘치는 액션이 거들기도 한다. 이때 역사가 일정 부분 왜곡, 훼손되는 것은 불가피하다.

국가는 정치적인 목적을 갖고 종종 영화에 관여해 왔다. 특히 다큐멘터리는 전쟁 참여자의 사기 진작과 전쟁 선전에 아주 중요하게 취급돼 왔다. 미국에서 영화와 다큐멘터리는 왜 정부가 전쟁에 참가하는가를 설명하기 위해 만들어졌다. 존 포드의 선전영화 〈미드웨이 전투 The Battle of Midway〉(1943)는 아들을 전장에 보낸 미국 어머니들을 위해 상영됐다. 할리우드 스타, 감독들은 직접 참전하기도 하고, 생환한 영웅들은 참전 및 모금 운동에 기꺼이 동참했다. 〈아버지의 깃발 Flags Of Our Fathers〉(2006)은 전장에서 살아 돌아온 병사들이 참전캠페인에 동원됐지만 회의감을 느낀다. 일본은 참전의 의무를 선전하면서도 전쟁의 공포에 대해선 함구했다.

2차 대전, 독일은 아리안족으로서의 우수성, 천재성, 정치 및 문화적으로 통일된 국가 비전을 보여주려 했다. 반면에 영국은 국가적인 어려움을 이겨내는 불굴의 정신을 선전했다. 나치 선전상 요제프 괴벨스(Joseph Goebbels) 주도로 만들어진 〈의지의 승리 Triumph Of The Will〉(1934)는 독일의 영웅주의를 표방했지만, 영국은 덩케르크 정신(Dunkirk spirit)을 강조했다(크리스토퍼 놀란은 영화 〈덩케르크 Dunkirk〉(2017)에서 탈출을 용기 있는 일이라고 칭찬했다).

〈디어 헌터 The Deer
Hunter〉(1978) 속
러시아룰렛 게임

전쟁의 공포를 전달하는 영화는 반전의 메시지가 강한 경향이 있다. 〈디어 헌터 The Deer Hunter〉(1978)에서 '러시안룰렛'으로 은유 된 베트남 전장에서 체험한 공포는 오랫동안 사슴사냥을 하면서 쌓은 동료들의 유대감조차도 파괴했다. 반대로 〈킬링 필드 The Killing Fields〉(1984)는 영웅주의 이상으로 선전 및 계몽용으로 동원됐다.

전쟁을 희화화하거나 풍자하는 영화도 전쟁을 하지 말자는 의도다. 〈풀 메탈 자켓 Full Metal Jacket〉(1987)에서 작전 수행에는 열의를 보이지 않는 미 병사의 대사들과 '미키 마우스' 노래는 전쟁터에 나간 병사들의 남성성을 희화화하는 데만 사용된다.

2. 전쟁 영화의 특징

(1) 영웅주의 (Heroism)

이기는 것이 목적인 전쟁엔 영웅이 있다. 인천상륙작전의 맥아더 장군, 2차 대전 연합국 전차군단의 패튼 장군, 백년전쟁의 잔 다르크, 임진왜란 때 왜군을 물리친 이순신 장군도 전쟁에서 공을 세운 영웅이다.

대개의 전쟁 영화의 내러티브 전략 정점에는 영웅이 있다. 탁월한 리더십 소유자이거나 남다른 체력을 갖거나 출중한 무인이 대부분이다. 〈트로이 Troy〉(2004)의 아킬레스는 불세출의 영웅이다. 신

과 인간 사이에서 태어난 완벽한 군인이지만 여자에겐 한없이 부드러운 남자다 (아킬레스는 전리품으로 트로이의 여사제 브리세이스를 얻는다). 영웅은 대체로 관객들이 동일시하기 쉬운 인물인데, 그가 이끄는 군 조직은 잘 훈련돼 있고 팀워크가 있으며 각기 다양한 용기를 보여준다. 이들 간엔 친형제보다 강한 전우애가 있다. 〈태양의 눈물 Tears Of The Sun〉(2003)에서 네이비 씰 워터스(브루스 윌리스)가 이끄는 특수부대원 간의 우

〈아버지의 깃발(Flags Of Our Father)〉(2006)

정은 절대적이다. 이들을 지배하는 것은 애국주의다. '라이언 일병' 한 명을 구하기 위해 8명이 동원될 수 있는 것은 애국심 때문이다.

전쟁영웅이 군의 리더나 유명 장군들의 전유물만은 아니라는 영화도 있다. 〈아버지의 깃발 Flags of Our Fathers〉(2006)은 전쟁에 참전한 모든 병사가 전쟁영웅이 될 수 있고, 살아남은 자뿐만 아니라 전사한 병사 모두가 영웅이라고 말한다. 영화는 전쟁영웅에 대해 질문을 던지는데, 아버지 존 닥은 아들 제임스 브래들리(영화의 원작자)에게

"이오지마의 진짜 영웅은 돌아오지 않았다"고 말한다. 민간인이 영웅이 된 영화도 있다. 〈쉰들러 리스트 Schindler's List〉(1993)에서 독일 기업인 쉰들러는 1,100명의 유대인을 죽음으로부터 구해낸다.

영웅의 상대는 비인간적인 타자(他者)다. 2차 대전의 독일군, 베트남전의 월맹군, 태평양전쟁에서 일본군이다. 이들 안타고니스트(antagonist)는 전쟁의 공포와 광기를 유발하는 장본인이다.

대부분 아군은 영웅시하고 적군은 타자로 구분하지만 일부 할리우드 전쟁 영화에 나타난 양상은 다르다. 〈그린 존 Green Zone〉(2010)의 주인공 밀러 준위(맷 데이먼)는 반영웅(antihero)이다. 그는 마치 오이디푸스 콤플렉스처럼 미션에 충실하면 할수록 미션과는 멀어진 채 미궁에 빠진다. 결국 자신에게 명령을 내린 상급자와 맞선다. 〈쓰리 킹즈 Three Kings〉(1999)의 경우는 아예 전쟁 자체를 부정한다. 미군 3명에게 걸프 전쟁은 하루 반나절 '소풍 가서 보물찾기'다. 그들은 후세인이 숨긴 금괴를 찾으러 다닌다. 이들 역시 반영웅적이다. 리더십, 군인다운 체격, 정의감과는 거리가 있는 인물들이다.

(2) 역사(서사)

전쟁 영화는 실제 전쟁 에피소드를 선호한다. 허구보다 설득력 있어 집중력을 높이고 사실감이 들게 해 관객이 영화에 쉽게 동화될 수 있다. 하지만 대부분 전쟁사는 승전국이 써왔다. 승전국은 전쟁의 공포와 참상을 언급하지 않으려 한다. 대신 자신들의 이념, 철학, 체제, 영웅을 선전한다.

그래서 전쟁 영화가 균형을 찾기란 쉽지 않다. 여기에 정치나 이념, 영웅주의가 개입하면 사실과 허구의 경계가 모호해진다. 실제 역사가 영화적인 서사로 둔갑해도 역사로 받아들이기 십상이다. 팩트(fact)와 픽션(fiction)을 합성한 팩션(Faction)은 이미 장르화된 지 오래다.

전쟁 영화의 서사는 전쟁사를 담아내는 데 종종 실패한다. 영웅주의에 집중하거나 불투명하고 모호한 해석이 원인이다. 영화 〈300〉(2006)에 등장한 스파르타왕 레오니다스는 영웅이요. 그리스군은 자유민주주의 신념에 찬 전사지만, 크세르크세스 1세는 '관대하지 않은' 독재자이며, 페르시아군은 괴물이다. 그리스 역사가 헤로도토스(Herodotos)의 책 『역사(Histories apodexis)』를 텍스트로 삼았기 때문이다.

1,2차 대전이 생산한 에피소드들은 전쟁 영화의 보고(寶庫)였다. 특히 미국은 나치를 비판하는 2차 대전을 주제로 한 전쟁 영화를 끊임 없이 만들고 있는데 이는 미국이 승전국이라는 것도 한 요인이다(찰리 채플린, 로버트 드 니로, 클린트 이스트우드 등 미국 영화배우와 스티 븐 스필버그, 오손 웰즈, 우디 앨런 감독 등 유명감독과 금융 자본가 대부분이 유대인 출신이다).

지금도 미국에선 전우애를 바탕으로 한 영웅주의 영화가 주목받는 다. 2차 대전 승전국 미국은 '라이언 일병 구하기'에 8명을 동원할 수 있는 반면, 패전한 독일의 〈특전 유보트 The Boat〉(1981)에선 전쟁 허무주의가 두드러지는 것은 이상한 일이 아니다.

그러나 승리가 오히려 패배보다 설득력이 떨어질 때는 다를 수 있 다. 미국 영화가 베트남전에서 맹목적인 영웅주의를 언급하는 건 어색 하다. 오히려 장르 범주 안에서 제한적이긴 하지만 베트남전의 공포를 다루는 게 쉬워 보인다. 〈지옥의 묵시록 Apocalypse Now〉(1979)은 정신분열증의 커츠 대령(말론 브란도)을 찾아 암살하라는 특명을 받은 미 특수부대 윌라드 대위(마틴 쉰)를 통해 전쟁의 공포와 광기를 드러 냈다. 현실을 반영한 것이다.

(3) 스펙터클

전쟁사를 다루는 전쟁 영화는 대부분 스펙터클을 빼놓지 않고 보 여준다. 상대를 향하는 총격전, 살을 베고 피가 튀는 육탄전, 하늘에 서 벌어지는 공중전, 광활한 들판을 질주하는 기마병, 바다에서의 함 포사격 등을 사실적으로 재현하는 데는 영화가 제격이다. 전쟁 스펙터 클은 영화의 본질, 활동사진(모션 픽처 motion picture)에 잘 부합하 면서 전쟁 영화가 장르로 자리매김하는 데 일조해 왔다.

스펙터클은 넓은 의미의 미장센(mise en scene)을 통해 서사가 시 각화(visualization)된 무엇이다. 이런 측면에서 스펙터클의 효과를 극대화하려는 전쟁 영화 장르 특성상 장면화(場面化)는 전쟁 영화에서 필수불가결한 요소다. 더욱이 3D 작업이 보편화되면서 스튜디오에 세 트를 설치해 실제 세트와 미니어처, 그리고 CG를 이용해 영화의 스펙 터클을 보다 크게, 보다 사실적으로 장면화하는 것은 당연해 보인다. 〈300〉과 후편 〈300: 제국의 부활〉의 경우 아테네부터 스파르타, 에 게해에 이르기까지 고대 그리스와 페르시아의 장관은 블루 스크린을 이용한 것들이다.

〈고지전〉　　　　　　　　〈퓨리〉의 탱크

전쟁 영화의 도상(iconography)도 스펙터클에 일익한다. 전쟁 영화에서 획득해야 할 목표물인 성(城), 고지, 다리 등은 그 자체로 훌륭한 볼거리를 제공한다. 〈누구를 위하여 종은 울리나 For Whom The Bell Tolls〉(1943)의 다리, 〈고지전 The Front Line〉(2011)의 고지, 〈트로이 Troy〉(2004)에서 목마로 가까스로 점령한 트로이 성채 등이다. 참호, 백병전, 기마대, 함포사격, 무사가 든 창과 방패, 전투기, 탱크 무기 등 대표적인 아이콘도 스펙터클의 일부다. 브래드 피트의 〈퓨리 Fury〉(2014)의 탱크는 아이콘이자 스펙터클이다.

〈누구를 위하여 종은 울리나〉

3. 〈300〉(2006)과 〈300: 제국의 부활 Rise of an Empire〉(2014)

〈300〉(2006)과 후편〈300: 제국의 부활 300: Rise of an Empire〉(2014), 이 두 편의 고대 영화는 전쟁 영화의 장르적인 특징을 두루 갖추고 있다. 역사를 근간으로 한 서사구조, 영웅의 활약상, 육지와 바다에서 펼쳐지는 백병전의 스펙터클 역시 장르적이다. 투구, 창칼, 방패, 높은 성벽, 계곡, 해협 등 지형지물도 전쟁 영화의 도상학(圖像學, Iconography)에 걸맞다. 〈300〉과 〈300: 제국의 부활〉은 BC 480년 그리스와 페르시아 간의 3차 페르시아 전쟁을 텍스트로 삼고 있다. 영화 두 편을 같이 살펴보는 이유는 〈300〉은 육지에서,

〈300〉과 〈300:제국의 부활〉

〈300: 제국의 부활〉은 바다에서 벌어졌을 뿐, 같은 시기에 일어난 같은 전쟁이라는 점 때문이다.

역사는 페르시아 제국을 세계 최초의 제국이라고 기술하고 있다. 동쪽으로는 지금의 아프가니스탄에서 서쪽으로는 이집트까지, 북쪽으로는 발칸반도, 터키까지 지배하는 대제국이었다. 페르시아는 그리스를 모두 3차례 걸쳐 공격했는데, 아버지 다리우스 1세에 이어 크세르크세스 1세(재위 BC 485~BC 465)가 아테네, 스파르타 등 그리스 연합국을 상대로 벌인 전쟁이 페르시아 전쟁이다.

그리스는 페르시아 공격을 성공적으로 막아냈다. 스파르타 300 전사들은 테살리아 지방의 테르모필레 협곡에서, 아테네 해군은 살라미스 해전에서 페르시아군에 맞서 싸웠다.

〈300〉은 3차 페르시아 전쟁 가운데 육지에서 벌어진 **테르모필레 협곡 전투**를 다루고 있는데 불가피한 약간의 픽션과 인종차별적인 표현, 그리고 지나친 남성성의 강조를 빼고는 거의 역사 그대로 재현하고 있다. 레오니다스 왕(제라드 버틀러)이 이끄는 300명의 스파르타 정예군이 페르시아 100만 대군과 싸워 장렬하게 죽음을 맞는다는 내용이다.

〈300〉 이야기는 레오니다스와 부하 300명 전사들의 용맹성 하나에 집중한다. 스파르타 전사들의 조국애와 영예, 용기, 자유, 희생정신을 보여준다. 특히 레오니다스의 영웅다운 면모를 강조한다.

이 같은 레오니다스왕의 모습은 전통적인 전쟁 영화의 영웅상을 제시한다. 그는 솔선수범하는 지휘관의 전형이다. 맨 앞에 서서 가장 용맹하게 페르시아군과 싸운다. 베트남전을 다룬 〈위 워 솔저스 We Were Soldiers〉(2002)에서 적지로의 헬기 출격에 앞서 부하들에게 "우린 가족처럼 싸울 것이다. 믿는 것은 전우뿐이다. 내가 전장에 제일 먼저 들어가고 가장 뒤에 나올 것이다"라고 말한 영웅 무어 중령(멜 깁슨)과 같다.

〈300〉은 지나친 오리엔탈리즘 시각으로 페르시아를 타자화(他者化)하면서 역사를 왜곡하고 있는데, 이 같은 표현방식은 영웅주의를 표방하는 전쟁 영화가 주로 쓰는 컨벤션이다. 영화 속 크세르크세스는 괴기스럽게 묘사된다. 하지만 역사는 "'나는 관대하다'란 말처럼 크세르크세스는 선친 다리우스 1세와 마찬가지로 정복한 주민을 관용과 소통으로 제국을 이끌었고 그래서 페르시아가 제국이 될 수 있다"고 기술하고 있다. 하지만 영화는 대머리에 과장된 귀걸이, 팔찌 등 액세서리와 반나체의 신체, 문신 등의 주술적인 분위기로 황제의 권위와

테르모필레 협곡 전투

세계 전쟁사에서 테르모필레 협곡전투는 전쟁에서 지형지물을 어떻게 활용해야 승리할 수 있는지를 알려주는 사례로 꼽힌다. 산, 계곡, 언덕, 숲, 강등 땅의 생김새와 지상의 모든 물체를 잘 이용하면 숫적인 열세도 뒤집을 수 있다는 교훈이다. 넓은 벌판과는 달리 좁은 협곡에선 병사들의 많고 적음에 크게 승패가 갈리지 않는다는 것이다. 실제로 이 전투에서 3일간 시간을 지연해 주는 덕분에 그리스 함대는 무사히 퇴각할 수 있었다. 이 전투는 나라를 지키는 애국적인 병사의 위력을 보여주는 전형으로, 또는 지형의 이점을 살려 전투력 증강을 꾀한 사례로 꼽히며, 응전무퇴의 용기의 상징으로 전해 내려온다.

품격을 훼손하고 희화화하고 있다. 같은
맥락에서 검은 옷과 검은 가면을 쓴 괴물
병사로 묘사한 임모탈도 역사적으로는 왕
의 손과 발 역할을 담당했던 페르시아의
최강의 친위대였다. 적군 페르시아의 편
에 선 에피알테스를 꼽추로 표현한 것도
장르 영화에서 항용 쓰는 '우리 편은 핸섬

〈300〉의 에피알테스

한 영웅이요, 적군은 신체적인 결함이 있는 기형적인 인물'의 스테레
오타입이다.

〈300〉의 내러티브 전략 및 플롯도 전쟁 영화의 공식을 따르고 있
다. 국가의 위기→ 미션부여→ 출정→ 전투→ 승리(혹은 장렬한 전사)
로 이어지는 전형적인 전쟁 영화의 내러티브 전략을 그대로 답습하면
서 영웅화 및 신격화를 꾀하는 방식이다. 강인한 스파르타 무사의 장
렬한 최후에 맞춰 비장미와 애국적인 희생정신을 이끌어내기 위함이
다. 레오니다스왕은 '지금(훈련 때) 땀을 많이 흘려야, 전장에서 피를
덜 흘려'로 단련된 병사들에게 "스파르타여. 아침을 준비하라. 마음껏
먹어라. 저녁은 지옥에서 먹는다!"라며 임전무퇴를 외치며 최후 항전
을 주문한다.

〈300〉의 옥쇄(玉碎)는 2차 대전이 배경인 〈이오지마에서 온 편지
Letters From Iwo Jima〉(2006)에서 일본군이 벌이는 옥쇄와는 판이
하다. 전자의 전쟁 승리자로의 집단 자살은 자유, 명예, 애국으로 승
화될 수 있는 반면에, 후자의 패자로서의 옥쇄는 죽음 그 자체로 불명
예와 치욕으로 환치된다.

따라서 〈300〉의 옥쇄는 옥쇄로 끝나지 않는다. 300명 전사들은
죽었지만, 죽지 않았다는 것이다. 영화 말미, 왕의 부관만이 살아남아
레오니다스 왕과 300 전사의 죽음을 왕비에게 전하면서 속편 〈300:
제국의 부활〉로 호명된다. 레오니다스 왕의 죽음→ 아테네 장군 테미
스토클레스가 스파르타 왕비에게 참전요청→ 왕비의 출현으로 이어지
는 서브 플롯이 작동하면서 속편의 최종 승리에 복무한다.

스파르타의 왕 레오니다스를 비롯한 300 전사들이 크세르크세스 1
세가 이끄는 페르시아군에 대항해 육지에서 싸우는 동안, 같은 시기 바
다에선 아테네의 장군 테미스토클레스가 페르시아군 여자 지휘관인 아
르테미시아의 해군과 맞선다. 이 전쟁에서 그리스 함대가 페르시아 함
대를 크게 이기는데 이 전투가 살라미스 해전(Battle of Salamis)이다.

〈300: 제국의 부활〉은 〈300〉과 마찬가지로 3차 페르시아전쟁을

다루고 있는데, BC 480년 9월 23일 아르테지움에서 아테네 함대를 주력으로 한 그리스 연합해군과 페르시아 해군 간에 벌인 역사상 최초의 대규모 해전으로 기록된 **살라미스 해전**이 주 내용이다.

〈300: 제국의 부활〉은 전편보다 훨씬 복합적이고 종합적인 구성을 하고 있다. 전편과 닮은 듯 다른 영화는 본질적으론 전편의 연장선에 있는 스핀오프(spin-off)다. 3일간의 이야기인 〈300〉의 테르모필레 전투는 10년간의 이야기인 속편 〈300: 제국의 부활〉의 한 에피소드에 불과하다.

〈300: 제국의 부활〉의 내러티브 전략과 플롯은 전편처럼 평면적이지 않다. 뿐만 아니라 영화 끝도 열린 상태로, 또 다른 속편에서 전쟁은 계속된다고 예고하고 있다. 영화 첫 시퀀스, 테르모필레 전투에서 레오니다스 왕과 300 전사의 죽음, 스파르타 왕비의 결의, 기원전 490년 마라톤 전쟁에서 테미스토클래스의 활약, 페르시아 다리우스 1세의 죽음과 아테네의 승리로 이어지는 내러티브는 시·공간의 확장을 가져와 복합 플롯을 제공한다.

영웅적인 인물 아테네의 테미스토클래스(설리번 스테이플턴)는 전쟁영웅의 전형이다. 장군으로서 체격은 물론 해군 지휘관으로서 지략과 용맹성을 다 갖추고 있는데 적의 함선의 특징과 해협의 지형지물을 제대로 파악해 승리를 이끈다. 특히 적장 페르시아의 아르테미시아(에바 그린)가 팜므파탈적인 인물로서 회유할 때도 흔들림 없는 전쟁영웅의 모습을 보여준다. 이 설정은 선악의 대립 구도를 명확히 하면서 종국엔 프로타고니스트(protagonist)를 영웅화하는 데 일조한다.

페르시아 여전사 아르테미시아의 비중이 큰 것도 컨벤션이다. 프로타고니스트(테미스토클래스)에 맞서는 안타고니스트에 방점을 둔다는 것은 프로타고니스트 캐릭터를 입체적으로 보여줄 뿐만 아니라 플롯을 탄탄하게 해준다.

아르테미시아가 조국 그리스와 전쟁하려는 이유가 어릴 적 그리스 군인들에게 가족을 잃고 자신 또한 성노예가 됐기 때문이라는 설정도 상투적이기에 장르적이다. 속편의 캐릭터들은 전편의 평면적인 캐릭터보다는 훨씬 다층적인 인물들이다.

전쟁 영화에서 스펙터클은 양감(量感)에서 오는 시각적인 즐거움을 준다. 〈300〉과 〈300: 제국의 부활〉 두 편이 주는 전쟁 스펙터클은 압도적이며 폭력적이지만 무용적이다. 이 같은 시각적 스타일은 고대 전쟁 영화의 액션 표현력을 풍성하게 하는데 〈300〉은 육지에서 100만 대군의 페르시아군을 막는 300 전사의 육탄전을, 〈300: 제국의 부활〉은 바다에서 벌어지는 해전의 스펙터클을 보여준다.

두 편 다 전쟁 영화로서 도상학과 미장센을 보여주는데, 창과 방패가 부딪치고 피가 튀는 근접전, 격랑 속에서 함선들이 부딪치며 벌이는 해전 등이 장관을 연출해 낸다. 여기에 3D가 주는 사실적인 (과장되기도 한) 액션은 전쟁 영화의 스펙터클을 배가한다.

〈300: 제국의 부활〉은 마라톤 전쟁부터 시작해 전편 〈300〉의 배경이 된 테르모필레 전투에서 살라미스 해전으로 이어지는 2차, 3차 페르시아와 그리스의 전쟁사다. 살라미스 전투와 그리스 연합군 진영을 이끄는 테미스토클레스, 페르시아 제국 함대의 여성 지휘관 아르테미시아, 크레스크세스 1세의 탄생 등 역사적 사실들을 장르영화 형식으로 재현해 내고 있다.

하지만 페르시아의 서사와 인물들은 거의 타자화됐다. (세계사에서 '페르시아 전쟁'이라고 명명되는데도 불구하고) 그 이유는 그리스 역사가 헤로도토스의 역사서 『역사』를 기본으로 하고 있기 때문이다. 그는 그리스 승리의 원인을 '페르시아는 전제군주 1인 치하에 있는 노예의 군대였고, 그리스인들은 자유의지를 지니고 자신과 가족을 위해 싸운 군대였기 때문'이라고 기술했다. 이는 역사는 승자의 기록이라는 것과, 서구의 오리엔탈리즘 시각이 반영된 것이다.

영화 〈아버지의 깃발〉

영화 〈이오지마에서 온 편지〉

4. 〈아버지의 깃발 Flags Of Our Fathers〉(2006)과 〈이오지마에서 온 편지 Letters From Iwo Jima〉(2006)

명장 클린트 이스트우드의 〈아버지의 깃발 Flags of Our Fathers〉(2006)과 〈이오지마에서 온 편지 Letters From Iwo Jima〉(2006)는 한 편의 영화로 봐도 된다. 2차 대전 미국과 일본이 싸운 이오 섬(硫黄島) 전투를 한 편은 미국의 시점, 또 다른 한 편은 일본의 입장에서 연출했다.

〈아버지의 깃발〉은 태평양 전쟁의 막바지인 1945년 **이오 섬 전투**가 일어나던 당시 이오 섬 성조기 게양에 참여했던 미 해병대원들이 귀국 후 영웅이 돼 선전, 모금 활동을 하지만 끝내 가짜 '성조기 게양 사진'에 얽힌 비화로 스스로 좌절한다는 이야기다. 엉터리 사진에 얽힌 이야기로 고통받는 병사들의 이야기라는 이중적인 서술구조를 가진 셈이다. 실제로 2차 대전 당시 할리우드 스타나 참전병사들은 선전, 모금 행위를 한 바 있었다.

반면에 〈이오지마에서 온 편지〉는 같은 전투를 일본의 관점에서

이오 섬 전투

이오지마 전투(영어: Battle of Iwo Jima, 1945년 2월 16일 ~1945년 3월 26일)는 태평양 전쟁 말기, 오가사와라 제도의 이오 섬에서 벌어진 미군과 일본군 간의 전투를 말한다. 1945년 2월 19일, 미군 해병대가 이오지마에 상륙하기 시작해 3월 17일에 미군은 섬을 장악했으며, 일본군은 거의 전멸했다.

만든 영화로, 일본군의 마지막 보루인 이오 섬을 사수하려는 일본군 이야기다. 패색이 짙은 일본군부가 병사들을 전쟁 영웅이라 치켜세우면서 미군을 방어하지만 결국 전멸한다는 내용이다. 일본 병사들은 열심히 싸우다가 자결하라는 소학교 아이들의 노래 외에는 아무 지원도 받지 못한 채 죽어간다. 클린트 이스트우드 감독이 한 전투를 두고 피아(彼我)를 바꿔 한 번씩 만든 셈이다.

두 영화의 주인공들은 종전 전쟁 영화 속 영웅의 모습과 다르다. 〈아버지의 깃발〉의 인물들은 전쟁 영웅의 허구성을 비판하는 데 동원되고 〈이오지마에서 온 편지〉에선 등장인물 스스로가 맹목적인 영웅주의와 광기를 고발하고 있다.

〈아버지의 깃발〉은 전쟁 영웅이 전쟁터에서 싸운 모든 병사라고 말한다. 특히 전쟁터에서 돌아오지 못한 전사자들이야말로 진정한 영웅이라고 말한다. 인디언 출신의 생환 병사 '아이라'는 과도한 영웅 대접에 "전사한 마이크 중사님이야말로 내가 본 최고 해병이었다"고 토로한다. 마이크 중사는 소대장 없는 소대병력을 이끌고 싸우다 전사한다.

영화는 세상의 평가와 스포트라이트를 받지 못했지만 전우들과 생사고락을 함께한 평범한 우리들의 아버지가 '진짜' 영웅이라고 역설한다. 그런 측면에서 기존의 전쟁 영화의 영웅이 아닌 반영웅(antihero)을 지향한다. 아버지 존 닥은 "전쟁터라고는 근처에도 못가 본 사람마저도 전쟁이 무엇인지 안다고 착각하는 얼간이들이 많다. 우리는 간단한 흑백논리를 좋아한다. 선과 악, 영웅과 악당, 그런 편 가름은 어디에나 많다. 하지만 대부분은 그렇게 간단치가 않다"고 말한다.

산 정상에 성조기를 세운 가짜 사진(사진 속의 성조기는 이오지마에 게양된 첫 번째 깃발이 아니다)으로 영웅이 된 미 해병들이 전쟁기금 행사에 참여하게 한다는 내러티브 전략은 종래의 전쟁 영화 플롯이 아니다(이 한 컷의 사진은 미국 국민들에겐 전쟁의 종식을 알렸고, 아들이 전쟁터에서 살아 돌아오리라는 희망을 품게 했고, 자식을 잃은 부모들에게는 위안과 자부심이 된다). 엉터리 사진으로 등장인물이 심리적 변화를 겪고, 신분이 바뀌고, 이야기가 전개되는 방식은 멜로드라마의 플롯이다(신분을 속여 결혼한 신부는 끝내 파혼을 맞을 수도 있다). 그렇다고 사진이 진짜였다면 그들은 '진짜' 영웅이 될 수 있었을까?

맹목적인 영웅주의에 대한 영화의 비판은 직설적이다. 존 닥은 "아버지가 옳았다. 영웅은 없었고 단지 아버지 같은 사람들만 있었을 뿐이다. 난 이해했다. 왜 그들이 영웅 칭호에 거북해했는지를…. 영웅들이란 우리가 필요해서 우리가 만들어낸 그 무엇이다." 존 닥의 독백은 영화 끝까지 계속된다. "일선 장병을 위해 우리가 진정 그들에게 경의를 표하고자 한다면 참된 그들의 모습으로서 그들을 기억해야 한다. 아버지가 그런 식으로 그들(전우)을 기억했듯이…."

항용 전쟁 영화에서 깃발은 애국주의의 아이콘이다. 하지만 〈아버지의 깃발〉의 깃발은 맹목적인 영웅주의의 허구성을 허무는 은유이다. 반면 〈이오지마에서 온 편지 Letters From Iwo Jima〉(2006)의 편지 역시 전쟁 영화의 대표적인 도상학인데 그것 역시 전쟁의 광기를 고발하는 서정적인 보고서다.

태평양 전쟁에서 승자인 미군의 입장에서 전쟁영웅의 이면을 들춰본 〈아버지의 깃발〉과는 다르게 〈이오지마에서 온 편지〉는 패자인 일본군 입장에서 그 다른 한쪽을 담아내고 있는데 그것은 '이오지마 전선 이상 없다'는 게 아니라는 것이다.

〈아버지의 깃발〉의 미군 병사들은 일본군 진영에서 일어난 일을 보지 못하고, 〈이오지마에서 온 편지〉에서 일본군 병사들은 미군 진영의 일을 알 수 없다. 같은 공간, 같은 시간에서의 전쟁 이야기임에도 불구하고 〈300〉과 〈300: 제국의 부활〉처럼 전편이 후편을, 후편이 전편을 호명하지 않는다. 오직 두 영화를 다 본 관객만이 (아주 드물겠지만) 전지적 시각으로 하나의 전쟁 서사를 보게 된다.

〈이오지마에서 온 편지〉에서 일본의 병사들은 섬에 소모품으로 버려진다. 그들이 수행한 것은 전투가 아니라 군사적으로 가치도 없는 옥쇄(玉碎)다(이 옥쇄는 〈300〉과는 달리 일본이 패했기 때문에 애국적이지 않다).

2005년 이오지마 발굴단이 땅속에서 편지 더미를 찾아내면서 1944년으로 거슬러 올라가는 영화의 내러티브 및 플롯에서 보면 〈이오지마에서 온 편지〉 역시 전쟁 영화의 전형과는 거리가 있다. 이오지마의 사령관인 쿠리야바시 중장(와타나베 켄)과 입대 전 빵집을 하다 온 병사 사이고(니노미야 카즈나리) 두 인물이 구축해 가는 이야기는 공격적이거나 전략적이지 않다. 수동적이고 무정부적이다. 이 같은 서술구조에서 쿠리야바시 중장과 병사 사이고의 캐릭터는 전쟁 영화의 영웅과는 거리가 멀 수밖에 없다. 이오지마의 사령관 쿠리야바시 중장은 나름 사실적인 전쟁 영웅적인 모습을 보여주지만 수세적이고 방어적이다. 사이고 병사는 심약한 패잔병의 모습으로만 일관한다.

가족에게 쓴 편지내용도 각자의 개인적인 히스토리다. 이들의 히스토리는 전쟁 영화에선 어울리지 않을뿐더러 전쟁 영화의 긴박감을 반감시킨다(두 인물은 가족에게 편지를 쓰면서 전장에서 느끼는 속내를 말하는데 회상을 불러오거나 신변잡기를 술회하는 정도다). 반면 〈포화 속으로 71: Into The Fire〉(2010)의 어린 학도병 편지는 전쟁의 공포 속에서도 생존에 대한 강한 의지를 보여준다.

이미 패전을 인지하고 있는 쿠리야바시 중장은 맹목적인 애국심에 포로가 된 다른 일본 장교와는 달리, 영웅적인 인물로 그려지고 있는데 그는 "훌륭한 지휘관은 채찍만이 아니라 머리를 써야 한다"며 엘리트 장군답게 상부 지시를 기계적으로 수행하지 않는다. 그는 미국 유학파다. 미국을 떠나는 환송식에서 "미국과 일본이 싸운다면 어떻게 하겠느냐"는 질문을 받고 "난 조국을 위해 싸울 것이다"고 당당히 말한다. "그것이 당신의 신념이냐, 아니면 국가의 신념이냐?"라는 물음에 "똑같은 거 아니냐"며 조국애를 드러낸다. 하지만 영화 막판에 패전이 현실이 되자 그는 "가족을 위해 싸우러 나왔지만 가족 때문에 흔들린다"며 전쟁에 회의를 느낀다. 전쟁영웅적인 면모는 전혀 발견되지 않는다. 옥쇄하려고 하나 이마저 하지 못한다.

또 다른 중심인물 사이고 역시 우유부단한 병사로 총하나 제대로 쏘지 못한다. 조국을 위해 싸우러 온 것이 아니라 억지로 동원돼 끌려온 것뿐이다. 불평, 불만이 끊이질 않고 툭하면 투항할 궁리만 한다. "조국과 장군에게 충성을 맹세했지만 이렇게 죽긴 싫다"는 동료 병사 시미즈의 말에 그는 "우리가 뭘 알기에는 아직 어리다"고 답한다. 사이고는 "물도 안 나오는 이 섬 차라리 미국에나 줘버리지. 그럼 우리도 집에 갈 수 있는데…"라며 전의를 상실한 패잔병의 모습을 보여주며 일본 병사들의 심정을 대변한다.

영화가 스펙터클한 전투 장면보다는 병사 개인의 심리, 가족애 등에 방점을 두고, 서정적인 테마 음악, 단색 화면으로 전쟁의 사실성을 표현하려는 스타일도 전쟁 영화의 컨벤션에서 많이 벗어나 있다.

5. 〈쓰리 킹즈 Three Kings〉(1999)와 〈그린 존 Green Zone〉(2010)

〈쓰리 킹즈 Three Kings〉(1999)와 〈그린 존 Green Zone〉(2010) 두 편은 미국이 이라크를 상대로 벌인 전쟁이 테마인 영화다. 외양은 전쟁 영화지만 실속을 들여다보면 〈쓰리 킹즈〉는 로드무비 등 혼합장르에 가깝고, 〈그린 존〉은 탐정 영화에 다름 아니다. 두 영화를 동시에 살펴보는 이유는 미국이 이라크로 상대로 한 **걸프전**(Gulf War)과 이라크 전쟁을 회의적이고 냉소적인 입장에서 보고 있기 때문이다.

두 편의 중심인물들은 기존의 전쟁 영화 영웅과는 다르다. 〈그린 존〉은 신념에 차 미션이나 임무를 완수하기보단 임무를 의심하고 역으로 미션을 부여한 실체를 파고들고, 〈쓰리 킹즈〉는 거의 전쟁 영화 주인공이 할 수 없는, 군인으로서는 해선 안 될 일탈과 비윤리적이고 불법적인 범죄행위를 일삼는 병사들이 등장한다.

〈쓰리 킹즈〉는 여러 장르가 섞여 있는 혼합 장르다. 후세인이 숨겨둔 비밀 금괴를 찾기 위해 길을 나선 4명의 미군이 우연히 위기에 처한 이라크 난민을 돕게 되면서 개과천선해 착한 사람이 된다는 내러티브는 로드무비나 휴먼 드라마의 전형이다. 군인이 신분에 걸맞은 작전을 수행해 훈장을 받은 것이 아니라 엉뚱하게 일확천금

영화 〈쓰리 킹즈〉와 영화 〈그린 존〉

을 노려 금괴를 찾는 과정에서 영웅이 된다는 설정은 코미디다. 마치 바람둥이가 일확천금에 눈이 어두워 돈 많은 여자를 유혹하지만 우여곡절 끝에 진정한 사랑을 느껴 결혼에 골인하는 로맨틱 코미디 장르의 플롯과 흡사하다.

또한 중요 인물들의 목적이 고지 탈환이나 교량 폭파 등 군사적인 미션이 아니라 숨겨놓은 금괴 찾기라는 이야기 전개 방식은 어드벤처 영화다.

영화의 초반, 걸프전이 끝나던 날, 퇴역을 얼마 남겨두지 않은 아치 게이츠 소령(죠지 클루니) 일행의 소풍 같은 금괴 찾기 여정은 전쟁 영화로선 낯설고 어색하다. 금괴 찾기 도중 이라크군에 잡힌 동료 '발로우 병장(마크 월버그) 구하기'로 플롯이 바뀌지만 여전히 전쟁 영화의 컨벤션은 아니다. 〈라이언 일병 구하기〉에서 '구하기'는 숭고하고 애국적이지만 여기선 즉흥적이고 감상적이다.

〈쓰리 킹즈〉는 걸프전을 희화화하며 풍자한다. 흰 장갑에 흰 얼굴을 한 흑인 팝가수 마이클 잭슨을 빗대 미국의 인종차별을 비판하고, 체포된 발로우 병장의 입에 검은 원유를 강제로 먹이는 고문 장면을 통해 걸프전에 참전한 미군의 목적이 평화수호가 아니라 석유였다는 걸 은유, 비판한다. 금괴와 원유에 대한 이권 확보를 '세계 평화'라는

걸프전

걸프 전쟁은 1990년 8월 2일 사담 후세인이 통치하던 이라크가 '쿠웨이트는 이라크의 영토였다'며 침공하자 미국·영국·프랑스 등 34개 다국적군이 미국 주도하에 쿠웨이트를 지원하면서 벌어진 전쟁이다. 이 전쟁은 세계 전쟁사에 유례가 드물게 한쪽이 일방적 승리를 거두었는데, 그간 개발해 실전에 사용하지 못한 하이테크 무기의 실험장이었고, 텔레비전 등 대중매체를 이용한 미디어 전쟁이었다. CNN 등 방송을 통해 지구촌으로 생중계된 전투장면은 전쟁을 영화나 게임의 한 장면처럼 인식하게 했다.

말로 포장한 것이 걸프전의 실체라고 꼬집는 반전영화다.

영화는 기존 진지한 전쟁 영화에서는 찾아볼 수 없는 아이콘과 미장센으로 채워져 있다. 이라크를 탈출해야 하는 난민들이 군용차 대신 인피니티 등 각국을 대표하는 승용차를 타고 사막을 카퍼레이드 하듯 질주하며, 적에게 던지는 폭탄도 럭비공을 주고받는 식으로 던지며, 국가적인 기밀(금괴)도 인체의 항문에서 발견되고(주인공들은 이라크 포로의 항문에서 숨겨져 있는 지도를 손에 넣게 되는데 지도에는 후세인의 금괴를 숨겨 놓은 벙커가 표시돼 있다), 총에 맞았을 때 총알이 신체의 장기들을 파괴하는 장면도 걸프전을 희화화하는 요소들이다.

일견, 영화의 중심인 금괴를 둘러싸고 벌어지는 소동은 범죄영화처럼 보인다. 일확천금을 노리는 꾼들이 모여 진행하는 한탕주의다. 영화는 도둑들의 한탕주의를 비판하듯 이들 병사들을 냉소적으로 비판한다. 이는 미국이 이라크를 상대로 한 전쟁이 한탕주의라는 은유다.

하지만 영화의 주제는 심각하다. 여전히 영웅주의를 표방하고 있지만 걸프전에 대한 메시지가 철학적이며 반성적이고 현실 반영적이다. 이 같은 메시지는 주로 병장 발로우에서 나온다. 그는 인질 과정에서 군복이 아닌 사복을 입게 되는데 이는 일반적인 미국인의 모습으로 당시 걸프전에 참전했던 보통 미국인의 생각을 대변한다고 볼 수 있다. 이라크의 포로가 되어 강제로 '원유를 먹는' 고문을 받게 된 그는 이라크 병사에게 전쟁의 정당성을 얘기하지만 전혀 논리적이지 못하며, 그에게 돌아오는 말은 미국은 국제경찰을 자처했지만 자국의 이익만을 위해 움직였다는 비난뿐이다. 세계 평화에 기여할 정도로 지적으로 잘 훈련된 영웅의 캐릭터가 아니라는 것이다. 영화 프롤로그에서 그는 잘못 판단해 백기를 들고 항복한 이라크 병사를 총으로 쏴 죽이는데 이는 미국이 걸프전에 개입한 것이 잘못이었음을 암시하는 대목이다.

전쟁 영화 같지 않게 내러티브 전략이나 표현방식은 재치 넘치고 유쾌하고 혹은 황당하기까지 한 〈쓰리 킹즈〉의 메시지가 종래의 전쟁영화 이상으로 진지하고 시사적인 것은 장르가 변주되고 있다는 방증이 아닐까.

맷 데이먼의 〈그린 존〉은 〈쓰리 킹즈〉와 닮았다. 두 편 다 미국이 이라크를 상대로 한 전쟁이 배경인데 〈그린 존〉은 〈쓰리 킹즈〉가 다룬 걸프전과 같은 목적, 같은 방식으로 한 **이라크 전쟁**을 주제로 했다는 측면에서 상호텍스트(intertextuality)적이다.

이라크 전쟁

2003년 이라크 전쟁은 2001년 9.11 테러를 당한 미국이 핵무기 등 대량살상무기(WMD, Weapons of Mass Destruction)를 보유하고 있다며 이라크, 이란, 북한을 '악의 축'이라고 지정했던 것이 배경이다. 미국은 이라크가 9.11 테러를 일으킨 알 카에다와 접촉하고 있다며 후세인 정권을 붕괴시키려는 목적으로 2003년 3월, 영국과 이라크를 공격했고 채 한 달도 안 돼 미국의 승리로 끝났다.

〈그린 존〉은 미군 주장대로 이라크 내에 대량살상무기가 실제 존재했었는가에 초점을 맞추고 있다. 이라크 대량살상무기 제거 명령을 받은 미군 장교가 현지 이라크인의 협조를 받아 펼치는 탐색적인 내러티브에서 미 정부와 언론과의 음모 등 전쟁의 또 다른 이면을 그리고 있다. '그린 존'은 사담 후세인이 사용하던 바그다드 궁을 개조한 미군의 특별 경계구역으로, 전쟁터 속 안전지대를 뜻하지만 아이러니하게도 궁 밖만큼이나 불안하다.

영화의 외피는 전쟁 영화다. 하지만 속살은 전형적인 스릴러 내러티브와 플롯을 그대로 따르고 있다. 따라서 전쟁 영화와 스릴러의 장르적인 특성들이 마구 혼재돼 있다. 영웅적인 인물 미 육군 로이 밀러(맷 데이먼) 준위의 미션은 이라크 내에 숨겨진 대량살상무기 찾기다. 하지만 수색작전은 실패하고 조력자와 단서(수첩)가 등장하면서 다시 추적, 퍼즐을 풀어가는 도중 방해세력 안타고니스트(미 국방성과 델타포스)가 출현해 대결 구도를 벌여 문제를 해결하지만 여전히 미완으로 종결된다는 탐정영화의 서사구조를 갖고 있다.

주인공 밀러가 추적하던 정체불명의 가상의 인물 '마젤란'이 영화 종반 이라크군부 실세인 알 라위 장군으로 밝혀진다는 서술구조도 스릴러의 전형이다. 이 장군은 주인공 밀러와 동시에 적대 세력인 델타포스에게도 같이 추적을 당하면서 영화 클라이맥스이자 주인공의 문제 해결에 단서를 쥐고 있는 인물이다.

영화 속 주인공 밀러 준위는 대량살상무기를 찾아 세계 평화에 기여한다는 사명감으로 참전한 미 육군이지만 기존의 할리우드 전쟁영웅과는 다른 모습을 보여준다. 적군과 아군이 확연하게 나뉜 상황에서 임무 수행을 위해 고군분투하거나, 기계적으로 임무를 수행하는 군인이 아니라 피아를 모른 채 음모를 파헤치는, 진실을 찾는 수사관이다.

하지만 그는 미션이 실패하자 자신의 목적에 대해 끊임없이 사색하고 회의(懷疑)한다. 적국인 이라크와 싸우러 온 그가 '대량살상무기 찾기'라는 미션에 충실하려고 하면 할수록 점점 전쟁의 명분 뒤에 숨어있는 음모 등에 빠져드는 모순적인 상황에 놓이게 된다. 같은 맷 데이먼이 출연한 〈본 아이덴티티 The Bourne Identity〉(2002)에서 주인공 본은 자신이 누구인지 과거를 찾아가면 찾아갈수록 미궁 속으로 빠져드는 음모와 위협이 기다리고 있는 것을 알게 된다(본 시리즈로 유명해진 스타 맷 데이먼은 스릴러의 아이콘이나 다름없다). 결국 최종 음모의 실체, 안타고니스트는 돌고 돌아 최초 주인공 밀러에게 명령을 내린 미 법무부 '파운드 스톤' 부장이란 설정 역시 〈본 아이덴티티〉의 판박이다.

밀러 준위가 탐정으로 바뀐 데에는 상당 부분 그가 채용한 현지 통역관인 이라크 청년 '프레디' 때문인데 이 인물 역시 스릴러에서 항용 사건을 쫓는 주인공을 돕는 조력자다. 조력자 프레디는 미군 편에서 일하지만 자신의 나라 정세에 대한 밀러와의 논쟁에선 할 말을 다 하는 캐릭터다. 밀러는 그를 아르바이트생으로 채용했지만 두 인물의 관계는 오월동주(吳越同舟)로 상하관계라기보단 수평적인 관계다. 밀러에게 "당신을 위해서가 아니라 내 조국을 위해서 정보를 준다"는 프레디는 영화 종반 밀러가 이라크 알라 위 장군(미 법무부 파운드 스톤 부장과 거래한 이라크 군부의 실세)을 체포하려는 순간에도 먼저 장군을 사살하며 "우리의 일을 미국이 해결하려 하지 마라"며 일침을 놓는다.

주인공 밀러 준위는 적국의 국민과 소통하며 자신의 행동을 결정하고 수행하는 이율배반적인 캐릭터다. 이 같은 캐릭터는 종래의 전쟁 영화의 영웅과는 거리가 있지만 탐정영화에선 흔한 인물이다. 다만 그를 돕는 조력자가 이라크전쟁의 한 축인 현존 세력이 아닌 평화를 꿈꾸는 젊은 세대란 점에서 미래 지향적이고 긍정적이다. 이 중심적인 두 인물들의 공조는 향후 미국과 이라크 간의 개선 여지가 있음을 시사한다.

영화는 스릴러의 아이콘을 그대로 보여주는데, 〈본 슈프리머시 The Bourne Supremacy〉(2004)와 〈본 얼티메이텀 The Bourne Ultimatum〉(2007)에서의 스피디한 전개와 현란한 핸드헬드 촬영으로 보여줬던 카레이스 화면에, 미로를 숨 가쁘게 달려가는 주인공, 인터넷 검색, 익명의 제보자, 어둠을 비추는 랜턴의 불빛, 잠복근무, 현장 덮치기, 단서(수첩) 등을 보태 긴장감과 박진감 넘치는 전투 스펙터클을 제공한다. 특히 스릴러의 아이콘으로 배우 맷 데이먼은 스릴러적인 색채를 더 강화하고 있다. 그는 고독한 영웅 이미지를 제시하는데 〈역마차 Stagecoach〉(1939)의 존 웨인, 〈황야의 무법자 A Fistful Of Dollars〉(1964) 의 클린트 이스트우드와 같은 도상학을 갖고 있다. 여기에 화염, 헬기, 총격전, 험비(Humvee 미군용 사륜구동 차량), 광활한 사막, 기관총 등 전쟁 영화의 아이콘이 입혀지면서 전쟁 스릴러라는 새로운 장르 영화로서 위상을 갖는다.

영화 마지막 장면, 사막의 도로를 달리는 밀러 준위가 탄 험비 위로, 하늘 아래서 부감 샷으로 보이는 대형 정유시설과 원유 저장고 등 방대한 석유 시설물들은 미국이 전쟁을 벌인 진짜 이유가 바로 석유일 수도 있다는 사실을 연상시키는 장면이다. 밀러가 그 사실을 명확하게 인지했는지 모호하지만 관객들은 정확하게 알게 된다는 방식도 탐정

영화의 관습이다. 〈시민 케인 Citizen Kane〉(1941)에서 마지막 장면에서 취재기자 톰슨은 정작 '불타는 썰매'를 보지 못하고 전지적인 시점에 있는 관객만이 볼 수 있다.

6. 전쟁, 전쟁 영화, 상호텍스트성

19세기 말 영화발명이래, 전쟁은 여전히 계속 일어났고 그럴 때마다 국가는 영화에 개입했다. 주로 선전하고 계몽하기 위함이었다. 전쟁 영화가 장르로 진화하면서 영웅주의, 역사, 스펙터클의 특성을 갖춘 것도 국가와 전쟁의 연관성 때문이다.

본고에서 전쟁 영화를 두 편씩 짝을 이뤄 살펴봤다. 이유는 같은 전쟁을 다루고 있다는 것 외에 같은 전투를 피아를 달리해 좀 더 분석적인 접근이 가능하다는 것과, 두 영화에서 드러난 상호텍스트성 (intertextuality)을 포함한 관습적 특징들을 비교해 살펴볼 수 있지 않을까 하는 판단에서였다.

고대 그리스와 페르시아 간의 페르시아 전쟁을 주제로 한〈300〉과 〈300: 제국의 부활〉에선 영웅주의에 입각한 전쟁 영화의 스테레오타입으로 읽을 수 있었는데 영화가 지나치게 인종차별적인 서구의 시각에서 만들어져 역사 왜곡을 불러온 측면이 있었다.

반면 미국과 일본 간의 태평양전쟁을 다룬 〈아버지의 깃발〉과 〈이오지마에서 온 편지〉는 영웅주의 허구성과 전체주의를 비판하면서 장르 영화로선 드물게 전쟁의 공포와 광기를 지적했다. 전쟁 현실을 반영했다는 측면에선 기존 전쟁 영화는 구분 지어도 될 듯했다.

끝으로 미국과 이라크 간의 전쟁을 다룬 〈쓰리 킹즈〉와 〈그린 존〉은 장르로서 전쟁 영화가 진화하고 있음을 알 수 있었는데 전자가 로드무비, 코미디, 모험 어드벤처 등이 혼합된 장르였다면 후자는 스릴러에 다름 아니었다. 우연하게도 고대 전쟁 영화 〈300〉, 〈300: 제국의 부활〉과 2천 5백년의 시공을 넘어 현대전을 다룬 〈쓰리 킹즈〉와 〈그린 존〉은 서구권과 아랍권 간의 해묵은 종교 및 패권 전쟁으로 읽혔다. 〈300〉의 레오니다스가 지금까지 〈그린 존〉의 후세인과 싸우고 있는 셈이다.

전쟁이 계속되는 한 전쟁 영화는 계속 만들어질 것이다. 이에 따라 전쟁 영화도 진화할 것이다. 하지만 다행스럽게도 전쟁이 일어나지 않는다면 전쟁 영화가 만들어지지 않을 수도 있다. 어쩌면 장르로서 전쟁 영화는 소멸할 수도 있을 것이다. 그런데 과연 전쟁이 없는 그런 세상이 올까 싶다.

| 참고문헌 |

[서문] 장르의 관점에서 영화 보기
다음-백과-영화 사전
배리 랭포드, 『영화 장르: 할리우드와 그 너머』, 방혜진(역), 한나래, 2010/2014.
배상준, 『장르 영화』, 커뮤니케이션북스, 2015.
정영권, 『영화 장르의 이해』, 아모르문디, 2017.
토마스 샤츠, 『할리우드 장르의 구조』, 한창호 · 허문영(역), 한나래, 1995/1996.

1장 판타지 영화, 초현실적 세계의 환상과 망설임
박유희(기획) · 대중서사장르연구회, 『대중서사장르의 모든 것: 5_환상물』, 이론과 실천, 2016.
배상준, 『장르영화』, 커뮤니케이션북스, 2015.
정영권, 『영화 장르의 이해』, 아모르문디, 2017.
배리 랭포드, 『영화 장르: 할리우드와 그 너머』, 방혜진(역), 한나래, 2010/2014.
츠베탕 토도로프, 『환상문학 서설』, 최애영(역), 일월서각, 2013.
다음 백과
위키백과

2장 SF 영화: 디스토피아적 상상력과 (포스트)휴먼
김종철 외, 부산국제판타스틱영화제 편, 『SF 영화』, Bifan, 2015.
베리 랭포드, 방혜진 역, 『영화 장르: 할리우드와 그 너머』, 한나래, 2010.
수잔 헤이워드, 이영기 역, 『영화 사전: 이론과 비평』, 한나래, 1997.

정영권, 『영화 장르의 이해』, 아모르문디, 2017.
유지나, 「할리우드 SF는 후기산업사회 이데올로기인가?-〈블레이드 러너〉를 다시 읽는다」, 『영화 연구』20호, 2002.
네이버백과사전

3장 코미디 영화, 양날의 칼과 낙관적 세계관
『동아 새 국어사전』, 동아출판사.
서곡숙, 『코미디와 가면』, 홍경출판사, 2016.
이명우, 『희곡의 이해』, 박이정, 1999.
홍기영, 『셰익스피어 낭만 희극의 공간 구조』, 형설출판사, 1996.
노스롭 프라이, 『비평의 해부』, 임철규(역), 한길사, 2000.
스티브 닐 & 프랭크 크루트니크, 『세상의 모든 코미디: 장편, 단편, 촌극, 시트콤과 버라이어티, 슬랩스틱과 코믹이벤트, 그리고 개그와 농담까지』, 커뮤니케이션북스.
Duckworth, George E., The Nature of Roman Comedy: A Study in Popular Entertainment, Princeton University Press.
네이버 영화
다음 백과
위키백과

4장 갱스터 영화, 시스템에 새겨진 파열의 흔적
박만준 · 진기행 역, 『영화의 이해』, K-books, 2008.
배리 랭포드, 방혜진 옮김, 『영화 장르 : 할리우드와 그 너머』, 한나래, 2010.
알랜 실버 · 제임스 어시니 편서, 이현수 · 장서희 옮김, 『필름 느와르 리더』, 본북스, 2011.
정영권, 『영화 장르의 이해』, 아모르문디, 2017.
Peter Lehman & William Luhr, 이형식 옮김, 『영화에 대해 생각하기』, 명인문화사, 2009.

5장 스릴러 영화
배리 랭포드, 방해진 역, 『영화 장르』, 한나래, 2010.
수잔 헤이워드, 이영기 역, 『영화사전』, 한나래, 2012.
제프리 노엘 스미스 편, 이순호 외 역, 『옥스퍼드 세계영화사』, 열린책들, 2005.
토마스 샤츠, 한창호 · 허문영 역, 『할리우드 장르』, 컬처룩, 2014

Steave Neale, *Genre and Hollywood*, Routeledge(London and New York), 2000.

6장 공포 영화의 장르적 상상력

리처드 커니, 이지영 역, 『이방인, 신, 괴물』, 개마고원, 2004.

백문임, 『월하의 여곡성(여귀로 읽는 한국 공포영화사)』, 책세상, 2008.

송아름, 「1990년대의 불안과 여고괴담의 공포」, 『한국극예술연구』 34, 2011.

송아름, 「괴물의 변화: '문화세대'와 '한국형 좀비'의 탄생」, 『대중서사 연구』 19, 2013.

스티븐 킹, 조재형 역, 『죽음의 무도』, 황금가지, 2010.

허지웅, 『망령의 기억(1960-80년대 한국 공포영화)』, 한국영상자료 원, 2011.

8장 뮤지컬 랜드

『리퀴드 러브』, 지그문트 바우만 지음, 새물결, 2013.

『뮤지컬 영화』, 민경원 지음, 커뮤니케이션북스, 2013.

『영화 장르』, 배리 랭포드 지음, 한나래출판사, 2010.

『위대한 영화』, 로저 애버트 지음, 을유문화사, 2003.

10장 멜로드라마의 변주와 탈주

대중서사장르연구회, 『대중서사장르의 모든 것1: 멜로드라마』, 이론 과 실천, 2007.

배리 랭포드, 『영화 장르』, 방혜진 역, 한나래, 2010.

벤 싱어, 『멜로드라마와 모더니티』, 이위정 역, 문학동네, 2009.

유지나 외, 『멜로드라마란 무엇인가』, 민음사, 1999.

윤석진, 『한국 멜로드라마의 근대적 상상력』, 푸른사상, 2004.

존 머서, 마틴 싱글러, 『멜로드라마』, 변재란 역, 커뮤니케이션북스, 2011.

토머스 샤츠, 『할리우드 장르』, 한창호, 허문영 역, 컬처룩, 2014.

피터 브룩스, 『멜로드라마적 상상력』, 이승희 · 이혜령 · 최승연 역, 소 명, 2013.

하스미 시게히코 외, 『나루세 미키오』, 박창학 · 유맹철 역, 한나래, 2002.

네이버 지식백과.

위키백과.

11장 역사 영화, 역사적 사실과 허구 사이

김영진, 〈이재용 감독 인터뷰-영화가 관능적이던가? 그렇다면 다행이고〉, 《필름 2.0》, 2003-10-01.

김영학 외, 「동양 사상과 한국형 판타지」, 『국어문학』, 53, 2012.

김정미, 『한국사 영화관』, 메멘토, 2012.

대중서사장르연구회, 『대중서사 장르의 모든 것-2. 역사허구물』, 이론과 실천, 2009.

신영현, 「영웅의 대중적 호출과 역사적 상상력: 영화〈명량〉」, 『현대영화연구』 20, 2015.

신원선, 「〈명량〉을 보는 세 가지 방식」, 『현대영화연구』 19, 2014.

주창윤, 「역사드라마의 역사서술방식과 장르형성」, 『한국언론학보』, 48권 1호(2004년 2월).

황진미, 〈명량 가까운 바다에 침몰한 세월호〉, 《한겨레》, 2014-08-12.

〈연산군시대의 재조명 '왕의 남자'〉, 《한겨레》, 2005-12-30.

네이버 지식백과.